Managementwissen für Studium und Praxis

Herausgegeben von
Professor Dr. Dietmar Dorn und
Professor Dr. Rainer Fischbach

Lieferbare Titel:

Anderegg, Grundzüge der Geldtheorie und Geldpolitik

Arrenberg · Kiy · Knobloch · Lange, Vorkurs in Mathematik, 3. Auflage

Barth · Barth, Controlling, 2. Auflage

Behrens · Kirspel, Grundlagen der Volkswirtschaftslehre, 3. Auflage

Behrens · Hilligweg · Kirspel, Übungsbuch zur Volkswirtschaftslehre

Behrens, Makroökonomie – Wirtschaftspolitik, 2. Auflage

Bontrup, Volkswirtschaftslehre, 2. Auflage

Bontrup, Lohn und Gewinn, 2. Auflage

Bontrup · Pulte, Handbuch Ausbildung

Bradtke, Mathematische Grundlagen für Ökonomen, 2. Auflage

Bradtke, Übungen und Klausuren in Mathematik für Ökonomen

Bradtke, Statistische Grundlagen für Ökonomen, 2. Auflage

Bradtke, Grundlagen im Operations Research für Ökonomen

Busse, Betriebliche Finanzwirtschaft, 5. Auflage

Camphausen, Strategisches Management, 2. Auflage

Dinauer, Grundzüge des Finanzdienstleistungsmarkts, 2. Auflage

Dorn · Fischbach, Volkswirtschaftslehre II, 4. Auflage

Dorsch, Abenteuer Wirtschaft · 40 Fallstudien mit Lösungen, 2. Auflage

Drees-Behrens · Kirspel · Schmidt · Schwanke, Aufgaben und Fälle zur Finanzmathematik, Investition und Finanzierung, 2. Auflage

Drees-Behrens · Schmidt, Aufgaben und Fälle zur Kostenrechnung, 2. Auflage

Fischbach · Wollenberg, Volkswirtschaftslehre 1, 13. Auflage

Götze · Deutschmann · Link, Statistik

Gohout, Operations Research, 4. Auflage

Haas, Kosten, Investition, Finanzierung – Planung und Kontrolle, 3. Auflage

Haas, Access und Excel im Betrieb

Haas, Excel im Betrieb, Gesamtplan

Hans, Grundlagen der Kostenrechnung

Heine · Herr, Volkswirtschaftslehre, 3. Auflage

Hoppen, Vertriebsmanagement

Koch, Marktforschung, 5. Auflage

Koch, Betriebswirtschaftliches Kosten- und Leistungscontrolling in Krankenhaus und Pflege, 2. Auflage

Laser, Basiswissen Volkswirtschaftslehre

Martens, Statistische Datenanalyse mit SPSS für Windows, 2. Auflage

Mensch, Finanz-Controlling. 2. Auflage

Peto, Grundlagen der Makroökonomik, 13. Auflage

Piontek, Controlling, 3. Auflage

Piontek, Beschaffungscontrolling, 3. Aufl.

Plümer, Logistik und Produktion

Posluschny, Controlling für das Handwerk

Posluschny, Kostenrechnung für die Gastronomie, 2. Auflage

Rau, Planung, Statistik und Entscheidung – Betriebswirtschaftliche Instrumente für die Kommunalverwaltung

Rothlauf, Total Quality Management in Theorie und Praxis, 2. Auflage

Rudolph, Tourismus-Betriebswirtschaftslehre, 2. Auflage

Rüth, Kostenrechnung, Band I, 2. Auflage

Rüth, Kostenrechnung, Band II

Scharnbacher · Kiefer, Kundenzufriedenheit, 3. Auflage

Schuster, Kommunale Kosten- und Leistungsrechnung, 2. Auflage

Schuster, Doppelte Buchführung für Städte, Kreise und Gemeinden, 2. Auflage

Specht · Schweer · Ceyp, Markt- und ergebnisorientierte Unternehmensführung, 6. Auflage

Stahl, Internationaler Einsatz von Führungskräften

Stender-Monhemius, Marketing – Grundlagen mit Fallstudien

Stibbe, Kostenmanagement, 3. Auflage

Strunz · Dorsch, Management, 2. Auflage

Strunz · Dorsch, Internationale Märkte

Weeber, Internationale Wirtschaft

Wilde, Plan- und Prozesskostenrechnung

Wilhelm, Prozessorganisation, 2. Auflage

Wörner, Handels- und Steuerbilanz nach neuem Recht, 8. Auflage

Zwerenz, Statistik, 4. Auflage

Zwerenz, Statistik verstehen mit Excel – Buch mit Excel-Downloads, 2. Auflage

Management im internationalen Kontext

Mit 40 Fallstudien

von

Prof. Dr. Herbert Strunz

und

Dipl.-Kffr. Monique Dorsch

2., überarbeitete Auflage

Oldenbourg Verlag München

Bibliografische Information der Deutschen Nationalbibliothek

Die Deutsche Nationalbibliothek verzeichnet diese Publikation in der Deutschen
Nationalbibliografie; detaillierte bibliografische Daten sind im Internet über
<http://dnb.d-nb.de> abrufbar.

© 2009 Oldenbourg Wissenschaftsverlag GmbH
Rosenheimer Straße 145, D-81671 München
Telefon: (089) 45051-0
oldenbourg.de

Lektorat: Wirtschafts- und Sozialwissenschaften, wiso@oldenbourg.de
Herstellung: Anna Grosser
Coverentwurf: Kochan & Partner, München
Gedruckt auf säure- und chlorfreiem Papier
Gesamtherstellung: Druckhaus „Thomas Müntzer" GmbH, Bad Langensalza

ISBN 978-3-486-59058-6

Vorwort

Johann Nestroy, bekannter Wiener Dichter, hat mit der ihm eigenen satirischen Art gesagt: „Die Phönizier haben das Geld erfunden, aber warum nur so wenig?" Das ist, bleibt man bei der humoristischen Betrachtung, wahrscheinlich auch der Grund, warum dem Menschen die Wirtschaft nicht erspart geblieben ist. Diese dominiert inzwischen längst alle Lebensbereiche. „Wirtschaften" dient bekanntlich dazu, das offenbar zu wenig erfundene Geld zu verdienen. Um das jedoch in möglichst optimaler Weise zu gewährleisten, ist „Management" notwendig. Das vorliegende Buch soll für Studierende eine Einführung zu den entsprechenden Grundlagen, Methoden, Techniken und Problemen des Managements geben und versucht dabei – vor dem Hintergrund der Maschinerie der Wirtschaft – auch den Menschen nicht zu vergessen.

Die Wahrnehmung von Managementaufgaben ist zunehmend von folgenden Kriterien bestimmt:

- Agieren in einem drastisch veränderten Führungsumfeld,

- erhöhte Eigenverantwortung der teilautonomen Systeme und zunehmende Notwendigkeit zur Flexibilisierung,

- Struktur- und Prozeßoptimierung als bleibende Herausforderung,

- Transformation von der Industrie- zu einer Wissensgesellschaft,

- Bewältigung von ständigen Widersprüchen.

Gerade die Veränderungsdynamik der jüngsten Zeit hat uns gelehrt, konsequent vom Prinzip der Unberechenbarkeit künftiger Entwicklungen auszugehen. Dies schafft die paradoxe Situation, sich verstärkt mit Zukunftsfragen beschäftigen zu müssen und gleichzeitig die Gewißheit zu haben, daraus keine wirklich verläßlichen Orientierungen im Sinne eines „Genau so wird es kommen" zu haben. In diesem Zusammenhang stellt sich eine wesentliche Frage: Welche permanenten Herausforderungen sind durch Management zu bewältigen, um die Überlebensfähigkeit einer Organisation dauerhaft zu sichern?

Damit gewinnen Konzeptionen und Methoden an Bedeutung, die in ihrer Anwendung Erfolg erwarten lassen. Aber hierfür gibt es keinen „Stein der Weisen". Instrumente können somit immer nur zu partiellen Lösungen beitragen. Zum Teil besinnt man sich auf früher bereits erfolgreich angewandte, jedoch in Vergessenheit geratene Vorgehensweisen. Diese werden dann fallweise mit neuem Namen versehen, gegebenenfalls modifiziert und weiterentwickelt, wieder ins Blickfeld gerückt. Derartiges erinnert oft an den berühmten „alten Wein in neuen Schläuchen". Zeitlosigkeit ist vor diesem Hintergrund ein nicht unwichtiges Thema.

Insgesamt gilt es, bewährte Konzepte der Unternehmensführung, unabhängig davon, wo sie entwickelt wurden, vorurteilsfrei auf ihre Nutzung zu prüfen. Vielfach ist eine Symbiose zwischen eigenen Erfahrungen und deren anderer ein Weg nach vorn. Als Ziel steht jedenfalls, daß man künftig permanent mit hoher Konsequenz auch weiterhin versucht, das technische, organisatorische und wirtschaftliche Optimum zu erreichen. Unternehmen müssen sich dabei als lernfähig erweisen und unter Nutzung aller Mitarbeiterpotentiale zu ständiger Veränderung fähig sein.

Die Autoren haben sich bemüht, die vielfältigen theoretischen Aspekte (wie gewohnt) wo immer möglich mit Fallbeispielen und Übungen zu untersetzen.[1] Praktisch alle Beispiele sind selbst entwickelt und entstammen – das wollen wir nicht verhehlen – dem „wirklichen Leben".

Zugunsten der Lesbarkeit wurde der Quellenapparat auf ein Minimum reduziert. Nicht unerwähnt soll bleiben, daß der Text geschlechtsneutral zu lesen ist.

Herbert Strunz & Monique Dorsch

---

[1] vgl. Dorsch, M.: Abenteuer Wirtschaft – 40 Fallstudien mit Lösungen, München 2009

Inhalt

Teil A:
Agieren in schwierigem Terrain –
Der Managementalltag

1   Management als zentrales Element der Wirtschaft

> **Management** zielt darauf ab, Abläufe, Wirkungen und Probleme der Aktivitäten und Transaktionen in allen Bereichen und auf allen Ebenen von Organisationen positiv zu beeinflussen.

Dabei soll die Aufgabenerfüllung bei der Leitung von Organisationen, d.h. alle auf die Erreichung der Organisationsziele ausgerichteten Handlungen der jeweiligen Verantwortlichen, im Vordergrund stehen. Die zu erreichenden Organisationsziele resultieren vorrangig aus den Intentionen des Eigentümers.

Management ist durchaus im weitesten Sinn des Wortes zu verstehen und umfaßt private Unternehmen ebenso wie öffentliche Unternehmen, Genossenschaften, öffentliche Verwaltungen oder Verbände. Trotz der jeweiligen Besonderheiten der verschiedenen Organisationsformen weisen sie hinsichtlich ihrer Führung grundsätzlich ähnliche Bedingungen auf.[1]

„Gemanagt" wurde im Prinzip seit Menschengedenken. Stets waren Aufgaben zu bewältigen, für die Management und seine entsprechenden Techniken und Instrumente erforderlich waren. Die nachfolgende Übersicht gibt einige diesbezügliche Beispiele.

Aufgabe	Probleme	Problemlösung
Bau der Pyramiden in Ägypten (3. Jt. v. Chr.)	• Personalrekrutierung • Personalunterhalt • Personalführung • Logistik (insbes. Material)	• militärische Methoden, etwa Hierarchie (z.B. Dienstgrade) • überschaubare Einheiten (vgl. Kontrollspanne) • diverse technische Hilfsmittel und Transportmethoden
Organisation der Olympischen Spiele in Griechenland (8. Jh. v. Chr. – 4. Jh. n. Chr.)	• Organisation, z.B. Bereitstellung der Infrastruktur, Ablauforganisation • Finanzierung	• diverse organisatorische und technische Maßnahmen • Festlegung eines umfangreichen Procederes bzw. von Regeln • „Fund Raising" • „Sponsoring"
Verwaltung des Römischen Weltreiches (1. Jh. v. Chr. – Blütezeit)	• Führung des Staates • Expansionspolitik • Verwaltung der Provinzen	• „Parlament", entwickeltes Rechnungswesen, Berufsbeamtentum, fortschrittliches Gemeinwesen • moderne Militärorganisation • Militär, Straßenbau, Nachrichtenwesen
Organisation der röm.-kath. Kirche (seit 2 Jt.)	• Aufrechterhaltung des kirchlichen Ordnungssystems und internationalen Netzwerks	• Kirchenrecht • Territorialprinzip • Personalprinzip • zentralistische Leitung • strikte Hierarchisierung

Fortsetzung

Aufgabe	Probleme	Problemlösung
Staatliche Verwaltung durch den Adel (15. und 16. Jh.)	• Absicherung und Ausweitung der Macht • Finanzierung	• administrative Maßnahmen (z.B. Handelspolitik), Eroberungen (vgl. Militär) • Erschließung diverser Finanzierungsquellen (z.B. Zölle, Monopole)
Handel als Wirtschaftsfaktor (17. und 18. Jh.)	• Abwicklung von Handelsgeschäften • Gewährung von Darlehen • Vermögensverwaltung	• Organisation von Gesellschaften • Optimierung von Nachrichtenwesen und Transport • finanzielle Operationen • Rechnungswesen • (Preis-)Kalkulation • „Risk Management"
Militärverwaltung in Preußen (17. und 18. Jh.)	• Behördenorganisation • Rekrutierung • Disziplinierung • Logistik (Güter, Nahrungsmittel)	• laufende Reformen • Beachtung von Organisationsprinzipien bei Aufbau- und Ablauforganisation • Implementierung zahlreicher Verwaltungsvorschriften • Einführung eines Vergabewesens für Heeresaufträge
Management von Industrieunternehmen (seit 18. Jh.)	• Koordination und Kontrolle des Verlagswesens • optimale Organisation der industriellen Fabrikation	• Delegation, Einsatz von Subkontraktoren • Arbeitsteilung • hierarchische Strukturen • effiziente Kontrolle • Bürokratisierung

Tabelle 1-1 *Management – eine traditionsreiche Aufgabe*[2]

Es kann davon ausgegangen werden, daß alle Typen von Organisationen prinzipiell in den Prozeß der Wirtschaft, wenngleich in unterschiedlichem Ausmaß, involviert sind. Der Begriff Organisation wird dabei als Sammelbezeichnung für sämtliche auf Ziele ausgerichtete soziale Systeme verstanden. Die Organisation bildet hier den Rahmen, in dem das „Management" (**Management als Institution**) seine Aufgaben (**Management als Funktion**) erfüllt. „Wirtschaften", und zwar in erfolgreicher, optimierender Weise die zur Verfügung stehenden Mittel einzusetzen, steht dabei als wichtigster Zweck im Vordergrund.

Zur Klassifizierung unterschiedlicher Organisationsformen können folgende **Kriterien** herangezogen werden.

- **Ziele**: Aus der Vielfalt möglicher Ziele von Organisationen wird am besten die Art der Deckung des Bedarfs gewählt. Erfolgt die **Deckung des Bedarfs** etwa ausschließlich zum Zweck der **Erzielung von Profiten**, ist sie primär nur Mittel zur Erreichung dieses Zwecks. Im Fall einer profitorientierten Tätigkeit ist der eigentliche Zweck somit nicht die Deckung von Bedarf, sondern die Erzielung von Gewinnen. Als Gegensatz dazu können die Ziele von Organisationen primär auch auf die Deckung von Bedarf ausgerichtet sein. Ziel dabei ist es, vorhandene Bedürfnisse zu decken. So orientiert sich etwa die Tätigkeit öffentlicher Verwaltungen hauptsächlich an Versorgungsüberlegungen.

- **Umfeld**: Das Umfeld von Organisationen ist ein sehr komplexes Phänomen. Im marktwirtschaftlichen System determiniert der „Markt" die gesamte Umwelt von Organisationen wesentlich. Dadurch entsteht für sie die Notwendigkeit, den Kräften des Marktes, insbesondere Angebot und Nachfrage, Aufmerksamkeit zu widmen. Aufgrund der unterschiedlichen Notwendigkeiten, die Gegebenheiten des Marktes zu beachten, bietet sich als konkrete Unterscheidung in diesem Zusammenhang „**marktnah**" und „**marktfern**" an. Ist eine Organisation – wie klassischerweise ein privates Unternehmen – nun beispielsweise gezwungen, ihre Leistungen in Konkurrenz zu anderen Organisationen anzubieten, und somit Angebot und Nachfrage ausgesetzt, würde dies typisch marktnahes Verhalten erfordern. Demgegenüber sind etwa öffentliche Verwaltungen ausschließlich an der Erfüllung öffentlicher Aufgaben orientiert, weitgehend konkurrenzlos und damit marktfern.

- **Normativer Rahmen**: In diesem Zusammenhang sind hauptsächlich die Eigentumsverhältnisse wesentlich. Versucht man, nach dem Eigentümer von Organisationen zu polarisieren, bietet sich die Möglichkeit der Unterscheidung in **private** und **öffentliche Eigentümer** an. Im Falle öffentlichen Eigentums hält der Staat mindestens 51 % der Anteile an einer Organisation, wobei es diesbezüglich viele Mischvarianten gibt.

Zahlreiche Gruppen sind an der Tätigkeit von Organisationen interessiert. Diese am Erfolg, z.B. eines Unternehmens, partizipierenden, auch *Stakeholders* genannten Gruppen können etwa Mitarbeiter, Lieferanten, Kunden und Banken sein. Als Kreislauf dargestellt, sieht der entsprechende Prozeß wie folgt aus:

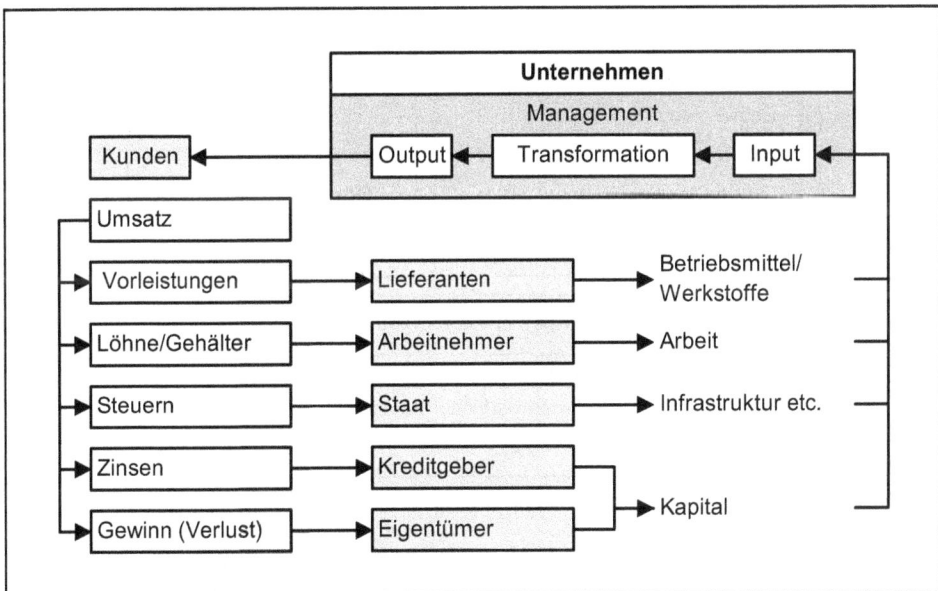

Abbildung 1-1 Das Unternehmen und die an ihm interessierten Gruppen[3]

2   Managementaufgaben

Die Aufgaben des Managements beinhalten sowohl personenbezogene als auch sachbezogene Aspekte. Die **personenbezogene Dimension** umfaßt die Führung von Mitarbeitern und die Gestaltung zwischenmenschlicher Beziehungen. Sie zielt folglich unmittelbar auf die Beeinflussung menschlichen Verhaltens. Die **sachbezogene Dimension** beinhaltet die Initiierung und Lenkung von Entscheidungsprozessen. Eine Trennung der beiden genannten Dimensionen ist allerdings nicht real, sondern lediglich gedanklich-analytisch möglich. So sind nahezu alle Aufgaben sowohl personenbezogen als auch sachbezogen.[4]

> **Management als Funktion** meint die vom Management wahrzunehmenden Aufgaben. Diese gliedern sich in die Bereiche Führungsfunktionen und Sachfunktionen. Die **Führungsfunktionen** umfassen die Aufgaben Kommunikation, Zielsetzung und Planung, Entscheidung, Motivation, Organisation und Überwachung. Die **Sachfunktionen** beinhalten Beschaffung, Leistungserstellung, Leistungsverwertung, die Finanzierung und das Informationswesen.

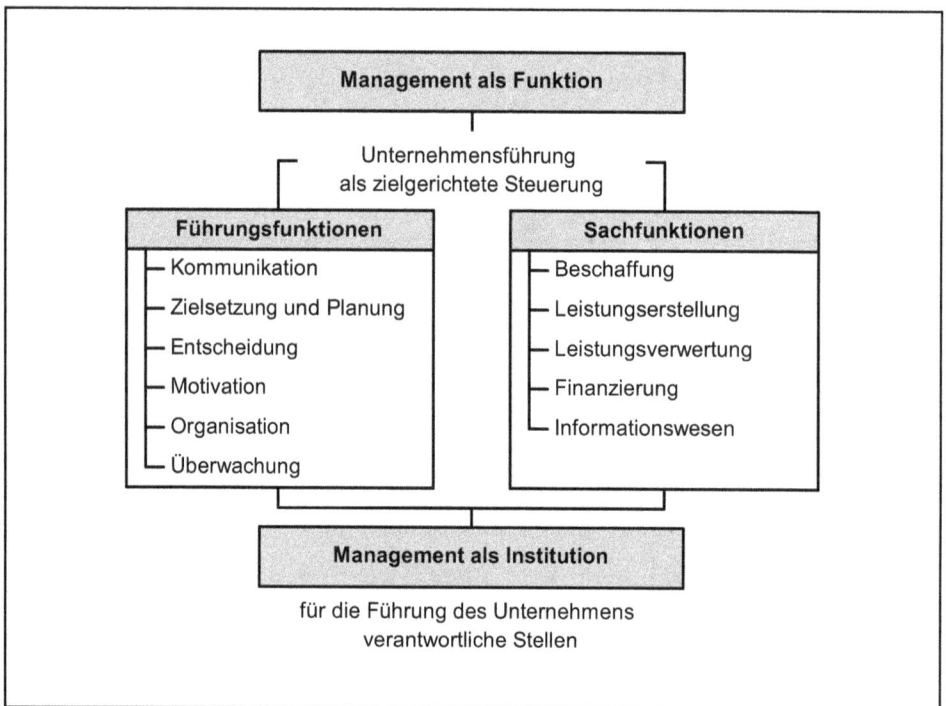

Abbildung 2-1 Dimensionen des Managements

Die Führungsfunktionen und Sachfunktionen werden mit Hilfe bestimmter Techniken des Managements wahrgenommen. Damit sind bestimmte Hilfsmittel bzw. Arbeitstechniken zur Erfüllung der Aufgaben gemeint.

Zwischen den einzelnen Managementaufgaben lassen sich vielfältige Zusammenhänge erkennen. Dabei ist auf die Zusammenhänge zwischen den Führungsfunktionen und den Sachfunktionen hinzuweisen. Bei der Ausübung jeder der Sachfunktionen kommen nämlich ausnahmslos sämtliche Führungsfunktionen zur Anwendung.

Dies würde beispielsweise bedeuten, daß der Leiter einer Beschaffungsabteilung im täglichen Geschäft sowohl kommunizieren als auch planen, entscheiden, motivieren, organisieren und überwachen muß. Das Gleiche gilt für die Chefs einer Produktionsabteilung, des Vertriebsbereichs oder der Finanzabteilung. Bei der Ausübung der Führungsfunktionen im Rahmen der Leitung eines betrieblichen Bereichs treten stets natürlich auch spezielle, fachbezogene Fragen und Probleme z.B. des Kommunizierens oder Organisierens auf.

Bezieht man in diese Überlegungen nun noch die einzelnen Managementebenen, nämlich die strategische, taktische und operative Ebene mit ein, für die die beschriebenen Zusammenhänge gleichermaßen gelten, ergibt sich folgendes Bild:

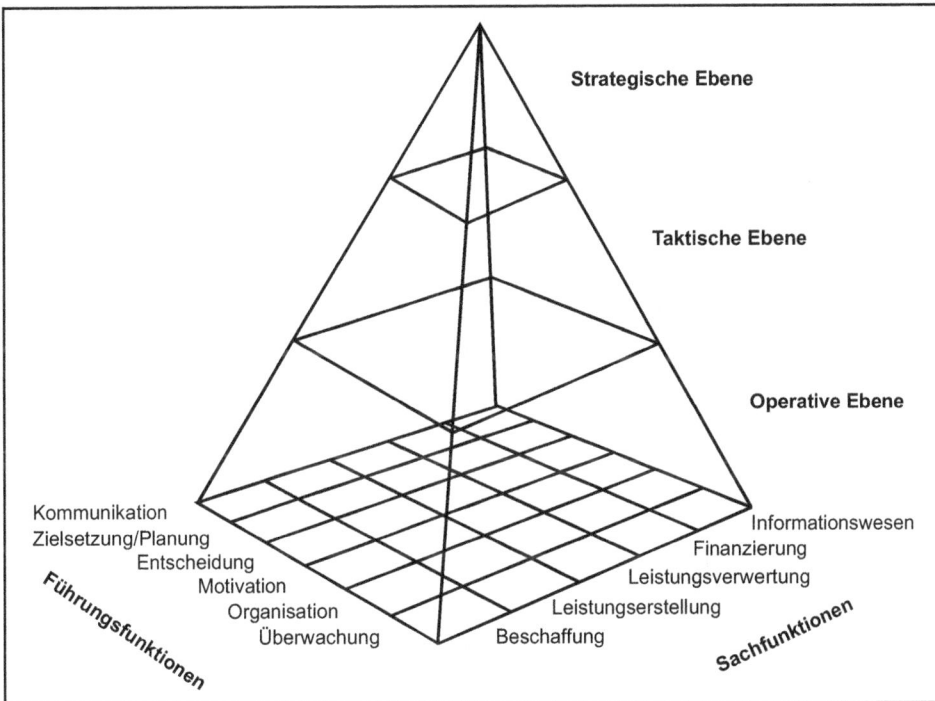

Abbildung 2-2 *Ebenen und Instrumente betrieblichen Handelns*[5]

Auf einen weiteren wichtigen Zusammenhang ist wie folgt hinzuweisen: Bei der Ausübung der betrieblichen Funktionen durch das Management ist es auch wichtig, die einzelnen Ebenen, nämlich die individuelle Ebene, jene der Gruppe und die Organisation als Ganzes, die stets gegeben sind, zu berücksichtigen und die Managementaufgaben bzw. ihre Erledigung an den Erfordernissen der einzelnen Ebenen auch auszurichten. So ist es im Rahmen der Führungsfunktionen bezüglich der Gestaltung etwa der Kommunikation bzw. ihrer Abläufe ein Unterschied, ob mit einzelnen Individuen, ganzen Gruppen oder auf der Ebene der Gesamtorganisation kommuniziert wird. Das Gleiche gilt für die Gestaltung beispielsweise einer Beschaffungs- oder EDV-Abteilung.

			Steuerungsebene		
			Individuum	Gruppe	gesamte Organisation
Funktion	Führungs-funktionen	Kommunikation			
		Zielsetzung/Planung			
		Entscheidung			
		Motivation			
		Organisation			
		Überwachung			
	Sachfunkti-onen	Beschaffung			
		Leistungserstellung			
		Leistungsverwertung			
		Finanzierung			
		Informationswesen			

Tabelle 2-1 Betriebliche Funktionen in der Mehrebenenbetrachtung

Im Prozeß des Managements kommt es üblicherweise auch zum Auftreten sogenannter „**Syndrome**". Darunter sind menschliche Probleme zu verstehen, die im Verlauf der Managementtätigkeit entstehen. Unter Umständen wirken sie der Erreichung von Zielen entgegen. Als Managementsyndrome wären etwa – sowohl im positiven als auch negativen Sinn – zu nennen: Probleme im Zusammenhang mit der Persönlichkeit des Individuums, Lernen, individuelle Wahrnehmung, Streß, Arbeitszufriedenheit, Gruppendynamik, Führung, Konflikte, Macht und Politik. In der Bewältigung dieser Syndrome liegt letztlich der Schlüssel zur erfolgreichen Managementtätigkeit.

Bevor auf die einzelnen Aufgaben (Funktionen) des Managements näher eingegangen wird, soll zunächst die personelle Komponente (Management als Institution) erhellt werden. Damit sind die für die Führung des Unternehmens verantwortlichen Personen und Stellen gemeint, verbunden mit der Frage

- Was tun Manager eigentlich? oder

- Welche Rollen und Aufgaben nehmen Manager wahr?

Management als Institution meint jene Personen(-gruppen), die Management als Funktion, d.h. die Managementaufgaben – etwa im Unternehmen – wahrnehmen. Diese Personen besitzen das Recht, anderen Mitarbeitern Weisungen zu erteilen. Als „Manager" werden in der Regel leitende Angestellte der oberen und mittleren Führungsebene bezeichnet.

Historisch betrachtet nahm der Unternehmer in seiner Eigenschaft als Kapitaleigentümer („Kapitalist") und Hauptverantwortlicher die Funktion der Leitung seines

Unternehmens üblicherweise selbst wahr. Bedingt durch im Zuge der wirtschaftlichen Entwicklung laufend zunehmende Unternehmensgrößen und steigenden Kapitalbedarf, kam es zur Entstehung der Rechtsform der Aktiengesellschaft. Die daraus entstehende Komplexität hatte zur Folge, daß Firmeninhaber bzw. Hauptkapitalgeber gezwungen waren, qualifizierte leitende Angestellte (z.B. Vorstandsmitglieder, Direktoren, Geschäftsführer) heranzuziehen. Dies konnte – jedenfalls bei Großunternehmen – bald auch nicht mehr aus dem familiären Umfeld des Unternehmens gedeckt werden. Problematisch bei dieser Entwicklung ist, daß die ursprünglich positiven Eigenschaften des Unternehmers – wie etwa Innovationskraft und Vision – aufgrund der Organisationsgrößen vielfach durch bürokratische Strukturen und Abläufe stark ins Hintertreffen gerieten. Während dem Unternehmer/Eigentümer bzw. dessen Familie in kleinen und mittelständischen Unternehmen heute nach wie vor die dominierende Rolle zukommt, hat sich in großen Organisationen die Trennung von Eigentum und Management fest etabliert.

Management, das unbekannte Wesen

Während die den Unternehmer prägenden Eigenschaften wie Ideenreichtum, Gestaltungswille, Motivation und Risikobereitschaft noch immer festzustellen sind, kennzeichnen angestellte Manager demgegenüber häufig Risikoscheue, Sicherheitsbedürfnis und Ideenlosigkeit. Dazu kommt eine aus der – auch im Führungsbereich vorhandenen – starken Arbeitsteilung bzw. Spezialisierung resultierende (oft allzu große) Teilung der Verantwortung, die wiederum zu nur bedingter Motivation führt.

Welche Aufgaben hat nun ein Manager? Was zeichnet einen guten Manager aus?[6] Es reicht ja bei weitem nicht aus, wenn ein Manager technische Fertigkeiten und Fachwissen aufweisen kann. Er nimmt eine Vielzahl von verschiedenen **Managementrollen** wahr. Es kommt darauf an, wie er es versteht, Aufgaben an seine Mitarbeiter zu verteilen, zu kommunizieren, Handlungsabläufe zu koordinieren, Ressourcen zuzuteilen, Leistungen einzuschätzen und Ergebnisse zu kontrollieren. Manager erfüllen ihre Aufgaben, indem sie andere Personen zur Erfüllung heranziehen, deren Aktivitäten steuern, Entscheidungen treffen und zur Bewältigung der Aufgaben notwendige Ressourcen verteilen.

Manager-Strategien

Eine Weisheit der Dakota-Indianer sagt: *„Wenn Du entdeckst, daß Du ein totes Pferd reitest, steig ab."* Doch die Manager versuchen oft andere Strategien, nach denen sie in dieser Situation handeln:

Sie besorgen eine stärkere Peitsche.
Sie wechseln die Reiter.
Sie sagen: „So haben wir das Pferd doch immer geritten!"
Sie gründen einen Arbeitskreis, um das Pferd zu analysieren.
Sie besuchen andere Orte, um zu sehen, wie man dort tote Pferde reitet.
Sie erhöhen die Qualitätsstandards für den Beritt toter Pferde.
Sie bilden eine Task Force, um das tote Pferd wiederzubeleben.
Sie schieben eine Trainingseinheit ein, um besser reiten zu lernen.
Sie stellen Vergleiche unterschiedlich toter Pferde an.
Sie ändern die Kriterien, die besagen, ob ein Pferd tot ist.
Sie kaufen Leute von außerhalb ein, um das tote Pferd zu reiten.
Sie schirren mehrere tote Pferde zusammen, damit sie schneller werden.
Sie erklären: „Kein Pferd kann so tot sein, daß man es nicht noch schlagen könnte!"
Sie machen zusätzliche Mittel locker, um die Leistung des Pferdes zu erhöhen.
Sie machen eine Studie, um zu sehen, ob es billigere Berater gibt.
Sie kaufen etwas zu, das tote Pferde schneller laufen läßt.
Sie erklären, daß „unser Pferd besser, schneller und billiger" tot ist.
Sie bilden einen Qualitätszirkel, um eine Verwendung für tote Pferde zu finden.
Sie überarbeiten die Leistungsbedingungen für Pferde.
Sie richten eine unabhängige Kostenstelle für tote Pferde ein.[7]

Manager arbeiten in Organisationen, d.h. in sozialen Einheiten, die auf die Erfüllung gemeinsamer Ziele hinarbeiten. Organisationen begegnen uns in verschiedenen Formen, so z.B. als Industrieunternehmen, als Dienstleistungsbetriebe, als Supermärkte, aber auch als Schulen, Krankenhäuser oder Verwaltungseinrichtungen. In all diesen Organisationsformen müssen zur Erreichung der Organisationsziele Handlungsabläufe koordiniert und beaufsichtigt werden. Manager nehmen verschiedene, stark miteinander verbundene Rollen ein:

- **Informationsbezogene Rollen**: Die meisten Manager sind auf die Beschaffung und Sammlung von Informationen über andere Organisationen oder Einrichtungen angewiesen. Sie bekommen diese Informationen durch das Studium von Unterlagen und aus Gesprächen mit anderen „Insidern", um z.B. von etwaigen Veränderungen der Nachfrageverhältnisse oder von Aktionen der Konkurrenz zu erfahren (Überwachungsrolle). Eine weitere Aufgabe von Managern ist, die gewonnenen Informationen in der Organisation zu verbreiten (Verbreitungsbzw. Steuerungsrolle). Schließlich muß ein Manager auch seine Organisation nach außen repräsentieren, d.h. Strategien, Politiken und Ergebnisse darstellen und vertreten können (PR-Rolle).

- **Interpersonelle Rollen**: Zu den Pflichten der meisten Manager gehört die Erfüllung repräsentativer und symbolischer Aufgaben. Manager fungieren als „Aushängeschild" für das Unternehmen, üben eine Führungsrolle aus, welche z.B. die Einstellung, die Motivation, die Schulung und gegebenenfalls Sanktionierung von Mitarbeitern umfaßt, und halten schließlich Kontakte zu außenstehenden Personen oder Gruppen, welche der eigenen Organisation nützliche Informationen zur Verfügung stellen können (Verbindungs-/Kontaktrolle).

- **Entscheidungsbezogene Rollen**: Wenn Manager die Durchführung neuer Projekte anregen, beaufsichtigen und koordinieren, nehmen sie eine Unternehmerrolle ein. Treten dabei Probleme auf, müssen diese von den Managern gelöst und korrigierende Maßnahmen eingeleitet werden. Dies bezeichnet man als Konflikthandling (Konfliktschlichtungsrolle). Die erfolgreiche Erfüllung der Projekte erfordert eine angemessene Verteilung finanzieller sowie humaner Ressourcen (Allokationsrolle) sowie die Verhandlung mit anderen Organisationen bzw. Organisationseinheiten zur Erzielung von Vorteilen für die eigene Einheit (Verhandlungsrolle).

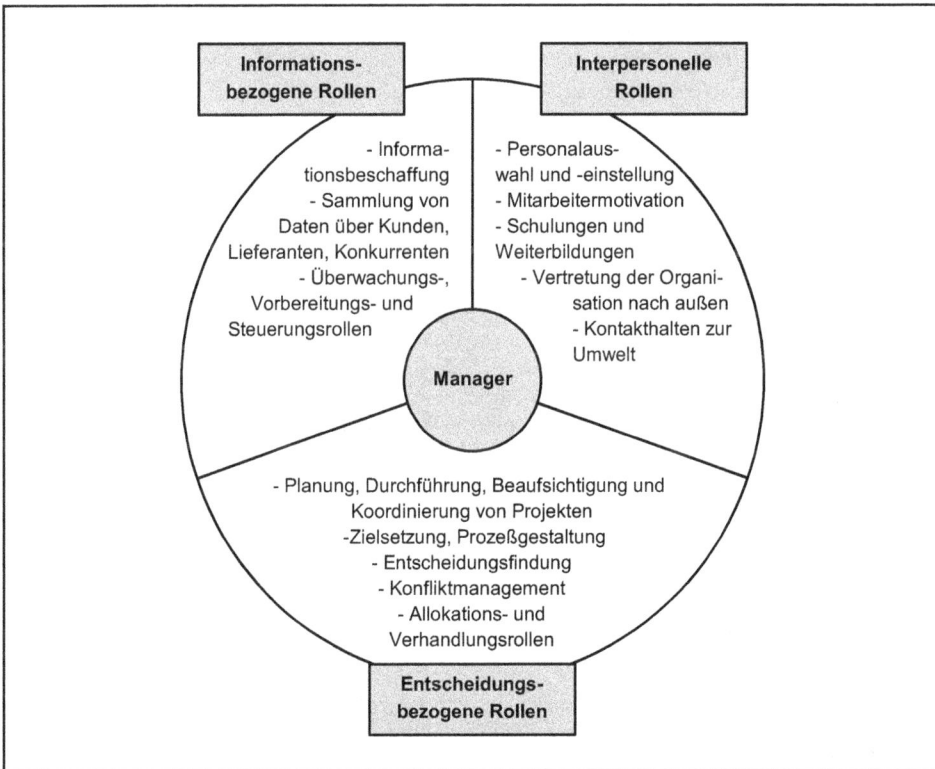

Abbildung 2-3 Managementrollen

Fallstudie: Eine Woche im Leben des Herrn J.

Sonntagnachmittag, nach einem Tennismatch mit seiner Tochter, beginnt sich bei Herrn J. allmählich eine gewisse Unruhe einzuschleichen. Eine schwere Arbeitswoche steht wieder einmal bevor. Er merkt, wie das Ganze schon seine Schatten vorauswirft. Ein nettes, aber nicht wirklich entspanntes Abendessen auf der Terrasse des vor einigen Jahren fertiggestellten Einfamilienhauses kann davon nicht völlig ablenken. Das Zuhause von Familie J. liegt am Waldrand, mit herrlichem Blick auf das benachbarte Kloster, etwas außerhalb einer großen, aber lebenswerten Stadt. Alles hat nur einen Nachteil: Herr J. ist Wochenendpendler, kommt erst Freitagabend nach Hause und fährt Montag zeitig früh weg. Frau J., mit der er schon lange und eigentlich glücklich verheiratet ist, beklagt sich in letzter Zeit manchmal über das ewige Trennen, Wiedersehen, Trennen.

Montag: Nach einer etwas unruhigen Nacht verläßt Herr J. – die Familie schläft noch – gegen 6.00 Uhr morgens das Haus. Im Firmen-BMW der Oberklasse begibt er sich auf die gewohnte, etwa 300 km lange Strecke, fast alles Landstraße, kaum Autobahn. Schon kurz nach dem Start – wie immer ein Überholmanöver nach dem anderen, viel Schwerverkehr auf der Strecke – Zeitdruck. Um 9.30 Uhr ist der erste Termin anberaumt, die Fahrzeit beträgt mindestens drei Stunden. Herr J. versucht ein bißchen klassische Musik, vorzugsweise italienische Oper zu hören, die er sehr liebt. Ab etwa 7.30 Uhr beginnt er zu telefonieren. Zuerst ein alter Freund: Man tauscht Neuigkeiten aus, schwelgt ein wenig in alten Zeiten und beklagt gegenseitig das Arbeitsleben. Dann schon geschäftliche Anrufe. Ein paar Dinge sind noch zu checken, nichts Entscheidendes, letzten Freitag war aber keine Zeit mehr dafür. Gegen 9.00 Uhr kommt er planmäßig in der Firma an und stellt den BMW auf den für ihn reservierten Parkplatz direkt vor dem Eigang ab.

Herr J. ist Controller einer Firma, die einige Tausend Beschäftigte hat, Schwermaschinen in verschiedenen Werken herstellt und ihre Produkte weltweit mit großem Erfolg vertreibt. Das Unternehmen ist ein Traditionsbetrieb, der es seit langem versteht, durch innovative Technik und gute Marketingaktivitäten einer der Marktführer der Branche zu sein. Als Controller ist Herr J. – seit sieben Jahren bei der Firma und schon seit Beginn seiner Laufbahn in einschlägigen Funktionen tätig – Chef von 18 Mitarbeitern. Die Abteilung Controlling ist in der Firma sehr wichtig, ihr obliegt die gesamte Planung, Steuerung und Überwachung aller wichtigen Prozesse im Unternehmen. Seine Mitarbeiter sind zum Teil in der Zentrale, je zwei von ihnen in den vier Werken in der Funktion eines „Junior Controllers" tätig.

In seinem mit Blick auf die Werkshalle gelegenen, eher schmucklosen Büro angekommen, führt Herr J. zunächst Telefonate mit seinen Mitarbeitern in den Werken. Es geht um Details, die den für diesen Mittwoch terminisierten Monatsabschluß betreffen. Weiterhin bespricht er – zum Teil zwischen Tür und Angel – mit seinen im Nebenzimmer sitzenden Mitarbeitern verschiedene Probleme. Inzwischen bittet ihn der Firmenchef in sein Büro, um die für morgen geplante, gemeinsame Reise zu einem Händlertreffen in Madrid noch einmal durchzusprechen. Diese Besprechung dauert – der Firmenchef wird mehrmals unterbrochen – länger als geplant. Schließlich geht man gegen 14.00 Uhr miteinander in die Werkskantine. Hier ergeben sich im ungestörten Gespräch noch einige zum Teil umfangreiche Arbeitsaufträge für Herrn J. In sein Büro zurückgekehrt, findet er ziemlich viel Arbeit vor, die sich in der Zwischenzeit angesammelt hat. E-Mails, Notizen der Sekretärin und auf dem Anrufbeantworter Bitten um Rückruf. Eine Analyse, der sich Herr J. heute eigentlich hätte widmen wollen, liegt noch unberührt vor ihm. Die angesammelten Arbeiten erledigt er sofort, es ist jetzt 16.30 Uhr. Schon etwas entkräftet, beginnt er mit der Bearbeitung der Analyse – es ist bereits Dienstschluß – relativ ungestört und stellt sie gegen 19.00 Uhr fertig. Montag ist ohnehin nie mein Tag, denkt er sich und verläßt die Firma.

Dienstag: Frühmorgens trifft man sich wie vereinbart gleich in der Halle des Flughafens. Es gibt keinerlei Formalitäten, zumal der Firmenchef, Herr P., als prominenter Unternehmer der Region und auch als leidenschaftlicher Flieger und Eigentümer eines Privatflugzeuges des Typs Cessna allseits bekannt ist. Die beiden gehen auf das Flugfeld, der Chef startet den „Vogel", in drei Stunden landet man ohne Zwischenfälle in Madrid und fährt mit dem Taxi zum Hotel, in dem das Händlertreffen stattfindet. Die Herren warten schon, das Meeting beginnt. Das weltweite Händlernetz gehört zweifellos zu den Stärken der Firma. Die Händler, verteilt über die ganze Welt, sind allesamt sorgsam ausgewählte Unternehmer, die für gewöhnlich schon lange mit der Firma zusammenarbeiten. Man ist überwiegend sehr erfolgreich, Probleme gibt es selten. Allerdings existieren öfters Wünsche bezüglich finanzieller Unterstützung seitens der Zentrale. Dies betrifft Messeteilnahmen, Werbemaßnahmen, Einräumung besserer Konditionen etc. Jammern ist bekanntlich der Kaufleute Gruß. Die verschiedenen Präsentationen der Händler und die anschließenden Verhandlungen dienen ausschließlich auch nur diesem einen Zweck. Herr J. muß vielfach selbst verhandeln oder dem Chef diverse Informationen zureichen. Angesichts der Hartnäckigkeit der gewieften Händler und des nahezu babylonischen Sprachgewirrs gestaltet sich das Ganze – man ist gegen 17.00 Uhr fertig – recht anstrengend. Im Hotelzimmer genehmigt sich Herr J. ein kurzes Schläfchen und trifft dann gemeinsam mit Herrn P. gegen 20.00 Uhr im Nobelrestaurant „Don Carlos" in der Innenstadt ein. Im Rahmen eines luxuriösen Abendessens macht man Small talk, tauscht Informationen aus und versucht sich zu amüsieren. Todmüde fällt Herr J. gegen Mitternacht ins Bett.

Manageralltag

Mittwoch: Unverzüglich brechen die Herren J. und P. früh auf, fliegen zurück und treffen gegen 11.00 Uhr im Büro ein. Herr J. hat vom Flugzeug aus – allerdings technisch bedingt mit mäßigem Erfolg – schon versucht, wegen des im Laufe des heutigen Tages fertigzustellenden Monatsberichtes mit einigen seiner Mitarbeiter Kontakt aufzunehmen. Es gibt zum Glück wenig Probleme, alle wissen, was zu tun ist und beherrschen auch ihren Job. Dennoch dauert es bis etwa 21.00 Uhr, bis alle Teilergebnisse konsolidiert und von Herrn J. geprüft sind und schließlich endgültig ausgedruckt auf den Schreibtischen von Herrn P. und den Vorstandsmitgliedern liegen. Als Herr J. in seine kleine Wohnung kommt, bemerkt er, daß der Kühlschrank hoffnungslos leer ist, versucht, ein bißchen fernzusehen, schläft aber keine 15 Minuten später ein. Gegen 4.00 Uhr früh schaltet er den immer noch laufenden Fernseher ab.

Donnerstag: Im Laufe des Vormittags lesen die Herren des Vorstandes den Bericht und reagieren – jeder auf seine Weise. Da die Ergebnisse dieses Monats verglichen mit demselben Monat des Vorjahres nicht erfreulich sind, braut sich „Zoff" zusammen. Einer der Vorstände – man schätzt einander nicht und hat sich das auch schon mehrfach indirekt zu verstehen gegeben – greift Herrn J. gleich frontal an. Herr J. glaubt sich einmal mehr in die Zeiten der Antike zurückversetzt, wo auch der Überbringer der schlechten Nachricht büßen mußte.

Am Nachmittag ist die Monatsberichts-Sitzung des Managements anberaumt, an der zum ersten mal Herr U. teilnimmt, Vertreter einer Gruppe, die sich auf Firmenübernahmen spezialisiert hat. Die Kapitalbeteiligung dieser Gruppe war jüngst zur Finanzierung des Expansionskurses notwendig geworden. (Böse Zungen sagen, daß verschiedene Fehler in jüngerer Vergangenheit eben viel Geld kosten.) Herr P. hätte natürlich lieber keine Fremden in der Firma und verhält sich jedenfalls gegenüber U. auch so.

Auch in der Sitzung werden Herrn J. die Nachteile seiner Position bewußt. Er analysiert, bereitet Entscheidungen vor, warnt gelegentlich, die eigentlichen Entscheidungen trifft jedoch der Vorstand, oft genug gegen seinen Rat. Nachdem er die Ergebnisse präsentiert hat, wird er das Gefühl nicht los, daß man ihn dafür verantwortlich machen will. Der hilfesuchende Blick, den er seinem unmittelbaren Vorgesetzten zuwirft, bleibt unerwidert. Herr K. ist ein netter Chef, hat aber – weil fachlich nicht sonderlich kompetent – im Vorstand eine sehr schwache Stellung. Eine heftige, teilweise unerquickliche Diskussion beschließt die Sitzung.

Gegen 17.30 Uhr hat Herr J. einen Mitarbeiter zu sich bestellt, mit dem er nicht zufrieden ist. Im Klartext: hohe Ansprüche, gemessen daran wenig Leistung. Der Mitarbeiter hat – trotz Hochschulabschlusses – wirklich fachliche Probleme. Obwohl die Geduld von Herrn J. in diesem Fall schon sehr strapaziert ist, gibt er sich aufgrund des Gesprächsverlaufs mit einer Verwarnung zufrieden. Das Team ist sehr gut, vielleicht bessert sich das „schwarze Schaf" ja wirklich noch; man wird sehen.

Freitag: Um 9.00 Uhr fährt Herr J. gemeinsam mit seinem Assistenten, dem ehrgeizigen und begabten „Juniorcontroller" H., zur Hausbank, der wichtigsten Bank der Region. Es geht um die Verhandlung günstigerer Konditionen und um eine Höherstufung der Bonität des Unternehmens. Eigentlich wäre das die Aufgabe des Finanzvorstandes K., aber wie schon gesagt ... Die Verhandlungen gestalten sich – angesichts der Bedeutung und der Reputation der Firma – für den Geschmack von Herrn J. zäh und dauern, nach langem Hin und Her, etwa drei Stunden. Erfreulich dabei: Der junge Mitarbeiter läßt – wann immer es ihm möglich ist – sein Talent aufblitzen. Herr J. überlegt sogar während der Verhandlungen manchmal, wie er ihn noch besser einsetzen könnte.

Der Nachmittag vergeht bis etwa 15.00 Uhr mit Büroarbeiten, kurzen Telefonaten und Gesprächen, wobei liegengebliebene Arbeiten erledigt und Vorbereitungen für die kommende Woche getroffen werden. Danach begibt sich Herr J. „on the road"; wenn alles gut geht, ist er gegen 18.00 Uhr zu Hause. Hier wird er zuerst das Auto waschen, dabei Musik hören, anders kann er sich – das zeigt die Erfahrung – nicht entspannen. Erst dann wird er wieder ansprechbar sein, um kurz nach dem Abendessen völlig erschöpft ins Bett zu fallen.

Aufgabe 1

Was frustriert Herrn J.?

Aufgabe 2

Welche Möglichkeiten bestehen für Herrn J., sein Leben befriedigender zu gestalten?

2.1 Kommunikation

Kommunikation stellt ein Instrument zur Beschaffung und Weitergabe von Informationen dar. Sie kann als zentrales Instrument des Managements aufgefaßt werden und ist durch starke Wechselbeziehungen zu den anderen Funktionen gekennzeichnet. Kommunikation erfüllt vier Hauptaufgaben: Information, Motivation, Ausdruck von Emotionen und Kontrolle. Diese Funktionen dürfen nicht isoliert voneinander betrachtet werden, da Kommunikation meist mehrere Aufgaben gleichzeitig erfüllt.

Die Kommunikationspartner, Sender und Empfänger, sind die an der Kommunikation als Handlung beteiligten Personen. Deren meist soziale Beziehung ist von verschiedenen Faktoren abhängig. Derartige Faktoren können die Persönlichkeit der Partner, der Kommunikationstyp und der Verlauf des Kommunikationsprozesses sein. Die vom **Sender** zu übermittelnde Information wird zunächst codiert, um sie in eine für den **Kommunikationskanal** übertragbare Form zu verwandeln. Der **Empfänger** nimmt die verschlüsselte Information auf und decodiert sie. Gelangen Teile der Reaktion des Empfängers zum Sender zurück, bezeichnet man das als **Feedback**. Durch diese Rückkopplung kann der Sender feststellen, ob seine Nachricht vom Empfänger richtig verstanden wurde und wie er darauf reagierte. Die Übertragung von Informationen kann zu jeder Zeit von vielfältigen **Störsignalen** beeinflußt werden, was die Kommunikation an sich problematisch macht.

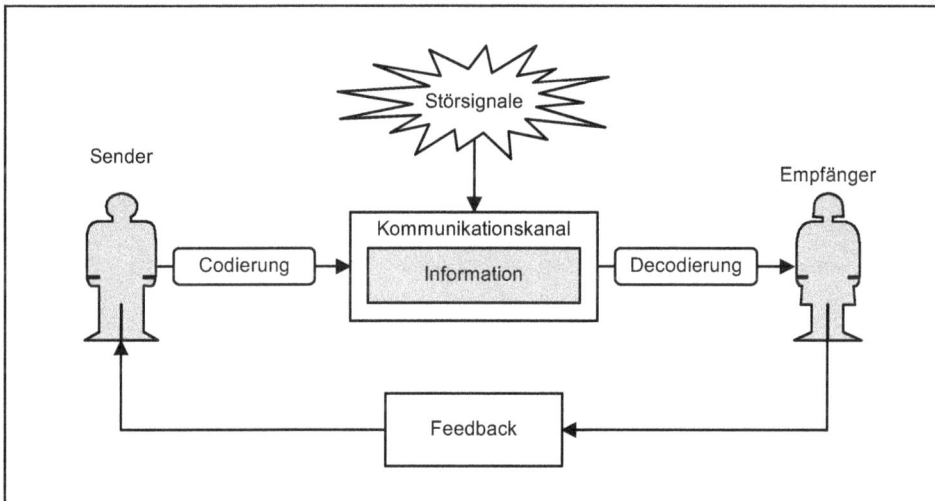

Abbildung 2-4 Kommunikationsprozeß

Die **Kommunikationsrichtung** kann vertikal oder lateral verlaufen. Die vertikale Kommunikation kann wiederum abwärtsgerichtet („top-down", z.B. Anweisungen des Managements an die Mitarbeiter) oder aufwärtsgerichtet („bottom-up", z.B. Berichte, Feedback der Mitarbeiter an ihre Vorgesetzten) sein. Ein Beispiel für laterale Kommunikation wäre etwa der Erfahrungs- oder Meinungsaustausch zwischen Mitarbeitern.

Vertikale Kommunikation		Laterale Kommunikation
Abwärtsgerichtete Kommunikation	**Aufwärtsgerichtete Kommunikation**	
Kommunikationsfluß		

Tabelle 2-2 Kommunikationsrichtung

Motivation durch Kommunikation

Kommunikationsstrukturen sind Verkettungen von Kommunikationskanälen, durch die Informationen übertragen werden. Kommunikationsstrukturen können formellen oder informellen Charakter haben.

Formelle Kommunikationsstrukturen folgen den Hierarchiestufen und konzentrieren sich auf die zur Erfüllung der Aufgaben notwendige Kommunikation. Nachfolgende Tabelle zeigt typische Formen formeller Kommunikationsstrukturen:

- **Rad**: Diese Form eignet sich am besten, wenn schnelle Entschlüsse notwendig sind. Dabei wird die Qualität des Ergebnisses nachhaltig von der zentralen Person beeinflußt.

- **Kette**: Diese Form weist die geringste Geschwindigkeit beim Treffen einer Entscheidung auf, ist aber durch Genauigkeit gekennzeichnet.

- **Netzwerk**: Die dritte Form eignet sich gut bei komplexen Problemen. Die gleichberechtigte Einbeziehung aller Mitglieder wirkt sich sowohl auf die Qualität des Ergebnisses als auch auf die Zufriedenheit der Beteiligten positiv aus. Jedoch erfordert diese Form einen erheblichen zeitlichen und organisatorischen Aufwand.

Rad	Kette	Netzwerk

Tabelle 2-3 Kommunikationsstrukturen

Was tun Manager eigentlich? – Kommunizieren!

Für direkte Kommunikation werden 37 % der Arbeitszeit verwandt, davon für

- offizielle Sitzungen 8 %,
- Besprechungen 19 %,
- Telefonate 13 %.

Am Schreibtisch verbringen die Manager 38 % ihrer Arbeitszeit, davon für

- Eingangspost 8 %,
- Ausgangspost 7 %,
- Erstellung von Schriftstücken 11 %,
- Vorlagen lesen 11 %.

„Auf Tour" befinden sich die Manager 22 % ihrer Arbeitszeit, davon in

- Arbeitsessen 5 %,
- Gremien 3 %,
- Tagungen 3 %,
- Vorträgen 1 %,
- Reise-/Fahrtzeiten 10 %.[8]

Informelle Kommunikationsstrukturen sind nicht an Hierarchiestufen gebunden. Sie können sich sowohl horizontal als auch vertikal ausbreiten und dienen der Befriedigung der sozialen Bedürfnisse der Gruppenmitglieder. Informelle Strukturen sind dadurch gekennzeichnet, daß sie

- nicht vom Management kontrolliert werden (können),

- von den Organisationsmitgliedern oft als glaubwürdiger als die offiziellen Mitteilungen betrachtet werden und

- zur Befriedigung der Interessen der beteiligten Personen genutzt werden.

Doch auch für das Management ist der sog. „Buschfunk" von Bedeutung. Die darüber verbreiteten Informationen und Gerüchte geben häufig Auskunft über Ängste der Mitarbeiter und zeigen, was ihnen wichtig ist und wo Erklärungsbedarf besteht. Informelle Kommunikationsstrukturen können deshalb vom Management auch als eine Art Feedback genutzt werden.

Informationen können nicht nur durch verbale Kommunikation übertragen werden. Oft eindeutigere Signale gibt die **nonverbale Kommunikation**. Unter nonverbaler Kommunikation werden Körperbewegungen, Gesten, Gesichtsausdrücke, die Distanz zum Gesprächspartner, aber auch die Art und Weise, wie jemand Wörter betont, verstanden.

Nonverbale Kommunikation

Entscheidend für gelingende Kommunikation ist es auch, den richtigen **Kommunikationskanal** zu wählen. Die Entscheidung für einen Kommunikationskanal wird in erster Linie von den Eigenschaften des Kanals und der Art der Nachricht bestimmt. Ein Telefongespräch ermöglicht z.B. ein sofortiges Feedback. Der Empfänger der Nachricht reagiert unmittelbar und kann Rückfragen zur Klärung von Mißverständnissen stellen. Ein persönliches Gespräch ermöglicht darüber hinaus, Gesten und andere nonverbale Reaktionen des Gesprächspartners zu beobachten. Schriftliche Mitteilungen, Briefe und Berichte bieten ein verzögertes Feedback. Mißverständnisse bei Aufnahme der Nachricht können nicht sofort geklärt werden. Die Beobachtung unmittelbarer Reaktionen ist aufgrund des indirekten Kontakts nicht möglich.

Kommunikationshindernisse beeinträchtigen die Effektivität der Kommunikation, hauptsächlich in Form von Verständigungsschwierigkeiten und Mißverständnissen. Die häufigsten Erscheinungen sind:

- **Filterung**: Unter Filterung versteht man einen Manipulationsprozeß, bei dem Informationen an die Vorstellungen des Empfängers angepaßt werden. Ähnlich: Die **selektive Wahrnehmung**, wobei der Empfänger nur das wahrnimmt, was sich mit seinen Überzeugungen deckt und keine Probleme bereitet.

- **Emotionen**: Der Gefühlszustand, in dem der Empfänger eine Nachricht entgegennimmt, wird wesentlich zur Interpretation dieser Nachricht beitragen (vgl. Extremsituationen).

- **Sprache**: Kommunikationspartner weisen einen unterschiedlichen Bildungsstand auf, haben verschiedene soziale Hintergründe, kommen aus verschiedenen geographischen Regionen und unterscheiden sich folglich auch in ihrer Sprache (z.B. Dialekt, Fachjargon).

Die Zuhörfähigkeiten des neuen Mitarbeiters waren enorm

Effektive Kommunikation hängt auch wesentlich von den **kommunikativen Fertigkeiten** der Beteiligten ab, z.B. von der Fähigkeit, anderen zuzuhören, auf sie einzugehen und ihnen Feedback zu geben.

Paul **Watzlawik**, Kommunikationswissenschaftler und Psychotherapeut, hat gewissermaßen als Ergebnis nahezu lebenslanger kommunikationsbezogener Forschung 1967 (gemeinsam mit Kollegen) fünf **Axiome** – also weder verifizierbare noch falsifizierbare Hypothesen – zur menschlichen Kommunikation vorgestellt. Demnach können sich Kommunikationsabläufe zwischen Menschen folgenden Erscheinungen nicht entziehen:

1. Axiom
"Man kann nicht nicht kommunizieren."

2. Axiom
"Jede Kommunikation hat einen Inhalts- und einen Beziehungsaspekt, derart, daß letzterer den ersteren bestimmt und daher eine Metakommunikation ist."

3. Axiom
"Die Natur einer Beziehung ist durch die Interpunktion der Kommunikationsabläufe seitens der Partner bestimmt."

4. Axiom
"Menschliche Kommunikation bedient sich digitaler und analoger Modalitäten."

5. Axiom
"Zwischenmenschliche Kommunikationsabläufe sind symmetrisch oder komplementär, je nachdem, ob die Beziehung zwischen Partnern auf Gleichheit oder Unterschiedlichkeit beruht."

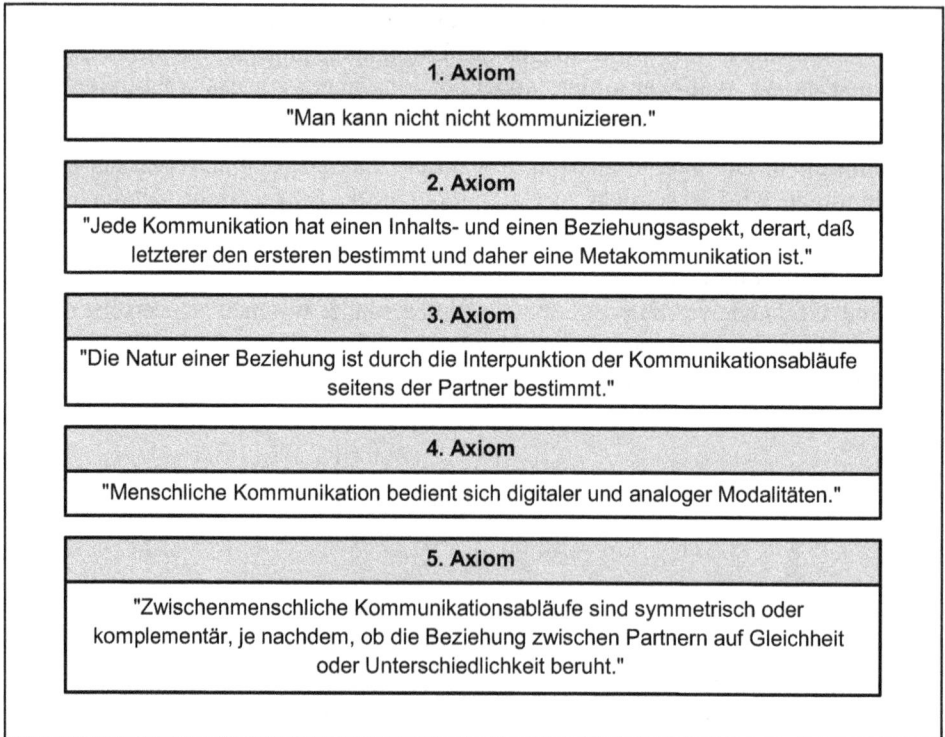

Abbildung 2-5 *Die fünf Axiome menschlicher Kommunikation*[9]

Zur Erklärung der einzelnen Axiome:

1. Axiom – „Nicht nicht" kommunizieren zu können bedeutet, daß Kommunikation keinesfalls nur verbale Kommunikation meint; auch jegliches nonverbale Verhalten stellt Kommunikation im engsten Sinn des Wortes dar (hier drängt sich beispielsweise die nicht unerotische Vorstellung auf, daß eine Frau und ein Mann im Fahrstuhl unbekannterweise heftig miteinander flirten, ohne dabei auch nur ein Wort zu sprechen ...).

2. Axiom – Mit Inhaltsaspekt ist die Sache gemeint, die eine Kommunikation zwischen Menschen zum Gegenstand hat, sozusagen die „Tagesordnung". Der Beziehungsaspekt meint das Verhältnis, das die Beteiligten zueinander haben. Inhalts- und Beziehungsaspekt können – wenn man sich Beispiele vor Augen führt – zu schwierigen Situationen führen. Man stelle sich etwa vor, daß aufgrund einer schlechten Beziehung zwischen Verhandlungspartnern in einer nicht gerade bedeutenden Sache „um des Kaisers Bart" stundenlang gestritten wird. Zwischen Freunden würde dasselbe Thema in einigen Minuten abgehandelt sein! Jedenfalls kann festgestellt werden, daß der Beziehungsaspekt den Inhaltsaspekt häufig überlagert bzw. dominiert.

3. Axiom – Die diesbezüglichen Überlegungen Watzlawicks gehen vom weithin bekannten Verhältnis zwischen Aktion und Reaktion aus. Beispielsweise stelle man sich ein Paar vor: Ein Partner fordert vom anderen etwas Bestimmtes; der andere sieht sich überfordert und versucht, sich diesbezüglich zu entziehen. Die Folge wird sein, daß er sich immer mehr der gleichen Forderungen gegenüber sieht und sich immer mehr zu entziehen versucht. Das Verhaltensmuster, das dieserart entsteht, wird zweifellos nur schwer zu durchbrechen sein.

4. Axiom – Digitale Kommunikation meint einfach strukturiertes Kommunizieren, im Sinne von mit einem klaren Ja oder Nein beantwortbaren naheliegenderweise simplen Fragen. Analoge Kommunikation schließt demgegenüber Diskussionsprozesse und gewisse „Grauzonen" bei der Beantwortung von – meist komplexeren – Fragen ein.

5. Axiom – Von symmetrischer Kommunikation spricht man, wenn die Kommunikation zwischen (auch hierarchisch) gleichberechtigten Partnern gemeint ist. Komplementäre Kommunikation ist jene zwischen nicht gleichberechtigten (insbesondere hierarchisch über- bzw. untergeordneten) Partnern.

Im Zusammenhang mit Kommunikation in Organisationen treten häufig typische **Probleme** auf: Zum Beispiel wird durch das Fehlen direkter Kontakter oft nur unzureichend kommuniziert. Kommunikative Prozesse sind allgemein schlecht koordiniert, Informationen nicht ausreichend zugänglich bzw. werden zurückgehalten. Erfahrungen zwischen Managern werden oft nicht ausreichend ausgetauscht. Es herrscht eine schlechte Koordination des Kommunikationsflusses von „unten nach oben".

Fallstudie: Umzug mit Hindernissen

Eine Organisationseinheit in der öffentlichen Verwaltung war kürzlich in ein „Notquartier" übersiedelt, da die eigentlich genutzten Bürogebäude einer Grundsanierung unterzogen wurden. Nach Abschluß der Bauarbeiten nach etwa einem Jahr wollte man die neuen Räumlichkeiten beziehen. Im Zuge dessen sollten auch einem Großteil der Mitarbeiter neue Büros zugeteilt werden, um räumliche Nähe entsprechend der Organisationsstruktur und damit kurze Wege zu schaffen.

Die an sich wohlüberlegte Maßnahme entpuppte sich im Laufe der Zeit allerdings als das beinahe größte Problem. Wiederholt kam es zu Diskussionen, wer welches Büro beziehen soll. Obwohl rechtzeitig über den Umbau und die damit verbundenen Konsequenzen informiert worden war, fühlten sich einige Mitarbeiter übergangen. Manche hatten die bisherigen Informationsschreiben ignoriert oder waren nicht auf den diesbezüglichen Sitzungen erschienen. Gleichwohl suchte niemand die Fehler bei sich selbst.

Mehrfach wurde die geplante Bürobelegung deshalb offiziell geändert. Manch einer ergriff auch selbst die Initiative, indem er die mit Namen versehenen Klebeschilder auf den Bauplänen einfach umsetzte, damit Kollegen in weniger beliebte Büros verbannte und sich selbst einen attraktiveren Raum zuwies. Die dabei benachteiligten Kollegen wurden oft nicht sofort auf ihre „Umbesetzung" aufmerksam und interpretierten dies später, sobald sie davon Kenntnis hatten, als Schachzug gegen sie seitens der Leitung.

Aufgabe 1

Wodurch ist die Kommunikation im vorliegenden Fall gekennzeichnet? Welche Hindernisse treten dabei auf?

Aufgabe 2

Wer bzw. was hätte anfangs und später zur Vermeidung des Konflikts beitragen können?

2.1.1 Wahrnehmung

Wahrnehmung kann als eine Form der Widerspiegelung der objektiven Realität in unserem Bewußtsein definiert werden. Dabei werden die von der Umwelt hinterlassenen Eindrücke organisiert und interpretiert. Die wahrgenommene Realität muß nicht immer der objektiven Realität entsprechen.

Die Bedeutung der Wahrnehmung für das organisationale Verhalten liegt darin begründet, daß nicht die objektive Realität, sondern die Realität, wie sie vom Menschen wahrgenommen wird, Auslöser eines bestimmten Verhaltens ist.

Tresorknackerkarl   Egon, der Ausbrecherkönig

Rudi Langfinger   Franz, der Bankangestellte

Das Wahrnehmungsobjekt

Warum können Menschen, die ein und dieselbe Sache betrachten, sie doch (mitunter völlig) unterschiedlich wahrnehmen? Die Ursache dafür sind eine Reihe von Faktoren, die zur Verformung und Verzerrung der Wahrnehmung beitragen. Dabei kann es sich um Aspekte bezüglich der wahrnehmenden Person (vgl. verschiedene Bedürfnisse, bestimmte Interessen), der Situation (z.B. ein Nackter in der Fußgängerzone oder am FKK-Strand), in der etwas wahrgenommen wird, und/oder des Wahrnehmungsobjekts handeln.

Was letztendlich wahrgenommen wird, hängt auch von den Eigenschaften des Wahrnehmungsobjeks ab. Besonders attraktive oder unattraktive sowie in anderer Hinsicht auffällige Personen stechen aus einer Gruppe wahrscheinlich mehr heraus als durchschnittlich aussehende Gruppenmitglieder.

Anhand nachfolgender, häufig gezeigten Abbildung kann verdeutlicht werden, daß die Identifizierung des Hintergrundes wesentlich dazu beträgt, was wahrgenommen wird. Wird die dunklere Fläche als Hintergrund identifiziert, so wird der Betrachter eine Vase sehen. Wird hingegen die hellere Fläche als Hintergrund erkannt, sieht der Betrachter zwei Köpfe im Profil.

Vase oder Köpfe?

Von besonderer Bedeutung für das Verhalten in Organisationen ist das Problem der Wahrnehmung von Personen. Zur Erklärung, warum wir in einer bestimmten Weise über andere Menschen urteilen, kann die **Attributionstheorie**, die erklärt, nach welchen Gesichtspunkten Personen ein bestimmtes Verhalten zugeschrieben werden kann, dienen.

Kann das Individuum sein Verhalten kontrollieren und selbst beeinflussen, so spricht man von intern begründetem Verhalten. Bei extern begründetem Verhalten liegen die Ursachen außerhalb des individuellen Einflußbereiches, d.h., das Individuum wird durch äußere Umstände zu einem Verhalten gezwungen.

Die Bestimmung der Verhaltensursachen ist weiters von drei Faktoren abhängig:

- **Unterscheidbarkeit**: Ist ein Verhalten für eine Person ungewöhnlich, d.h., wird es eher selten gezeigt oder verhält sich die betreffende Person in verschiedenen Situationen so?

- **Übereinstimmung**: Zeigt nur eine Person ein bestimmtes Verhalten oder reagieren auch andere auf diese Art und Weise?

- **Beständigkeit**: Reagiert eine Person ständig auf dieselbe Weise, d.h., zeigt sie in ihrem Verhalten Konsistenz?

Die Zuschreibung von Verhaltensursachen verläuft jedoch nicht ohne Vorurteile oder Störfaktoren. Gerade bei der Beurteilung anderer Personen macht sich der Mensch nicht immer die Mühe, aufmerksam zu beobachten und deren Erscheinung und Handlungen zu interpretieren. Viel häufiger werden *shortcuts* verwendet, die es erlauben, schnellere Schlüsse zu ziehen:

- **Selektive Wahrnehmung:** Aufgrund der zahlreichen Reize, denen der Mensch ständig ausgesetzt ist, kann er nicht alles wahrnehmen und muß die Eindrücke und Wahrnehmungen selektieren. Demzufolge haben Persönlichkeitsmerkmale oder Merkmale von Ereignissen, die besonders herausstechen, eine größere Chance, wahrgenommen zu werden als eher unscheinbare. Neben der selektiven Wahrnehmung bedient sich der Mensch auch der **selektiven Verzerrung**. Das heißt, er paßt das, was er wahrnimmt, seinen Interessen, Erfahrungen und Vorstellungen an. Dabei besteht das Risiko der subjektiven Ergänzung oder des Weglassens wichtiger Informationen.

- **Halo-Effekt:** Menschen neigen stark dazu, ausgehend von einem hervorstechenden Persönlichkeitsmerkmal auf das Wesen einer Person zu schließen. Diese Erscheinung wird auch als Halo-Effekt bezeichnet (vgl. den bekannten „ersten Eindruck").

Kontrasteffekte

- **Kontrasteffekte:** Kontrasteffekte beschreiben die menschliche Eigenschaft, Einschätzungen von Personen nicht isoliert, sondern im Vergleich zu anderen Personen vorzunehmen. Bei Bewerbungsgesprächen hängen z.B. die eigenen Chancen in nicht unbedeutendem Maß vom Auftreten der vorangehenden Bewerber ab.

- **Projektion:** Die Beurteilung anderer wird dadurch vereinfacht, daß man annimmt, sie haben die gleichen Erwartungen und Vorstellungen wie man selbst.

- **Stereotypen:** Dabei werden aus allgemeinen Eindrücken Rückschlüsse auf eine einzelne Person gezogen (daß z.B. alle Schweden blond und blauäugig sind, trifft sicher nicht zu).

2.1.2   Werte und Einstellungen

Ob im Privatleben oder bei der Arbeit – Meinungen und Einstellungen werden ständig geäußert. „Das Management kümmert sich zu wenig um die Belange der Mitarbeiter." „Diese Tätigkeit wird nicht entsprechend ihrer Anforderungen bezahlt." Wichtig ist, daß die einzelnen Meinungen Beachtung finden und nicht von vornherein als bedeutungslos betrachtet werden. Häufig läßt sich eine bestimmte Verhaltensweise von einer Meinung ableiten und erklären.

Werte sind Grundüberzeugungen und beinhalten, was ein Individuum als gut und richtig oder falsch und abzulehnend empfindet. Werte haben eine Zufriedenheits- und eine Intensitätskomponente. Erstere drückt aus, *was* wichtig ist, letztere, *wie* wichtig etwas für das Individuum ist.

Ordnet man die Werte eines Individuums nach Intensitäten, so erhält man eine Wertehierarchie. Die Wertehierarchien aller Individuen zusammengenommen, ergeben das Wertesystem einer Gesellschaft, das ausdrückt, welche Bedeutung Werten wie etwa Freiheit, Gleichheit, Ehrlichkeit, Selbstachtung oder Freizeit und Vergnügen zukommt.

Werte beeinflussen die Wahrnehmung des Menschen, tragen zur Bildung von Einstellungen bei und beeinflussen die Motivation. Wenn ein Individuum in eine Organisation eintritt, hat es bereits Ideen und Vorstellungen über diese Organisation und darüber, welche Handlungen erwünscht und welche unerwünscht sind. Unabhängig davon, ob diese Vorstellungen der Realität entsprechen, werden sie sich auf das Verhalten des Individuums auswirken.

Grundlegende Werte werden bereits in der Kindheit, vor allem durch Eltern, Lehrer und Freunde, vermittelt. Beim Heranwachsen wird der Mensch mit anderen Wertesystemen konfrontiert und muß sich damit auseinandersetzen. Jedoch sind Werte im allgemeinen relativ beständig. Werden die eigenen Werte von anderen Personen angezweifelt, muß dies nicht unbedingt zu einem Umdenken und zu einer Veränderung führen. Häufig werden dadurch die eigenen Werte noch bekräftigt.

Einstellungen sind (positive oder negative) Einschätzungen von Personen, Objekten oder Ereignissen, die ausdrücken, wie sich eine Person bezogen auf etwas fühlt. Einstellungen setzen sich aus einer kognitiven, einer affektiven und einer verhaltensbezogenen Komponente zusammen.

Die **kognitive Komponente** stellt einen Wert dar, z.B. daß Männer und Frauen gleichberechtigte Chancen bei der Arbeitsplatzsuche haben sollten. Dies bildet die Grundlage für die **affektive Komponente**, den emotionalen und dominierenden Bestandteil der Einstellung, z.B. daß man einen bestimmten Menschen nicht mag, weil er gegen diese Gleichberechtigung ist. Eine Konsequenz daraus wäre, diesen Menschen aufgrund seiner anderen Einstellung zu meiden. Dies stellt die **verhaltensbezogene Komponente** der Einstellung dar.

Einstellungen weisen jedoch eine geringere Stabilität als Werte auf. Der Grund dafür ist, daß Menschen nach Übereinstimmung zwischen ihren Einstellungen und ihrem Verhalten suchen. Sollten sich Widersprüche zwischen Verhalten und Einstellungen ergeben, wird der Mensch bemüht sein, einen ausgeglichenen Zustand wiederherzustellen. Dies kann entweder durch Verhaltensänderung oder durch Einstellungsänderung geschehen oder auch dadurch, daß man lernt, mit den Widersprüchen umzugehen.

Für das organisationale Verhalten haben Einstellungen deshalb eine große Bedeutung, weil sie das Arbeitsverhalten beeinflussen. Durch Kenntnis der Einstellungen, z.B. zu Vorgesetzten, Arbeitskollegen oder der Arbeit an sich, können spezifische Verhaltensweisen erklärt werden.

Fallstudie: Arbeitsmoral

Nach mehreren Einsätzen rund um den Globus arbeitet Frau R. nun schon wieder das zweite Jahr im Destinationsmanagement. Die Arbeit macht ihr großen Spaß und ist im Vergleich zu den vergangenen Jahren wesentlich angenehmer geworden, da der Reiseveranstalter um Problemlösungen bemüht ist und sich der Kundenservice bereits merklich verbesserte.

Allerdings bereitet ihr die Arbeitsmoral ihrer Mitarbeiter immer noch Kopfzerbrechen. Seit Beginn ihrer jetzigen Tätigkeit arbeitet Frau R. mit denselben Kollegen im Büro und im Reiseleiterteam zusammen. Doch auch nach knapp zwei Jahren dieser gemeinsamen Arbeit werden tägliche Aufgaben noch immer nicht automatisch erledigt. Täglich müssen die Kollegen an ihre Aufgaben erinnert werden. Ja, sie verlassen sich sogar darauf, daß sie an ihre Aufgaben erinnert werden. Frau R. wäre froh, wenn die alltäglichen Aufgaben selbständig erledigt werden würden, sie dadurch mehr Zeit für ihre eigene Arbeit hätte und ihre Ideen umsetzen könnte. Die ständige Kontrolle und Überwachung des Personals beanspruchen jedoch viel Zeit und Geduld. Frau R. fühlt sich in dieser Lage machtlos und hat den Eindruck, Arbeit wird hier lediglich als notwendiges Übel betrachtet, um Geld zu verdienen. Ihr ist aufgefallen, daß, sobald der Chef nicht da ist, die Mitarbeiter im Internet surfen, stundenlang mit Freunden telefonieren, Tee und Kaffee trinken oder auch gar nicht erst zur Arbeit kommen.

Aufgabe 1

Wie sollte Frau R. nun im Umgang mit den Mitarbeitern reagieren?

Aufgabe 2

Mit welchen Maßnahmen könnte die Einstellung der Mitarbeiter zur Arbeit grundlegend verbessert werden?

2.2   Zielsetzung und Planung

> Die Funktionen **Zielsetzung** und **Planung** gehören zu den gestalterischen Aufgaben im Rahmen einer Organisation und dienen der Erstellung klarer Grundlinien für die Tätigkeit des Unternehmens.

Die Gestaltung der Organisation erfolgt auf der Grundlage eines Leitbildes bzw. einer gewählten Philosophie. Folgende Aufgaben werden im allgemeinen als wesentlich im Hinblick auf eine bewußte und systematische Gestaltung des Systems Organisation aufgefaßt: nachhaltige Absicherung des Erfolgs, rechtzeitiges Erkennen von Risiken, Erhöhung der Flexibilität, Reduktion der Komplexität sowie die Ausnützung von Synergiepotentialen.

Unternehmensziele von Hewlett-Packard

Die Unternehmensziele von Hewlett-Packard wurden erstmals vor rund 50 Jahren veröffentlicht und sind – mit geringen Modifikationen – heute noch gültig.

* „**Gewinn:** Wir wollen einen Gewinn erzielen, der ausreicht, das Wachstum unseres Unternehmens zu finanzieren und die Mittel bereitstellt, die wir zur Verwirklichung der anderen Unternehmensziele benötigen.

* **Kunden:** Unsere Produkte und Dienstleistungen sollen den hohen Ansprüchen unserer Kunden an Qualität und Nutzen voll gerecht werden. Nur dadurch können wir die Anerkennung sowie das Vertrauen der Kunden gewinnen und erhalten.

* **Betätigungsgebiet:** Wir wollen uns auf den Gebieten betätigen, in denen wir auf unseren Technologien und Kompetenzen und auf den Interessen unserer Kunden aufbauen, die uns Möglichkeiten für ein kontinuierliches Wachstum bieten, und auf denen wir einen gewünschten und gewinnbringenden Beitrag leisten können.

* **Wachstum:** Unser Wachstum soll nur durch unseren Gewinn und durch unsere Fähigkeit begrenzt sein, innovative Produkte zu entwickeln und herzustellen, die den tatsächlichen Bedürfnissen der Kunden entsprechen.

* **Mitarbeiter:** Alle HP Mitarbeiter sollen am Unternehmenserfolg, den sie mit erwirtschaften, Teil haben. Ihre Beschäftigung soll ihnen aufgrund ihrer Leistungen sicher sein. Gemeinsam mit ihnen soll eine sichere, angenehme und umfassende Arbeitsumgebung geschaffen werden, die die Vielfalt der Mitarbeiter würdigt und ihre individuellen Leistungen anerkennt. Darüber hinaus wollen wir die Voraussetzungen schaffen, die die persönliche Zufriedenheit mit den Arbeitsinhalten und Arbeitsergebnissen fördert.

* **Führungsstil:** Wir wollen die Initiative und die Kreativität unserer Mitarbeiter fördern, indem wir dem Einzelnen einen weiten Handlungsspielraum beim Erreichen klar definierter Ziele lassen.

* **Gesellschaftliche Verantwortung:** Wir wollen unsere Verpflichtung gegenüber der Gesellschaft in jedem Land und jedem Gemeinwesen, in welchem wir tätig sind, erfüllen, indem wir wirtschaftliche, kulturelle und soziale Beiträge leisten."[10]

Planung erfolgt auf der Grundlage gewählter oder vorgegebener Ziele. Sie sollte strategische, organisatorische und operative Aspekte enthalten. Ebenso ist die Fristigkeit der Planung zu berücksichtigen. Dabei wird langfristige, mittelfristige und kurzfristige Planung unterschieden. Mit **strategischer Planung** werden grundsätzliche Tatbestände auf Basis der gewählten Ziele und bestimmter Größen zur Orientierung vorausschauend festgelegt. Demgegenüber besteht die **operative Planung**, die aus der strategischen Planung abgeleitet wird, durch deren Umsetzung in Pläne für einzelne Funktionsbereiche. Als Teilbereiche der operativen Planung werden – jeweils bezogen auf die einzelnen Funktionen – Zielplanung, Ressourcenplanung und Maßnahmenplanung unterschieden.

Was soll im Betrieb geplant und analysiert werden?

Eine Vielzahl betrieblicher Aufgaben kann durch den Einsatz systematischer Planung und Analyse verbessert werden. Die folgende Übersicht zeigt wichtige Ansatzpunkte:

- strategische Planung
- Umfeldanalyse (Konjunktur, neue Technologien)
- Marktforschung/Kundenbefragungen
- Konkurrenzanalyse, Wettbewerbskräfte
- Sortiments- bzw. Produktionsprogrammplanung
- Marketing- und Vertriebsplanung
- Absatzmengenplanung
- Kalkulation der Verkaufspreise/Preisuntergrenzen
- Produktionsablaufplanung
- systematische Lieferantenauswahl
- Bestellmengenplanung
- Überwachung der Lagerkennzahlen
- Produktivitätsüberwachung in der Produktion
- Qualitätsüberwachung in der Produktion/Audits
- Reklamationsauswertung
- Transportplanung (Tourenplanung)
- Terminplanung (Einkauf/Verkauf)
- Investitionsplanung/Investitionsrechenverfahren
- Personalbestandsplanung/Personalbeschaffung
- Kassenhaltungsplanung
- Finanz- und Finanzierungsplanung
- regelmäßige Debitorenüberwachung
- Gewinn- und Rentabilitätsplanung
- Erfolgsrechnung nach Kundengruppen
- Erfolgsrechnung nach Produktgruppen
- Budgetplanung/Budgetkontrolle nach Abteilungen
- Bilanzanalyse/Kapitalflußrechnung
- Gemeinkostenwertanalyse/Zero-Base-Planung[11]

Als **Prozeß der Planung** wird die Summe der einzelnen Schritte der Planung, die zur vollständigen Lösung eines Planungsproblems zu vollziehen sind, verstanden. Wesentlich sind dabei inhaltliche und zeitliche Aspekte. Der Prozeß der Planung gliedert sich in die Phasen Analyse, Entwicklung von grundsätzlichen Strategien sowie Planung in bezug auf Umsetzung und Kontrolle. Eine entsprechende Kontrolle der Planung erfolgt nach bestimmten meßbaren Kriterien. Derartige Kriterien wären etwa die Fragen, wer wofür in welchem Zeitraum verantwortlich war, oder mit welchen Kosten welches Ergebnis erzielt werden konnte.

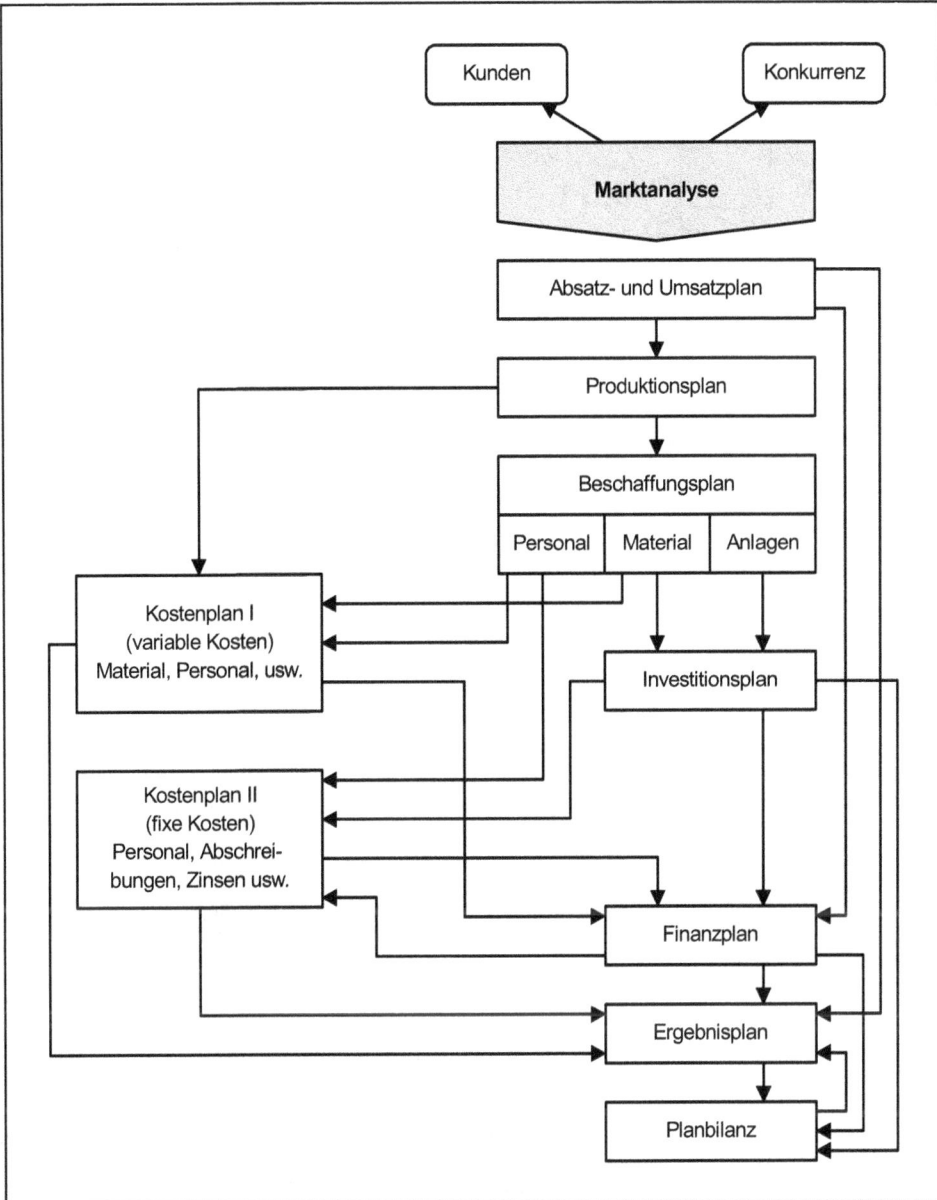

Abbildung 2-6 *Elemente der Unternehmensplanung*

Probleme im Bereich der Zielsetzung und Planung können sich insbesondere durch eine unklare Definition bzw. eine diffuse Vorgabe von Zielen, Schwankungen von Zielen oder eine mangelhafte Planung von Projekten ergeben.

Fallstudie: Krauts Kräuterlinge

... und deshalb bringen wir unsere neue Produktlinie in den Größen 0,5 l, 1 l und 1,5 l auf den Markt.

Die Öffnungen sind bei allen Flaschen gleich groß.

0,5 l   1 l

1,5 l

Die 0,5 l-Flasche ist doch völlig unsinnig. Dafür müssen wir uns extra eine neue Etikettiermaschine anschaffen.

Die herkömmlichen Verschlüsse passen doch gar nicht auf die kleinen Flaschen!

... weil es den Trinkgewohnheiten der meisten Haushalte entspricht ...

Warum haben Sie sich denn nicht mehr an den Vorschlägen aus der Produktion orientiert?

Sind Sie sicher, daß sich so eine Sondergröße überhaupt rechnet? Da zahlen wir ja bei der Verpackung drauf!

Herr Kraut (54), Gründer, Eigentümer und alleiniger Geschäftsführer der Kraut Getränke-Produktionsgesellschaft mbH mit 52 Angestellten und einem Jahresumsatz von etwa 20 Mio. Euro hatte den Streit zwischen seinem Produktionschef Friedrich Jagomast (51) und dem neu hinzugekommenen Verkaufsleiter Michael Lahn (35) bereits einige Zeit schweigend mit angesehen. Schon von Anfang an hatte es kleine Unstimmigkeiten zwischen den beiden gegeben, wobei es sich zunächst eher um Kleinigkeiten gehandelt hatte und Kraut keinen Handlungsbedarf gesehen hatte. Jetzt endlich aber hatte Kraut genug. Aufgrund der schlechten Ertragslage, in die das Unternehmen geraten war, zog er den Marketingexperten Koller hinzu, der das bestehende Sortiment um ein neues, umsatzsteigerndes Produkt erweitern sollte. Das erfolgversprechende Konzept des neuen Produktes hätte längst präsentiert werden sollen, aber das Produkt schien aufgrund fehlender Kooperation und mangelnder Koordination zum Scheitern verurteilt.

„Wenn die Produktion recht hat, dann bekommen wir nie ein neues Produkt!" – Die aggressiven Worte des Marketingexperten Koller rissen Herrn Kraut aus seinen Gedanken. Er schlug mit der Faust auf den Tisch und erklärte, daß es so nicht weiterginge und er in einem Vierteljahr ein neues, ausgefeiltes Konzept erwarte. Falls dies nicht klappen würde, hätten alle Beteiligten mit Konsequenzen zu rechnen. Mit diesen Worten verließ er das Sitzungszimmer.

Aufgabe 1

a) Versuchen Sie, die handelnden Beteiligten kurz zu beschreiben!

b) Wie sehen Sie die Reaktion von Herrn Kraut auf die Auseinandersetzungen im Management? Was könnte Herr Kraut seinerseits einbringen?

Herr Kraut fand zu Beginn der nächsten Sitzung eine veränderte Situation vor, die sich vorerst aber lediglich darin zeigte, daß zwei große Papierblätter mit Diagrammen und Aufzeichnungen an der Wand hingen.

Unter dem Aspekt der Kooperation und Koordination hatten die Herren Jagomast und Lahn eine Vorgehensweise zur Entwicklung neuer und zur Verbesserung bestehender Produkte entwickelt. Allerdings waren sie bei der Erarbeitung der Konzeption auf eine Frage gestoßen, die der Geschäftsführer selbst beantworten mußte: In welche Richtung soll sich das Unternehmen künftig entwickeln? Der Produktionschef und der Verkaufsleiter hatten sich bereits insoweit geeinigt, daß die Getränke weiter im Sektor höherer Qualität verankert sein sollen. Auch der Slogan „Krauts Kräuterlinge" sei zwar etwas altmodisch, passe aber recht gut zur Firmenpolitik. Außerdem weise das Unternehmen entsprechende Stärken in diesem Geschäftsfeld auf. Fraglich war nun, ob dies auch in Zukunft so bleiben würde.

Auch Herr Kraut hatte sich seit einiger Zeit Gedanken bezüglich der Zukunft seines Unternehmens gemacht, war aber noch recht unschlüssig. Der Verkaufsleiter sprach ihn daraufhin auf den sich zeigenden Entwicklungstrend hin zu Bio-Produkten an, der ja auch auf den Getränkesektor übertragen werden könnte. Gemeinsam mit Herrn Jagomast hatte er sich bereits in der Fachpresse darüber informiert. Für die heutige Diskussion nicht entscheidend, wohl aber für die Zukunft, schlugen beide vor, diese Problematik in einer späteren Sitzung erneut aufzugreifen. Herr Kraut war sich zwar noch nicht im klaren darüber, wie eine solche Um- bzw. Neuorientierung aussehen sollte, sein Gefühl sagte ihm jedoch, daß Derartiges an der Zeit ist.

Aufgabe 2

a) Skizzieren Sie die Probleme, die sich in der Firma grundsätzlich stellen!

b) Ist eine derartige Grundsatzdiskussion zielführend? Unter welchen Umständen kann eine solche Diskussion erfolgreich sein?

c) Welche Vorteile kann ein bereichsübergreifendes Team bringen?

Nun stellte der Produktionschef das erstellte Konzept für die Produktplanung, das folgende Schritte enthielt, vor:

1. **Ideensammlung und -auswahl**	• Anlegen einer Ideensammlung
	• regelmäßige Auswertung der Ideen
	• Vorauswahl
	• Prüfung auf Realisierbarkeit
2. **Marktforschung**	• Beauftragung eines Marktforschungsinstitutes
	• Nutzung der Informationen von Außendienstmitarbeitern, Kunden, Zulieferern
3. **Korrekturphase**	• Diskussion der bisherigen Ergebnisse
	• Korrekturentscheidungen
4. **Erstellen eines Aktionsplanes**	• Festlegung der Vorgehensweise für alle beteiligten Abteilungen
5. **Produkttest**	• Vorabtest bei ausgewählten Kunden

Tabelle 2-4 Produktplanungsprozeß

1. Schritt – Ideensammlung und -auswahl: Um die Ideensammlung systematischer zu gestalten, sollen nach der Vorstellung von Produktionschef und Verkaufsleiter alle Ideen in einer zentral verwalteten „Ideendatenbank" gesammelt werden. Zweimal jährlich werden die eingegangenen Ideen von einer aus drei bis vier Mitarbeitern der Produktion und des Vertriebs sowie deren Leitern bestehenden Gruppe gesichtet, ausgewertet und gegebenenfalls ausgebaut. Die Auswertung der Ideen soll unter Anwendung von Kreativitätstechniken wie Brainstorming, 635-Methode oder Synektik erfolgen. Förderungswürdige Ideen sollen von ihrer Entwicklung bis hin zur Marktreife von dieser Gruppe betreut werden.

Im Rahmen der Ideenauswahl soll die Arbeitsgruppe eine Vorauswahl treffen und Vorschläge bezüglich Produktzusammensetzung, Verpackung, Markenbezeichnung sowie eine erste Vorkalkulation besprechen. Da umfassende Marktforschungsprogramme aus finanziellen Gründen nicht möglich sind, sollte man sich hierbei auf die gute Branchenkenntnis der Mitarbeiter stützen.

Zur Untermauerung seiner weiteren Ausführungen legte der Verkaufsleiter Verpackungsentwürfe und Rezepturlisten einer bestimmten Produktgruppe vor, die er dem Geschäftsführer übergab. Die Fragen, die er hinsichtlich der Konservierung und der Rohstoffzufuhr stellte, wurden zu seiner Zufriedenheit beantwortet.

2. Schritt – Marktforschung: Der Vertrieb wird regelmäßig ein Marktforschungsinstitut beauftragen. Das bisher dafür vorgesehene Budget soll – auf Kosten des Werbeetats – aufgestockt werden. Marktinformationen sollen hauptsächlich durch den Außendienst und Führungskräfte, die intensive Kontakte zu Kunden, Lieferanten und Interessenvertretungen halten, gewonnen werden. Zusätzlich sollen in größeren Abständen Verbrauchertests und Befragungen durchgeführt werden.

Nostalgie gehört auch zum Unternehmen. Die neue Produktserie wird daher nicht als neue Marke mit neuer Aufmachung vermarktet, sondern als *line extension* unter dem Slogan „Krauts Kräuterlinge", und zwar in der gleichen Aufmachung. So die Worte von beiden.

3. Schritt – Korrekturphase: Die Ergebnisse der Arbeitsgruppe sollen nun diskutiert und eventuelle Veränderungen beschlossen werden. Falls Zwischenergebnisse unbefriedigend sind, werden Produkte auch eliminiert. Eine korrigierte Kalkulation, eine Absatzplanung und eine Planergebnisrechnung werden aufgestellt.

4. Schritt – Erstellung eines Aktionsplanes: In dieser Phase wird ein konkreter Vorgehensplan erarbeitet, der festhält, wer was in Produktion, Vertrieb und Verwaltung auf den Tag genau zu tun hat. Auf diese Weise kann die Information und Koordination der Arbeit aller Beteiligten sichergestellt werden.

5. Schritt – Produkttest: Schließlich wird das Produkt in Musterform einigen Kunden, zu denen der Betrieb ein gutes Verhältnis pflegt, vorgestellt. Da nun bereits Kundenanfragen eingehen könnten, müßte das Unternehmen an dieser Stelle bereits produktionsbereit sein. Mit den Rohstofflieferanten müssen die Abnahmeverträge geschlossen und die Verpackungsetiketten zumindest in Reinzeichnungen vorhanden sein. Außerdem sollten einige Produktalternativen vorliegen, falls ein Produkt diesen Vorabtest nicht oder nur unbefriedigend besteht.

Keine leichte Arbeit

Aufgabe 3

Wie schätzen Sie den vorgeschlagenen Produktplanungsprozeß ein? Mit welchen Problemen könnte man dabei konfrontiert sein?

Der Geschäftsführer war soweit zufrieden, nur seine Frage nach der weiteren Entwicklung des Unternehmens war noch nicht beantwortet. Ihm fehlte die Integration der Produktplanung im zukünftigen unternehmerischen Gesamtkonzept. Herr Jagomast griff das Thema der letzten Unterredung erneut auf und erläuterte seine Vorstellung von einer integrierten Unternehmensplanung, die sowohl alle betrieblichen als auch umweltbezogenen Aspekte berücksichtigt.

Die Flaschen des Managements

Nicht entgangen war dem Geschäftsführer, daß sich die Situation zwischen seinen Mitarbeitern Jagomast und Lahn sichtlich entspannt hatte. Auf seine Frage, wie dies möglich sei, beantworteten sie, sie hätten sich zusammengesetzt und gemeinsam auch über die Fehler des anderen gesprochen.

Aufgabe 4

Wie könnte die künftige Entwicklung der Firma Kraut aussehen? Auf welche Stärken könnte man sich dabei besonders stützen?

2.3   Entscheidung

> **Entscheidung** dient der Strukturierung von Problemen des Managements. Einerseits umfaßt die Funktion Entscheidung die Strukturierung von individuellen Entscheidungen und andererseits die Steuerung von Entscheidungen innerhalb eines hierarchischen Systems von Entscheidungsträgern.

Ein Grundproblem des Entscheidens besteht darin, verschiedene Möglichkeiten des Handelns mit **ungewissen Konsequenzen** abzuwägen und aufgrund dessen Entscheidungen zu treffen. Entscheidungen sind dabei zu verstehen als Auswahl optimaler **Alternativen des Handelns** aus einer bestimmten Anzahl von Möglichkeiten. Zur Lösung des Entscheidungsproblems wird in der Regel eine Alternative möglichen Handelns gewählt. Dabei wird üblicherweise vom **rationalen Entscheiden** ausgegangen. Demgegenüber spielt **Irrationalität** eine große Rolle, wenngleich sich Entscheidungsträger dies nicht gerne eingestehen.

Entscheidung – ein anstrengender Prozeß

Der **Prozeß der Entscheidung** besteht in der Regel aus folgenden Schritten: Formulierung des Problems, Präzisierung der Ziele, Erforschung der Alternativen des Handelns, Ermittlung der Restriktionen für mögliche Alternativen, Prognose der Ergebnisse und Auswahl einer Alternative. Wertvoll im Rahmen des Prozesses der Entscheidung sind insbesondere die Auswahl einer Strategie zur Suche nach Alternativen und die Heranziehung eines Konzepts zur Bewertung von Informationen.

Im Gegensatz zu individuellen Entscheidungen besteht die Steuerung von Entscheidungen in Hierarchien in der Lenkung von Entscheidungsprozessen, in die zahlreiche Personen involviert sind. Dabei werden komplexe Aufgaben in Teilprobleme zerlegt und gemäß der Hierarchie delegiert. In einem derart hierarchisch gegliederten System von Entscheidungsträgern tragen alle getroffenen Entscheidungen zur Erreichung des gesamten Zieles bei. Aufgrund der einzelnen Ziele werden die Entscheidungsprozesse der nachgeordneten Mitarbeiter vom jeweils vorgesetzten Mitarbeiter gesteuert, überwacht und aufeinander abgestimmt.

Gängige Methoden zur Vorbereitung von Entscheidungen

Grundlagenanalyse: „Ist eine Tätigkeit überhaupt notwendig?" Damit wird insbesondere zur Lokalisierung von Kostensenkungspotentialen zunächst alles in Frage gestellt. Davon ausgehend werden alle nicht (mehr) erforderlichen bzw. überflüssigen Tätigkeiten gestrichen.

ABC-Analyse: Diese dient der Feststellung von Prioritäten (z.B. Einteilung von Kunden nach deren Wichtigkeit, Festlegung von Einkaufs- und Lagermengen nach Bedarf), wobei die Kategorie „A" erste Priorität hat.

Wertanalyse: In Form einer Kosten-Nutzen-Analyse wird der Wert von Leistungen ihren Kosten gegenübergestellt. Dabei wird auf ein möglichst optimales Verhältnis abgezielt.

Zero-Base-Budgeting: Orientierung der Mittelzuteilung (Budget) nicht an den Werten der Vergangenheit, sondern am konkreten Bedarf der Planperiode.

Portfolio-Analyse: Dabei werden die Aktivitäten des Unternehmens (z.B. nach Geschäftsbereichen, Produkten etc.) miteinander oder mit denen der Konkurrenz verglichen, um daraus entsprechende (strategische) Entscheidungen abzuleiten.

Risikoanalyse: Aus Produkt-, Konkurrenz- und Marktanalysen u.ä. werden mit Hilfe von Trendextrapolationen künftige Risiken, aber auch Chancen prognostiziert (vgl. Frühwarnsysteme).

Managementsimulation: Mit Hilfe von EDV-gestützten Methoden (z.B. Unternehmensplanspiel) kann anhand von bestimmten Inputs das jeweilige Ergebnis der vorangegangenen Entscheidungen ermittelt werden. Damit können sowohl die Entscheidungsqualität getestet als auch verschiedene Szenarien erstellt werden.

Brainstorming: Unter Teilnahme mehrerer Personen sollen möglichst viele Ideen zu einem bestimmten Thema gefunden werden. Voraussetzung ist lediglich, daß alle Einfälle unbehindert geäußert werden dürfen (vgl. Kreativitätstechniken).

Mind-Mapping: Alle Ideen und Argumente werden sofort graphisch strukturiert; dies geschieht mittels einer baumähnlichen Darstellung, wobei für jede Idee – je nach Bedeutung und Zusammengehörigkeit – „Äste" gebildet werden.

Optimierungsmodelle: Mit Hilfe konkreter Ausgangsgrößen sollen mittels mathematischer Verfahren möglichst optimale Ergebnisse ermittelt werden (vgl. Operations Research, z.B. lineare Optimierung).

Entscheidungsbaumverfahren: Anhand bestimmter Kriterien und der Beantwortung damit verbundener Fragen wird die optimale Entscheidungsstrategie ermittelt (siehe den „Entscheidungsbaum" von Vroom/Yetton).

Kepner-Tregoe/Hoshin-Kanri: Diese und ähnliche Methoden zielen auf eine systematische Findung von Zielen und einen daraus abgeleiteten strukturierten und koordinierten Planungsprozeß ab (vgl. auch „Fischgrätendiagramme").

Bewertungsverfahren: Hierzu zählen verschiedene Techniken, um Alternativen zu evaluieren und dieserart Entscheidungen vorzubereiten, wie z.B. Einschätzungen, Checklisten, Wirtschaftlichkeitsrechnungen u.ä.

Eine **Entscheidungsfindung in der Gruppe** weist mehrere Vorteile auf. Vielfältigeres Wissen, verschiedene Blickrichtungen, Einbindung mehrerer Beteiligter und dadurch meist auch höhere Akzeptanz der Entscheidungen wirken sich normalerweise positiv aus. Schwierig können sich demgegenüber die Findung eines geeigneten Teams, der vergleichsweise zeitaufwendige Entscheidungsprozeß, dominante Gruppenmitglieder (bzw. angepaßte „Mitläufer"), Gruppendruck sowie verschwommene Verantwortlichkeiten gestalten. Besonders für eine Entscheidungsfindung im Team spricht sicher der Gruppenleistungsvorteil, Kreativität und die leichtere Möglichkeit, verschiedene Lösungsalternativen zu finden und diese auch besser diskutieren zu können. Die oft langwierigen Diskussionsprozesse, die mitunter gegebene Beeinträchtigung der freien Meinungsbildung und der höhere Zeitbedarf sind letztlich die entscheidenden Gegenargumente.

Probleme im Bereich Entscheidung können z.B. durch fehlende Entscheidungsfreude der einzelnen Mitarbeiter sowie die mangelnde Möglichkeit der Übernahme von mehr Eigenverantwortung entstehen. Entscheidungsprozesse sind häufig umständlich und langwierig. Möglich sind zudem fachlich unrichtige Entscheidungen (wirtschaftlicher und technischer Art) sowie Beeinflussungen von Entscheidungsprozessen durch „politische" Versprechungen und Interventionen.

Das Entscheidungsmodell von Vroom und Yetton

Ausgehend von der Annahme, daß es einen „Allround-Führungsstil", der sich in jeder Situation erfolgreich einsetzen läßt, nicht gibt, entwickelten Vroom und Yetton[12] ein Entscheidungsmodell, aus dem für jede Entscheidungssituation ein angemessener Führungsstil abgeleitet werden kann. Dabei wird von fünf grundsätzlich möglichen Entscheidungsstrategien ausgegangen:

- *AI – Autoritäre Entscheidung*

Der Manager löst das Problem allein und trifft die Entscheidung auf Grundlage der im Moment verfügbaren Informationen.

- *AII – Autoritäre Entscheidung nach Einholung von Informationen bei Mitarbeitern*

Der Manager verschafft sich die für die Entscheidung notwendigen Informationen und entscheidet dann selbst über die Lösung des Problems. Aufgabe der Mitarbeiter ist dabei lediglich die Informationsbeschaffung.

- *BI – Konsultative Entscheidung, alleinige Entscheidung nach individueller Beratung durch Mitarbeiter*

Der Manager bespricht das Problem mit einzelnen Mitarbeitern, jedoch nicht in der Gruppe. Er informiert sich über Ideen und Vorschläge und trifft danach selbst die Entscheidung. Dabei kann die Entscheidung Ideen der Mitarbeiter enthalten, muß aber nicht.

- *BII – Konsultative Entscheidung, alleinige Entscheidung nach Beratung mit der Gruppe*

Der Manager diskutiert das Problem mit den Mitarbeitern im Rahmen einer Gruppenbesprechung und trifft danach selbst die Entscheidung, die auch Ideen der Mitarbeiter enthalten kann, aber nicht muß.

- *GII – Gruppenentscheidung*

Der Manager diskutiert das Problem zusammen mit den Mitarbeitern in einer Gruppendiskussion. Die Beteiligten entwickeln gemeinsam Lösungsmöglichkeiten und versuchen, zu einer Übereinstimmung zu kommen. Der Manager nimmt dabei die Rolle eines Moderators ein. Er ist zur Annahme und Verantwortung jeder Entscheidung bereit, die von der Mitarbeitergruppe gewünscht und unterstützt wird.

Den Kern des Entscheidungsmodells von Vroom und Yetton stellt der „Entscheidungsbaum" dar. Durch Beantwortung verschiedener Fragen gelangt man mit Hilfe des Entscheidungsbaums zu(r) für die jeweilige Situation geeigneten Entscheidungsstrategie(n).[13]

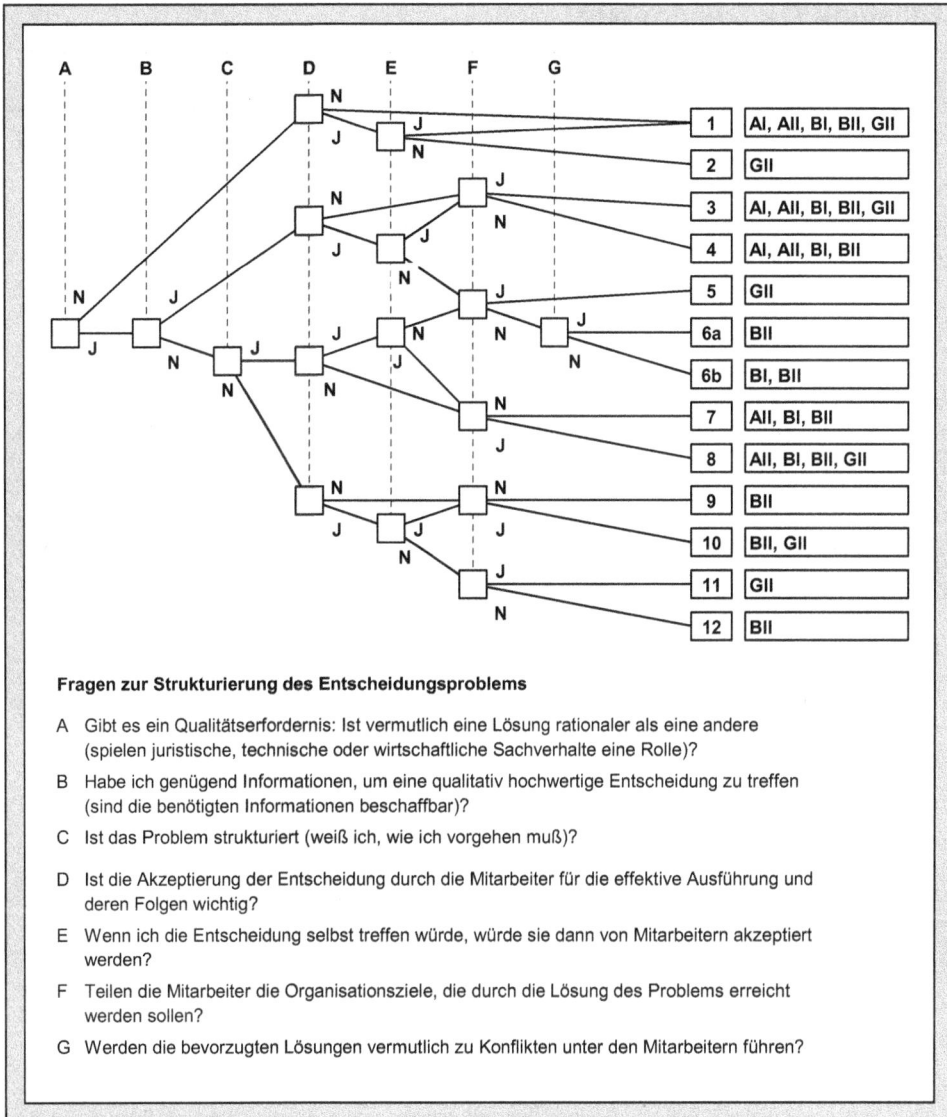

Fragen zur Strukturierung des Entscheidungsproblems

A Gibt es ein Qualitätserfordernis: Ist vermutlich eine Lösung rationaler als eine andere (spielen juristische, technische oder wirtschaftliche Sachverhalte eine Rolle)?

B Habe ich genügend Informationen, um eine qualitativ hochwertige Entscheidung zu treffen (sind die benötigten Informationen beschaffbar)?

C Ist das Problem strukturiert (weiß ich, wie ich vorgehen muß)?

D Ist die Akzeptierung der Entscheidung durch die Mitarbeiter für die effektive Ausführung und deren Folgen wichtig?

E Wenn ich die Entscheidung selbst treffen würde, würde sie dann von Mitarbeitern akzeptiert werden?

F Teilen die Mitarbeiter die Organisationsziele, die durch die Lösung des Problems erreicht werden sollen?

G Werden die bevorzugten Lösungen vermutlich zu Konflikten unter den Mitarbeitern führen?

Im folgenden sollen einige ausgewählte Entscheidungsprobleme jeweils mit Hilfe des Entscheidungsmodells von Vroom und Yetton gelöst werden.

Ein Hinweis: Bevor Sie die optimale Lösung des jeweiligen Falles mit Hilfe des Entscheidungsbaums erarbeiten, überlegen Sie einmal, welche Entscheidungsstrategie Sie gewissermaßen ad hoc wählen würden.

Fallstudie (1): Das Aggregat

Sie sind in einem Industriebetrieb als Hauptabteilungsleiter der Abteilung Technik tätig. Die technische Auslegung eines Stromaggregates stellte sich als nicht mehr brauchbar heraus. Der Ihnen vorgesetzte Geschäftsführer beauftragte Sie mit der Lösung des Problems, wobei sowohl die kurz- als auch die langfristigen Kosten in die Betrachtung einzubeziehen sind. Sie haben sich in der letzten Zeit intensiv mit dem Problem beschäftigt und alle notwendigen Informationen beschafft.

Eine Lösungsalternative wäre, ein ähnliches Aggregat von einem Zulieferer zu beziehen, der für die Beschaffung etwa zwei bis drei Wochen brauchen würde. Mit dem Neukauf verbunden wäre allerdings eine ziemlich teure Umrüstung an den anderen Anlagen. Vertraglich wird Ihnen zugesichert, daß Sie nach vier Wochen die Produktion fortsetzen können, wobei die laufenden Kosten 5% unter den bisherigen liegen würden.

Eine weitere Möglichkeit wäre die Umrüstung der alten Konstruktion, um die kritischen Werte zu erfüllen. Untersuchungen ergaben, daß der Umbau auch bei Fortlaufen der Produktion möglich wäre. Unklar ist aber, wie lange der Umbau dauern würde. Mitarbeiter der Firma sympathisieren durchaus mit einer Umrüstung des bisherigen Aggregates. Ein Zukauf von Aggregaten von anderen Zulieferern hieße, wichtige Aufträge nach außen zu verlagern.

An Ihnen liegt es nun, eine Entscheidung zu fällen. Obwohl Sie wissen, daß die Mitarbeiter nicht mit dem Fremdbezug des Aggregates einverstanden wären, sind Sie sicher, daß man Ihre Entscheidung – egal wie sie ausfällt – akzeptieren wird.

Fallstudie (2): Das Spielzeug

Sie sind bei einem Spielzeughersteller als Leiter des Designbereiches tätig. Zu Ihrem Aufgabenbereich gehören der Entwurf und die Entwicklung neuer Produkte, was sich angesichts der angespannten Wettbewerbssituation als äußerst schwierig erweist. Ihre Designteams – jedes unter Führung eines Gruppenleiters – sind somit ständig dem Druck ausgesetzt, neue, vermarktungsfähige Ideen entwickeln zu müssen.

Am Ende des Herstellungsprozesses erfolgt eine Qualitätskontrolle. Sofern Beanstandungen entstehen, kommt es zu Beratungen mit einem Ihrer Gruppenleiter. Aufgrund der wachsenden Anforderungen an die Sicherheit von Kinderspielzeug wurde der Qualitätsbereich ausgedehnt, um neben Qualität auch die Sicherheit der Produkte garantieren zu können. Dennoch kam es zu einem schwerwiegenden Problem.

Ein demnächst zu veröffentlichender Konsumentenbericht hat eines Ihrer neuen Produkte ohne Angabe näherer Gründe auf die „Schwarze Liste" gesetzt. Die Führungsetage zeigte sich daraufhin sehr verärgert, da gerade dieses Produkt als Verkaufsschlager der nächsten Saison galt. Von seiten der Konsumentengruppe räumte man Ihrer Firma die Möglichkeit ein, vor Veröffentlichung des Berichts Stellung zu nehmen. Nach Rücksprache mit den Designern wurde Ihnen jedoch zugetragen, daß die Mitarbeiter den Bericht als „Überreaktion und völlig überzogen" abgetan hatten und daß sie es für das Beste hielten, den Bericht einfach zu ignorieren.

Da Vorfälle wie dieser nicht ständig auf der Tagesordnung stehen, haben Sie beschlossen, die Lösung des Problems selbst in die Hand zu nehmen. Die Tatsache, daß Ihre Designteams sehr intensiv mit der Entwicklung besagten Spielzeugs beschäftigt waren, läßt Sie zu der Vermutung kommen, daß die schnellen abwertenden Reaktionen eher auf emotionalen als auf technischen Aspekten beruhen. Sich dessen bewußt, daß der Bericht der Konsumentengruppe nicht aus der Luft gegriffen ist, haben Sie beschlossen, das Problem genauer zu untersuchen, um Imageverluste auf seiten des Unternehmens aufgrund einer Veröffentlichung des Berichts zu vermeiden.

Ihre Aufgabe ist es nun, die Qualitätskontrolle zum weiteren Verfahren in dieser Situation – soll reagiert werden und wenn ja, wie – zu beraten. Über Produktänderungen, wenn erforderlich, wird letztendlich vom Leiter der Qualitätskontrolle entschieden. Sollten Veränderungen notwendig werden, so wird dies ausschließlich den Produktionsbereich betreffen.

Zur sachkundigen Analyse des Problems sind Sie auf die Hilfe Ihrer Designer und deren Erfahrung angewiesen. Ihre Mitarbeiter verfügen über das notwendige Fachwissen und die Erfahrung, die zur Entwicklung sinnvoller Sicherheitskriterien und für die Formulierung der Änderungsvorschläge notwendig sind.

Ohne ersichtlichen Grund war Spielzeughund Fido auf die schwarze Liste gesetzt worden

Fallstudie (3): Der Status

Vor kurzem wurden Sie zum Produktionsleiter in einem Industrieunternehmen befördert. Ihr neues Büro in der süddeutschen Produktionsstätte befindet sich in einem neuen Bürogebäude, das am Stadtrand von München gebaut wird. Ihr Team von sechs Mitarbeitern ist gerade dabei, neue Mitarbeiter auszuwählen, technische Anlagen zu kaufen und beschäftigt sich ganz nebenbei mit den Fragen, die beim Umzug in einen neuen Unternehmensteil entstehen.

Die endgültigen Baupläne liegen Ihnen seit gestern vor, wobei Ihnen erstmals die zur Verfügung stehenden Parkplätze auffallen. Nach Abzug aller Parkplätze, die für andere Büroangehörige des Hauses zur Verfügung stehen, bleiben Ihnen nur vier unmittelbar vor dem Bürogebäude liegende Parkplätze, die Sie unter sich und Ihren sechs Mitarbeitern aufteilen müssen. Es gibt keine Möglichkeit, weitere Parkplätze zu schaffen.

Bis jetzt gab es keine Statusunterschiede in Ihrem Team, lediglich Einkommensunterschiede, die darin bestanden, daß die Ingenieure geringfügig mehr an Gehalt erhielten. Alle Teammitglieder sind durch Beförderung in diese Position gekommen und erwarten als Anerkennung die Bereitstellung eines Parkplatzes.

Ihre Aufgabe ist es nun, eine Entscheidung zu treffen. Angesichts der bisherigen guten Zusammenarbeit schrecken Sie allerdings davor zurück, etwas zu tun, was diese gute Beziehung gefährden könnte.

Schon wieder ist der Parkplatz besetzt

Fallstudie (4): Der Projektleiter

Sie sind Projektleiter eines Straßenbauprojekts, welches kurz vor der Übergabe steht. Ihre Aufgabe ist es, die Endarbeiten zu koordinieren. Der letzte Bauabschnitt umfaßt das Aufziehen der Deckschicht, das Befestigen der Leitplanken, das Aufstellen der Notrufsäulen, die Gestaltung und Anlage der Parkplätze. Für jede dieser Arbeiten wurde eine ansässige Firma beauftragt, mit der ein Werkvertrag geschlossen wurde.

Bislang verliefen alle Arbeiten reibungslos, und somit war es Ihnen gelungen, einen Zeitvorsprung herauszuarbeiten. Wenn es Ihnen gelingt, diesen Vorsprung zu halten, dann steht Ihnen ein beträchtlicher Bonus in Aussicht, der in dem Ausmaß wächst, wie sehr Sie den Fertigstellungstermin unterschreiten. Dies ist jedoch nur mit Erstellung eines neuen Ablaufplanes realisierbar, dem alle beteiligten Firmen zustimmen müssen.

Alle sind natürlich darin interessiert, den Bonus so groß wie möglich zu halten. Ein Bauboom in der Region hatte allen Firmen bereits zu Folgeaufträgen verholfen, so daß auch diese an einer frühzeitigen Fertigstellung des Projekts interessiert waren.

Ihre Aufgabe besteht in der Erstellung eines neuen Ablaufplanes zur Fertigstellung des Projekts. Dazu ist es nötig, den Zeitbedarf aller noch ausstehenden Arbeiten zu ermitteln. Sie benötigen detaillierte Angaben darüber, was bereits fertiggestellt ist, damit Folgearbeiten begonnen werden können. Die Informationen können bis Ende der Woche zusammengestellt werden. Dann kann der Arbeitsplan erstellt werden.

Sie haben noch nicht auf diesem Gebiet gearbeitet und Ihnen sind auch die Firmen unbekannt. Sie wissen aber, daß die beteiligten Firmen bereits bei früheren Projekten zusammengearbeitet haben und gut miteinander auskommen. Da Sie keine Erfahrung auf diesem Gebiet besitzen, sind Sie auf die Kooperationsbereitschaft der Firmen angewiesen, wenn die letzte Bauphase so schnell wie möglich abgeschlossen sein soll.

2.4   Motivation

Motivation kann als Grund für ein bestimmtes menschliches Verhalten verstanden werden. Eine Person wird in einer bestimmten Art und Intensität sowie in einer bestimmten Situation auf ein Ziel hin aktiviert. Diese Aktivierung erfolgt unter den Bedingungen menschlichen Verhaltens.

Als Bedingungen menschlichen Verhaltens werden **persönliches Können** (Fähigkeiten und Kompetenzen), **individuelles Wollen, soziales Dürfen** (vgl. soziale Normen) und **situative Ermöglichung** (äußere Gegebenheiten) verstanden. Motivation kann letztlich als Resultat der ständigen Interaktion von Person und Situation gesehen werden. Motiviertes Handeln verfolgt einen zielorientierten Abschluß.

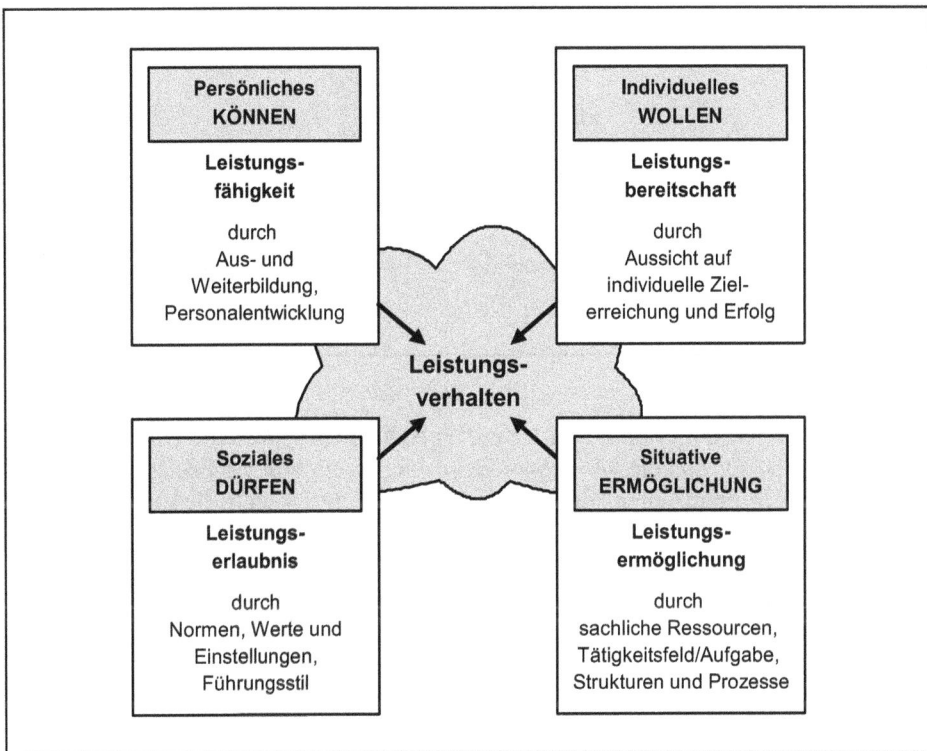

Abbildung 2-7 Einflüsse auf das Leistungsverhalten[14]

Letztlich bilden bereits die **Personalauswahl** sowie die **Aus- und Weiterbildung** des Personals wichtige Grundlagen für gelingende Motivation. In diesem Zusammenhang ist auch die Gestaltung menschlicher Arbeitsbedingungen in Organisationen von wesentlicher Bedeutung. Im Zentrum des Interesses steht dabei die Formulierung der **Anreize** und Leistungserfordernisse in bezug auf die Mitarbeiter. Damit verbunden sind vor allem auch Fragen menschlicher Arbeitsbedingungen im engeren Sinn (z.B. Umgang und Kommunikation mit Mitarbeitern, Gestaltung der Strukturen und Prozesse). Der Bereich Motivation ist insofern besonders komplex, da die Motivation von der erfolgreichen Ausübung der übrigen Aufgaben der Unternehmensführung besonders abhängt.

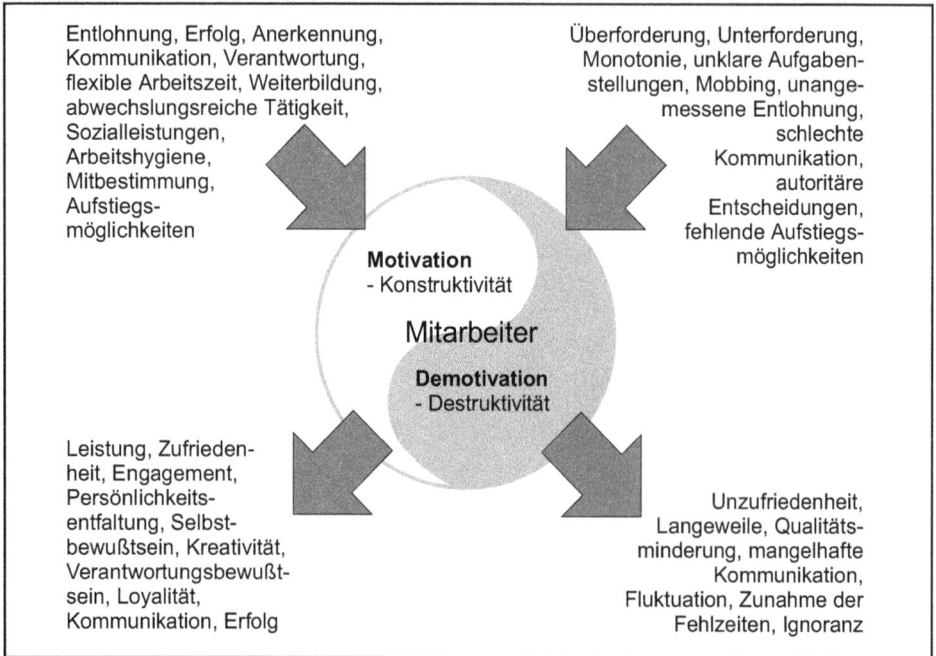

Abbildung 2-8 *Motivation*

Auch im Bereich der Motivation treten **typische Probleme** auf: Die allgemeine Situation in bezug auf die Motivation wird häufig als äußerst bescheiden erlebt. Befriedigung in finanzieller oder psychischer Hinsicht ist vielfach kaum gegeben. Motivationsmanagement wird im allgemeinen als unzulänglich gesehen. Die Motivation wird durch Eingriffe höherer hierarchischer Ebenen beeinträchtigt. Motivationsmaßnahmen sind oft unzureichend koordiniert. Aufgrund starrer Strukturen und komplizierter Prozesse entsteht häufig das Gefühl, „nichts bewegen zu können". Mangelnde Eigenverantwortung und fehlende Leistungsanreize im Gehaltssystem (verbunden mit fehlenden finanziellen Anreizen bei Erfolg) erschweren die Motivation der Mitarbeiter.

2.4.1 Klassische Motivationstheorien

Während der 1950er Jahre wurden drei der wohl bekanntesten Motivationstheorien, die Bedürfnis-Hierarchie-Theorie, die Zwei-Faktoren-Theorie und die X-Y-Theorie, entwickelt. Darüber hinaus gibt es eine Vielzahl von Motivationstheorien und -ansätzen, die in der Folge entwickelt wurden. Nahezu alle greifen mehr oder weniger auf die Grundgedanken bzw. Elemente dieser klassischen Motivationstheorien zurück.

Der Bedürfnisbaum

Die **Theorie der Bedürfnishierarchie** wurde von Abraham **Maslow**[15] entwickelt. Maslow gliederte die menschlichen Bedürfnisse in fünf Hierarchieebenen: physiologische Bedürfnisse, Sicherheitsbedürfnisse, soziale Bedürfnisse und die Bedürfnisse nach Anerkennung sowie Selbstverwirklichung.

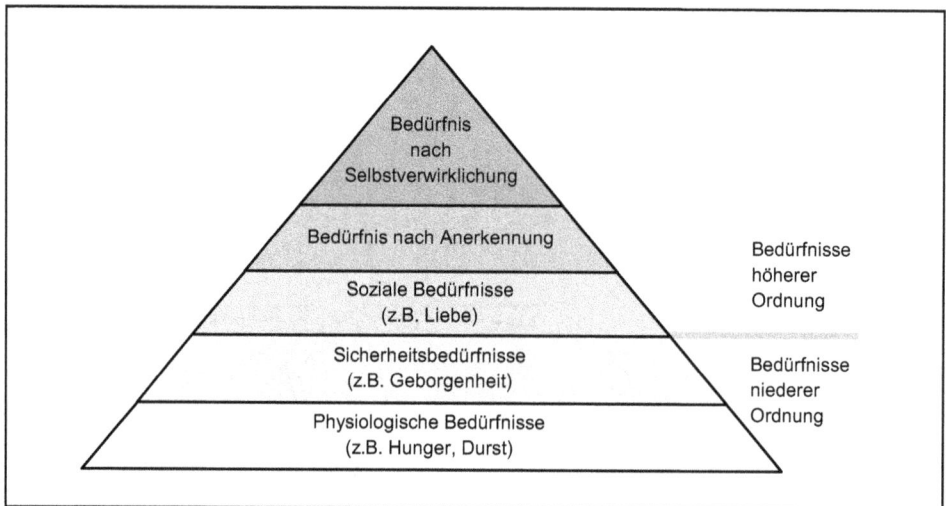

Abbildung 2-9 Maslows Bedürfnishierarchie

Maslow ordnete die Bedürfnisse nach Dringlichkeitsgraden und ging davon aus, daß zunächst das gerade dringlichste Bedürfnis befriedigt sein muß, bevor der Mensch an die Erfüllung des nächstdringlichen denkt. Dabei „bewegt" sich das Individuum in der Bedürfnishierarchie von unten nach oben. Solange ein Bedürfnis unbefriedigt ist, verfügt es über einen motivierenden Antrieb, der das Individuum zu entsprechenden Handlungen zur Befriedigung desselben veranlaßt. Wenn das Bedürfnis im wesentlichen gestillt ist, verringert sich der Wunsch danach. Das Individuum richtet sodann seine Bemühungen auf das nächsthöhere Bedürfnis.

Bezogen auf das Arbeitsumfeld könnte ein Arbeitnehmer folgende Bedürfnisse haben:

physiologische Bedürfnisse	z.B. Entgelt, Gestaltung des Arbeitsplatzes, Abschirmung von Belästigungen und Störungen, verbilligte Einkaufs- und Wohnmöglichkeiten, Kantine, ärztliche Betreuung
Sicherheitsbedürfnisse	z.B. Vertrauen in die Zukunft des Unternehmens, Versicherung gegen Krankheit, Unfall, Invalidität und Alter, Sicherheit des Arbeitsplatzes
soziale Bedürfnisse	z.B. Möglichkeiten der Kommunikation am Arbeitsplatz, angenehme Kollegen, mitarbeiterorientierte Vorgesetzte, Problemlösungsgespräche
Bedürfnis nach Anerkennung	z.B. Aufstiegsmöglichkeiten, übertragene Kompetenzen, Ehrentitel, Gehaltshöhe, Dienstwagen
Bedürfnis nach Selbstverwirklichung	z.B. Möglichkeit zur selbständigen Gestaltung der Arbeit, Möglichkeit zur Delegation, abwechslungsreiche Tätigkeit, partizipative Führung, freie Arbeitszeiteinteilung, Entwicklungsmöglichkeiten

Tabelle 2-5 Beispiele für Bedürfnisse im Berufsleben[16]

Maslows Theorie, die aufgrund ihrer Logik und Einfachheit weite Anerkennung gefunden hat, aber auch Kritik ausgesetzt war, ist empirisch nicht nachgewiesen worden.

Ausgehend von den Überlegungen Maslows entwickelte Frederick **Herzberg** (in mehreren Schritten, zuerst 1959) seine **Zwei-Faktoren-Theorie**. Nach der Zwei-Faktoren-Theorie können in jeder Arbeitssituation Faktoren bestimmt werden, die Zufriedenheit bzw. Unzufriedenheit auslösen. Wenn die Umstände, die Unzufriedenheit auslösen, beseitigt werden, muß sich nicht unbedingt Zufriedenheit einstellen. Es wird dann lediglich „Nicht-Unzufriedenheit" erreicht. Herzberg fand heraus, daß bestimmte Faktoren beständig mit Unzufriedenheit und andere wiederum mit Zufriedenheit in Verbindung gebracht wurden.

Die Unzufriedenheit auslösenden Faktoren betreffen – auf das Berufsleben bezogen – meist die Arbeitsbedingungen, wie z.B. Vorgesetzte, die allgemeine Unternehmenspolitik oder die physische Arbeitsumwelt. Herzberg nannte diese Faktoren **Hygienefaktoren**. Wenn diese Faktoren den Vorstellungen der Mitarbeiter entsprechen, werden diese nicht unzufrieden sein. Das heißt noch nicht, daß sie zufrieden sind. Diese Faktoren geben den Mitarbeitern dann vielleicht zwar einen Grund, in einer bestimmten Organisation zu arbeiten, bieten aber noch keinen Anreiz, motivierter zu arbeiten als zuvor.

Zu den Zufriedenheit auslösenden Faktoren, welche **Motivatoren** genannt werden, zählen z.B. die Arbeit an sich, Verantwortung und erreichter Erfolg. Diese Faktoren werden – sofern ausreichend vorhanden – von den Mitarbeitern als wirklich befriedigend empfunden, wirken motivierend und können folglich Anlaß für verstärkte Anstrengung und erhöhte Produktivität sein. Wenn diese Faktoren nicht den Vorstellungen der Mitarbeiter entsprechen, werden sie nicht zufrieden sein („Nicht-Zufriedenheit"). Sie müssen deshalb aber auch noch nicht unzufrieden sein, weil das eventuelle Vorhandensein der Hygienefaktoren davon nicht berührt wird.

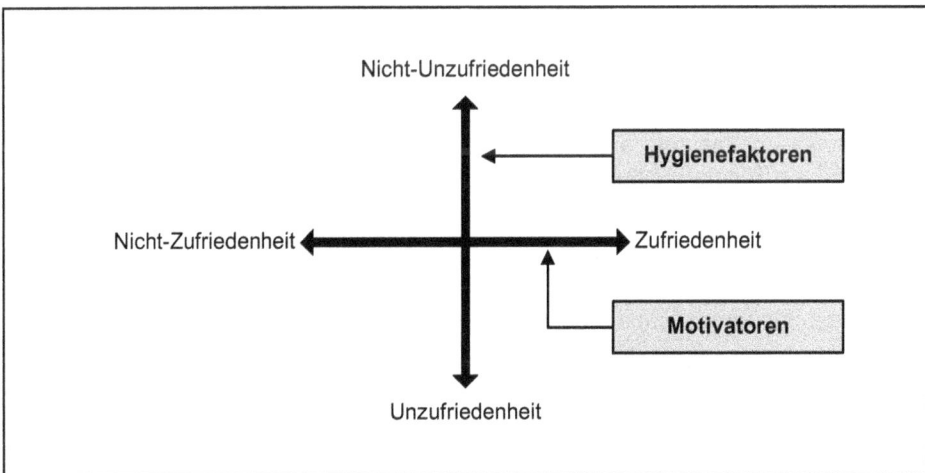

Abbildung 2-10 *Elemente der Zwei-Faktoren-Theorie[17]*

Auch diese Theorie gab Anlaß zur Kritik, die sich vor allem auf folgende Aspekte bezog:

- Herzbergs Methode zur Evaluation der Ergebnisse ist nicht eindeutig, da die Bewertung der subjektiven Einschätzung der Bewertenden unterlag.

- Seine Theorie kann zwar Erklärungen zur Arbeitszufriedenheit bieten, jedoch nicht unbedingt zur Motivation.

- Er ging von einem Zusammenhang zwischen Zufriedenheit und Produktivität aus, untersuchte jedoch nur die Zufriedenheit, nicht aber die Produktivität. Darüber hinaus wurden situationsbezogene Faktoren vernachlässigt.

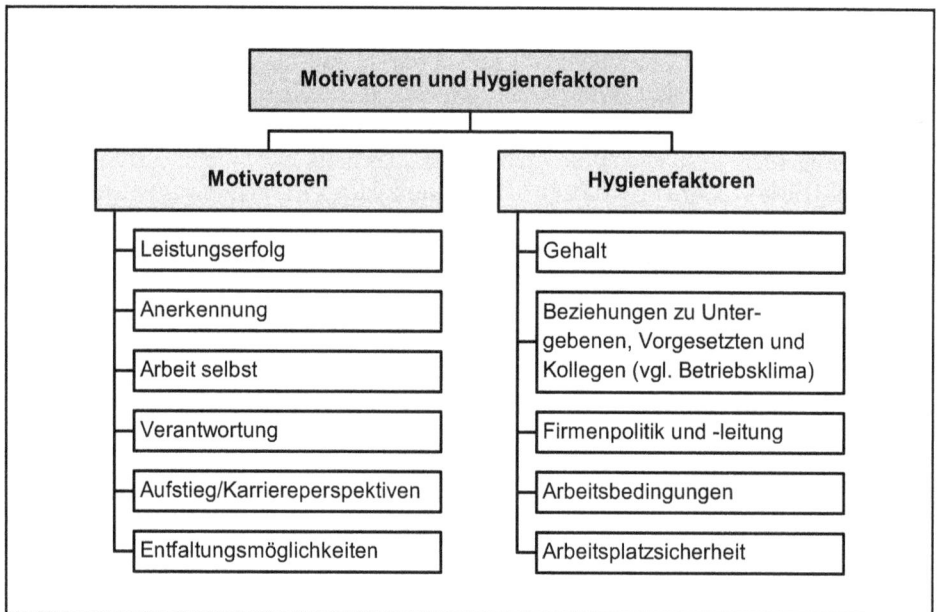

Abbildung 2-11 *Beispiele für Motivatoren und Hygienefaktoren im Berufsleben*[18]

Douglas **McGregor**[19] unterstellte in seiner **X-Y-Theorie** zwei Möglichkeiten, Menschen zu betrachten: die Theorie X, die den Menschen grundsätzlich negativ sieht, und die Theorie Y, die ihn generell positiv sieht.

McGregor beobachtete eine Reihe von Managern beim Umgang mit ihren Mitarbeitern. Aus der Art ihres Verhaltens schlußfolgerte er, daß Manager basierend auf Vermutungen über das Wesen der Mitarbeiter handeln. Je nachdem, wie das Wesen der Mitarbeiter eingeschätzt wird, paßt der Manager sein Verhalten an.

Theorie X bezieht sich auf die allgemeinen – negativen – Vermutungen der Manager, welche besagen,

- daß der Durchschnittsmensch von Natur aus träge ist und Arbeit, wann immer möglich, aus dem Wege geht;

- daß ihm Ehrgeiz fehlt, er jegliche Verantwortung ablehnt und geführt werden will;

- daß er egozentrisch und gleichgültig gegenüber organisationalen Bedürfnissen ist;

- daß er sich von Natur aus Änderungen widersetzt und

- daß er naiv und nicht sehr intelligent ist.

Für das Management ergeben sich daraus folgende Konsequenzen: Im Interesse der Organisationsziele müssen Ressourcen und Handlungsabläufe durch das Management gesteuert werden. Die Mitarbeiter müssen entsprechend ihrer Aufgaben stets motiviert, dirigiert, kontrolliert und gegebenenfalls sanktioniert und zu Verhaltensänderungen veranlaßt werden.

Dieser negativen Betrachtungsweise stellte McGregor die **Theorie Y** gegenüber, welche auf positiven Vermutungen über das Wesen des Menschen beruht:

- Menschen sind nicht von Natur aus gleichgültig gegenüber den Zielen und Bedürfnissen der Organisation; dieses Verhalten resultiert aus Erfahrungen, die sie in Organisationen gemacht haben.

- Es ist Aufgabe des Managements, die in den Menschen grundsätzlich vorhandene Motivation sowie ihr Leistungspotential zu aktivieren und zur Erfüllung der Organisationsziele einzusetzen.

- Das Management trägt die Verantwortung für die Organisation und die optimale Anordnung von Arbeitsprozessen, so daß die Menschen auch ihre eigenen Ziele erreichen können.

McGregor, der persönlich der Theorie Y größere Gültigkeit zuschrieb, schlug deshalb zur Steigerung der Motivation von Mitarbeitern Konzepte wie partizipative Entscheidungsfindung (z.B. Management by Objectives), die Gestaltung anspruchsvoller und herausfordernder Tätigkeiten (z.B. Job Rotation, Job Enlargement, Job Enrichment) und die Schaffung einer angenehmen Atmosphäre innerhalb von Arbeitsgruppen sowie ein entsprechendes Anreizsystem (z.B. leistungsgerechte Entlohnung, flexible Gestaltung der Arbeitszeiten und der Sozialleistungen) vor.

Auch für die allgemeine Gültigkeit dieser Theorie gibt es keinerlei Beweise.

Fallstudie: Die Betriebsversammlung

Anläßlich der offiziellen Vorstellung des neuen Geschäftsführers, Herrn E., findet in einem mittelständischen Maschinenbaubetrieb in der Produktionshalle eine Betriebsversammlung statt. Der Betrieb war in letzter Zeit krisengeschüttelt, hat zwar exzellente Produkte und hochqualifizierte Mitarbeiter, ist aber als Zulieferer des internationalen Industrieanlagenbaus teilweise großen Zahlungsrisiken ausgesetzt. Aufgrund der schwierigen Lage hat auch die Motivation der Belegschaft gelitten. Einige jüngst eingegangene lukrative Aufträge und der neu bestellte Geschäftsführer geben nun wieder Hoffnung für die Zukunft.

Für die Betriebsversammlung hat man Tische und Bänke aufgestellt, nach den Ansprachen ist eine Jause mit geselligem Beisammensein geplant. Die „Party" läuft, die Stimmung ist gut. Gegen Abend – es ist Freitag – schrumpft die Zahl der Anwesenden langsam auf einen harten Kern. Man hat nun auch schon einiges getrunken, als es zu einem bedenklichen Zwischenfall am Tisch, an dem die Betriebsleitung und einige der wichtigsten Arbeiter und Spezialisten sitzen, kommt. Anwesend ist auch noch einer der Eigentümer, Herr H., ein in der Gegend sehr bekannter Unternehmer, der noch andere Firmen besitzt und weithin auch als „Hitzkopf" bekannt ist. Mit vom Alkohol gelöster Zunge sagt Herr H. den Anwesenden plötzlich „die Wahrheit", nämlich was er wirklich von Ihnen denkt: „Was am Montag mit der Belegschaft passiert, ist mir scheißegal, und wenn Ihr alle verreckt!" führt H. aus, dann weiter zum neuen Geschäftsführer E.: „Und Sie werden im Betrieb sowieso nichts zu sagen haben, solange ich da bin. Wenn Sie nicht spuren, lege ich Sie an die kurze Leine, Sie werden sich noch wundern!"

Die Anwesenden sind wie vom Blitz getroffen und schlagartig nüchtern. Es weiß zwar niemand, warum H. das alles sagt, drei für den Betrieb sehr wichtige Arbeiter stehen jedenfalls umgehend auf und reagieren couragiert: „Es reicht, wir kündigen, am Montag können Sie uns die Papiere richten". E. ist ebenso entsetzt, eilt aber natürlich den drei bereits gehenden Spezialisten nach und versucht anschließend im Auto, sie fast zwei Stunden lang zu bewegen, bei der Firma zu bleiben – schließlich mit Erfolg. Nach Hause gekommen, ruft E. aufgeregt den anderen Eigentümer an, mit dem er seit langem gut bekannt ist und auf dessen intensives Werben er die Geschäftsführung angetreten hat. Auch Herr C. ist erschüttert und verspricht, bei erster Gelegenheit „alles zu regeln". Trotzdem sitzt der Schock bei E. – wenig verwunderlich – tief. In der Firma spricht sich der Vorfall natürlich wie ein Lauffeuer herum. Als sich H. auch in den nächsten Tagen so einiges leistet und sich für E. in der Firma noch andere ungünstige Aspekte offenbaren, beschließt er trotz vehementen Bittens von C. die Geschäftsführung niederzulegen und kündigt noch vor Ablauf der einmonatigen Probezeit.

Aufgabe 1

Wie kann man die betroffenen Mitarbeiter wieder motivieren? Versuchen Sie, sich bei Ihrer Antwort an der Bedürfnispyramide von Maslow zu orientieren!

Aufgabe 2

Wie hätte der Geschäftsführer – außer zu kündigen – noch reagieren können?

Aufgabe 3

Was kann der andere Eigentümer (Herr C.) dazu beitragen, die schwierige Situation im Betrieb künftig in den Griff zu bekommen? Berücksichtigen Sie dabei insbesondere die Funktion „Kommunikation"!

2.4.2 Arbeitszufriedenheit

Von besonderer Bedeutung in bezug auf die Arbeitswelt sind Arbeitszufriedenheit, Engagement und die Verpflichtung gegenüber der Organisation.

> **Arbeitszufriedenheit** bezieht sich auf die generelle Einstellung eines Mitarbeiters zu seiner Arbeit. Ein mit seiner Tätigkeit zufriedener Mitarbeiter hat eine grundsätzlich positive Einstellung zur Arbeit, während ein unzufriedener Mitarbeiter eine eher negative Einstellung dazu aufweisen wird.

- **Engagement** definiert den Grad, zu dem sich ein Mitarbeiter mit seiner Arbeit identifiziert und welche Bedeutung der individuelle Leistungsgrad für diese Person hat. Stark in ihre Arbeit involvierte Mitarbeiter sind etwa durch hohe Aktivität sowie geringe Abwesenheits- und Fluktuationsraten charakterisiert.

- **Verpflichtung gegenüber der Organisation** beschreibt, wie stark sich ein Mitarbeiter mit seinem Unternehmen und dessen Zielen identifiziert und wie stark der Wunsch ist, Mitglied dieser Organisation zu bleiben. Ein Mitarbeiter, der sich seiner Organisation sehr verpflichtet fühlt, weist in der Regel eine geringe Abwesenheits- und Fluktuationsrate auf. Da sich diese Einstellung auf die Organisation als Ganzes bezieht, kann sie am besten zur allgemeinen Verhaltensvorhersage genutzt werden.

Das ist Arbeitszufriedenheit

Arbeitszufriedenheit bezieht sich nicht nur auf die Arbeitsaufgabe selbst, sondern auch auf die Interaktion mit Kollegen, das Verhältnis zu Vorgesetzten, die physischen Arbeitsbedingungen und den Umgang mit allgemeinen Verhaltensregeln im Unternehmen.

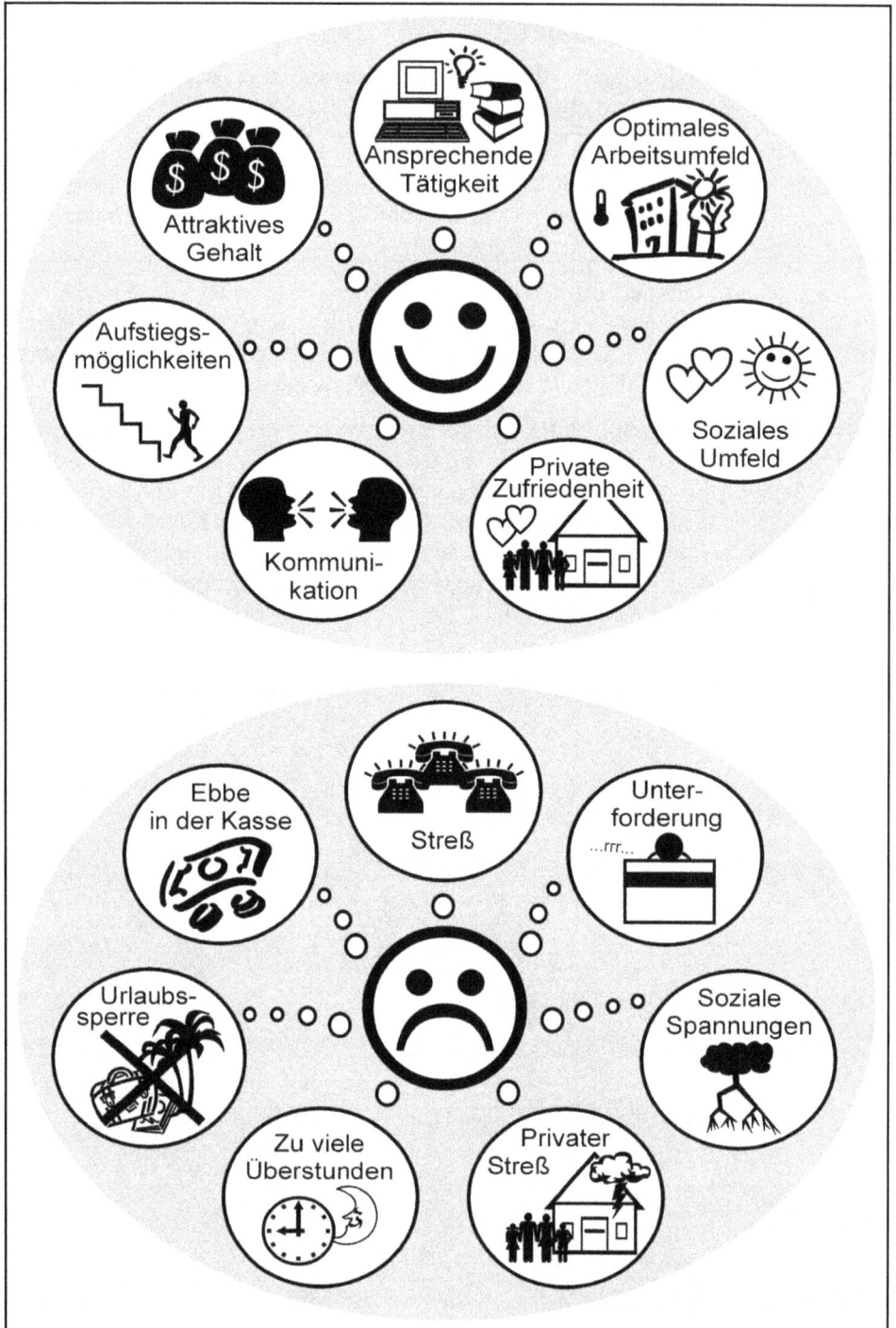

Abbildung 2-12 *Arbeitszufriedenheit*

Die Zufriedenheit am Arbeitsplatz wird durch verschiedene arbeitsbezogene Faktoren beeinflußt: Von vielen Mitarbeitern wird eine **herausfordernde Tätigkeit** gewünscht, bei der sie ihre Fähigkeiten und Fertigkeiten nutzen können und die ihnen einen gewissen Grad an Entscheidungsfreiheit und das nötige Feedback bietet. Mitarbeiter erwarten **gerechte und angemessene Entlohnungssysteme und Aufstiegschancen.** Mitarbeiter suchen komfortable und ungefährliche **Arbeitsumfelder,** in denen keiner der einwirkenden Umweltfaktoren wie Licht, Wärme oder Kälte im Extrem auftritt. Des weiteren werden technisch gut ausgerüstete, saubere und moderne Arbeitsstätten, die möglichst in der Nähe der eigenen Wohnung liegen, geschätzt. Neben dem technischen Arbeitsumfeld spielt auch das soziale Umfeld, d.h. die **Arbeitskollegen,** eine bedeutende Rolle. Ein gutes, freundschaftliches Verhältnis zu diesen Kollegen kann sich positiv auf die Arbeitszufriedenheit eines Mitarbeiters auswirken. Ebenso vorteilhaft wirken sich **Anerkennung,** Verständnis und Interesse von seiten des Vorgesetzten aus.

Interessanter sind für das Management die Zusammenhänge zwischen Produktivität, Abwesenheit, Fluktuation und Arbeitszufriedenheit: Zwischen **Zufriedenheit und Produktivität** konnte keine allgemeingültige Beziehung festgestellt werden. **Zufriedenheit und Abwesenheit** stehen derart im Zusammenhang, daß zufriedene Mitarbeiter im allgemeinen niedrigere Abwesenheitsraten als unzufriedene aufweisen. **Zufriedenheit und Fluktuation** weisen ebenfalls eine indirekte Beziehung auf. Hier wirken sich auch Faktoren wie die Arbeitsmarktsituation, Arbeitsplatzalternativen und Berufserfahrung (im Unternehmen und insgesamt) aus. Darüber hinaus wird die Fluktuation von der individuellen Leistung der Mitarbeiter beeinflußt. Da eine Organisation bemüht sein wird, fähige Mitarbeiter zu halten, wird sie ihnen mehr als durchschnittlichen Mitarbeitern bieten.

Wie erfährt ein Manager überhaupt, ob seine Mitarbeiter unzufrieden sind? Folgende Übersicht zeigt diesbezüglich vier grundlegende Verhaltensmöglichkeiten:

	Aktiv	Passiv
Konstruktiv	**Mitarbeit** Durch Verbesserungsvorschläge und Bereitschaft zur Auseinandersetzung mit Vorgesetzten kann ein Mitarbeiter versuchen, unbefriedigende Umstände zu verändern.	**Loyalität** Eine weitere Möglichkeit ist, passiv auf eine Verbesserung der Bedingungen zu warten bzw. öffentlicher Kritik an der Organisation entgegenzutreten.
Destruktiv	**Austritt** Durch aktives Suchen nach einem neuen Arbeitsplatz oder durch den Rücktritt von einer verantwortungsvollen Position kann ein Mitarbeiter seinen Willen zum Verlassen der Organisation ausdrücken.	**Gleichgültigkeit** Schließlich kann der Mitarbeiter ein gleichgültiges Verhalten gegenüber der Organisation zeigen. Dies drückt sich z.B. in verstärkter Abwesenheit und verringertem Engagement aus.

Tabelle 2-6 Möglichkeiten, Unzufriedenheit auszudrücken

Destruktives Verhalten beeinflußt Produktivität, Abwesenheits- und Fluktuationsraten negativ, während konstruktives Verhalten der Mitarbeiter zur Akzeptanz bzw. zur Verbesserung unbefriedigender Arbeitsbedingungen beiträgt.

Fallstudie: Unzufriedenheit

Als Frau K. im Januar letzten Jahres in Suzhou ankam, hatte sie das Gefühl, von ihren Kollegen eher als eine der ihren akzeptiert werden zu können: Sie haben zusammen im Büro gefroren, sich über die schlechte IT-Ausstattung geärgert, sind zusammen essen gegangen, haben Frau K. über die holprigen Anfänge ihres eingerosteten Chinesischs hinweggeholfen. Kaum waren jedoch die deutschen Kollegen angekommen, mußte Frau K. gezwungenermaßen „das Lager wechseln". Sie war Assistentin der Ausländer, war selbst wieder zum Ausländer und damit zu einer von „denen" geworden. Im Büro wurde deutsch geredet, sobald die chinesischen Kollegen etwas nicht mitbekommen sollten – sie ihrerseits wechselten in den Suzhou-Dialekt. Frau K. ging mit den Ausländern gemeinsam zum Mittagessen, getrennt von ihren chinesischen Kollegen. Das Verhältnis zu ihrer engsten chinesischen Kollegin, mit welcher sie das Vorzimmer des Chefs teilte, kühlte merklich ab. Erst in letzter Zeit, da sich die Unzufriedenheit im Unternehmen eher stillschweigend kompensieren läßt, vertraut die Kollegin Frau K. auch wieder kleinere Geheimnisse an, erzählt ihr über die schlechte Stimmung unter den Kollegen. Plötzlich sitzen sie wieder zusammen in einem Boot.

Eigentlich wäre es an Frau K., die Position des Chefs zu vertreten, seine Äußerungen und Entscheidungen den Kollegen verständlich zu machen, wie auch umgekehrt ihm mitteilen zu können, sollte es Verständigungsprobleme zwischen ihm und den Kollegen geben – zumindest dachte Frau K. das einmal; zu einer Zeit, da sie glaubte, ihre Position im Unternehmen hätte etwas von „Brücken bauen" und „kulturellem Dolmetschen". Am Anfang hat sich Frau K. auch wirklich Mühe gegeben, den Chef zu verteidigen. Leider hat er sie jedoch nie in die Position versetzt, die er ihr versprochen hatte. Vielleicht hat Frau K. auch nur zu viel in seine Worte hineininterpretiert. Die Entscheidungen des Chefs sind für Frau K. zumeist genauso unverständlich wie für alle anderen. Sein ihr geschenktes „Vertrauen" äußert sich allenfalls in der Aufgabe, diverse Reden und Ansprachen sowie verschiedene wöchentliche Reports zu verfassen (wie etwa über die wöchentlichen Produktions- und Vertriebszahlen), die eigentlich von anderen Abteilungen erstellt werden könnten bzw. sollten. Als „Management Assistant" ist Frau K. nicht einmal berechtigt, Meetingprotokolle von Management-Meetings zu schreiben. Begründet wird dies damit, daß sie dann ja mehr Informationen erhalten würde, als ihr in ihrer jetzigen Position zustehen.

Leider scheint der Chef jedoch auch den chinesischen Kollegen generell nicht zu vertrauen. Eine Tatsache, die er so offen stellt, daß mittlerweile jeder dies zu spüren bekommen hat. Eine Tatsache, die die Stimmung im Unternehmen nicht gerade hebt. Wenn Entscheidungen gefordert sind, werden sie, sobald sie sich nicht mit den Ansichten des Chefs decken, als dumm und falsch abgekanzelt. Der Chef vermittelt das Gefühl, das Unternehmen sei sein persönliches Reich, sein Privateigentum, in dem er schalten und walten kann, wie er möchte. Er stellt die Regeln auf und legt je nach Umstand, Tagesform und Gegenüber fest, für wen welche Regeln gelten.

Die offizielle Devise des Chefs lautet „Geben und Nehmen", allerdings geht sie in den Augen der Mitarbeiter ganz und gar nicht auf. Sicher, es wird monatlich das Gehalt gezahlt. Dafür verpflichten sich die Mitarbeiter zur Arbeit bis an die Grenze des Erträglichen. Was man vermißt, ist ab und zu einmal ein kleines „Dankeschön" und nicht ein Anruf am Freitagabend um 20 Uhr auf dem Handy, warum man denn nicht mehr im Büro sei. Sicher ist Frau K. nicht ganz unschuldig an der Situation, denn sie hat es immer noch nicht gelernt, auch einmal „Nein" zu sagen.

Frau K. hat sich inzwischen daran gewöhnt, Überstunden zu machen; am Freitagabend, wenn der Chef nach Hause geht, noch einen Stapel Arbeit auf ihrem Tisch vorzufinden, auf die Frage „Das schaffen Sie doch, oder?" mit „Ja, natürlich" zu antworten und auf ihre vorsichtigen Fragen nach eventuellen Ausgleichsstunden für durchgearbeitete Wochenenden nur mit einem nachsichtigem kopfschüttelnden Lächeln belohnt zu werden.

Wie motiviert man richtig?

Inzwischen beschleicht Frau K. aber mehr und mehr das Gefühl, daß das, was sie tut, für das Unternehmen eigentlich nicht wichtig ist. Ihre derzeitige Arbeit könnte genauso gut von einer weiteren Chinesin getan werden: Visaeinladungen ausstellen, Dienstreisen zwischen Deutschland und China koordinieren, deutsche Gäste betreuen, Reden schreiben, Reports verfassen, Door Access Cards programmieren und die Schlüssel verwalten ... Eine weitere Nummer im Stab der persönlichen Assistenten des Chefs. Vielleicht würde ihr das alles nicht so zu schaffen machen, wären ihr nicht früher schon einmal verantwortungsvollere Aufgaben übertragen worden.

Aufgabe 1

Wie würden Sie Frau K.'s derzeitige Lage beschreiben?

Aufgabe 2

Welche Ziele könnte Frau K. (z.B. vor dem Hintergrund der Theorien von Maslow oder Herzberg) verfolgen?

Aufgabe 3

Wie schätzen Sie Frau K.'s Verhalten ein?

Aufgabe 4

Wie schätzen Sie das Verhalten des Chefs ein?

Aufgabe 5

Wie kann eine größere Arbeitszufriedenheit unter den Mitarbeitern erreicht werden?

2.5   Organisation

Organisation als Tätigkeit kann als Summe aller auf bestimmte Zwecke ausgerichteten Aktivitäten und Regelungen verstanden werden, die sich auf die Gestaltung der Strukturen und Prozesse in Organisationen (als Institutionen) beziehen. Im Zentrum des Interesses stehen dabei

- die Analyse und Zuordnung von Aufgaben zu einzelnen Stellen,

- deren Zusammenfassung zu einer hierarchisch mehrstufigen Struktur sowie

- die Gestaltung der Beziehungen zwischen den verschiedenen Stellen und Ebenen.

Die **Aufbauorganisation** legt die Strukturen und institutionellen Beziehungen innerhalb einer Organisation fest (vgl. Organigramm). Die **Ablauforganisation** bildet den Rahmen für die Gestaltung der Prozesse in Organisationen. Dabei geht es insbesondere um die Festlegung der Abfolge der Tätigkeiten, die zur Erfüllung spezifischer Aufgaben notwendig sind.

Mögliche Imponderabilien von Organisationsfragen hat der geniale Münchner Komiker Karl Valentin schon vor langer Zeit treffend aufs Korn genommen.

Buchbinder Wanninger (Karl Valentin, 1940)

„Handlung: Der Buchbindermeister Wanninger hat auf Bestellung der Baufirma Meisel & Co. 12 Bücher frisch eingebunden und bevor er dieselben liefert, fragt er telefonisch an, wohin er die Bücher bringen soll und ob und wann er die Rechnung einkassieren darf. Er geht in seiner Werkstätte ans Telefon und wählt eine Nummer ...

Nachdem der Anschluß hergestellt ist:

Baufirma Meisel, Portier: Hier Baufirma Meisel & Co.

W.: Hier ist Buchbinder Wanninger. Ich möchte nur der Fa. Meisel mitteilen, daß ich die Bücher fertig habe und ob ich die Bücher hinschicken soll und ob ich die Rechnung auch mitschicken soll – bitte!

Portier: Einen Moment!

Sekretariat: Hier Meisel & Co., Sekretariat!

W.: Hier ist Buchbinder Wanninger. Ich möchte Ihnen nur mitteilen, daß ich die Bücher fertig habe und ob ich die Bücher hinschicken soll und ob ich die Rechnung auch mitschicken soll – bitte!

Sekretariat: Einen Moment, bitte!

Direktion: Direktion der Fa. Meisel & Co. hier!

W.: Hier ist Buchbinder Wanninger. Ich möchte der Fa. Meisel nur mitteilen, daß ich die Bücher fertig habe und ob ich die Bücher hinschicken soll und ob ich die Rechnung auch mitschicken soll – bitte!

Direktion: Ich verbinde Sie mit der Verwaltung, einen Moment mal!

Verwaltung: Hier Baufirma Meisel & Co., Verwaltung!

W.: Hier ist Buchbinder Wanninger. Ich möchte Ihnen nur mitteilen, daß ich die Bücher fertig habe und ob ich die Bücher hinschicken soll und ob ich die Rechnung auch mitschicken soll – bitte!

Verwaltung: Rufen sie doch bitte die Nebenstelle 33 an. Sie können gleich weiterwählen. ...

Nebenstelle 33: Hier Baufirma Meisel & Co.

W.: Hier ist Buchbinder Wanninger. Ich möchte der Fa. Meisel nur mitteilen, daß ich die Bücher fertig habe und ob ich die Bücher hinschicken soll und ob ich die Rechnung auch mitschicken soll – bitte!

Nebenstelle 33: Einen Moment mal! Ich verbinde Sie mit Herrn Ingenieur Plaschek.

Ing. Plaschek: Hier Ingenieur Plaschek!

W.: Hier ist Buchbinder Wanninger. Ich möchte nur dem Herrn Ingenieur mitteilen, daß ich die Bücher fertig habe und ob ich die Bücher hinschicken soll und ob ich die Rechnung auch mitschicken soll – bitte!

Ing. Plaschek: Da weiß ich nichts davon. Fragen Sie doch mal bei Herrn Architekt Klotz an. Einen Moment mal!

Arch. Klotz: Hier Architekt Klotz!

W.: Hier ist Buchbinder Wanninger. Ich möchte nur dem Herrn Architekt mitteilen, daß ich die Bücher fertig habe und ob ich die Bücher hinschicken soll und ob ich die Rechnung auch mitschicken soll – bitte!

Arch. Klotz: Da fragen Sie am besten Herrn Direktor selbst. Er ist jetzt nicht in der Fabrik. Ich verbinde Sie gleich mit der Wohnung.

Wohnung: Hier Direktor Hartmann!

W.: Hier ist Buchbinder Wanninger. Ich möchte dem Herrn Direktor nur mitteilen, daß ich die Bücher fertig habe und ob ich die Bücher hinschicken soll und ob ich die Rechnung auch mitschicken soll – bitte, Herr Direktor!

Wohnung, Direktor: Ich kümmere mich nicht um diese Sachen. Vielleicht weiß die Abteilung III Bescheid; ich schalte in die Firma zurück.

Abt. III: Baufirma Meisel. Abteilung III.

W.: Hier ist Buchbinder Wanninger. Ich möchte nur der Fa. Meisel mitteilen, daß ich die Bücher fertig habe und ob ich die Bücher hinschicken soll und ob ich die Rechnung auch mitschicken soll – bitte!

Abt. III: Einen Moment bitte, ich verbinde mit der Buchhaltung.

Buchhaltung: Fa. Meisel & Co., Buchhaltung.

W.: Hier ist Buchbinder Wanninger. Ich möchte nur der Fa. Meisel mitteilen, daß ich die Bücher fertig habe und ob ich die Bücher hinschicken soll und ob ich die Rechnung auch mitschicken soll – bitte!

Buchhaltung: So, sind die Bücher endlich fertig – hören Sie zu, dann können Sie ja dieselben – Rufen Sie bitte morgen wieder an, wir haben jetzt Büroschluß!

W.: Jawohl – danke – entschuldigen Sie vielmals bitte."[20]

2.5.1 Gestaltung von Organisationsstrukturen und -prozessen

Mittels der Struktur einer Organisation wird bestimmt und gesteuert, wie Arbeitsaufgaben und Tätigkeiten formal getrennt, gruppiert und koordiniert werden. Dadurch werden auch die Prozesse und Arbeitsabläufe in der Organisation wesentlich determiniert. Nach Robbins werden die Organisationsstrukturen und -prozesse durch sechs Kernelemente bestimmt: Spezialisierung, Abteilungsbildung, Hierarchie, Kontrollspanne, Zentralisierung und Dezentralisierung sowie Formalisierung.[21]

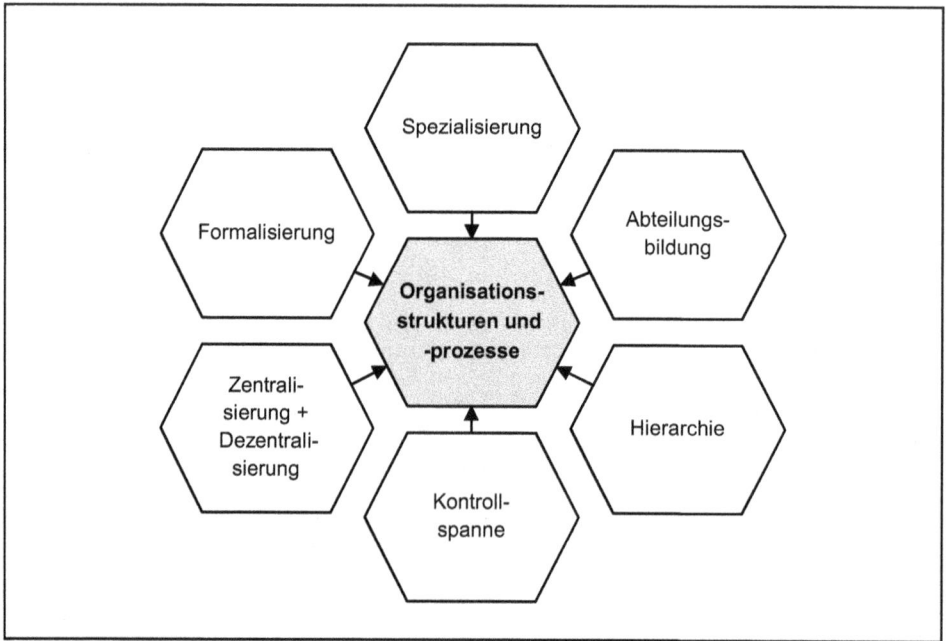

Abbildung 2-13 *Die Organisationsstrukturen und -prozesse bestimmenden Elemente*

Spezialisierung (Arbeitsteilung) beinhaltet die Zerlegung einer Arbeitsaufgabe in Teilschritte und die Spezialisierung jedes Mitarbeiters auf einen dieser Schritte. Ein Mitarbeiter erledigt also nicht die gesamte Arbeitsaufgabe individuell, sondern spezialisiert sich auf eine Teiltätigkeit.

Die Mitarbeiter können ihren Fähigkeiten entsprechend eingesetzt und auch gezielter entlohnt werden. Die einzelnen Verrichtungen werden routiniert ausgeübt, aufgrund der kurzen Anlaufzeit können Mitarbeiter auch leicht gewonnen, eingesetzt und auch ersetzt werden. Schließlich trägt die intensive Beschäftigung mit spezifischen Arbeitsschritten und ihren Problemen auch zur Förderung von Innovationen bei. Allerdings ruft die starke Spezialisierung – und das ist der entscheidende Nachteil – bald Langeweile, Müdigkeit, Streß, geringere Produktivität, niedrigere Qualität, häufigere Abwesenheit und eine hohe Fluktuationsrate hervor. Das ist auch der Grund, warum immer wieder andere Formen der Arbeitsorganisation entwickelt werden. Das „Ei des Kolumbus" wurde diesbezüglich bisher freilich noch nicht gefunden.

Durch die Einführung der Fließbandfertigung in seinem Automobilwerk gelang es Henry **Ford** 1913, Produktionsausstoß und Effizienz erheblich zu steigern. Der gesamte Produktionsprozeß wurde in spezifische, repetitive Tätigkeiten aufgespalten. Jedem Mitarbeiter wurde eine sehr eng gefaßte Tätigkeit zugewiesen, die – nach einer kurzen Einschulung – auch von ungelernten Arbeitern einfach und schnell durchgeführt werden konnte. Damit ließen sich unmittelbar exorbitante Effizienzsteigerungen realisieren. Dieser in der Industrie erstmals in großem Stil umgesetzte Fortschritt erinnert an das berühmte Beispiel von Adam Smith, der – heute von vielen gewissermaßen als Vater der Marktwirtschaft gesehen – (als Theoretiker) dazu schon 1776 grundsätzliche Überlegungen anstellte.

Adam Smith: Die Stecknadelherstellung

„Wir wollen ... als Beispiel die Herstellung von Stecknadeln wählen, ein recht unscheinbares Gewerbe, das aber schon häufig zur Erklärung der Arbeitsteilung diente. Ein Arbeiter, der noch niemals Stecknadeln gemacht hat und auch nicht dazu angelernt ist ..., so daß er auch mit den dazu eingesetzten Maschinen nicht vertraut ist ... könnte, selbst wenn er sehr fleißig ist, täglich höchstens eine, sicherlich aber keine zwanzig Nadeln herstellen. Aber so, wie die Herstellung von Stecknadeln heute betrieben wird, ist sie nicht nur als Ganzes ein selbständiges Gewerbe. Sie zerfällt vielmehr in eine Reihe getrennter Arbeitsgänge, die zumeist zur fachlichen Spezialisierung geführt haben. Der eine Arbeiter zieht den Draht, der andere streckt ihn, ein dritter schneidet ihn, ein vierter spitzt ihn zu, ein fünfter schleift das obere Ende, damit der Kopf aufgesetzt werden kann. Auch die Herstellung des Kopfes erfordert zwei oder drei getrennte Arbeitsgänge. Das Ansetzen des Kopfes ist eine eigene Tätigkeit, ebenso das Weißglühen der Nadel, ja, selbst das Verpacken der Nadeln ist eine Arbeit für sich. Um eine Stecknadel anzufertigen, sind somit etwa 18 verschiedene Arbeitsgänge notwendig, die in einigen Fabriken jeweils verschiedene Arbeiter besorgen, während in anderen ein einzelner zwei oder drei davon ausführt. Ich selbst habe eine kleine Manufaktur dieser Art gesehen, in der nur zehn Leute beschäftigt waren, so daß einige von ihnen zwei oder drei solcher Arbeiten übernehmen mußten. Obwohl sie nun sehr arm und nur recht und schlecht mit den nötigen Werkzeug ausgerüstet waren, konnten sie zusammen am Tage doch etwa 12 Pfund Stecknadeln anfertigen, wenn sie sich einigermaßen anstrengten. Rechnet man für ein Pfund über 4.000 Stecknadeln mittlerer Größe, so waren die zehn Arbeiter imstande, täglich etwa 48.000 Nadeln herzustellen, jeder also ungefähr 4.800 Stück. Hätten sie indes alle einzeln und unabhängig voneinander gearbeitet, noch dazu ohne besondere Ausbildung, so hätte der einzelne gewiß nicht einmal 20, vielleicht sogar keine einzige Nadel am Tag zustande gebracht. Mit anderen Worten, sie hätten mit Sicherheit nicht den zweihundertvierzigsten, vielleicht nicht einmal den vierhundertachtzigsten Teil von dem produziert, was sie nunmehr infolge einer sinnvollen Teilung und Verknüpfung der einzelnen Arbeitsgänge zu erzeugen imstande waren."[22]

Werden Tätigkeiten im Rahmen der Spezialisierung bzw. Arbeitsteilung aufgegliedert, sollen sie auf sinnvolle Weise gruppiert werden, um sie gut steuern und kontrollieren zu können. Dies geschieht durch die **Bildung von Abteilungen**, die nach verschiedenen Kriterien durchgeführt werden kann:

- **Funktionsorientiert**: Eine der üblichsten Varianten ist die Gruppierung nach betrieblichen Aufgaben. Dabei werden z.B. die Mitarbeiter eines Produktionsbetriebes entsprechend ihrer Spezialisierung der Produktionsabteilung, Entwicklungsabteilung, Buchhaltung, Personalabteilung, Marketingabteilung usw. zugeordnet. Diese Methode der Abteilungsbildung ist auf jede Art von Organisation anwendbar. Durch die Konzentration von fachlich spezialisierten Mitarbeitern mit ähnlichen Fähigkeiten in jeder Abteilung kann eine relativ hohe Produktivität erzielt werden.

- **Prozeßorientiert**: Die Bildung von Abteilungen kann auch prozeßorientiert erfolgen. Hierbei spezialisiert sich jede Abteilung auf eine bestimmte Produktionsstufe bzw. auf eine bestimmte Phase im Produktionsprozeß. In einem Textilbetrieb könnten – dem Produktionsablauf entsprechend – z.B. die Abteilungen Zuschnitt, Fertigung, Qualitätskontrolle, Verpackung und Versand gebildet werden.

- **Produktorientiert**: Eine weitere Möglichkeit ist die Gliederung nach Produkten, wobei alle mit einem bestimmten Produkt verbundenen Aktivitäten von einem „Produktmanager" koordiniert werden. Für jedes Produkt/jede Produktgruppe würde dann z.B. eine eigene Produktions-, Marketing- und Vertriebsgruppe arbeiten. In großen Firmen werden auf diese Art eigene Unternehmensbereiche gebildet („**Sparten**", „**Divisionen**"), die weitgehend autark quasi als Firma in der Firma agieren. Lediglich verschiedene übergreifende Aufgaben (z.B. Rechnungswesen, Recht) sind zentralisiert.

- **Geographisch orientiert**: Arbeitsaufgaben können auch territorial, etwa nach Gebieten und Regionen, gegliedert werden (häufig im Verkauf).

- **Kundenorientiert**: Schließlich können Abteilungen auch kundenorientiert gebildet werden, davon ausgehend, daß die Kunden bestimmter Zielgruppen (z.B. Großhandel, Einzelhandel, Endverbraucher) ähnliche Wünsche und Bedürfnisse haben.

Bei der Bildung von Abteilungen muß sich ein Unternehmen nicht auf ein einziges Kriterium festlegen. Große Unternehmen können z.B. ihre Produktion prozeßorientiert und den Verkauf sowohl regional gegliedert als auch kundenorientiert aufbauen. Immer mehr zeigte sich, daß die Kundenorientierung an Bedeutung gewinnt. Man versucht auch zunehmend, starre Strukturen zugunsten von flexibleren Organisationsformen aufzubrechen.

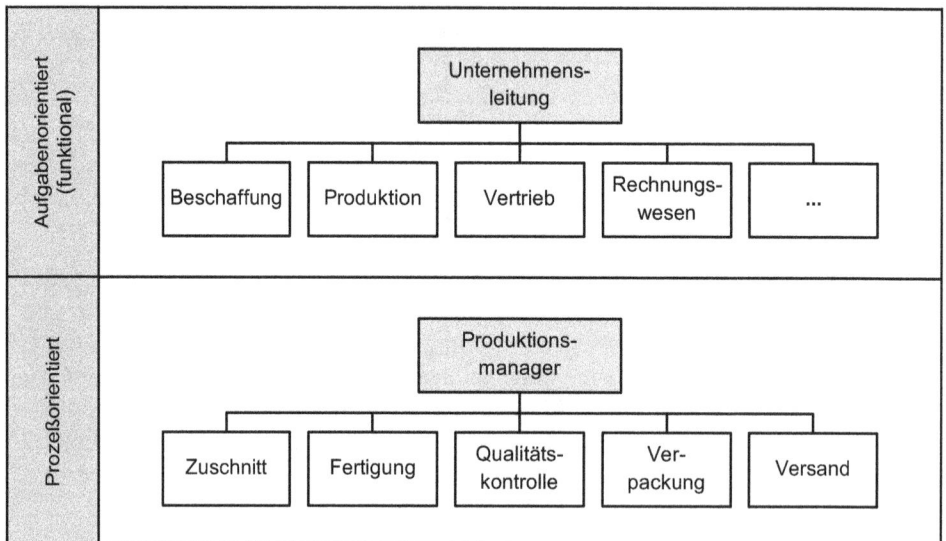

Fortsetzung

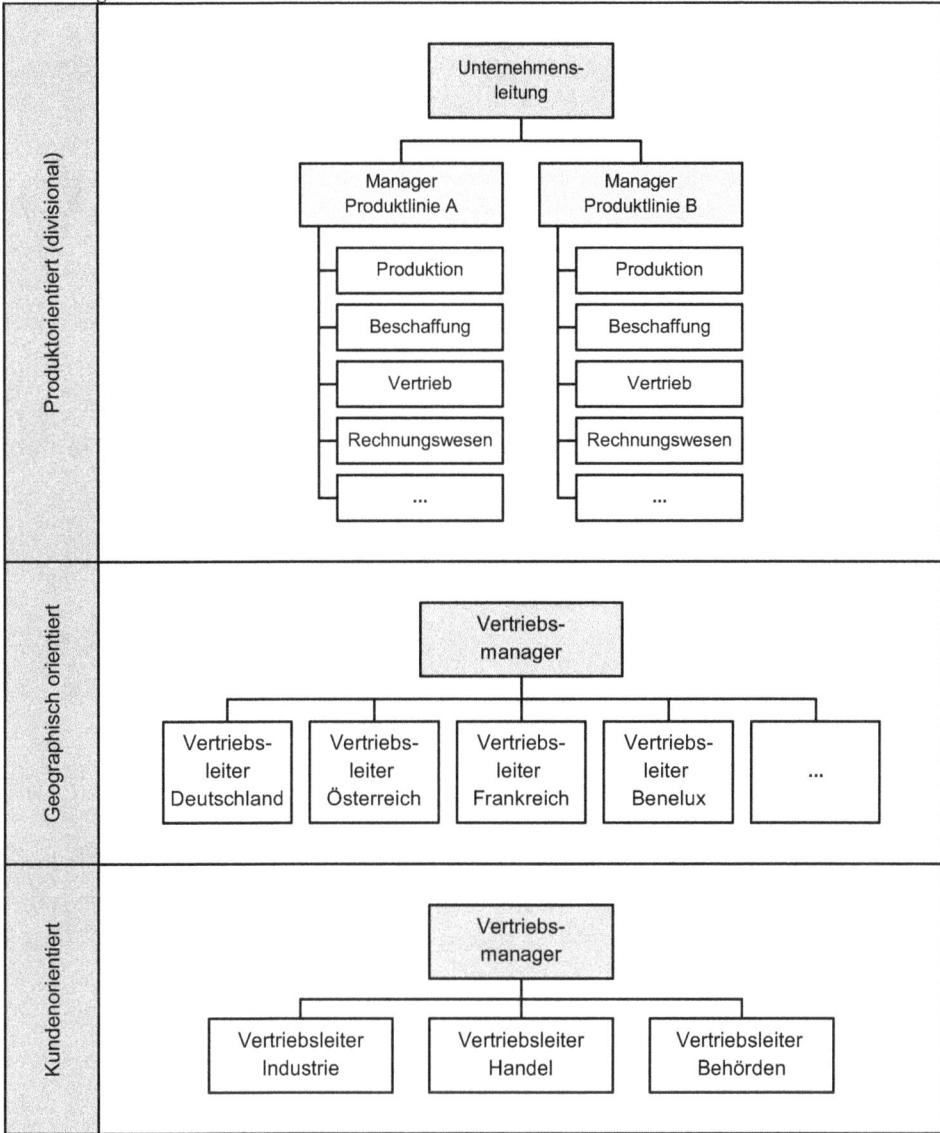

Tabelle 2-7 *Möglichkeiten der Abteilungsbildung*

Eine **Hierarchie** ist eine vom Top-Management zur untersten Ebene der Organisationshierarchie verlaufende ununterbrochene Autoritätslinie, die – gewissermaßen als „Befehlskette" – bestimmt, wer wem unterstellt ist und wer wofür verantwortlich ist. Innerhalb der Managementebenen unterscheidet man die

* **strategische Ebene** („top"-Management), die für die Gesamtleitung des Betriebes und die Festlegung seiner grundsätzlichen Ausrichtung verantwortlich ist (vgl. Geschäftsleitung, Vorstand),

- **taktische Ebene** („middle"-Management), die zur „Übersetzung" der Strategien in praktische Abläufe konkrete Pläne sowie entsprechende Strukturen und
  Prozesse schafft (z.B. Regeln, Vorschriften, Bedingungen), diese koordiniert,
  überwacht sowie die Ergebnisse steuert,

- **operative Ebene** („lower"-Management), zuständig für die Führung der Mitarbeiter, die Kontrolle der Arbeitsergebnisse sowie für die Probleme des Tagesgeschäfts; diese Ebene umfaßt schließlich auch alle Mitarbeiter, die mit der Wahrnehmung der ausführenden Aufgaben betraut sind.

Die Hierarchie

Eng verbunden mit dem Konzept der Hierarchie sind das **Autoritätskonzept** und das Konzept der **Einheit der Auftragserteilung**. Das Autoritätskonzept bezieht sich auf die einer Managementposition innewohnenden Rechte und Pflichten, Weisungen zu erteilen und gleichzeitig deren Erfüllung durch die unterstellten Mitarbeiter erwarten zu können. Jeder Managementposition wird ein Platz in der Hierarchie der Organisation eingeräumt und damit verbunden eine bestimmte Machtausstattung zuerkannt. Der Begriff Einheit der Auftragserteilung besagt, daß jeder Mitarbeiter nur einen Vorgesetzten haben sollte, von dem er Anweisungen entgegennimmt und dem er „berichtet", d.h. rechenschaftspflichtig ist. Damit wird vermieden, daß ein Mitarbeiter divergierenden Anweisungen und Interessen verschiedener Vorgesetzter ausgesetzt ist.

Durch bessere Kommunikationsmöglichkeiten, den verstärkten Einsatz von Projektteams sowie den Trend zunehmender Kompetenzübertragung auf die Mitarbeiter verlieren derartige tradierte – doch einigermaßen rigide – Konzeptionen tendenziell an Bedeutung.

Die **Kontrollspanne** besagt, wie viele Mitarbeiter ein Manager effizient und erfolgreich führen kann. Gleichzeitig bestimmt sie die Anzahl der Hierarchieebenen und die Zahl der benötigten Manager in einer Organisation.

Es wird, ausgehend von der optimalen Größe einer Gruppe, angenommen, daß die Führung von fünf bis sieben Mitarbeitern der idealen Kontrollspanne entspricht. Diese wird heute – nicht zuletzt aus Kostengründen – häufig erweitert. Ab einer bestimmten Anzahl von Mitarbeitern ist ein Vorgesetzter allerdings nicht mehr in der Lage, angemessen zu unterstützen und zu führen. Das ist jedoch auch stark von der Selbständigkeit der Mitarbeiter und der Komplexität der Aufgaben abhängig. Eine Kontrollspanne von zehn unmittelbar unterstellten Mitarbeitern sollte aber sinnvollerweise nicht wesentlich überschritten werden.

| Bei ca. 1.300 Mitarbeitern und einer durchschnittlichen Kontrollspanne von sechs entstehen fünf Hierarchieebenen, für die 259 Manager (Summe der Ebenen 1-4) benötigt werden. | Bei etwa derselben Mitarbeiterzahl und einer durchschnittlichen Kontrollspanne von elf entstehen vier Hierarchieebenen, für die 133 Manager (Summe der Ebenen 1-3) benötigt werden. |

Tabelle 2-8 Auswirkung der Kontrollspanne auf Hierarchieebenen und Zahl der Führungskräfte[23]

Der Grad der **Zentralisierung** gibt an, in welchem Maße die Entscheidungsfindung einer Organisation an einer Stelle konzentriert ist. In manchen Organisationen werden alle Entscheidungen „oben" getroffen, ohne die Mitarbeiter und teilweise auch die Führungskräfte unterer Hierarchieebenen einzubeziehen; solche Organisationen sind demgemäß stark zentralisiert. In anderen Organisationen obliegt die Entscheidungsfindung den Führungskräften und Mitarbeitern, die unmittelbar mit einem Problembereich befaßt sind. In diesem Fall spricht man von einer dezentralen Organisation.

Dezentrale Organisationen zeichnen sich durch eine größere Flexibilität aus. Verkürzte Informations- und Entscheidungswege ermöglichen eine schnellere Reaktion auf Veränderungen und Probleme. Darüber hinaus fühlen sich die Mitarbeiter in die betrieblichen Entscheidungsprozesse eingebunden und nicht, als würde „über sie hinweg entschieden".

Formalisierung beschreibt, inwieweit Tätigkeiten in einer Organisation standardisiert sind. Eine starke Formalisierung bedeutet für die Mitarbeiter einen relativ geringen Entscheidungsspielraum darüber, wie und wann eine bestimmte Tätigkeit zu verrichten ist. Exakte Stellenbeschreibungen, viele Regeln und Vorschriften sowie eindeutig definierte Arbeitsabläufe sollen einheitliche und gleichmäßige Arbeitsergebnisse sicherstellen und alternative, nicht standardisierte (von der Organisation oft auch nicht gewünschte) Vorgänge und Verhaltensweisen einschränken.

Max Weber: Die Merkmale der Bürokratie

Der Soziologe Max Weber (1864-1920) interessierte sich für die Methoden, mit denen Macht und Herrschaft ausgeübt werden können. Er sah dabei eine zunehmende Bürokratisierung des Lebens, mit deren Hilfe besonders der Staat seine politische Macht ausübt. „Legale Herrschaft" vollzieht sich vor allem in Form bürokratischer Verwaltung, deren Wesen Weber – mit seinen berühmt gewordenen Grundsätzen – wie folgt charakterisiert:

1. Bürokratie beruht auf gesetztem **Recht** und

2. daraus abgeleiteten **Regeln**;

3. hinzu tritt das Prinzip der **Amtshierarchie**

4. mit für jedes Organ fest umschriebenen **Zuständigkeiten** (Kompetenzen);

5. es gilt ferner der Grundsatz der **Aktenmäßigkeit**, d.h., alle Vorgänge werden schriftlich fixiert;

6. die Aufgaben werden im Rahmen einer **„Behörde"** von **Beamten** mit bestimmten Fachqualifikationen hauptberuflich mit entsprechender Amtsdisziplin wahrgenommen.[24]

Ein stetes Problem in Zusammenhang mit der Gestaltung von Organisationsstrukturen und -prozessen ist die Bürokratie. Alle Bürokratien basieren wesentlich auf Standardisierung. Stark routinisierte Arbeitsabläufe werden erreicht durch Spezialisierung, stark formalisierte Regeln, funktionale Abteilungsbildung, zentralisierte Autorität, enge Kontrollspannen und eine strikt der Hierarchie folgende Entscheidungsfindung. Als großer Vorteil der Bürokratie erweist sich ihre Fähigkeit, standardisierte Aufgaben effektiv und nachvollziehbar zu erledigen. Treten bisher unbekannte Situationen auf, für die noch keine Regeln entwickelt werden konnten, reagiert die Bürokratie allerdings inflexibel und ineffizient. Wahrscheinlich das Hauptproblem der Bürokratie ist es, daß sie – bei allen Vorteilen, besonders in

Hinblick auf die Gewährleistung der Ordnungsmäßigkeit der Abläufe – dazu neigt, Selbstzweck zu werden.

Parkinsons Gesetz

C. Northcote Parkinson legt in seinem satirisch wohl fundierten Hauptwerk „Parkinsons Gesetz und andere Untersuchungen über die Verwaltung" schon 1957 überzeugend dar, welche Faktoren das allseits zu beobachtende unaufhaltsame Wachstum der Bürokratie bestimmen. Er beantwortet dies mit seinen berühmt gewordenen ironischen Gesetzmäßigkeiten:

1. „Jeder Beamte oder Angestellte wünscht die Zahl seiner Untergebenen, nicht aber die Zahl seiner Rivalen, zu vergrößern" und

2. „Beamte oder Angestellte schaffen sich gegenseitig Arbeit".

„Um Triebkraft Nr. 1 zu verstehen, müssen wir das Bild eines Beamten, genannt A, entwerfen, welcher spürt, daß er überarbeitet ist. Ob die Überarbeitung auf Tatsachen oder Einbildung beruht, spielt dabei keine Rolle; ... Für dieses tatsächliche oder eingebildete Zuviel an Arbeit gibt es nun drei mögliche Heilmittel: A kann um seine Entlassung eingehen; A kann darum bitten, daß er seine Arbeit künftig mit dem Kollegen B teilen darf, und A kann schließlich ein Gesuch stellen, daß ihm zwei Unterbeamte zugeteilt werden, genannt C und D. Ich glaube, es gibt kein bekanntes Beispiel in der Weltgeschichte, daß ein Beamter oder Angestellter einen anderen als den dritten Weg wählte. ... Infolgedessen zieht es A vor, zwei Junioren C und D unter sich zu haben. Sie stärken nicht nur seine Stellung im Amt, er kann auch die Arbeit in zwei Hälften einteilen, die er ihnen getrennt zuweist, woraus für ihn der Vorteil entspringt, daß er als einziger die ganze Arbeit versteht. ... Untergebene müssen also immer in der Mehrzahl auftreten, denn nur durch die Angst, der andere könnte der Nachfolger des Chefs werden, kann man sie in Ordnung halten. Beschwert sich eines Tages C über zuviel Arbeit (was er ganz sicherlich tun wird), dann wird A – im vollen Einverständnis mit C – die Einstellung von mindestens zwei Untergebenen für C befürworten. Doch um nun nicht Feindschaft im eigenen Büro aufkommen zu lassen, muß er die Einstellung von zwei Hilfskräften für D befürworten, der ja im gleichen Rang wie C steht. Mit der Neueinstellung der Hilfskräfte E, F, G und H kann A aber nun fast sicher sein, daß er demnächst befördert wird. Sieben Beamte tun jetzt, was zuvor einer allein tat. Und hier beginnt die zweite Triebkraft wirksam zu werden. Denn diese sieben Beamte schaffen sich gegenseitig so viel Arbeit, daß jeder von ihnen alle Hände voll zu tun hat und A selber härter als je arbeitet. Jedes eingehende Aktenstück muß alle sieben Schreibtische passieren. Beamter E erhält es zuerst und entscheidet, daß der Fall von Kollegen F bearbeitet werden muß, der das Schreiben liest und einen Antwortbrief entwirft, den er an seinen Vorgesetzten C weiterleitet. C nimmt erhebliche Veränderungen an dem Entwurf vor, ehe er sich mit D in Verbindung setzt, der die Angelegenheit von seinem Gehilfen G bearbeiten läßt. Doch G steht gerade im Begriff, seinen Urlaub anzutreten, und übergibt den Faszikel deswegen H, der zu dem Entwurf ein kurzes Exposé schreibt, es D abzeichnen läßt, worauf er das ganze Bündel an C zurückgehen läßt, der den von ihm bereits verbesserten ersten Entwurf nochmals revidiert und die endgültige Fassung A vorlegt. ... So könnte A also mit Fug und Recht seinen Krakel unter Cs endgültigen Entwurf setzen und die ganze Geschichte los sein. Doch dazu ist er zu gewissenhaft. Obwohl ihn neuerdings nur noch Probleme beschäftigen, die seine Mitarbeiter für sich selbst und damit für ihn schaffen (Probleme, die es überhaupt nur gibt, weil es das Büro gibt), denkt er nicht daran, sich vor der Pflicht zu drücken. Also liest er den Entwurf des Antwortschreibens sorgfältig durch, streicht die Zusätze der beiden Umstandskrämer C und H und reduziert das Schreiben auf jenen Entwurf, den ... F gleich zu Beginn geliefert hatte. Er feilt noch ein wenig an der Sprache des Schreibers herum – keiner dieser jungen Leute hat heute mehr eine Ahnung, was Grammatik ist! Und das Endergebnis seiner Tätigkeit bildet ein Brief, den er genau in dieser Form selber geschrieben haben würde, wenn die Beamten C und H nie geboren worden wären. Viel mehr Menschen haben viel mehr Zeit benötigt, um zu dem gleichen Ergebnis zu kommen. Keiner von ihnen war müßig, alle gaben ihr Bestes."[25]

2.5.2   Ausgewählte Organisationsstrukturen

Einfache Organisationsstrukturen wie das **Einliniensystem** findet man vor allem in kleinen Unternehmen, in denen der Eigentümer gleichzeitig der Geschäftsführer ist. Eine einfache Organisationsstruktur ist gekennzeichnet durch wenige Stellen bzw. Abteilungen, größere Kontrollspannen, geringe Formalisierung, wenige hierarchische Ebenen und die Konzentration der Entscheidungsbefugnisse auf eine Person. **Vorteil** des Einliniensystems ist seine Einfachheit bzw. einfache Wege und Abläufe. Beim Einliniensystem spielt der Grundsatz der Einheit der Auftragserteilung eine große Rolle (vgl. die Schwierigkeiten, die sich aus dem Umstand „Diener zweier Herren" zu sein, ergeben). Man kann flexibel und schnell auf veränderte Bedingungen reagieren und mit einem geringen Kostenaufwand arbeiten.

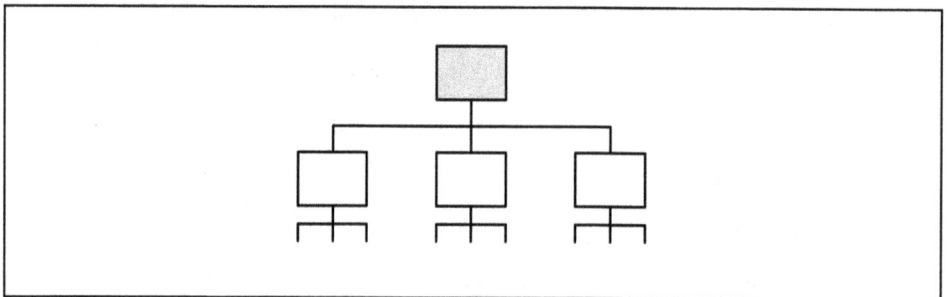

Abbildung 7-5 *Das Einliniensystem*

Beim Einliniensystem in erweiterter Form besteht die Gefahr, daß die so entstandene Struktur insbesondere durch zu lange Wege und Inflexibilitäten aufgrund der dann meist auch gegebenen starken Spezialisierungen zu starr wird.

Ein weiterer **Nachteil** dieser Struktur ist, daß sie aufgrund der starken Zentralisierung und Formalisierung nur bei kleinen Organisationen auf effektive Weise beibehalten werden kann. In großen Organisationen würde diese Struktur zu einer Überlastung der Hierarchiespitze führen. Mit zunehmender Organisationsgröße verlangsamt sich die Entscheidungsfindung. Versucht eine Führungskraft daher weiterhin, alle Entscheidungen selbständig zu treffen, können die Entscheidungsprozesse völlig zum Erliegen kommen. Ab einer Größe von 50 und mehr Mitarbeitern sollte deshalb über eine Umstrukturierung der Organisation nachgedacht werden. Ein weiterer Nachteil der einfachen Struktur ist, daß sämtliche Entscheidungen von einer (oder wenigen) Person(en) abhängen und ein Ausfallen dieser Person(en), z.B. durch längere Krankheit, schwere Folgen haben kann. Relativierend zu bemerken ist bezüglich der Anwendung des Einliniensystems, daß dieses über – wie gesagt – kleinere Unternehmen hinaus kaum in seiner „reinen" Form vorkommt, weil es insbesondere für größere Organisationen aufgrund der genannten Umstände letztlich doch ungeeignet ist. Am ehesten findet diese Form noch in der öffentlichen Verwaltung Anwendung, wo es wesentlich um die Grundsätze der Nachvollziehbarkeit und Aktenmäßigkeit der getroffenen Entscheidungen geht.

Die einfache Struktur

Das **Mehrliniensystem** zeichnet sich bei grundsätzlicher Ähnlichkeit zum Einliniensystem dadurch aus, daß manche Stellen aus bestimmten Gründen nicht nur einem, sondern zwei oder mehreren Vorgesetzten unterstellt sind. Dies bringt gleichermaßen Vor- und Nachteile mit sich. Die **Vorteile** ergeben sich hauptsächlich aus größerer Flexibilität und der Möglichkeit, einen Mitarbeiter mit mehreren Aufgaben gleichzeitig betrauen zu können. Dies mag wiederum insbesondere bei kleineren Betrieben von Vorteil sein, um nicht allzu große Personalkosten zu generieren. Der **Nachteil** liegt zweifellos in der Tatsache, daß es für einen Mitarbeiter immer schwierig ist, zwei Vorgesetzte zu haben (vgl. auch die Vorteile des Einliniensystems). Anwendung findet dieses System – wenngleich man auch geneigt sein wird, es nicht unbedingt zu implementieren – überwiegend bei kleineren und mittelständischen Unternehmen, bei denen infolge des Mangels an entsprechenden

Personalkapazitäten Mitarbeiter oft mit verschiedenen Aufgaben betraut sind, die in den Zuständigkeitsbereich unterschiedlicher Vorgesetzter fallen.

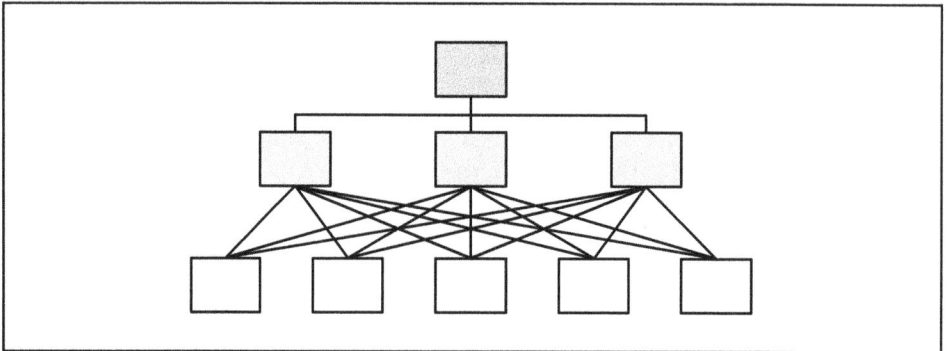

Abbildung 7-6 *Mehrliniensystem*

Beim **Stabliniensystem** handelt es sich um ein durch sogenannte Stäbe ergänztes Einliniensystem. Bei einer Struktur, die dem Einliniensystem grundsätzlich ähnlich ist, bemühen sich die „Stäbe", durch die Übernahme von speziellen Aufgaben die „Linie" zu unterstützen bzw. zu entlasten. Derartige Aufgaben sind üblicherweise jene im Rahmen einer Firma anfallenden Tätigkeiten, die nicht mit dem unmittelbaren Herstellungsprozeß zu tun haben. Beispielsweise könnten solche Aufgaben in einem Produktionsunternehmen etwa die Bearbeitung von rechtlichen Problemen, Marketingfragen oder Controllingaufgaben sein. Die Aufgabenverteilung zwischen Stab und Linie hängt jedoch sehr stark vom eigentlichen Unternehmensgegenstand ab. Mitarbeiter von Stabsabteilungen sehen sich häufig dem Vorwurf ausgesetzt, daß sie sich – abseits des Alltagsgeschäfts – mit anspruchsvollen und oft interessanten Fragen befassen. Dem steht der **Nachteil** gegenüber, daß Stabsabteilungen üblicherweise nur Vorschläge unterbreiten, jedoch nicht befugt sind, die damit verbundenen Entscheidungen zu treffen. Für die Stabsmitarbeiter bedeutet dies mitunter auch insofern Frustrationen, als ungeachtet des Hintergrundes profunder Entscheidungsvorbereitung vom Management öfter schlicht falsche Entscheidungen getroffen werden.

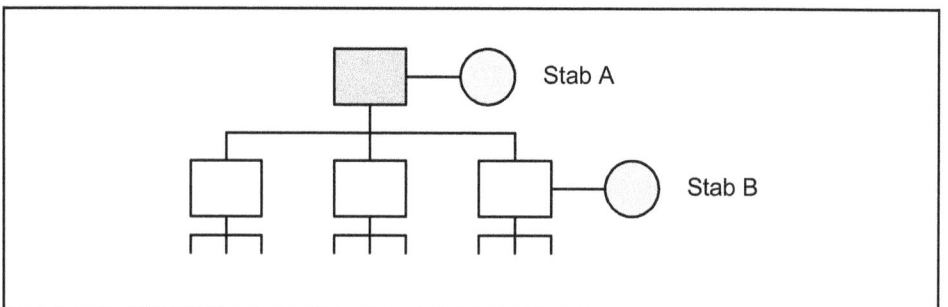

Abbildung 7-7 *Stabliniensystem*

Das einigermaßen aufwendige **Matrixsystem** wird immer dann angewendet, wenn von einer Stelle verschiedenartige Aufgaben gleichzeitig wahrzunehmen sind. Die traditionelle, nach Funktionen (z.B. Beschaffung, Produktion, Absatz) gegliederte Organisationsstruktur (vertikale Linien) wird hier von einer produkt- oder projektorientierten Struktur (horizontale Linien) überlagert. Auf diese Weise entstehen Stellen, die sich etwa mit der Beschaffung der Komponenten für ein ganz bestimmtes Produkt befassen und diesbezüglich auch über entsprechendes Spezialwissen verfügen. Häufig – aber nicht nur – wird die Matrixorganisation von internationalen Konzernen (z.B. Markenartikelunternehmen) angewendet, die ihre Produkte weltweit vertreiben, dabei jedoch gleichzeitig überall recht spezifische Ländermärkte zu bearbeiten haben und dafür in den einzelnen Ländern entsprechende Produktspezialisten brauchen, die auch in der Lage sind, die einheitlichen Konzepte umzusetzen.

Mitarbeiter in einer Matrixstruktur erhalten Anweisungen von zwei verschiedenen Vorgesetzten (duale Befehlskette), dem funktionalen Leiter und dem Produktverantwortlichen. Dabei können Kompetenzüberschneidungen und andere Probleme zu Konflikten zwischen den Entscheidungsträgern, aber auch zu Rollenkonflikten bei den Mitarbeitern, z.B. durch divergierende Anweisungen, führen. Von Nachteil sind auch die hohen Kosten, die durch die Vielzahl von Spezialisten in den verschiedenen Bereichen anfallen.

Die genannten Modelle lassen sich nach Bedarf jeweils auch stärker produktorientiert, kundenorientiert, geographisch orientiert, prozeßorientiert oder funktionsorientiert gestalten bzw. ausformen.

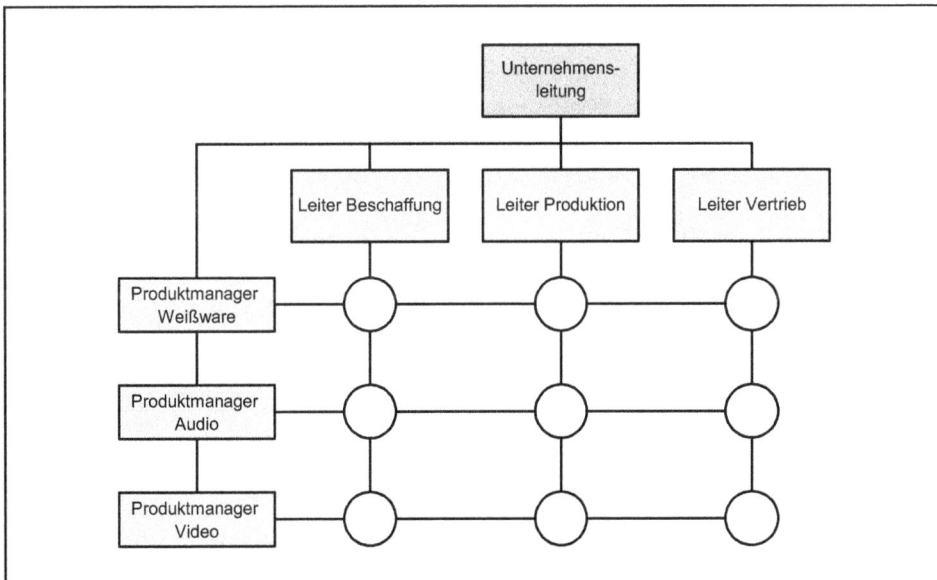

Abbildung 7-8 *Matrixorganisation funktionsorientiert und produktorientiert*

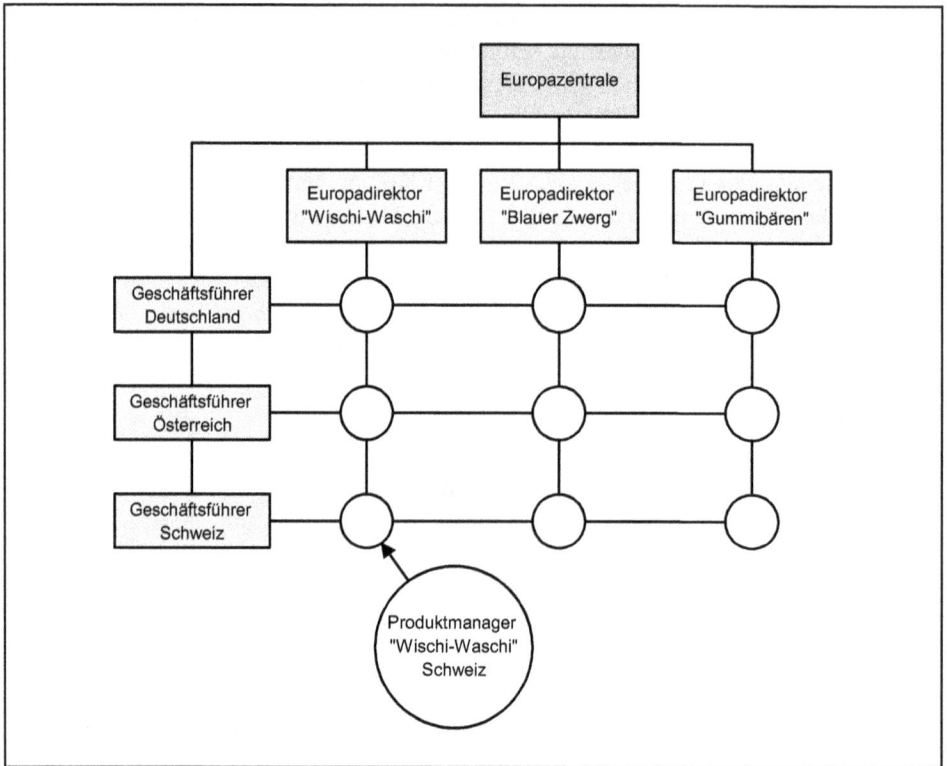

Abbildung 7-9 Matrixorganisation geographisch orientiert und produktorientiert

Darüber hinaus bieten sich verschiedene **alternative Gestaltungsmöglichkeiten**:

Von einer **Teamstruktur** spricht man, wenn Arbeitsgruppen die allgemeine Organisationsstruktur bestimmen. Teamstrukturen überschreiten Abteilungsgrenzen und tragen zu einer Dezentralisierung der Entscheidungsfindung bei. In Teams tätige Mitarbeiter müssen sowohl umfassende Kenntnisse in ihrem Spezialgebiet als auch Kenntnisse zu allgemeinen betrieblichen Abläufen aufweisen. Während die Teamstruktur in kleineren Organisationen die gesamte Organisationsstruktur bestimmen kann, wird sie in größeren Organisationen häufig zur Ergänzung der bürokratischen Strukturen eingesetzt. Dies ermöglicht die Kombination der Vorteile beider Strukturen; die Organisation kann die Effizienz der Standardisierung nutzen und gleichzeitig in den Bereichen, wo es notwendig ist, flexibel bleiben. Der Einsatz funktionsübergreifender Teams bietet sich z.B. für die Entwicklung und Gestaltung neuer Produkte oder anderer Projekte hervorragend an.

Die **virtuelle Organisation** besteht üblicherweise aus einer kleinen Kernorganisation, von der aus die ausgelagerten Geschäftsfunktionen kontrolliert und koordiniert werden. Virtuelle Organisationen können ihre Mitarbeiter bzw. Vertragsfirmen projektspezifisch nach Leistungsfähigkeit, Kosten, Know-how und Erfahrungen auswählen. Wesentliche Unternehmensfunktionen werden ausgelagert und von denjenigen erfüllt, die die beste Leistung erzielen. Der bürokratische Verwaltungsaufwand wird minimiert, Langzeitrisiken und Kosten reduziert. Hauptvorteil virtueller Organisationen ist ihre Flexibilität, Hauptnachteil, daß das Management nur die Schlüsselbereiche der Organisation wirklich gut kontrollieren kann und auch Abhängigkeiten von den externen Partnern entstehen.

Kompetenter Mitarbeiter für den Versand gesucht

Die Idee der **grenzenlosen Organisation** beinhaltet die Eliminierung vertikaler und horizontaler Grenzen innerhalb eines Unternehmens sowie zwischen dem Unternehmen und seinen Zulieferern und Kunden. Auf dem Weg zu einer grenzenlosen Organisation werden Kontrollspannen erweitert, Abteilungen durch selbstverantwortliche Teams ersetzt sowie die Bedeutung von Rängen und Status minimiert; partizipative Entscheidungsfindung und die Hierarchieebenen überschreitende Arbeitsgruppen tragen zum Aufbrechen vertikaler Grenzen bei. Der Einsatz funktionsüberschreitender Arbeitsgruppen, die Organisation von Tätigkeiten um Arbeitsprozesse herum sowie Job Rotation erleichtern den Abbau horizontaler Grenzen. Nach Aufhebung der internen Grenzen gilt es, Barrieren zwischen der Organisation und ihren Kunden und Zulieferern zu beseitigen. Mittel dazu sind die Schaffung strategischer Allianzen oder die Errichtung besonders guter Verbindungen zwischen Kunden bzw. Zulieferern und Organisation. Einen wesentlichen Beitrag zur Schaffung einer grenzenlosen Organisation leisten die modernen Medien.

Es ist nachgewiesen, daß Organisationsstrukturen mit der Leistung und Zufriedenheit der Mitarbeiter in Zusammenhang stehen, wenngleich dabei keine allgemeinen Aussagen getroffen werden können. Nicht jedes Individuum bringt bei einem großen Entscheidungsspielraum und großer Verfügungsfreiheit bzw. bei einem stark eingegrenzten Aufgabenbereich die optimale Leistung. Manche Menschen benötigen Flexibilität und Wachstumschancen, wie sie organische Organisationsstrukturen bieten, andere eindeutig definierte, standardisierte Arbeitsaufgaben und mechanische Strukturen, um produktiv zu sein.

Die nachfolgende Abbildung zeigt, welche Abläufe innerhalb einer Organisation durch eine Kundenanfrage bzw. -bestellung ausgelöst werden.

Im Zusammenhang mit der Funktion Organisation ist gegenwärtig insbesondere die intensive Auseinandersetzung mit neuartigen Strukturen und Prozessen in Organisationen wesentlich. Diese sollen dabei die hohen Anforderungen an Koordination und Kooperation in komplexen Organisationen besonders berücksichtigen.

Mit Organisation sind typische **Probleme** verbunden. Generell besteht permanent großer Reformbedarf zur Gestaltung effizienter Strukturen und Prozesse, insbesondere in Großorganisationen.

Bezüglich der Aufbauorganisation sind das Konzept der Organisation oft unklar und die Organisationsstruktur intransparent. Häufig gibt es zu viele Instanzen, zu große Kontrollspannen und eine unklare Abgrenzung der Kompetenzen, wobei auch das Prinzip, daß ein Mitarbeiter idealerweise nur einem Vorgesetzten unterstellt sein soll, mißachtet wird. Es können zudem Mängel bei der Besetzung von Positionen (z.B. mangelnde Objektivität bei der Auswahl, zu wenig Berücksichtigung fachlicher Kompetenzen) bestehen. Dies zeigt sich beispielsweise im Fehlen einer Personalpolitik bzw. in der Tatsache, daß Führungskräften häufig eine spezifische Ausbildung zur Wahrnehmung ihrer Managementaufgaben fehlt.

Im Rahmen der Ablauforganisation können uneinheitliche Vorschriften und unklare Anweisungen hinderlich wirken. Weitere Probleme können eine geringe Entscheidungsbefugnis der Mitarbeiter bzw. ein geringer Handlungsspielraum (eingeschränkte Aktionsmöglichkeiten) sein. Als nachteilig erweisen sich ebenso komplizierte und viel zu lange Instanzenwege, umständliche und lang dauernde Verfahren für Genehmigungen sowie eine häufig nicht transparente Verteilung der Budgetmittel.

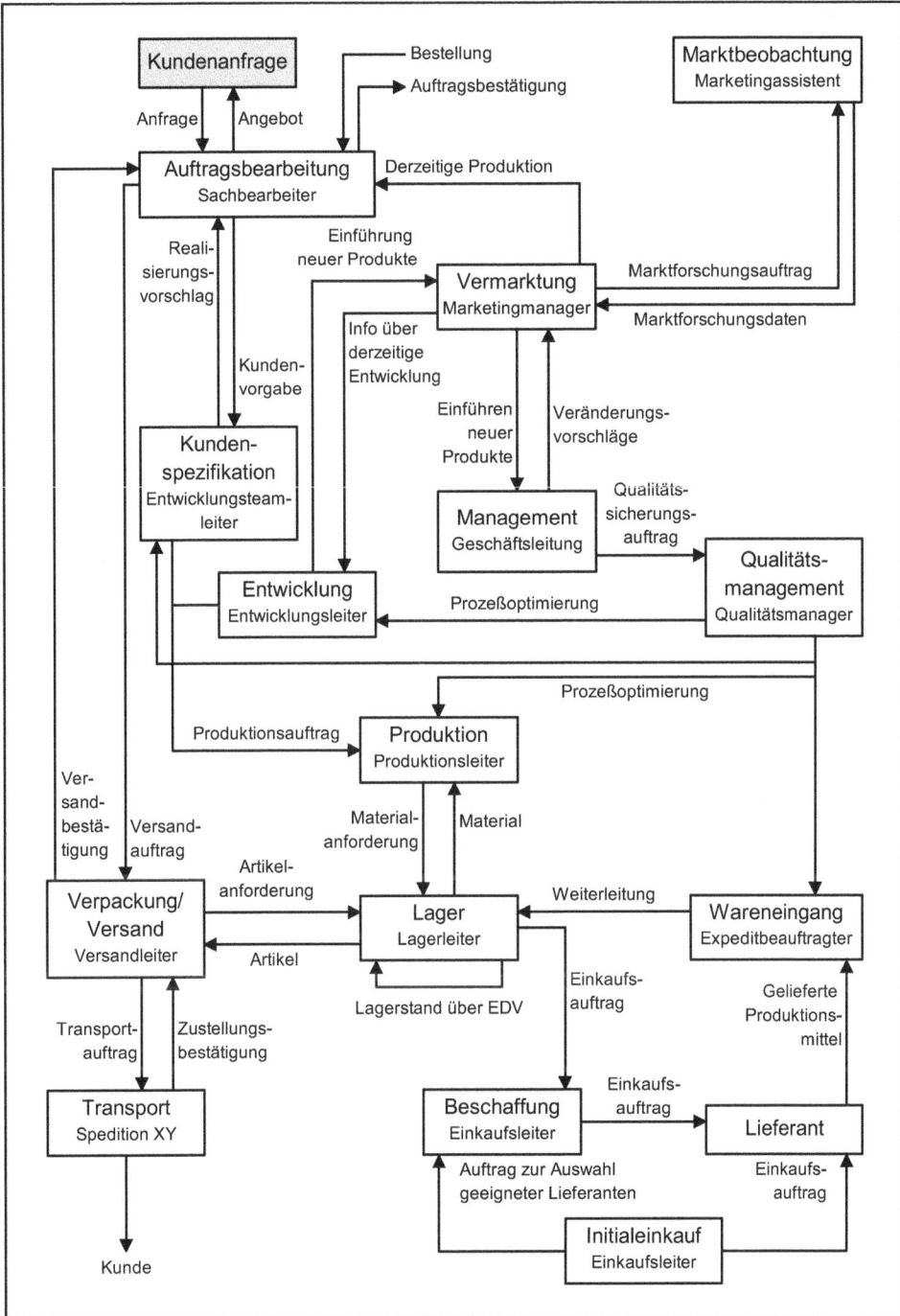

Abbildung 2-14 *Ablauforganisation – Beispiel Kundenanfrage/Bestellung*

Fallstudie: Die Elektrobau GmbH

Die Elektrobau GmbH ist ein mittelständisches Unternehmen der Elektrobranche mit einem Mitarbeiterstamm von ca. 130 Beschäftigten. Ihren Geschäftsbetrieb hat sie im Südosten Deutschlands und besteht schon seit mehr als 80 Jahren als Kommunalbetrieb. Vor knapp sieben Jahren wurde sie aus der Stadtverwaltung als GmbH ausgegliedert, die jedoch im Besitz der Gemeinde verblieb. Die Elektrobau GmbH führt Elektroinstallationen aus und handelt mit Elektrogeräten. Kürzlich erhielt sie vom Rathaus den Auftrag, die Stadt mit Kabel-TV zu versorgen. Darüber hinaus ist die Firma vom Eigentümer angehalten worden, zunehmend Aufträge auf dem „freien Markt" zu akquirieren, nicht zuletzt, um die eher schlechte Ertragslage zu verbessern.

Das derzeitige Organigramm sieht wie folgt aus:

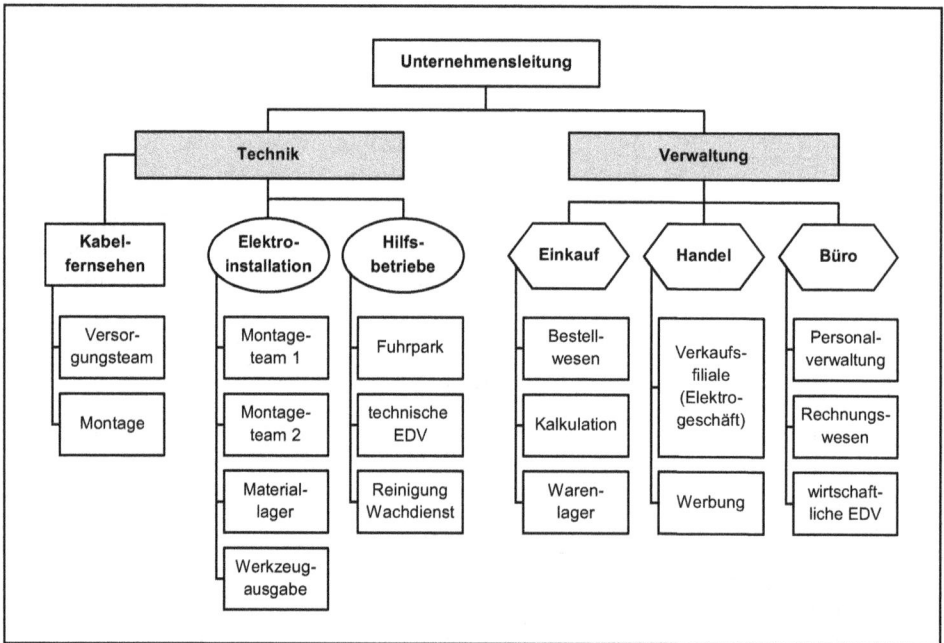

Abbildung 2-15 Organigramm der Elektrobau GmbH

Aufgabe 1

Welche Probleme weist die Struktur der Elektrobau GmbH auf?

Aufgabe 2

Schlagen Sie eine funktionsfähige, moderne Organisationsstruktur für das Unternehmen vor und begründen Sie Ihre Überlegungen!

2.5.3   Change-Management

Die meisten Organisationen sehen sich zum Teil stark ändernden Umweltbedingungen ausgesetzt, an die sie sich – wenn sie überleben und ihre Leistungsfähigkeit erhalten wollen – anpassen müssen. Dabei spielen vielfältige Faktoren eine bedeutende Rolle:

Abbildung 2-16 *Mögliche Ursachen und Auslöser für Veränderungen in Organisationen*

- **Humanressourcen**: Die zunehmende Zahl ausländischer Arbeitskräfte (z.B. durch die Möglichkeit der freien Wahl des Arbeitsplatzes im EU-Binnenmarkt) führt dazu, daß sich immer mehr Organisationen mit anderen (nationalen) Kulturen auseinandersetzen müssen. Ferner ist im gegenwärtigen Arbeitsmarkt ein steigender Ausbildungsgrad bei Spezialisten zu verzeichnen. Nicht zuletzt spielt auch die Erhaltung der Zufriedenheit der Mitarbeiter eine nicht unbedeutende Rolle (vgl. Humanisierung der Arbeitswelt).

- **Soziale Trends**: Steigende Studentenzahlen, die zunehmende Zahl von Single-Haushalten und sinkende Geburtenraten charakterisieren den sozialen Trend der jüngsten Zeit. Auswirkungen zeigen diese Trends z.B. in der Lebensmittelindustrie in Form steigender Nachfrage nach Ein-Personen-Packungen, oder auch in der Möbel- und Immobilienbranche bei der Gestaltung und Größe von Wohnraum.

- **Technologie**: Die technologische Weiterentwicklung führt zu einer Veränderung der Arbeitsbedingungen und der Arbeitsumwelt. Der verstärkte Einsatz von Computern, Robotern, Telekommunikationssystemen usw. wirkt sich stark auf die Organisation aus, in der solche Techniken genutzt werden. Die Arbeit mit modernster Technologie erfordert spezielle Kenntnisse und Fertigkeiten bei den Mitarbeitern, so daß Unternehmen verstärkt in Training und Weiterbildung investieren müssen. Der Einsatz computergestützter Überwachungssysteme ermöglicht eine Ausdehnung der Kontrollspanne und eine Reduzierung der Hierarchieebenen. Des weiteren erhöhen moderne Technologien tendenziell auch die Flexibilität einer Organisation.

- **Wettbewerb**: Die Globalisierung des Wettbewerbs hat dazu geführt, daß sich viele Unternehmen nunmehr nicht nur gegenüber einheimischen Konkurrenten, sondern weltweit behaupten müssen. Erfolgreiche Organisationen zeichnen sich dadurch aus, daß sie flexibel auf die Erfordernisse des Wettbewerbs reagieren können. Im einzelnen heißt das, das Weltmarktgeschehen genau zu beobachten, neue Produkte schnell zur Marktreife zu bringen, sich auf kurze Produktlebenszyklen einzustellen und kontinuierlich in die Entwicklung neuer Erzeugnisse zu investieren.

- **Ökonomische Faktoren**: Die Zukunft kann unter den heutigen Bedingungen nicht mehr als bloße Extrapolation der Vergangenheit gesehen werden. Wirtschaftskrisen zeugen von der Schwierigkeit, ökonomische Entwicklungen vorherzusagen.

- **Weltpolitik**: Politische Ereignisse können verheerende Auswirkungen auf die Wirtschaft (eines Landes) haben. Durch die Auferlegung des totalen Wirtschaftsembargos gegen den Irak nach dessen Invasion in Kuweit litten vor allem viele arabische Staaten unter dem Wegfall des Irak als Handelspartner. Andere, die Wirtschaft nachhaltig beeinflussende Ereignisse waren z.B. die Wiedervereinigung Deutschlands und der Zerfall der Sowjetunion.

Was kann innerhalb einer Organisation verändert werden?

- **Struktur**: Sich ändernde Umweltbedingungen oder organisatorische Notwendigkeiten wie die Einführung neuer Technologien erfordern üblicherweise eine Anpassung der Organisationsstrukturen und -prozesse. Im Zuge struktureller Veränderungen können einzelne Elemente oder auch die gesamte Struktur modifiziert werden. Es können z.B. Abteilungen zusammengelegt, Hierarchieebenen „beseitigt" oder Kontrollspannen erweitert werden. Die Einführung neuer Regeln trägt zu einer Verstärkung der Standardisierung, die Aufteilung der Entscheidungskompetenzen zur Beschleunigung der Entscheidungsprozesse bei.

- **Technologie**: Die Notwendigkeit technologischer Veränderungen ergibt sich aus einer Vielzahl von Innovationen auf diesem Gebiet und verschärftem Wettbewerb. Technologische Veränderungen schließen heutzutage häufig eine Automatisierung der Produktionsprozesse und eine Modifizierung der Maschinen und/oder Werkzeuge ein. Die offensichtlichsten technologischen Veränderungen fanden durch den verstärkten Einsatz von Computern und Computernetzwerken statt. Viele Unternehmen verfügen bereits über ausgefeilte Informationssysteme, die sämtliche Unternehmensbereiche miteinander verbinden.

- **Arbeitsplatz**: Bei der Umgestaltung einer Organisation sollte die physische Arbeitsumwelt nicht vergessen werden. Motivations- und Leistungssteigerung können auch durch eine ansprechende Gestaltung des Arbeitsumfeldes (vgl. Ergonomie) und durch die Verbesserung der Kommunikationsmöglichkeiten erzielt werden. Das Arbeitsplatzlayout und die Raumaufteilung tragen wesentlich zur Befriedigung physischer und sozialer Bedürfnisse der Mitarbeiter bei.

- **Mitarbeiter**: Zur Verbesserung der Zusammenarbeit kann schließlich versucht werden, die Einstellungen, Fähigkeiten, Erwartungen, Wahrnehmungen und das Verhalten der Organisationsmitglieder zu verändern. Dies kann geschehen durch eine Modifizierung der Kommunikationsprozesse, eine verstärkte Einbeziehung der Mitarbeiter in die Problemlösung und Entscheidungsfindung oder die Übertragung von Verantwortung.

Umstrukturierungen

Organisationsentwicklung: Lewins 3-Stufen-Modell

Nach Kurt Lewin[26] sollten erfolgreiche Veränderungsprozesse bzw. gelingende Organisationsentwicklung drei Stufen durchlaufen: das „Auftauen" („**unfreezing**") bestehender Strukturen und Verhältnisse, die Durchführung von Veränderungen („**moving**") sowie die Festigung der neuen Strukturen („**refreezing**"). Zum „Auftauen" bestehender Strukturen und Verhältnisse ist es notwendig, die sich gegen Veränderungen auflehnenden Kräfte zu verringern und die Veränderung fördernden Kräfte zu stärken. Wurde die Veränderung durchgeführt, gilt es die neuen Verhältnisse zu festigen, so daß sie auf Dauer beibehalten werden können. Bis zur endgültigen Festigung der neuen Verhältnisse besteht stets noch die Wahrscheinlichkeit, daß Veränderungen auf Initiative der Organisationsmitglieder ganz oder teilweise rückgängig gemacht werden. Ziel des „Refreezing"-Prozesses ist es letztlich, ein gesundes Gleichgewicht zwischen förderlichen und hinderlichen Kräften zu schaffen. Zur Bewältigung der neuen Situation – bis alle von den Veränderungen Betroffenen ihr neues Gleichgewicht gefunden haben – sollte sich das Management vorerst verstärkt auf Regeln verlassen. Die Aufrechterhaltung der neuen Verhältnisse kann dabei durch verschiedene Maßnahmen zur Stärkung des gegenseitigen Vertrauens (z.B. Gehaltserhöhungen, Beförderungen oder andere Anreize) unterstützt werden.

Phase	Unfreezing	Moving	Refreezing
Tätigkeiten	• Erfassung der Probleme aus Sicht der Entscheidungsträger und Betroffenen • Ableitung möglicher Lösungen	• Definition des angestrebten Soll-Zustandes • Erarbeitung von Strategien zur Veränderung • Ausarbeitung von Plänen zur Durchführung	• Durchführung der festgelegten Maßnahmen • Kontrolle
Instrumente	• Workshops • Selbstdiagnosematerial • Feedback • gruppendynamische Trainings	• Workshops • Arbeitskreise • Gespräche • Selbstlernmaterial	• schriftliche Befragungen • Gespräche • Interviews

Tabelle 2-9 Phasen eines Organisationsentwicklungsprozesses

Organisationsentwicklung erhebt den – gewiß hohen – Anspruch, das Gesamtsystem der Organisation im Auge zu behalten. Dabei sind verschiedene „Schichten" Gegenstand des Interesses.

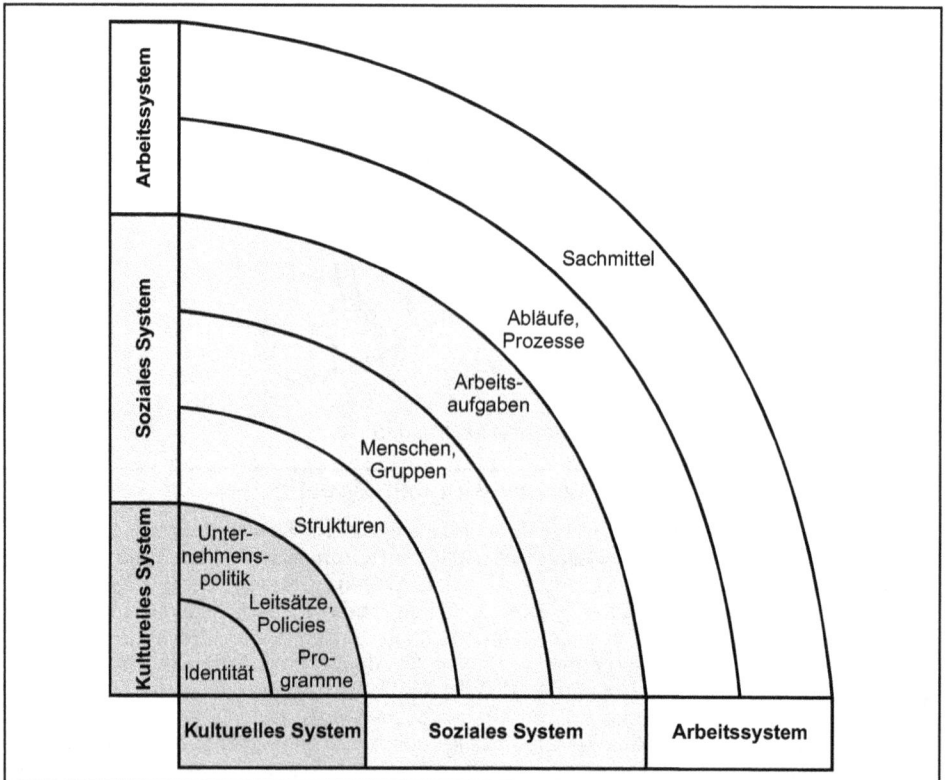

Abbildung 2-17 Ebenen („Schichten") des Organisationssystems[27]

Während die äußeren Ebenen relativ leicht faßbar und in der Folge veränderbar sind, ist die Entwicklung der Elemente des kulturellen Systems eher schwierig und stets ein längerfristiger Prozeß.

Ebene	Beobachtungsfelder
Sachmittel	Betriebsmittel, Materialien, Architektur der Gebäude und deren Ausstattung etc.
Abläufe	Kommunikationsprozesse, Auftragsabwicklung, Produktionsprozesse etc.
Arbeitsaufgaben (Funktionen)	Klarheit und Kriterien der Funktionsabgrenzung, Doppelgleisigkeiten und Widersprüchlichkeiten
Menschen, Gruppen	Verhalten der Individuen, formelle und informelle Gruppenbildung, Machtverteilung, Allianzen, Spiele und Kämpfe etc.
Strukturen	formale Koordinationsstrukturen, Kriterien der Abteilungs- und Bereichsabgrenzung, Entscheidungskompetenzen, Spezialisierung, Hierarchisierung etc.
Unternehmenspolitik	Verhaltensprinzipien, Umgang mit der Organisationsumwelt, Kriterien der Freund-Feind-Abgrenzung, Leitbilder, explizite Werte, Normen und Überzeugungen etc.
Identität	Selbstverständnis, Sinn, Unterscheidung von der Umwelt, implizierte Grundwerte, Normen und Überzeugungen etc.

Tabelle 2-10 *Die sieben Ebenen und ihre entsprechenden Beobachtungsfelder*[28]

Besonders wichtig ist es, den *change* als Prozeß bzw. kontinuierliche Entwicklung zu begreifen: Auf der Basis einer umfassenden Diagnose sollten die Veränderungen dort ansetzen, wo die Organisation wirklich steht (was nicht selbstverständlich ist). Die Betroffenen sind unbedingt in den Prozeß einzubeziehen, was ständige wie geeignete Kommunikation mit entsprechenden Informationsrückkopplungen (vgl. Feedback) voraussetzt. Den Veränderungsprozeß auch im Sinne einer „Hilfe zur Selbsthilfe" anzulegen und im Zuge dessen auch die zahlreichen Konflikte zu bearbeiten (und sie nicht zu verdrängen), sind weitere wichtige Faktoren eines erfolgreichen Change-Managements.

Naturgemäß ist im Zusammenhang mit Veränderungen auch mit Widerständen verschiedener Art zu rechnen. **Individueller Widerstand** erwächst aus der persönlichen Wahrnehmung, Charaktermerkmalen und persönlichen Bedürfnissen. Gründe für individuellen Widerstand können sein:

- **Gewohnheit**: Um die Komplexität des Lebens zu bewältigen, verläßt sich der Mensch auf Gewohnheiten, auf eine Reihe erprobter und für gut befundener Reaktionen. Veränderungen führen dazu, daß ein Teil dieser Gewohnheiten aufgegeben werden muß.

- **Sicherheit**: Veränderungen sind für viele Menschen mit einer Gefährdung des Sicherheitsgefühles verbunden (z.B. Angst um den Arbeitsplatz).

- **Ökonomische Faktoren**: Widerstand zeigt sich auch bei Umstrukturierungen oder Veränderungen der Arbeitsaufgaben, die mit einer möglichen Verringerung des Arbeitsentgelts oder Umschichtungen im Entgeltsystem (z.B. Erhöhung variabler Gehaltsbestandteile) in Verbindung gebracht werden.

- **Furcht vor Ungewißheit**: Veränderungen stellen einen Unsicherheitsfaktor dar. Der Mensch weiß nicht, was genau eine Veränderung mit sich bringen wird und ob er die neue Situation bewältigen kann.

- **Selektive Informationsverarbeitung**: Da der Mensch dazu neigt, nur das zu hören, was er hören will, werden die Vorteile einer Veränderung zunächst vielleicht gar nicht betrachtet, während die – für das Individuum offensichtlichen – Nachteile in den Vordergrund geschoben werden.

Die Gattung des aktiven Widerstandskämpfers

Organisationen sind im allgemeinen konservativ, mit viel Beharrungsvermögen behaftet und zeigen sich wenig aufgeschlossen gegenüber Veränderungen. **Organisationaler Widerstand** resultiert aus folgenden Faktoren:

- **Strukturelle Trägheit**: Organisationen streben nach Stabilität. Personalauswahl- und Trainingsprozesse garantieren die Rekrutierung zur Organisation „passender" Bewerber und ein angemessenes Niveau an Kenntnissen und Erfahrungen (vgl. Sozialisation in Organisationen). Veränderungen werden als Gefahr für den erreichten stabilen Zustand gesehen.

- **Eingeschränktes Blickfeld**: Bereiche und Abteilungen einer Organisation stehen in einem interdependenten Zusammenhang. Einzelne Bereiche können nicht verändert werden, ohne sich daraus ergebende notwendige Veränderungen in anderen Bereichen durchzuführen.

- **Einfluß der Gruppe**: Die Bereitschaft des Einzelnen zur Veränderung kann durch Gruppennormen oder -zwänge unterdrückt werden. Mitarbeiter, die etwa während eines Streiks bereit sind, weiterzuarbeiten, können durch Kollegen oder die Gewerkschaft daran gehindert werden.

- **Furcht vor Machtverlust**: Die Einführung partizipativer Entscheidungsfindung oder die Übertragung von Kompetenz auf Mitarbeiter kann zu Widerstand bei Managern führen, die um ihre Machtbefugnisse fürchten. Spezialisten können wiederum ihre Expertenmacht im Gefolge von Umschichtungen bedroht fühlen.

- **Bedrohung der Ressourcenverteilung**: Diejenigen, die von der bisher praktizierten Verteilung der Ressourcen profitieren, sehen sich oftmals durch Veränderungen und damit einhergehenden Budgetkürzungen oder einer Reduzierung der Mitarbeiterzahl bedroht.

Herr Amtsschimmel – Beamter aus Überzeugung

Häufige Widerstände gegen Rationalisierungs- und Kostensenkungsprogramme

- Angst um den Arbeitsplatz und vor möglicher Mehrarbeit
- Angst, daß die persönliche Leistungskapazität transparent wird
- Skepsis gegenüber Neuerungen
- Angst vor Veränderungen (Bequemlichkeit)

- Transparentwerden von Fehlern
- Angst vor Kritik
- Angst vor Abbau von Privilegien/Prestige-/Machtverlust
- Zeit- und Arbeitsbelastung durch Kostensenkungsprogramme
- Sicherheitsdenken (Angst vor Verlust von Reserven für die Zukunft)
- Völlige Verständnislosigkeit für die Notwendigkeit von Kostensenkungen
- Unwilligkeit, eigenes Versagen bzw. Unfähigkeit einzugestehen
- Angst, daß der Kostenbewußte bestraft wird (weil er weniger Kosten als andere Kostenstellen senken kann)[29]

Zur **Bewältigung individuellen und organisationalen Widerstands** werden folgende Taktiken vorgeschlagen:

- **Kommunikation**: Sind die Gründe für den Widerstand Mißverständnisse und fehlende Informationen, empfiehlt sich die Kommunikation mit den Organisationsmitgliedern. Durch die Bereitstellung von Fakten und die Darlegung von Lösungsvorschlägen und Plänen können die Notwendigkeit von Veränderungen verdeutlicht und Mißverständnisse beseitigt werden.

- **Partizipation**: Organisationsmitglieder werden sich kaum gegen Entscheidungen wehren, an deren Entstehung sie beteiligt waren; vorausgesetzt, die beteiligten Mitarbeiter verfügen über die notwendigen Kenntnisse, ist Partizipation ein geeignetes Mittel zur Reduzierung des Widerstandes und zur Erhöhung der Entscheidungsqualität.

- **Unterstützung**: Die Unsicherheit und damit der Widerstand von durch Veränderungen betroffenen Mitarbeitern kann durch die Gewährung von Unterstützung – etwa Trainingsmaßnahmen zur Einstellung auf neue Technologien – reduziert werden. Nachteil der bisher vorgestellten Taktiken ist der hohe Zeitaufwand.

- **Verhandlung**: Verhandlungen werden oft dann notwendig, wenn sich einflußreiche Organisationsmitglieder gegen Veränderungen auflehnen. Zur Reduzierung des Widerstandes werden Zugeständnisse gemacht, die nicht selten mit hohen Kosten verbunden sind.

- **Kooptation**: Dabei werden Personen mit einer besonders großen Abwehrhaltung mit einer Schlüsselrolle in den Veränderungsprozeß eingebunden, in der Hoffnung, so ihre Unterstützung zu erhalten.

- **Manipulation**: Eine weitere Möglichkeit zur Verringerung des Widerstandes ist, Fakten zu geplanten Veränderungen so zu verdrehen und zu verzerren, daß sie attraktiver erscheinen und nachteilige Informationen zurückzuhalten (destruktiv!).

- **Zwang**: Schließlich können Veränderungen auch erzwungen werden, indem das Management mit Entlassungen, Versetzungen, Lohnkürzungen o.ä. droht. Aus Angst um ihren Arbeitsplatz werden die betroffenen Mitarbeiter höchstwahrscheinlich den Veränderungen zustimmen. Diese Taktik birgt aber die Gefahr von Imageverlusten.

Zu Veränderungen kommt es in jüngster Zeit verstärkt im Zuge von **Fusionen**, (feindlichen) **Übernahmen** und **Management-Buy-Outs** (Kauf eines Betriebes durch sein Management). Aufgrund der damit meist einhergehenden drastischen Maßnahmen und des Zeitdrucks werden die Veränderungsprozesse häufig nicht so vollzogen, wie es im günstigen Fall sein sollte. Entsprechende Probleme – wie etwa Verunsicherung und Angst mit allen Konsequenzen – sind die Folge, die wiederum oft den Erfolg der Transaktion in Frage stellen.

Hinzuweisen ist auf die wichtige Rolle des Betriebsrates bei Veränderungsprozessen. Dieser kann sich konstruktiv im Sinne eines *change agents* engagieren; im Rahmen dessen geht es vor allem um Mitwirkung bei Verhandlungen, Information und Unterstützung der Mitarbeiter und Abbau von Widerständen. Bei Bedarf ist es auch Aufgabe des Betriebsrates, seinerseits entsprechenden Widerstand zu leisten.

Unternehmensfusion: „Tips & Tricks"

"**Adopt a positive attitude.** How you react is a choice. Opt for the positive. Be an optimist.

Be tolerant of management mistakes. There are no easy answers and it's not possible to please everyone.

Expect change ... and be a change agent. Lots of things will change, but many would have changed regardless of the merger since our industry is so fluid. Flexibility is key.

Don't blame everything you don't like on the merger. Don't romanticise the past. Focus on opportunities for improvement.

Be prepared for psychological soreness. Changes at work put stress on your mental and psychological muscles. Staying involved will make you stronger and more emotionally resilient.

Get to know the other company. Relationships are built on knowledge and understanding. Find out what you can about the other company through communication vehicles like this newsletter and each company's internets.

Use the merger as an opportunity for growth. Do some introspection. Rethink your values. Set some new goals for yourself regardless of how your job might be affected.

Keep your sense of humour. Don't take things too seriously. Laughter provides an emotional release. Remember that being good-natured and upbeat has a positive influence on others.

Practice good stress management techniques. Mergers can be stressful and emotionally draining. Engage in exercise and relaxation activities.

Keep doing your job. Don't let frustrations and distractions interfere with your performance. Concentrate on doing your best."[30]

Fallstudie: Die Hiobsbotschaft

```
Von:           Köhler, Gerhard
Gesendet:      Freitag, 13. März      10:58
An:            All Users
Betreff:       Corporate Notice from Jim Morrison
Wichtigkeit:   Hoch
```

Liebe MitarbeiterInnen,

folgende Nachricht erhalte ich soeben aus New York. Was immer Sie jetzt empfinden, bitte bleiben Sie ruhig und entspannt, ich werde Sie über die weitere Entwicklung auf dem Laufenden halten.

Ganz wichtig: Tun Sie bitte Ihre Arbeit ganz normal weiter, und lassen Sie sich nicht auf wilde Spekulationen und Diskussionen (insbesondere nicht mit KollegInnen von „B"!) ein.

Mit freundlichen Grüßen
Ihr GK

-------------- Ursprüngliche Nachricht -------------------------------
```
Von:           Li-Wang im Auftrag von US Corporate Communications
Gesendet:      Freitag, 13. März      09:45
An:            All Corporate Managers
Betreff:       Corporate Notice from Jim Morrison
Wichtigkeit:   Hoch
```

Please cascade to all employees.

Following press speculation this morning, we have been required by the authorities in New York to issue the following announcement to the Stock Exchange this morning:

„A" and „B" confirm that they are in discussion which may or may not lead to a merger of equals of the two companies.
No further comment or announcement will be made unless and until the decisions are concluded.
We will keep you informed of developments as and when they occur.

Jim Morrison
Chairman

(Quelle: Original der E-Mail an alle Mitarbeiter der Niederlassung eines internationalen Konzerns [„A"], das die De-facto-Fusion mit einem wichtigen Konkurrenten [„B"] offiziell bekannt gibt; jedoch unkenntlich gemacht – G. Köhler [Name geändert] ist der Generaldirektor der Niederlassung, J. Morrison [Name geändert] der Präsident und CEO des größeren Fusionspartners „A". Endgültig vollzogen wurde die Fusion im Sommer des betreffenden Jahres.)

Aufgabe

Wie könnten derartigen Nachrichten in würdiger und stilvoller Weise überbracht werden? Wie kann man als Mitarbeiter mit solchen Nachrichten umgehen?

2.5.4   Organisationskultur

Organisationskultur kann definiert werden als ein System von Wertvorstellungen, Verhaltensnormen, Denk- und Handlungsweisen, die von den Organisationsmitgliedern erlernt und akzeptiert werden. Sie bewirkt, daß sich eine Gruppe von Individuen von einer anderen unterscheidet. Organisationskultur kann gezielt als Steuerungs- und Führungsinstrument gestaltet und eingesetzt werden.

Jede Organisation weist eine bestimmte Kultur auf, die in Abhängigkeit von ihrer Art und Ausprägung einen entscheidenden Einfluß auf das Verhalten und die Einstellungen der Organisationsmitglieder haben kann. Der Begriff Organisationskultur (synonym: „**Unternehmenskultur**") bezieht sich im allgemeinen auf die in einer Organisation dominierende Kultur. Diese Kultur beschreibt die grundlegenden Wertvorstellungen, die vom größten Teil der Organisationsmitglieder (idealerweise) geteilt werden und damit das Erscheinungsbild einer Organisation bestimmen. Daneben existieren in den meisten größeren Organisationen Subkulturen, die sich in Abteilungen oder Arbeitsgruppen herausbilden. Subkulturen entstehen häufig aufgrund von spezifischen Bedingungen oder Problemen, mit denen eine Gruppe innerhalb der Organisation konfrontiert ist. Neben den allgemeingültigen Kernkomponenten der Organisationskultur entwickeln Subkulturen eigene Werte (bzw. modifizieren die allgemeinen Wertvorstellungen), die ihre spezifische Situation widerspiegeln.

Abbildung 2-18 *Organisationskultur als Eisberg-Metapher*[31]

Bei der Beschreibung von Organisationskulturen wird häufig zwischen starken und schwachen Kulturen unterschieden. Je mehr Organisationsmitglieder die grundlegenden Wertvorstellungen einer Kultur akzeptieren und sich zu ihr bekennen (vgl.

„Wir-Gefühl"), um so stärker ist die Kultur und um so besser kann über sie Einfluß ausgeübt bzw. diese als Managementinstrument eingesetzt werden.

Innerhalb einer Organisation erfüllt eine Kultur verschiedene **Aufgaben**:

- sie grenzt eine Organisation gegen eine andere ab;

- sie ermöglicht den Mitgliedern die Identifikation mit der Organisation;

- sie verstärkt die Bindung an und die Verpflichtung gegenüber der Organisation;

- sie stabilisiert die Organisation als soziales System;

- sie reduziert die Unsicherheit unter den Organisationsmitgliedern, indem sie allgemeine Standards, wie bestimmte Dinge zu tun sind, vorgibt;

- sie formt und lenkt die Einstellungen und das Verhalten der Mitglieder.

Beispielhaft wird nachfolgend eine sehr spezifische Organisationskultur, jene des Militärs, einer Kurzdiagnose unterzogen:

Zeremonien	Musterung, Einberufung, Angelobung, Ernennungen, Ehrungen, Paraden, Zapfenstreiche, Bälle, Ausmusterung, Kommandierung
Gebäude/ Räumlichkeiten	Kasernen, Repräsentationsgebäude; nüchtern, funktionsgerecht, einheitlich, spartanisch, Standortkennung (Wappen, Flaggen)
Corporate Identity	Uniform, Farbgebung, Logo (Staffel-, Einheitsabzeichen), Stil militärischer Liegenschaften, Repräsentation in der Öffentlichkeit
Statussymbole	Dienstgrade, Spezialausbildungen (z.B. Generalstabsoffizier), Funktion als Truppenkommandant, akademischer Abschluß, Auszeichnungen, spezielle Verwendungen
Normen und Werte	Formalprinzip, gesellschaftliches Engagement, Gesellschaft vor Einzelinteresse, Einsatzbereitschaft/Risikobereitschaft, Tugenden (z.B. Besonnenheit, Bescheidenheit, Ordnung, Zuverlässigkeit), solide Ausbildung, „Befehl und Gehorsam", Ausübung des Gewaltmonopols, Kameradschaft, Pflicht zum treuen Dienst
Unausgesprochene Basisannahmen, Grundüberzeugungen	elitär, strikte Hierarchie, Anordnungsbefugnisse, Gefahr im Einsatzfall, Tradition, Verdienste, Kameradschaft, Treue, Beruf statt „Job", besondere Bedeutung von Strukturen und geregelten Prozessen, Rang = Kompetenz
Gefühle, Ängste, Sinn	Unwilligkeit bei Rekruten durch Wehrpflicht, Risiken bei Einsätzen, Angst vor Bestrafung, „Nicht-Auffallen", Herausforderungen nicht meistern können, unehrenhafte Entlassung, Unregelmäßigkeiten im Laufbahnprinzip, Verantwortungsdruck
Spiele, Beziehungen	Generalstabsoffiziere fühlen sich als Elite, Primat der Zentralstellen gegenüber der Truppe, Befehlsgewalt gegenüber Untergebenen, Ausnutzen des Fachvorgesetztentums
Kommunikationsmuster	vielfach institutionalisiert (z.B. Rapport), Top-down-Information, Geheimhaltungsnotwendigkeiten, Imagepflege bzw. Rechtfertigungsdruck gegenüber der Öffentlichkeit, ritualisierte Kommunikation
Entscheidungsverhalten	Kommandoprinzip, Top-down-Entscheidungen, verpflichtender Gehorsam, feststehender Entscheidungsspielraum
Umgang mit Konflikten	institutionalisierte Konfliktregelung (Dienstweg), Konflikte eher tabuisiert, interne Disziplinierung bevorzugt
Kooperation, Konkurrenz	Kameradschaftsprinzip, Konkurrenz zwischen Truppenteilen, Konkurrenz aufgrund verschiedener Ausbildungen, Stellenbesetzungen (Leitungsfunktionen, spezielle Verwendungen), „Seilschaften"

Tabelle 2-11 *Militärische Organisationskultur*[32]

Was bewirkt eine Kultur?

In jüngster Zeit gewann die Rolle der Kultur als **Führungsinstrument** im allgemeinen stark an Bedeutung. Entscheidungen über Einstellungen, Beförderungen und dergleichen werden zunehmend davon abhängig gemacht, ob das betreffende Individuum zur Organisation „paßt" oder nicht, d.h., ob Wertvorstellungen, Einstellung und Verhalten mit den Organisationsnormen vereinbar sind oder eher nicht.

– ohne Worte –

Neben den positiven Auswirkungen, die eine Kultur auf das Verhalten der Organisationsmitglieder haben kann, sollten mögliche **Nachteile** nicht übersehen werden:

- Starke Kulturen reagieren besonders inflexibel auf instabile Umgebungen. Festgefahrene Normen und Verhaltensweisen machen es der Organisation schwer, sich veränderten Umweltbedingungen entsprechend anzupassen.

- Auch bei der Kooperation oder Fusion zweier Unternehmen kann sich Organisationskultur negativ auswirken. Wenn Produktpaletten und Finanzstruktur hervorragend zusammenpassen, kann aufgrund unvereinbarer Organisationskulturen der Mißerfolg ebenso vorprogrammiert sein.

Jede Organisationskultur ist von konkreten **Schlüsselmerkmalen** bestimmt:

- **Innovations- und Risikofreudigkeit**: Ausmaß, zu dem Individuen zu Innovationen bzw. zum Eingehen von Risiken angeregt werden und auch bereit dazu sind;

- **Stabilität**: Ausmaß, zu dem organisationale Aktivitäten die Beibehaltung gegenwärtiger Bedingungen Wachstum und Veränderung vorziehen;

- **Ergebnisorientierung**: Ausmaß, zu dem das Management die Erzielung von Ergebnissen über die Mittel und Wege, wie diese Ergebnisse erreicht werden, stellt;

- **Menschenorientierung**: Ausmaß, zu dem das Management die Auswirkungen seiner Entscheidungen auf die Individuen der Organisation berücksichtigt;

- **Teamorientierung**: Ausmaß, zu dem Tätigkeiten und Aufgaben in Teams organisiert werden;

- **Aggressivität**: Ausmaß, zu dem Individuen aggressiv sind und miteinander konkurrieren;

- **Bedeutung von Details**: Ausmaß, zu dem von Individuen Präzision und Korrektheit erwartet wird.

Wie die Mitarbeiter eine Kultur erlernen und begreifen

Das Wesen einer Organisationskultur kann den Organisationsmitgliedern durch verschiedene Praktiken und Verhaltensweisen vermittelt werden:

- **Geschichten, Anekdoten**: In vielen Organisationen zirkulieren Geschichten, Anekdoten oder Witze, die von ungewöhnlichen Ereignissen, früheren Erlebnissen mit dem Firmengründer oder Vorgesetzten, Reaktionen auf Regelbrüche usw. berichten. Diese Geschichten stellen eine Verbindung zwischen Vergangenheit und Gegenwart her, rechtfertigen gegenwärtige Bräuche oder Praktiken und helfen, verbreitete Auffassungen und Einstellungen zu erklären. Sie dienen darüber hinaus als „verkleidete" Vermittlung von Werten, bedeutend im Rahmen der beruflichen Sozialisation.

- **Sprache**: In vielen Organisations- und Subkulturen entwickelt sich ein eigener Sprachjargon, anhand dessen die Zugehörigkeit eines Individuums zu einer Gruppe bestimmt werden kann. Durch das Erlernen und den Gebrauch dieser Sprache können sich die Mitglieder mit ihrer Kultur identifizieren, zeigen, daß sie sie akzeptieren und dazu beitragen, sie aufrechtzuerhalten. Sprachliche Symbole sind etwa Slogans (z.B. Nokia: „Connecting people", Philips: „Sense and simplicity") oder Hymnen (z.B. die Toyota-Hymne).

- **Rituale**: Unter einem Ritual versteht man eine wiederholte Folge von standardisierten Verhaltensweisen, die dem Ausdruck und der Verstärkung der Grundwerte einer Organisationskultur dienen. Zu solchen Ritualen zählen Auszeichnungsveranstaltungen, die Würdigung besonderer Leistungen durch Prämien oder Geschenke oder auch bestimmte Auswahlverfahren, die alle Bewerber zu durchlaufen haben (vgl. „Initiationsrituale").

Manche Rituale sind sehr gewöhnungsbedürftig

- **Zeremonien**: Zeremonien fungieren häufig als eine Art „Ventil", um angestaute Emotionen freizulassen, die im betrieblichen Alltag unterdrückt werden. Unter den „zwangloseren" Umständen auf Betriebsausflügen, Weihnachts- oder Faschingsfeiern haben Mitarbeiter eher den Mut, mit Kollegen über Mißstände im Unternehmen zu sprechen. Darüber hinaus bietet sich die Möglichkeit der Etablierung sozialer Kontakte, die dann den täglichen Ablauf mitunter erleichtern.

- **Materielle Symbole**: Große, helle, luxuriös eingerichtete Büros, Dienstwagen, eigene Parkplätze usw. repräsentieren die Stellung und die Bedeutung eines Individuums für die gesamte Organisation. Gleichzeitig wird durch die Häufigkeit und die Art und Weise der Vergabe solcher Statussymbole die Einstellung der Organisation zu bestimmten Verhaltensweisen, Gleichberechtigung und Stellung des Individuums ausgedrückt. Auch Architektur und Design (z.B. „Glaspaläste" der Banken und Versicherungen) wie auch die Art der Kleidung (z.B. Uniform) symbolisieren als Kulturgut die Organisationskultur.

Unternehmenskultur bei Hewlett-Packard: „The HP-Way"

Beständige Werte im Wandel der Zeit

Die Entwicklung des „HP-Way" begann in den Gründerjahren des Unternehmens HP. Bill Hewlett und Dave Packard, zwei an der Stanford Universität ausgebildete Ingenieure, verbanden ihre Produktideen mit einem kooperativen Führungsstil und einer arbeitsteiligen Partnerschaft.

Nach einer Vielfalt erfolgreicher Produkte und in einem schnell wachsenden Unternehmen formulierten die beiden Firmengründer gemeinsam mit ihren Führungskräften im Jahre 1957 die Unternehmensziele. Diese Ziele, mit den ihnen zugrundeliegenden Werten, bilden die Grundlage für den HP-Way.

Dauerhafte Werte – die Grundlage der Unternehmenskultur von Hewlett-Packard

Unsere Grundwerte und Unternehmensziele haben ein enormes Firmenwachstum und einen außergewöhnlichen weltweiten Wandel getragen. Sie haben sich als eine Kraft erwiesen, die über alle Ländergrenzen hinweg verbindet und bilden eine Leitlinie, die geholfen hat, HP zu einem der erfolgreichsten Unternehmen der Welt zu machen. Aus den drei Elementen:
- Grundwerte
- Unternehmensziele
- Strategien und Praktiken

besteht der HP-Way. Kernelement sind dabei die Grundwerte – in guten und schlechten Zeiten.

Die HP Grundwerte
- Wir haben Vertrauen in unsere Mitarbeiter sowie Achtung und Respekt vor ihrer Persönlichkeit.
- Wir legen besonderen Wert auf das hohe Niveau unserer Leistungen und Beiträge.
- Wir legen unserem Tun kompromißlose Integrität zugrunde.
- Wir erreichen unsere Unternehmensziele im Team.
- Wir fordern und fördern Flexibilität und Innovation.

Die Umsetzung des HP-Way's

Offene Kommunikation
- effiziente Teamarbeit, hohes Niveau der Leistungen, stabile Kundenbeziehungen, Meinungsvielfalt

Führung durch Zielvereinbarung
- Innovation, Risikobereitschaft, Flexibilität, Engagement

Persönliche Verantwortung und Eigeninitiative
- schnelle Entscheidungen, Freude an der Arbeit, permanente Weiterentwicklung, hohe Wettbewerbsfähigkeit

Respekt und Vertrauen
- keine Stechuhren, Übertragung von Verantwortung, Möglichkeiten zur Selbstverwirklichung, Fehler machen dürfen

Teamgeist
- Verzicht auf Statussymbole, Großraumbüro („open door policy"), Anrede mit Vornamen, breites Netz an Informationsmedien, informeller Umgang und offene Kommunikation, gegenseitiges Helfen, Management by „wandering around"

Flexibilität und Innovation
- breites Angebot an Weiterbildungsmaßnahmen, Führen durch Zielvereinbarung, übersichtliche Bereiche durch Dezentralisierung, flexibles Arbeitszeitmodell

Hohes Niveau der Leistungen
- Beteiligung der Mitarbeiter am Unternehmenserfolg, Qualitätsphilosophie TQC

Kompromißlose Integrität
- allgemein verbindliche Geschäftsgrundsätze, Wachstumsfinanzierung aus Eigenmitteln[33]

Das Bewußtsein über die Bedeutung einer im Sinne des Unternehmens effektiv gestalteten Organisationskultur als Instrument der Unternehmensführung hat sich in jüngster Zeit allerorts erheblich geschärft.

Fallstudie: Organisationskultur – Zwei „Blitzlichter"

Blitzlicht 1: Der internationale Konzern

Am Stadtrand von Wien, im Gewerbegebiet neben einer Plattenbau-Siedlung. Ein nüchternes, modernes einstöckiges Firmengebäude, dezente Aufschrift mit Firmen-Logo, großer Parkplatz vor dem Haus. Genauso wie fast überall in Europa, wie sich später – auf zahlreichen Dienstreisen – herausstellt. Tatsächlich baut man stets nahezu identisch, das Innenleben des Gebäudes eingeschlossen. Damit man sich überall gleich zurechtfindet – man besucht z.B. die Niederlassung in Amsterdam und findet die Service-Hotline sofort, weil sie praktisch an der gleichen Stelle sitzt, wie zu Hause. Das ist auch deshalb leicht, weil sich alles im Großraumbüro abspielt. 100 Mitarbeiter auf einer Ebene, ohne Wände; nur niedrige Paravents trennen die Abteilungen voneinander. Sogar der Generaldirektor und die anderen Mitglieder der Geschäftsleitung haben ihre Arbeitsplätze dort, allerdings in Ecken des Gebäudes, ein Privileg. Das heißt also ausnahmslos für alle: gnadenlose Kommunikation, keine Ruhe. Man hört alles mit und sieht viel, kann vor den Kollegen aber auch nichts verbergen. Besonders hektisch ist es für jene, die direkt an den „Hauptverkehrsrouten" sitzen. Wer diskret telefonieren will, zieht sich in einen der beiden verglasten Besprechungsräume zurück. Tut man dies zu oft, fällt man auf und nährt Gerüchte. Viel Wert legt man auf das Vermächtnis der beiden Firmengründer H. und P. Zahlreiche *stories* über sie sollen den Mitarbeitern als Vorbild und Ansporn dienen. Sehr stolz ist man auch auf die Firmenphilosophie, den zweifellos erfolgreichen *„way"*, dessen Ursprung ebenfalls auf die Gründer zurückgeht. Das Leitbild sieht insbesondere die erfolgreiche Vermarktung stets äußerst innovativer Produkte, bedingungslose Kundenorientierung und den bestmöglichen Einsatz jedes einzelnen Mitarbeiters vor. Alle Ziele konnten bisher stets mehr als erfüllt werden, was auch den weltweit großen Erfolg der Firma ausmacht. Der Leistungsdruck ist dementsprechend, wer nicht mitkann oder will, bleibt nicht lange. Besonders im Vertrieb ist „nächstes Jahr wieder dabei sein" das höchste Ziel und aufgrund der hohen Umsatzvorgaben nicht gerade leicht erreichbar. Die Gehälter sind durchaus verhandelbar, jedoch immer eng an die Leistung gekoppelt. Die Arbeitsbedingungen sind einerseits zwar hart, dann wieder locker. So muß sich etwa jeder – auch die Führungskräfte – um alles selbst kümmern, Sekretärinnen zum Beispiel gibt es nicht. „Assistent" jedes Mitarbeiters ist lediglich ein leistungsfähiger PC, eingebunden in das weltweite Netzwerk des Konzerns. Damit das Betriebsklima unter dem Leistungsdruck nicht allzu sehr leidet, gibt es natürlich auch eine Reihe von Annehmlichkeiten. So ist etwa die Kleidung nicht wirklich ein Thema, Kundenkontakt ausgenommen. Ausnahmslos redet man einander mit Vornamen an, Titel spielen keine Rolle, so heißt beispielsweise der Generaldirektor für jedermann schlicht Toni. Eine Feinheit ist dabei allerdings peinlich genau zu beachten: Wer denkt, man „duzt" sich deshalb, irrt. Die Cafeteria ist für alle da, jeder setzt sich dort hin, wo gerade Platz ist. Wenn am betreffenden Tisch gerade der Vorstand speist – Platz für den Hausmeister ist hier allemal. Überhaupt braucht man sich um das leibliche Wohl nie Sorgen zu machen. Man wird von der Firma ganztägig reichlich und gratis versorgt, was die Mitarbeiter auch sehr schätzen. So kann man sich jederzeit am *coffee pot* bedienen, um sich dort gleichzeitig etwa zu einer kleinen informellen Besprechung oder auch nur auf ein „Schwätzchen" mit einem Kollegen treffen. Beliebt ist auch der wöchentlich weltweit stattfindende legendäre *„friday morning speech"*, ein gemeinsames Frühstück in der Cafeteria, bei dem üblicherweise der Generaldirektor über wichtige Neuigkeiten aus dem Konzern berichtet. Gibt es etwas zu feiern, findet abends spontan ein *„beer bust"*, eine größere Feier, zu der kommen kann, wer will, statt. Viele Mitarbeiter arbeiten sehr gerne und oft auch schon lange in der Firma und sind auch stolz darauf. Alle sind sich darüber aber im klaren, das eine derart spezifische Unternehmenskultur nicht jedermanns Sache ist.

Blitzlicht 2: In der Bank

Wiener Innenstadt, am Graben, der nobelsten Einkaufsstraße der Stadt. Im letzten Stock eines typischen Gründerzeithauses befindet sich eine sehr wichtige Abteilung einer der größten österreichischen Banken. Im „Bereich Beteiligungen" werden rund 100 Unternehmen kontrolliert, die der Bank gehören, oder an denen sie Anteile hält. Zahlreiche „Flaggschiffe" der österreichischen Industrie und Finanzwelt gehören dazu. Hier werden in gediegener Atmosphäre, mit Blick auf den Stephansdom, Analysen für strategische Entscheidungen des Vorstandes der Bank erarbeitet. Ebenso werden Käufe und Verkäufe ganzer Unternehmen vorbereitet, Fusionen durchgeführt und mit zig Millionen jongliert. Da derart gewichtige Aufgaben natürlich nicht jeden Tag anfallen, bleibt den Mitarbeitern – vier Teams mit je zwei Controllern samt dazugehörigen Sekretärinnen – auch genug Zeit, in mancher ausgedehnter Mittagspause und nach Dienstschluß um 16 Uhr die Vorzüge des Innenstadtlebens zu genießen. Bei hervorragender Bezahlung, kaum anfallenden Überstunden und ausgezeichneten Karriereperspektiven – zahlreiche Vorgänger beweisen dies – denkt sich Herr S., seit kurzem Leiter eines der genannten Teams, in Anlehnung an das bekannte Sprichwort öfter: So muß Gott in Frankreich gelebt haben! Gelegentlich hat Herr S. in der nur einige Schritte entfernten Zentrale der Bank zu tun. Meist in der Vorstandsetage, um Berichte zu besprechen, oder wegen der Teilnahme an Aufsichtsratssitzungen. In der Regel ist der Chef von Herrn S., nicht zuletzt zur Überbrückung des hierarchischen Gefälles, mit dabei. Schon beim Betreten des Gebäudes, dem Durchschreiten des historischen Kassensaals und angesichts endloser Fluchten kann man sich einer gewissen Ehrfurcht nicht entziehen. Die Räumlichkeiten des Vorstandes versetzen aber sogar das daran schon gewöhnte Auge jedes Mal wieder ins Staunen. Früher haben – ohne Übertreibung – nur Fürsten so residiert. Es wirkt alles ein bißchen wie schon in die Jahre gekommen; und hat man den Blick auch hinter die Kulissen, ist alles auch einigermaßen ideologisch unterlegt, je nach dem, ob es sich um eine „Erbpacht" der linken oder der rechten „Reichshälfte" handelt, wie man in Wien so schön sagt. Dennoch bemühen sich auch die Banken zunehmend um eine moderne Unternehmensphilosophie, Leitbilder, Corporate Identity etc. Ungeachtet dessen gibt es traditionell die begehrten „Ernennungen", verbunden mit der Verleihung von Funktionsbezeichnungen wie Handlungsbevollmächtigter, Oberprokurist oder Abteilungsdirektor. Im übrigen spricht man sich mit akademischen Titeln an, sofern vorhanden. Der Vorstand hat mit „gewöhnlichen" Mitarbeitern nur in Ausnahmefällen zu tun. Man speist in einem eigenen Direktionsrestaurant mit livrierter Bedienung, wird im großen schwarzen Mercedes chauffiert und pflegt exzellente Beziehungen mit höchsten Regierungskreisen. Auch ansonsten bleibt man unter seinesgleichen. Kleidung ist in der Bank kein Thema, es herrscht ein strikter *dress code*, etwas anderes als Anzug oder Kostüm ist undenkbar. Die Arbeitsorganisation ist konservativ strukturiert – die Aufgaben werden zunächst in „Postsitzungen", so werden die Abteilungsbesprechungen genannt, vom Chef verteilt. Als Referent beispielsweise nimmt man anspruchsvolle Aufgaben wahr, diktiert einer Sekretärin, Schriftstücke werden später vom Vorgesetzten kontrolliert und stets mit unterzeichnet, bevor sie die Abteilung verlassen. Die eigene Position ist sicher, solange man sich nichts zuschulden kommen läßt. Das Laufbahnprinzip sieht dies auch vor, bei regelmäßigen Gehaltsvorrückungen kann man bis zur Pensionierung bleiben, wenn man das will ...

Aufgabe

Unterziehen Sie die beiden obigen (grundverschiedenen) Organisationskulturen einer vergleichenden Analyse anhand eines aus der „Eisberg-Methapher" zur Organisationskultur abgeleiteten Schemas!

2.6 Überwachung

> **Überwachung** umfaßt alle Maßnahmen zur Beurteilung tatsächlichen Verhaltens und der erreichten Ergebnisse im Unternehmen. Dieses Verhalten wird mit den entsprechenden Erwartungen verglichen. Letztlich werden die Vorstellungen über angestrebte Zustände (**Soll**) den realisierten Zuständen (**Ist**) gegenübergestellt. Dabei werden Abweichungen untersucht, entsprechende Verantwortlichkeiten festgelegt und notwendige Korrekturmaßnahmen eingeleitet.

Überwachung dient der Gewährleistung ordnungsgemäßen Handelns (Funktion der Gewährleistung). Im Rahmen der Überwachung sollen eventuelle Verstöße gegen die gesetzte Ordnung entdeckt werden. Ebenso ist es Ziel der Überwachung, **Abweichungen** vorzubeugen.

Der Prozeß der Überwachung ist nicht als in sich abgeschlossen zu betrachten. Vielmehr ist Überwachung als *Feedback*-**Funktion** zu betrachten. Sie hat die Aufgabe, rückgekoppelt zu allen anderen Aufgaben systemstabilisierend zu wirken.

Versucht man, Faktoren eines wirkungsvollen Überwachungssystems zu definieren, stellen sich folgende Fragen:

- Wer überwacht? (interne bzw. externe Überwachung)

- Was wird überwacht? (z.B. organisatorische Einheiten)

- Inwieweit ist die Überwachung in den Prozeß innerhalb der Organisation eingebunden?

- Nach welchen Prinzipien wird überwacht? (z.B. Ordnungsmäßigkeit, Wirtschaftlichkeit)

- Wer veranlaßt Überwachung? (interne oder externe Veranlassung)

- Wann wird überwacht? (vorausschauende Überwachung, nachträgliche Überwachung, begleitende Überwachung)

- Wie intensiv wird überwacht? (lückenlos, stichprobenartig)

- Wie oft wird überwacht? (regelmäßig, fallweise)

- Wie wirkungsvoll wird überwacht? (geschlossene und offene Systeme der Überwachung).

Häufig festzustellen sind in diesem Zusammenhang Probleme durch eine zu komplexe und dabei vielfach ineffiziente Überwachung.

Fallstudie: Der Audit

Vor etwa drei Wochen hat der Generaldirektor den ihm soeben von der Europazentrale mitgeteilten Termin für den heurigen *Audit* bekanntgegeben. Seitdem sind die Angestellten des Bereichs Administration etwas nervös und treffen konsequent Vorbereitungen. Der *Audit* ist die sich vom Konzern selbst auferlegte interne Revision, die in jeder Niederlassung – es sind weltweit rund 400 – jährlich stattfindet. Dabei kommt ein etwa zehnköpfiges Prüfungsteam für etwa zwei Wochen in die Firma und untersucht die Ordnungsmäßigkeit der Abläufe des vergangenen Jahres (*ex-post*). Insbesondere in der Administration (Finanz- und Rechnungswesen, Auftragsabwicklung, Service-Administration, Lizenzabteilung, Rechtsabteilung) wird dabei förmlich jedes Dokument „umgedreht".

Gewußt wie ...

Schon die Vorbereitung der *Auditors* ist beeindruckend: Sie lassen sich vorab alle EDV-mäßig erfaßten Vorgänge auf Datenträgern in ihr Büro, der Stützpunkt der Konzernrevision ist in England, schicken. Also praktisch alles, weil ohne EDV in der Firma de facto nichts gemacht wird. Dann wird, mit eigens dafür programmierten Routinen, die Korrektheit der Geschäftsvorfälle computerunterstützt ausgewertet. Bei der eigentlichen Prüfung vor Ort wird streng nach Plan vorgegangen. Jeder Sachbearbeiter wird mindestens einen Tag lang überprüft, wobei jede Kleinigkeit auf Richtigkeit angeschaut wird. Besonders bei den mitgebrachten Ergebnissen der Vorab-Prüfung besteht Erklärungsbedarf. Es ist erstaunlich: Wirklich fast alles, was man im Vorjahr an Akten, Unterlagen, Rechnungen etc. „produziert" hat, ist am Ende durch die Hände des Prüfers gegangen. Zahlreiche Rückfragen sind zu beantworten. Man merkt spätestens jetzt, daß präzisestes Arbeiten während des ganzen Jahres ein Muß ist. Die Mitarbeiter und ihre Gruppenleiter schauen auch dementsprechend darauf. Am Ende der gesamten Prüfung wird vom Audit-Team ein umfassender Bericht erstellt, der an alle relevanten Stellen im Konzern geht und nach dem auch die Manager gemessen werden. Letztes Jahr gab es in einem Fall ein böses Ende: Eine Mitarbeiterin ließ viele Geschäftsfälle zu lange Zeit – aus Arbeitsüberlastung, und weil sie sich nicht dauernd beklagen wollte – unvorschriftsmäßig liegen. Sie und ihr Chef, dem man vorwarf, daß er die Sache rechtzeitig hätte merken müssen, wurden gekündigt.

Aufgabe

Wie kann das Management die Mitarbeiter auf derartige Überprüfungsprozesse vorbereiten? Welche konkreten Maßnahmen können vorher und anschließend ergriffen werden?

2.7 Beschaffung

Aufgabe der **Beschaffung** ist die optimale Bereitstellung der zur Herstellung von Waren bzw. Erbringung von Dienstleistungen notwendigen Güter. Im Vordergrund stehen dabei die Qualität der Güter, deren Menge sowie Ort und Zeit der Bereitstellung.

Im Zusammenhang damit sind vor allem Entscheidungen in bezug auf die Optimierung der Bestellmenge sowie Entscheidungen in bezug auf die Alternativen eigene Herstellung oder Fremdbezug wesentlich. Andere Gegenstände der Beschaffung wären etwa Humanressourcen, Information oder Geld.

Die **Beschaffungspolitik** wird von ihren unmittelbaren Zielen, den Bedingungen der Umwelt, der Organisation sowie rechtlichen Regelungen determiniert. Hinsichtlich der Ziele der Beschaffung steht der wirtschaftliche und sparsame Einsatz der zur Verfügung stehenden Mittel im Vordergrund.

Wichtige **Aspekte der Beschaffungspolitik** stellen sich im Überblick wie folgt dar:[34]

- Definition von **Grundsätzen** hinsichtlich
  - wer trägt welche **Einkaufsverantwortung**?
  - wie ist das **Berichtswesen** aufgebaut? (vgl. z.B. Bestellzeitpunkte, Mengen, Kapitalbindung, Lieferzeiten, Rabatte)
  - nach welchen Kriterien erfolgt die **Lieferantenauswahl**?
  - Zielvorstellungen zu Preisen und Konditionen,

- Festlegung von **Planungskriterien** für die Einkäufer (z.B. Bestelltermine, Dispositionsgrößen, Verhandlungsspielräume bzw. Limits),

- Richtlinien für den Einkauf (siehe nachfolgenden Kasten),

- bestmögliche **Verringerung der Fertigungstiefe** durch Fremdbezug (vgl. Eigenfertigung vs. Fremdbezug); ständige Lieferanten sollen (auf allen Stufen) mit Rahmenverträgen bzw. Sukzessivverträgen auch langfristig gebunden werden,

- Auswahl von stets zwei oder mehreren Lieferanten zur Erhaltung des Wettbewerbs und der Liefersicherheit,

- „**Single-Sourcing**" – d.h. Zusammenarbeit mit nur einem Lieferanten – bei entwicklungsintensiven Zulieferungen (vgl. Systemlieferant, z.B. in der Automobilindustrie für Motor, Getriebe),

- Prüfung von **Substitutionsmöglichkeiten** für die zu beschaffenden Güter und Leistungen,

- bei Preisvorteilen verstärkter **Einkauf im Ausland** („Global Sourcing"),

- Nutzung aller Möglichkeiten zur **Kostensenkung** (vgl. Rationalisierungsmöglichkeiten im Einkauf),

- **Optimierung der Liquidität** durch Lagerstandsminimierung und Leasing statt Investition,

- tendenzielle Verstärkung der Abnehmerposition.

Bezüglich der Umweltbedingungen, die die Beschaffung beeinflussen, sind primär die Gegebenheiten des Marktes von Relevanz. Die **Bedingungen des Marktes** werden dabei von den Verhältnissen zwischen Anbietern und Nachfragern einerseits sowie den Nachfragern untereinander andererseits bestimmt. Diese Konstellationen bedingen eine Vielzahl unterschiedlicher Formen von Märkten. Beispielsweise kann ein Anbieter mehreren Nachfragern gegenüberstehen; allerdings ist es auch möglich, daß mehrere Anbieter nur einem Nachfrager gegenüberstehen (vgl. Monopolformen). Zwischen diesen beiden extremen Situationen gibt es eine Vielzahl von Zwischenformen. Diese vertikale Betrachtung kann auch in horizontaler Form vorgenommen werden. Dabei ist die Beziehung zwischen den einzelnen Nachfragern von Interesse. In diesem Zusammenhang sind vor allem die Möglichkeiten der gegenseitigen Beeinflussung bei der Beschaffung relevant. Dadurch kann etwa das Verhalten der Anbieter durch die Nachfrager wesentlich beeinflußt werden.

Richtlinien für den Einkauf

Im Rahmen einer **Purchasing-Policy** sollten die Vorgangsweise bzw. die Kompetenzen der Einkäufer für folgende Aspekte genau geregelt sein:

- Unbestechlichkeit der Einkäufer,
- Geschenke und Incentives von Lieferanten,
- Materialplanung (Produktionsprogramm, Stücklisten),
- Materialanforderungen,
- Angebotseinholung und -verfahren,
- Auswahl der Lieferanten,
- Beurteilung der Lieferanten,
- Einkaufsbedingungen und -verträge,

- Einkaufsvollmachten,
- Terminsicherung und -verfolgung,
- Beschaffung von Investitionsgütern,
- Erteilung von Aufträgen in dringenden Fällen,
- Beschaffung von Dienstleistungen,
- Beschaffung im Ausland,
- Erfassung und Verkauf von Schrott und Abfällen,
- Notwendigkeit von Gegenkalkulationen.

Hinsichtlich der **Methoden der Beschaffung** stehen zahlreiche Varianten zur Auswahl. So kann die Beschaffung etwa zentral oder dezentral organisiert sein. Die Beschaffung kann auf direktem Weg vom Erzeuger oder in indirekter Weise über Dritte (z.B. Händler) erfolgen. Ein Spezifikum hinsichtlich der Art der Vergabe von Aufträgen sind Ausschreibungen. Diese sind nach bestimmten Kriterien organisiert. Dabei werden Anbieter eingeladen, ihre Güter und Dienstleistungen aufgrund von detaillierten Anforderungen anzubieten. Die Anforderungen sowie der Ablauf des Verfahrens der Ausschreibung richten sich dabei üblicherweise nach Normen. Auf den Einsatz von Ausschreibungen zur Auswahl des optimalen Anbieters wird – zumindest bei großen Aufträgen – zunehmend zurückgegriffen. Wesentlich weniger aufwendig und vor allem im Zusammenhang mit kleineren Aufträgen häufig angewendet ist die Vergabe von Aufträgen nach freiem Ermessen ohne formales Verfahren.

Im Rahmen der Beschaffung geht es – analog zum Konzept des Marketing-Mix – um eine Kombination von Instrumenten, die als **Purchasing-Mix** bezeichnet werden könnte. Der Einsatz dieser Instrumente soll die Beschaffung erleichtern und gleichzeitig zu ihrer Optimierung beitragen. Ein derartiger Purchasing-Mix bezieht sich insbesondere auf die Qualität der zu beschaffenden Güter und Dienstleistungen, vertragliche Nebenleistungen, Entgelt und Mengen, die Kommunikation zwischen Nachfrager und Anbieter sowie die Auswahl des am besten geeigneten Lieferanten.

In bezug auf die Qualität der zu beschaffenden Güter und Dienstleistungen sind vor allem die diesbezüglich gewünschten Anforderungen und Eigenschaften zu spezifizieren. Hinsichtlich der Nebenleistungen geht es um die Art und das Ausmaß der im Rahmen der Beschaffung vertraglich zu vereinbarenden sonstigen Leistungen (z.B. spezielle Bedingungen der Lieferung und Zahlung, Haftung, Kundendienst) und deren Vorteile.

Wesentlich ist auch die **Auswahl eines geeigneten Lieferanten**. Diese richtet sich zum einen nach den vom Lieferanten angebotenen Preisen und Konditionen. Zum anderen ist auch dessen Zuverlässigkeit, besonders in bezug auf die Einhaltung der Termine und Vereinbarungen, relevant.

Kaufmännische Kriterien	Technologische Kriterien
• Preise	• Infrastruktur der Fertigung
• Produktions- und Lieferkapazität	• Investitionsverhalten
• Qualität der Ware (z.B. Reklamationen)	• Modernität der Technologie
• Lieferzeit	• Qualitätssicherungsstandards
• Termintreue	• Mitarbeiterqualifikation
• Lieferkosten	• technisches Know-how
• Reaktionsgeschwindigkeit	• Service
• Kundenspezifische Bevorratung	
• Marktmacht des Lieferanten	
• Standort	
• Kommunikation	

Tabelle 2-12 Kriterien der Lieferantenauswahl

Die Kommunikation zwischen Anbietern und Nachfragern im Rahmen der Beschaffung richtet sich bei privaten Unternehmen eher auf die Förderung des Images des betreffenden Unternehmens als Einkäufer. Dadurch soll vor allem das Vertrauen des Lieferanten in den Auftraggeber gefördert werden. Eine formaler orientierte Möglichkeit besteht darin, mit den Lieferanten eher in bezug auf den Austausch von Informationen über geforderte Güter und Dienstleistungen (vgl. Spezifikationen, Normen) zu kommunizieren.

Entgelt und Nebenleistungen für zu beschaffende Güter und Dienstleistungen stehen in engem Zusammenhang mit den zur Diskussion stehenden Mengen. Dieser Zusammenhang wird zudem wesentlich von den Beziehungen zwischen Anbieter und Nachfrager bestimmt. Dabei ist insbesondere deren Kräfteverhältnis auf dem Markt von Relevanz. Von spezieller Bedeutung sind in diesem Rahmen Großaufträge. Die Beschaffung im Zusammenhang mit Großaufträgen erfolgt üblicherweise mittels Ausschreibungen. Dabei bestimmt der Anbieter zwar den Preis und die

Konditionen. Der Nachfrager hat jedoch die Möglichkeit, zwischen verschiedenen Anbietern wettbewerbsgerecht auszuwählen.

Als typische **Probleme des Beschaffungswesens** und der Materialwirtschaft gelten technisch überhöhte Anforderungen, zu wenig Standardisierung (z.B. keine Normteile), fehlende Abstimmung bei technischen Änderungen, Entscheidungsmonopol technischer Stellen, begrenzte Beschaffungsmarktkenntnis technischer Stellen, Fehlmengen (Gefahr von Produktionsausfällen) oder überdimensionierte Bestände, Qualitätsprobleme bei Material bzw. Zulieferungen, Überbestände bei Auslaufen von Produkten, Fehl- oder Überbestände aufgrund falscher Absatzplanung, Budgetüberschreitungen durch zu hohe Einstandspreise und/oder zu große Lagerbestände sowie Liquiditätsengpässe durch ungenaue Liefer- und Investitionsplanung.

Folgende **Rationalisierungsmöglichkeiten** bieten sich – auch im Zusammenhang mit den genannten Problemen – an:

- Reduzierung der Variantenvielfalt,

- Formulierung klarer und eindeutiger Produkt- und Materialspezifikationen,

- **laufender Kostenvergleich** zwischen eigengefertigten und fremdbezogenen Erzeugnissen unter Beachtung von
  – vorhandener Kapazität und Beschäftigungslage,
  – kurz- oder langfristigem Bedarf,
  – Kapitalbedarf und -bindung (Liquidität),

- systematische **Substitutionsanalyse** betreffend die verwendeten Materialien und Verfahren,

- **(Verwaltungs-)Kosteneinsparungen** durch regelmäßige Analyse des gesamten Beschaffungswesens sowie der Materialwirtschaft mit geeigneten Methoden (z.B. Wertanalyse, ABC-Analyse) und Automatisierung.

Der Zwang zu Kostensenkung und hoher Qualität führte auf zwei Wege der Sicherung des Materials und der Zulieferteile:

- Nutzung der Möglichkeiten eines weltweiten Einkaufs (vgl. Global Sourcing),

- Einbeziehung von Lieferanten in die Produktentwicklung und den Wertschöpfungsprozeß bei Ausrichtung auf einen bzw. wenige leistungsfähige Partner (vgl. Single Sourcing).

Die Unternehmen müssen immer stärker versuchen, durch eine Mischung aus in- und ausländischer Fertigung betriebswirtschaftlich vernünftige Erlöse zu erwirtschaften. Vor allem der zweite Weg, aber auch die Verknüpfung beider Wege eröffnet neue Möglichkeiten zur Spezialisierung und Konzentration, Innovationskooperation oder fallweise auch zum Aufbau gemeinsamer Vertriebswege. Es hat sich vor allem in der Automobilindustrie gezeigt, daß die Auslagerung (**Outsourcing**) eines erheblichen Anteils der Komponentenentwicklung und -fertigung in vergleichsweise wenige Zulieferbetriebe ein entscheidender Faktor der Produktivitätssteigerung beim Endhersteller ist. Hieraus folgte eine **Neustrukturierung bzw. Optimierung der Zulieferkette** (*Supply Chain*) in „Lieferanten der ersten

Reihe", „Lieferanten der zweiten Reihe" und weitere „Sublieferanten für die zweite Reihe". Grundlegendes Ziel ist und bleibt dabei immer, noch bessere Lieferanten in Qualität, Preis und Service zu finden.

Global Sourcing

Nicht zu übersehen ist der Tatbestand, daß einerseits der Druck auf die Zulieferer und andererseits die Abhängigkeit des Endherstellers vom Zulieferer zunimmt. Prinzipiell ist eine neue Qualität in den Beziehungen notwendig, die auf konstruktiver und fairer Art beruht und ein enges Zusammenwirken bei Entwicklungen, auf dem Gebiet Qualitätsmanagement und der Gestaltung von Just-in-time einschließt.

Zur Vereinfachung der logistischen Kette praktizieren größere Unternehmen teilweise die Eingliederung von Lieferanten im eigenen Betriebsgelände (Strategisches **Insourcing**) und verbinden damit die Vorteile von Kostenreduzierungen und gegenseitiger Unterstützung bis zum Personaltransfer.

Make-or-Buy-Analyse

Arbeitsschritte

1. Problemanalyse & Systematisierung der Leistungsumfänge
2. Bestimmung der Outsourcingleistung
3. Suche nach Alternativen, Angebotseinholung
4. Quantitativer und qualitativer Make-or-Buy-Vergleich

Sourcing-Entscheidung?

Die strategische/ taktische/operative Festlegung, ob ein bestimmtes Produkt und/ oder eine Leistung selbst erstellt oder vom Markt bezogen werden soll.

Sourcing-Strategien
strategisch/taktische Entscheidung

BUY **MAKE**

Outsourcing

Outsourcing ist die dauerhafte Ausgliederung von bisher intern erstellten Produkten/ Dienstleistungen aus dem Unternehmen

Sourcing-Ziele
- Kosten- und Wirtschaftlichkeitsvorteile
- Nutzung von Know-how und Leistungsvorteilen
- Verbesserung der Flexibilität
- Steigerung der Qualität/Versorgungssicherheit

Insourcing

Insourcing ist die dauerhafte Eingliederung von bisher extern beschafften Produkten/Dienstleistungen in ein Unternehmen.

Outsourcingformen

Inhouse-Partnerschaft

Übertragung von Aktivitäten innerhalb von Konzernen auf Tochtergesellschaften

Kooperationspartnerschaften

Dienstleistungs-Partnerschaft

Outsourcing von Dienstleistungen an einen rechtlich selbständigen Dienstleister

Strategische Allianz **Joint Venture**

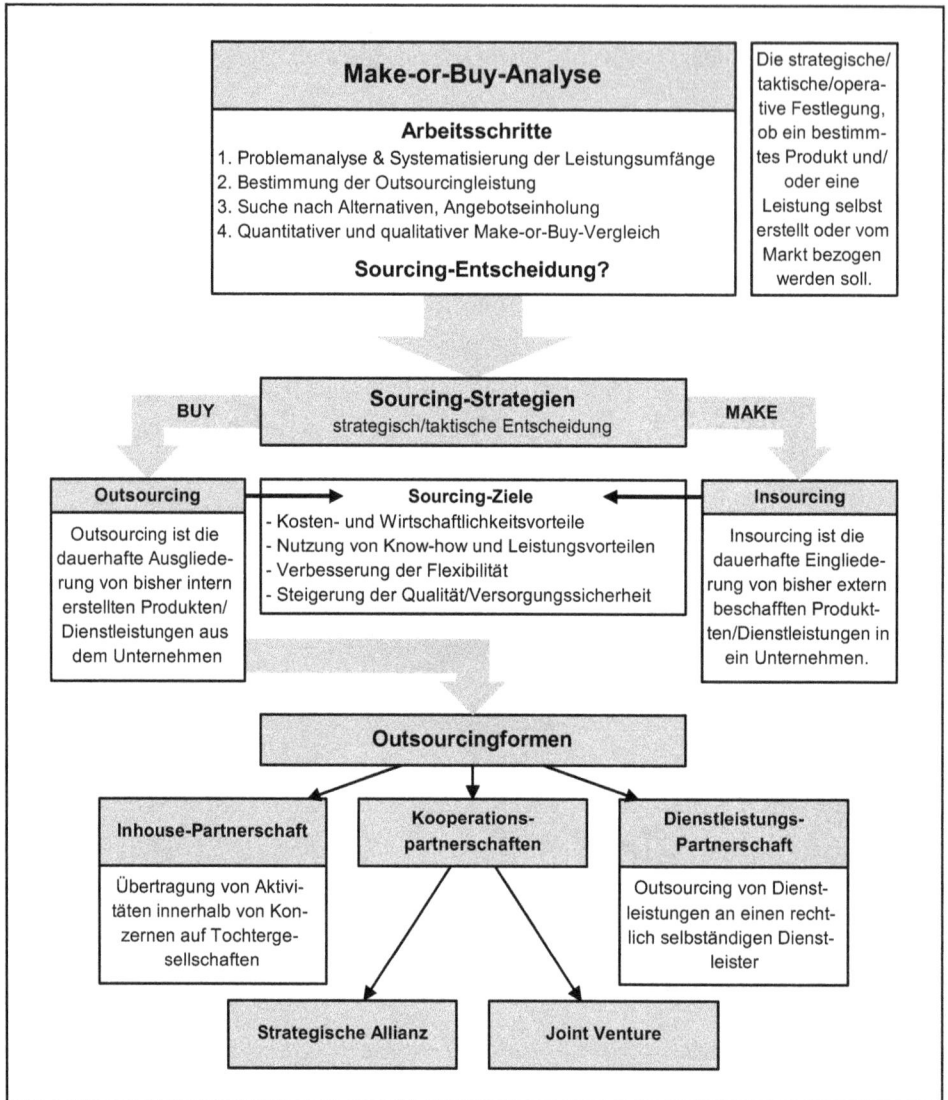

Abbildung 2-19 Gestaltungsmöglichkeit des betrieblichen Leistungsumfanges[35]

Die häufigsten **Gründe**, warum sich Hersteller für einen **Fremdbezug** entscheiden, sind (nach Wichtigkeit):

- Flexibilität bei Kapazitätsengpässen,

- (geringere) Lohnkosten der Fremdfertiger,

- rationellere Produktion spezialisierter Fremdfertiger,

- fehlendes Fertigungs- und Montage-Know-how,

- geringerer Kapitalbedarf für das Anlagevermögen.

Obige Abbildung gibt die Sachverhalte Make-or-Buy und Out-/Insourcing wieder. Der Begriff des Sourcing ist in diesem Zusammenhang nicht nur als Beschaffungsstruktur (Single oder Global Sourcing) zu interpretieren, sondern auch als Gestaltungsmöglichkeit des betrieblichen Leistungsumfanges.

Konkret bieten sich verschiedene Möglichkeiten, die Herstellung von Produkten und die Erstellung von Dienstleistungen auszulagern:

- Auslagerung der Herstellung von Produkten (z.B. Zulieferung von Teilen, vgl. auch Systemlieferanten),

- Auslagerung von Dienstleistungen (vgl. Reinigung, Wachdienst),

- komplexes Outsourcing: ganze Prozesse bzw. Funktionen werden ausgelagert (z.B. Außendienst, Rechnungswesen),

- partielles Outsourcing: nur Einzelleistungen oder Pakete von Einzelleistungen werden ausgelagert (z.B. Entwicklung einer Wertschöpfungskette),

- Inhouse-Outsourcing: bestimmte Dienstleistungen oder Produkte werden an eigene (andere) Unternehmen (Konzern) oder Spezial-Abteilungen im eigenen Hause ausgelagert (z.B. EDV-Abteilungen),

- Outsourcing-Kooperationen: Mehrere Unternehmen schließen sich zusammen, um allen Beteiligten die in Frage kommenden Leistungen kostengünstig anzubieten (z.B. Wartungs- und Instandhaltungsarbeiten).[36]

Die Entscheidung, ob bzw. was ausgelagert wird, richtet sich nach der **strategischen Bedeutung** bzw. dem **spezifischen Charakter** des jeweiligen Produkts oder der betreffenden Dienstleistung.

		Spezifität der auszulagernden Produktion oder Leistung		
		niedrig	mittel	hoch
strategische Bedeutung	hoch	interne und externe Leistung kombinieren	Eigenherstellung	Eigenherstellung
	mittel	reiner Fremdbezug	interne und externe Leistung kombinieren	Eigenherstellung
	niedrig	reiner Fremdbezug	reiner Fremdbezug	interne und externe Leistung kombinieren

Tabelle 2-13 Entscheidungsmatrix Outsourcing[37]

Outsourcing offeriert eine Reihe von **Vorteilen**, die sich auf den Unternehmenserfolg stark auswirken können. Doch auch zahlreiche mögliche **Nachteile** sind zu bedenken.

	Vorteile	Nachteile
Strategisch	• „schlankes" Unternehmen • Flexibilität • Personalrekrutierung • Synergie durch Partnerschaften	• Rückführung der ausgelagerten Leistungen schwierig • Abhängigkeit vom Anbieter (vgl. genügend Anbieter vs. Monopolstellung) • Verlust von Know-how und Kompetenz • Partner erlangen Wissens- und Produktionsvorsprung • Schwierigkeiten bei der Anpassung ausgelagerter Leistungen an strategische Änderungen
Operativ	• hohe Kompetenz von Spezialisten • Schaffung von neuem Wissen und Erfahrung • bereitstehende Kapazitäten – rasch verfügbar – flexibel – bedarfsangepaßt	• viele Vorbereitungen (insbesondere bei komplizierten Leistungen) • großer Aufwand für Beschreibung der Leistungen und Kommunikation • aufwendige Kontrolle • Probleme mit Quantität, Qualität und Zeitvorgaben • Einblick durch Dritte • kurzfristig schlechte Leistungen müssen wegen mangelnder Alternativen akzeptiert werden
Finanziell	• Kostenreduktion • Fixkosten werden zu variablen Kosten • Liquidität durch weniger Kapitalbindung	• geplante Einsparungen sind nicht realisierbar • lange Vertragslaufzeiten • Imitatoren kopieren ausgelagerte Leistungen und bieten sie auf dem Markt an

Tabelle 2-14 Outsourcing – Mögliche Vor- und Nachteile

Im Logistikbereich haben sich vor allem auch die **Kosten der Lagerhaltung** als zentrales Problem erwiesen. Dabei fallen vielfältige Kosten wie folgt an:

• Raumkosten (Miete, Heizung, Strom, Gas, Wasser, Reinigung, Bewachung, Abschreibung, Verzinsung des eingesetzten Kapitals, Reparaturen)

• Lagerungskosten (Versicherungsprämien, Zinskosten für Lagergüter, kalkulatorische Wagnisse)

• Verwaltungskosten (Löhne, Gehälter, Sozialaufwendungen, Büromaterial der Lagerverwaltung).

Darüber hinaus ergeben sich regelmäßig noch eine Reihe von – zum Teil unangenehmen – **Risiken der Lagerhaltung**:

• Qualitätsminderung (Alterung, Verderb),

• Schwund,

• technischer Fortschritt,

• Mode- und Geschmackswandel,

• Preisrisiko,

• Diebstahl.

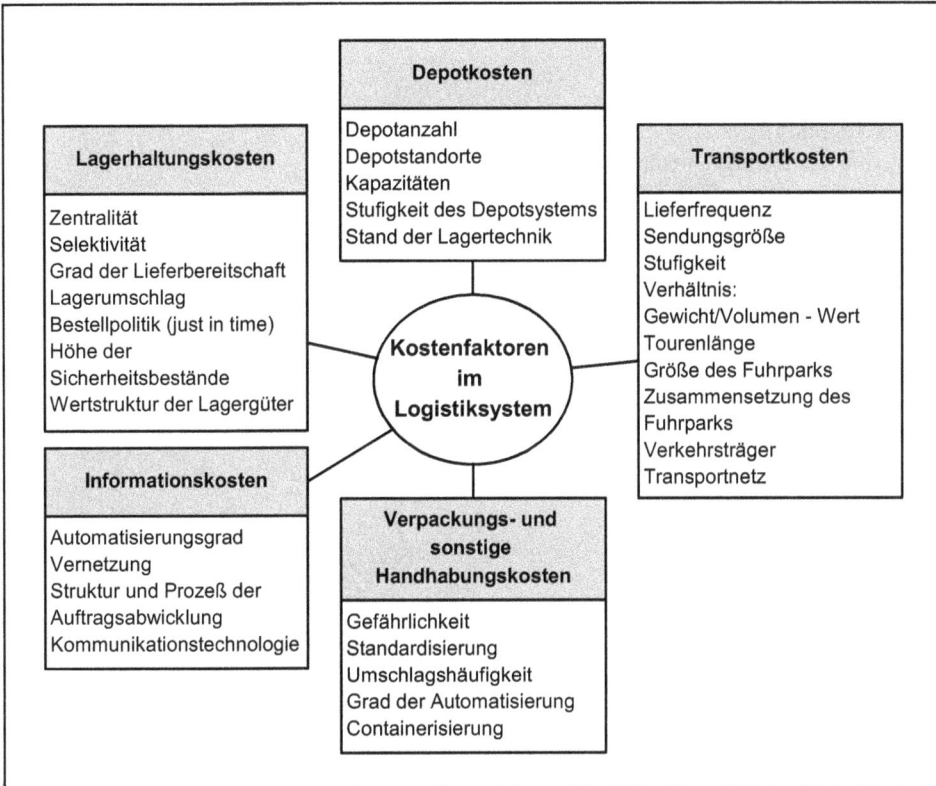

Depotkosten

Depotanzahl
Depotstandorte
Kapazitäten
Stufigkeit des Depotsystems
Stand der Lagertechnik

Lagerhaltungskosten

Zentralität
Selektivität
Grad der Lieferbereitschaft
Lagerumschlag
Bestellpolitik (just in time)
Höhe der
Sicherheitsbestände
Wertstruktur der Lagergüter

Transportkosten

Lieferfrequenz
Sendungsgröße
Stufigkeit
Verhältnis:
Gewicht/Volumen - Wert
Tourenlänge
Größe des Fuhrparks
Zusammensetzung des
Fuhrparks
Verkehrsträger
Transportnetz

Kostenfaktoren im Logistiksystem

Informationskosten

Automatisierungsgrad
Vernetzung
Struktur und Prozeß der
Auftragsabwicklung
Kommunikationstechnologie

Verpackungs- und sonstige Handhabungskosten

Gefährlichkeit
Standardisierung
Umschlagshäufigkeit
Grad der Automatisierung
Containerisierung

Abbildung 2-20 Kostenfaktoren im Logistikbereich

Daraus ergibt sich die Notwendigkeit, Lager möglichst zu minimieren. Die **Vorteile einer kürzeren Lagerdauer** sind selbstredend:

- geringerer Kapitalbedarf,

- weniger Zinskosten,

- niedrigere sonstige Lagerkosten,

- verbesserte Wettbewerbsposition,

- höhere Wirtschaftlichkeit und steigende Rentabilität.

Kürzere Lagerung ist vor allem durch verschiedene **Maßnahmen zur Erhöhung der Umschlaghäufigkeit** („Wie oft verläßt ein Gut das Lager und muß ergänzt werden?") zu erreichen:

- Zielbereich Einkauf
  – Kauf auf Abruf vereinbaren
  – Einkäufe genauer planen
    (vgl. Bestellmengenoptimierung)

- Zielbereich Lager
  - Höchstbestände angeben
  - Meldebestände einführen

- Zielbereich Absatz
  - mit Marketing Umsätze steigern
  - Sortiment straffen
  - Umschlagshäufigkeit für einzelne Produkte berechnen

Lagerhaltung

Den mit der Lagerhaltung verbundenen Problemen versucht man mit einer minimierten Lagerhaltung bzw. der Verlegung des Lagers auf die Straße zu begegnen. Dieses Konzept wurde unter dem Namen *Just in time* bekannt.

Unter **Just-in-time-System** wird eine bestandsminimale Fertigung bzw. Zulieferung von Teilen, z.B. für Montageprozesse, verstanden.

Hiermit läßt sich insbesondere die Kapitalbindung reduzieren. Dieses verbrauchsorientierte Fertigungssteuerungssystem basiert auf spezifischen Gestaltungsformen der Werkstatt- und Materialflußstrukturen.

Just-in-time-Logistik

Vorteile

- sinkende Lagerkosten,
- abnehmender Bedarf an Produktionsfläche,
- weniger gebundenes Kapital,
- auf sich ändernde Kundenwünsche und Marktveränderungen kann schnell reagiert werden, indem kleinere Stückzahlen hergestellt werden.

Nachteile

- kein „Puffer", weil kein Lager vorhanden ist,
- große Abhängigkeit von den Lieferanten,
- Abhängigkeit von äußeren Umständen (z.B. Witterung, Stau; die Verkehrslawine, entstanden durch die auf die Straße verlegten Lager, stellt Just-in-time zunehmend in Frage).

Voraussetzungen

- Just-in-time stellt an fast alle betrieblichen Funktionen hohe Anforderungen; diese müssen dementsprechend in ein umfassendes Logistik-Konzept eingebunden werden (vgl. Beschaffungslogistik, Produktionslogistik, Distributionslogistik),
- enge und vertrauensvolle Zusammenarbeit mit den Lieferanten und deren Einbindung in die eigenen betrieblichen Prozesse,
- Überprüfung der Produktionsstandorte, um die Transportwege – auch zum Kunden – zu minimieren,
- Senkung der Rüstzeiten in der Produktion, um schneller reagieren zu können.

Just in time

Fallstudie: Erdbeeren im Dezember[38]

Daß die Welt klein geworden ist und die Länder – zumindest logistisch – näher zusammengerückt sind, merkt man schon beim alltäglichen Gang durch den Supermarkt. Die – oft karikierten – Tomaten aus Holland, Butter aus Irland, Schweizer Käse, schwedisches Knäckebrot, Rindfleisch aus Frankreich, Wein aus Südafrika etc. – der Eßlust der Verbraucher sind kaum Grenzen gesetzt. Während manche Transporte (z.B. aufgrund geschmacklich nachvollziehbarer Unterschiede oder jahreszeitbedingt) noch sinnvoll erscheinen, sind andere nicht unbedingt verständlich. Warum müssen Milch und Joghurt beispielsweise durch halb Deutschland transportiert werden, wo es doch in fast jeder Region Milchhöfe gibt?

Obwohl Deutschland bei vielen Produktkategorien selber genügend produziert und sogar große Mengen exportiert, werden die gleichen Produktgattungen in beträchtlichen Ausmaßen wieder eingeführt. Exportsubventionen machen es möglich. Zudem lohnt es sich oft, in ein Nachbarland zu exportieren, in dem die Verbraucherpreise höher als im Heimatland liegen.

Die Unsinnigkeit kennt kaum Grenzen – es kommt noch „besser“:

- Nordseekrabben werden z.B. zum Puhlen von Hand nach Marokko, Algerien oder Osteuropa gefahren, um von dort aus tiefgekühlt zurück nach Hamburg zur Verpackung zu gelangen,

- Schweinefleisch aus Westfalen wird in Italien zu Parmaschinken verarbeitet und als solcher zurück nach Deutschland gebracht,

- Rinder werden mit hoher EU-Unterstützung nach Libyen zum Schlachten gebracht, um anschließend als Fleischpakete in die europäischen Supermärkte zurückzukehren.

Die Folgen derartiger Auswüchse, die weit über die wenigen genannten Beispiele hinausreichen, sind dramatisch: Billigtransporte führen zu Massenproduktion. Die Straßen sind permanent hoffnungslos überlastet, das „rollende Lager“ gehört zur Tagesordnung. Kleine Bauern haben im Wettbewerb kaum mehr eine Chance. *„Der Kunde muß wissen, welche Folgen die Transporte für seine Region haben. Wer Milch aus Österreich trinkt, irische Butter und dänischen Käse isst, sollte nicht erwarten, dass auf den heimischen Wiesen noch Kühe grasen.“*[39]

Erst seit dem Ausbruch von BSE und Maul- und Klauenseuche scheinen die Verbraucher wieder bewußter auf die Herkunft von Lebensmitteln zu achten. Allerdings ist diesbezüglich – wie immer bei Unglücksfällen oder nachlassendem Medienecho zu beobachten – bereits ein Nachlassen der Vorsicht und des Interesses zu verzeichnen.

Aufgabe 1

Welche Möglichkeiten bieten sich im Rahmen des Global Sourcings für Unternehmen? Auf welche Grenzen können diese dabei stoßen?

Aufgabe 2

Wie beurteilen Sie die aktuellen internationalen Beschaffungsstrategien vor dem Hintergrund logistischer Prozesse und Aufwände?

Aufgabe 3

Welche Rolle spielt der Verbraucher bei diesen Prozessen?

2.8   Leistungserstellung

Unter **Leistungserstellung** (auch „Produktion") versteht man die **Hervorbringung** (Gewinnung oder Erzeugung) **von Gütern und Dienstleistungen** sowie den Handel mit Gütern. Die Leistungserstellung im Dienstleistungsbereich ist durch die Hervorbringung von Leistungen bestimmter Art gekennzeichnet. Diese Dienstleistungen können auch monetären Charakter haben.

Als Beispiele dafür wären etwa die Gewährung von Sozialleistungen und Subventionen – etwa seitens des Staates – zu nennen. Die Leistungserstellung in Unternehmen erfolgt auf technischem und bürokratischem Weg, im Dienstleistungsbereich weitgehend auf bürokratischem Weg.

Faktoren, die bei der Leistungserstellung – aus der Sicht des Herstellers – eine wichtige Rolle spielen, sind:

- Erstellungskosten bzw. Produktivität,

- Qualität,

- Produktionsprogramm/Flexibilität,

- Zeit der Herstellung,

- Produkte und Verfahren auf dem neuesten Stand (vgl. Innovation).

Für den Kunden sind das Preis-Leistungs-Verhältnis, die Qualität, Verfügbarkeit sowie der innovative Charakter der Leistungen entscheidend.

Betrachtet man die Leistungserstellung nach ihren Merkmalen, lassen sich folgende Aspekte unterscheiden:

Die **Organisation der Leistungserstellung** kann an bestimmten Orten oder unabhängig von bestimmten Standorten erfolgen. Bei Produktionsunternehmen sind beide Arten der Leistungserstellung anzutreffen (z. B. Produktion in Werkstätten, Leistungserstellung auf Baustellen). Im Dienstleistungsbereich ist die Leistungserstellung aufgrund des bürokratischen Charakters nahezu ausschließlich an bestimmten Orten von Bedeutung.

Betrachtet man die Häufigkeit der Wiederholung bei der Herstellung von Leistungen, lassen sich bei allen Arten grundsätzlich Einzel-, Mehrfach- und Massengüterherstellung unterscheiden. Dies trifft sowohl auf Industrieunternehmen als auch auf Dienstleistungsunternehmen zu.

Mechanisierung bzw. **Automatisierung** der Leistungserstellung sind in technologischer und bürokratischer Hinsicht von großer Bedeutung. Organisationen, die sich insbesondere mit der (industriellen) Produktion von Gütern befassen, fokussieren ihr Interesse überwiegend auf die Mechanisierung und Automatisierung der Produktionsprozesse. Im Rahmen der administrativen Leistungserstellung in Unternehmen ist besonders die Mechanisierung und Automatisierung bei der Verarbeitung von Informationen relevant. In diesem Rahmen sind allerdings nicht alle Aufgaben automatisierbar.

Betrachtet man die Dauer der Leistungserstellung, können grundsätzlich verschiedene Fristigkeiten (kurzfristig, mittelfristig, langfristig) unterschieden werden. Üblicherweise ist die Dauer der Leistungserstellung im Unternehmen überwiegend kurzfristig orientiert.

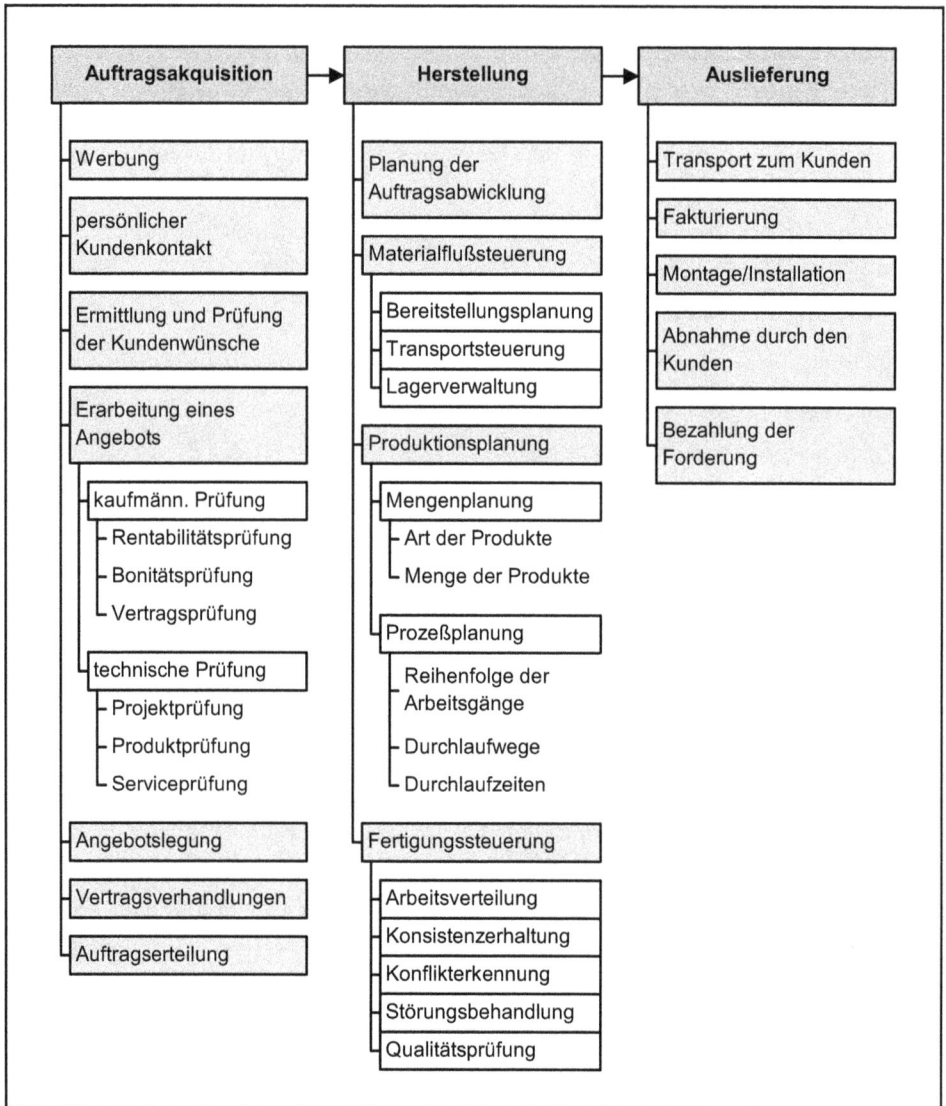

Abbildung 2-21 *Prozeß der Leistungserstellung im Produktionsbetrieb (Einzelfertigung)*

Zum Ausgleich von **Schwankungen der Nachfrage** haben Organisationen, die Güter produzieren, die Möglichkeit, Leistungen auf Vorrat zu erstellen. Eine andere Möglichkeit ist die Bildung eines Auftragsbestandes, der Schwankungen in der Nachfrage ebenso ausgleichen kann. Produzenten von Dienstleistungen können

Schwankungen in der Nachfrage nur durch die Bildung von Auftragsbeständen ausgleichen. Auf alle Fälle ist die jederzeitige Bereitschaft zur Abgabe von Leistungen erforderlich.

In bezug auf die Möglichkeiten der Anpassung der Leistungserstellung auf (kurzfristige) Änderungen der Nachfrage lassen sich als Maßnahmen vor allem Änderungen in der Beschäftigung und Variationen der Mengen der erstellten Leistungen ergreifen. Aufgrund der unmittelbaren Auswirkungen dieser Änderungen auf die Struktur der Kosten kann den Änderungen der Nachfrage wirksam begegnet werden.

Betrachtet man die Gewichtung der Möglichkeiten der Anpassung an Schwankungen der Nachfrage, zeigt sich, daß in personalintensiven Bereichen Effekte eher aufgrund der Änderung der Beschäftigung zu erzielen sind. In kapitalintensiven Bereichen trifft dies eher auf die Änderung der Menge der Leistungserstellung zu. Die Wirksamkeit der Maßnahmen in bezug auf die (eingesparten) Kosten ist unmittelbar vor allem dann gegeben, wenn kurzfristige Maßnahmen der Anpassung ergriffen werden können. Ist dies nicht oder nur schwer möglich (z.B. Änderungen der Beschäftigung in öffentlichen Verwaltungen), ist die Möglichkeit unmittelbarer Einsparung von Kosten zu relativieren.

Probleme im Bereich der Leistungserstellung können sich hinsichtlich der Optimierung der Massenfertigung von Gütern und Dienstleistungen oder der kurzfristigen Erstellung und Verfügbarkeit von Gütern und Dienstleistungen zeigen. Häufig ist es auch eine flexible Anpassung von Beschäftigung und Kapazitäten nicht möglich.

Sehr bewährt hat sich **Lean Management** als Unternehmensphilosophie, das sich strikt auf die Gestaltung „schlanker" Prozesse – zunächst in der Produktion und mittlerweile im allgemeinen – konzentriert mit dem Ziel des Erschließens neuer Produktivitätsquellen.

Als ökonomisches Ziel steht die Verringerung des Einsatzes aller Produktionsfaktoren. Das bezieht sich auf die Anzahl der Beschäftigten, die Größe der Produktions- und Lagerflächen, den Lagerbestand, den Umfang der Ausrüstungen und die Entwicklungszeiten für neue Produkte und Verfahren. Zusätzlich stehen die Ziele einer „Null-Fehler-Produktion" in Verbindung mit Qualitätszirkeln und einer kundenorientierten Produktvielfalt.

Lean Management beruht auf dem Prinzip gegenseitiger Verantwortung und gegenseitigen Vertrauens. **Schlank gestaltete Unternehmen** benötigen eine Atmosphäre des Teamgeistes und der Kooperationsbereitschaft, in der die Führungskräfte, Mitarbeiter, Kunden, Lieferanten und auch Behörden zur Erreichung gemeinsamer Ziele, z.B. Umweltschutz, zusammenarbeiten. Die Einsicht, gemeinsam am Unternehmenserfolg zu wirken, soll zu aktiver Beteiligung und **permanenter Verbesserung der ablaufenden Prozesse (Kaizen)** motivieren. Der Humanressource Mensch wird hierbei, speziell im Sinne der Eigenverantwortung, besondere Bedeutung beigemessen.

```
                    ┌─────────────────────────────────────┐
                    │  Wettbewerbsfähigkeit + Ertragsstärke │
                    │   ("besser", "schneller", "billiger") │
                    └─────────────────────────────────────┘
                          ╱                        ╲
```

Strukturen	Prozesse
flache Organisation	einfache Prozesse
intensive Teamarbeit	Flexibilität gegenüber Kundenwünschen
Partizipation	Vermeidung von "Over-Engineering"
Job Enrichment	kontinuierlicher Verbesserungsprozeß/Kaizen
Vorschlagswesen	Qualitätsmanagement
	Simultaneous Engineering
	Zulieferintegration
	- Entwicklungspartnerschaft
	- Modular Sourcing (Systemlieferanten)
	- intensiver Informationsaustausch

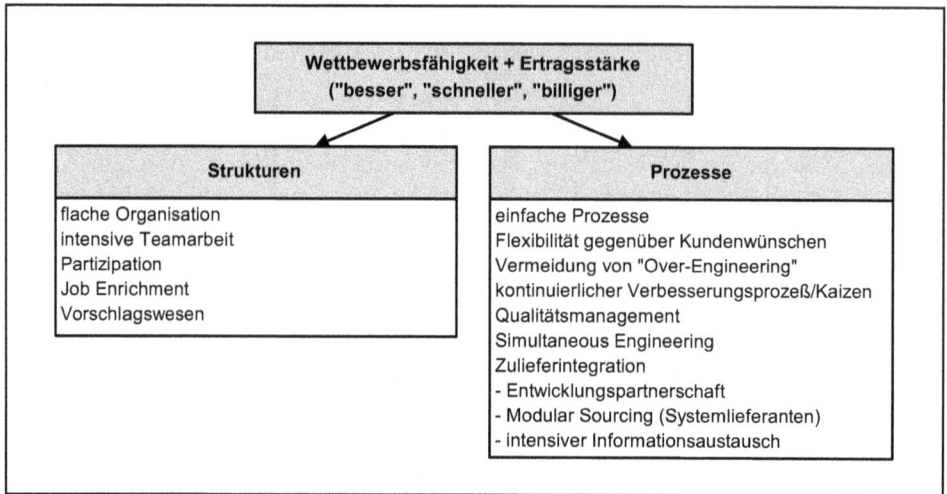

Abbildung 2-22 *Ziele und Instrumente der Lean Production*

Wesentliche Elemente dieser in Japan entstandenen Methode lassen sich auch in Europa erfolgreich umsetzen, wie eine Reihe von Firmen bisher nachgewiesen hat. Zu beachten ist jedoch: Nicht alles, was in Japan funktioniert, ist in europäischen Unternehmen unbesehen nutzbar. Schon aufgrund der unterschiedlichen Kulturkreise ist es empfehlenswert, eine Symbiose zwischen bewährten europäischen und fernöstlichen Management- und Fertigungsmethoden zu finden. Jedes Unternehmen muß seinen spezifischen, eigenen Weg gestalten. Das erfordert jedoch zwingend und ohne Vorbehalte, bewährte Methoden anderer sachlich und nüchtern auf ihre Eignung und Anwendungsmöglichkeit zu prüfen. Erfahrungsaustausch ist nach wie vor die preiswerteste Investition. Es gilt somit auch immer wieder, die eigene Leistung mit anderen zu vergleichen (vgl. Benchmarking). Das trifft für den einzelnen genau so wie für ein Unternehmen in seiner Gesamtheit zu und kann im letzteren Fall alle Geschäftsprozesse betreffen.

Lean Production – „Auch Skelette sind schlank"

Schlank ist schön und bringt den Erfolg: Lean Production zielt als „neues" Konzept auf die Verwirklichung einer „schlanken" Fertigung ab und wurde bisher – besonders von der Praxis – euphorisch begrüßt, wie jeder Retter in der Not. Sicherlich sind Ansätze positiv, die zur Physiologisierung betrieblicher Strukturen und Prozesse beitragen wollen. Trotzdem sind Vorbehalte anzumelden.

Nicht übersehen werden darf, daß nicht humane Überlegungen initiierend sind, sondern primär ökonomische Interessen, die es im Druck des scharfen internationalen Wettbewerbs zu wahren gilt. In erster Linie erwarten sich die Unternehmen von Lean Management Kostenreduktionen, motivierte Mitarbeiter sowie – zwangsläufig erhebliche – Steigerungen der Produktivität und Effizienz. Die Arbeitskraft wird dabei zwar nicht als Kostenfaktor minimiert, dafür aber als Ressource maximiert. In den Arbeitnehmern schlummernde Fähigkeiten sollen genutzt werden, Wissen sowie manuelle Fertigkeiten und geistige Fähigkeiten sind gefragt. Den Arbeitnehmern wird dabei durchaus zugetraut, daß sie die Probleme im Betrieb selbst am besten kennen und dazu Lösungen finden. Amerikanisch plakativ wünscht sich die berühmt gewordene Studie des Massachusetts Institute of Technology denn auch mit jeweils der Hälfte an Personal, Investitionen in Werkzeuge, Produktionsflächen, Lagerbeständen und Entwicklungszeit für neue Produkte künftig doppelt so viel Produktivität zu erreichen. Soweit die Theorie.

Schneller, billiger, besser ist kein nachhaltiges Ziel

Nachhaltiges Ziel kann es jedoch nicht sein, daß Produktivität ständig alle Rekorde bricht und immer billiger, schneller und besser produziert werden muß. Vielmehr wären Ansätze notwendig, die ohne eine derart vorrangige Steigerung der Produktivität die Arbeitswelt verbessern und nicht auf Kosten der Beteiligten Ziele vorgeben, ohne zu bedenken, was sich dadurch für diese ändert. So weckt auch Lean Management nicht nur den Verdacht, das tatsächliche Wohl des Menschen nur sekundär zu berücksichtigen. Bei allen Vorteilen, die teilautonome Arbeitsgruppen erfahrungsgemäß für Mitarbeiter bieten, zeigen sich zahlreiche Probleme. Freilich sind flache Hierarchien, kurze Entscheidungswege und Fairneß im Betrieb wünschenswert; trotzdem ist – wie die Erfahrung zeigt – besonders die Auflösung des grundlegenden Zielkonfliktes „Effizienz versus Arbeitszufriedenheit" schwierig. Das diesbezügliche Konfliktpotential zu unterschätzen, wäre naiv.

Die Gestaltung von Unternehmen als soziales System gemäß der menschlichen Wesensart ist lediglich durch einen wiederholten Versuch der Einführung teilautonomer Arbeitsgruppen nicht gewährleistet. Zudem können Organisationsstrukturen, die – um nur einige Beispiele zu nennen – etwa den „Chef" durch einen „freigestellten Gruppensprecher" ersetzen und auch darüber hinaus nur bedingt enthierarchisieren, kaum als übermäßig fortschrittlich erscheinen. Auch die Abläufe bergen erhebliche Konflikte, wenn man etwa die vorgesehenen „Verfahren kollegialer Problemlösung" betrachtet. Hinsichtlich der favorisierten Just-in-time-Konzepte ist vor allem auf deren bereits offenkundig gewordene Grenzen zu verweisen. Enorme Abhängigkeiten vom Lieferanten und dessen gleichzeitig schwierige Lage zeigen sich längst deutlich. Jedenfalls geht letztlich der ökonomische Erfolg des Endabnehmers allzu oft auf Kosten der Zulieferindustrie.

Stimmungstief in den Chefetagen

Schließlich der Aspekt des Humankapitals. Zunächst stellt sich die Frage, was mit den zahlreichen Führungskräften geschehen soll, die an Einfluß bzw. Position verlieren. An die Mitarbeiter werden gleichzeitig erheblich höhere Anforderungen, vor allem auch in bezug auf die Verantwortung, gestellt. Ob sie diesen derartigen Veränderungen entsprechen wollen und auch können, ist letztlich nicht eindeutig positiv zu beantworten. Eine jüngst durchgeführte Studie des deutschen Wirtschaftsmagazins „Capital" zeigt diesbezüglich ein derzeit bereits gehöriges Stimmungstief – jedenfalls in den Reihen der Führungskräfte – an. So mußten sich deutsche Manager im Zuge der flächendeckenden Realisierung von Lean Management bisher schon mit folgenden Konsequenzen auseinandersetzen:

- in 85 % der Unternehmen wird derzeit größere Unsicherheit festgestellt als noch vor einem Jahr;

- 84 % haben alle Ebenen betreffende Personalabbaumaßnahmen in ihrem Unternehmen erlebt;

- nur 45 % der Manager halten ihren Arbeitsplatz mittelfristig noch für sicher;

- die den Veränderungsprozeß begleitenden Gefühle sind Enttäuschung (33 %), Angst und Verunsicherung (30 %);

- für 65 % hat der bereits erfolgte Hierarchieabbau den Entscheidungsspielraum verkleinert;

- 62 % sehen durch die Umstrukturierungen persönliche Einkommenseinbußen, insbesondere durch rigorose Kürzungen der bisherigen Extras;

- Angst um den Arbeitsplatz, Duckmäusertum und mehr Intrigen kennzeichnen für über 60 % die gegenwärtige Situation;

> - 72 % erklären, daß sie mehr arbeiten müssen als früher, wobei vertraute Gegenleistungen wie Beförderung und mehr Geld entfallen;
>
> - fast 40 % denken angesichts dieser Lage an innere Kündigung oder haben diese bereits vollzogen.
>
> Resümierend wird wenig verwunderlich „viel Frust – wenig Lust" konstatiert und nach Auswegen gesucht. Was müssen die Führungskräfte jetzt tun, um allen Beteiligten die veränderte Situation zu erleichtern? 40 % sehen als vorrangig, sich mehr Zeit für – auch wirklich gelebte – kooperative Führung zu nehmen, damit die Resignation allmählich einer Aufbruchsstimmung weicht. Für 31 % ist eine frühzeitigere, korrektere und detailliertere Kommunikation über geplante Maßnahmen dringend geboten.
>
> Eine weitere Antwort auf die angesprochenen Probleme und Fragen liegt vielleicht in der Beobachtung, daß japanische Unternehmen bereits wieder mehr auf traditionelle Konzepte zurückgreifen, denn: Auch Skelette sind schlank ...[40]

Schlanke Prozesse

Der immer stärker werdende Wettbewerb und die ständig steigenden Kundenanforderungen erfordern ein **Qualitätsmanagement**, daß alle Unternehmensbereiche mit einbezieht. Die Qualität hat sich in den letzten Jahren zu einem bedeutenden strategischen Wirtschafts- und Wettbewerbsfaktor entwickelt.

Ziel ist die **Entwicklung qualitätsbewußter Verhaltensweisen**, einer positiven Einstellung der Mitarbeiter zur Qualität sowie die umfassende **Ausrichtung aller Geschäftsprozesse an den Kundenbedürfnissen**. Hauptbereiche dieses Managementkonzepts sind z.B. die Erfüllung der Kundenwünsche, die Einhaltung von Zusagen in bezug auf Lieferkonditionen und Preise, das Anbieten verschiedenster Serviceleistungen sowie die schnelle, reibungslose Abwicklung von Bestellungen, Rückfragen und Reklamationen.

Ein erfolgreiches Qualitätsmanagement bedingt u. a. die verstärkte Einbeziehung und Nutzung des Mitarbeiterpotentials und die Steigerung von Motivation und Leistungsfähigkeit der Mitarbeiter, was letztlich zu einer stärkeren Kundenorientierung und gleichzeitig Bindung der Mitarbeiter an das Unternehmen führen soll. Zu beachten ist dabei, daß derartige Qualitätsziele nur langfristig realisiert werden können. Sogenannte „schnelle Erfolge" sind mit diesem Managementkonzept demzufolge nicht zu erreichen.

Qualitätsmanagement erfordert vom Management zum einen eine ganzheitliche Denkweise, die Auswahl der geeigneten Maßnahmen und Methoden zur Realisierung der gesetzten Qualitätsziele und deren Anpassung an die spezifischen Gegebenheiten des Unternehmens. Zum anderen ist es erforderlich, die ausgewählten Maßnahmen, deren Gründe und Zusammenhänge gegenüber den Mitarbeitern wiederholt zu erläutern sowie qualitätsverbessernde Aktivitäten ihrerseits anzuerkennen und gegebenenfalls entsprechend zu belohnen.

Unter den heutigen Marktbedingungen hat ein Unternehmen nur dann Wachstumschancen, wenn es ständig auf der Suche nach neuen Produktideen ist und diese verwirklichen kann.

Innovation

Joseph A. Schumpeter, berühmter österreichischer Wirtschaftswissenschaftler, lehrte fast 20 Jahre bis zu seinem Tod 1950 in Harvard und war der erste, der den Begriff **„Innovation"** verwendete. In treffenden Analysen beschrieb er Unternehmer und Kapitalismus sowie deren Licht- und Schattenseiten.

Die erfolgreiche Wahrnehmung der Unternehmeraufgaben im Sinne Schumpeters besteht hauptsächlich in der Durchsetzung von Innovationen. Eine Innovation bedeutet „jedes Andersmachen im Gesamtbereich des Wirtschaftslebens" ... und „ist möglich ohne irgendeine Tätigkeit, die sich als Erfindung bezeichnen läßt ..." („Erfindung löst nicht notwendig Innovationen aus, sondern bringt, für sich ... keine wirtschaftlich bedeutungsvolle Wirkung hervor"[41]). Die Veränderungen im wirtschaftlichen Prozeß, die durch Innovationen hervorgerufen werden, und ihre Wirkungen im ökonomischen System bezeichnet Schumpeter als wirtschaftliche Entwicklung; diese wird demnach vom Handeln im Rahmen der Einzelwirtschaft determiniert. Innovationen sind somit als strategische Managementaufgaben innerhalb des betrieblichen Geschehens zu sehen. Schumpeter nennt fünf Fälle der innovativen Durchsetzung **„neuer Kombinationen"**:

1. „Herstellung eines neuen, d.h. dem Konsumentenkreise noch nicht vertrauten Gutes oder einer neuen Qualität eines Gutes.

2. Einführung einer neuen, d.h. dem betreffenden Industriezweig noch nicht praktisch bekannten Produktionsmethode, die keineswegs auf einer wissenschaftlich neuen Entdeckung zu beruhen braucht und auch in einer neuartigen Weise bestehen kann, mit einer Ware kommerziell zu verfahren.

3. Erschließung eines neuen Absatzmarktes, d.h. eines Marktes, auf dem der betreffende Industriezweig des betreffenden Landes bisher noch nicht eingeführt war, mag dieser Markt schon vorher existiert haben oder nicht.

4. Eroberung einer neuen Bezugsquelle von Rohstoffen oder Halbfabrikaten, wiederum: gleichgültig, ob diese Bezugsquelle schon vorher existierte – und bloß sei es nicht beachtet wurde sei es für unzulänglich galt – oder ob sie erst geschaffen werden muß.

5. Durchführung einer Neuorganisation, wie Schaffung einer Monopolstellung (z.B. durch Vertrustung) oder Durchbrechen eines Monopols."[42]

> Gelingt es, strategisches Management durch Hervorbringen einer oder mehrerer Anwendungen obiger Fälle zu verwirklichen, kann – meist bis zum Auftreten von Imitatoren bzw. der konkurrenzbedingten Anpassung von Kosten und Preisen – mit entscheidenden Wettbewerbsvorteilen gerechnet werden.

Nicht ohne Grund nannte Schumpeter die **Innovation von Produkten und Verfahren** zuerst. Der größte Innovationsdruck geht auch heute von diesen beiden Faktoren aus. Insbesondere der Produktinnovation kommt höchste Bedeutung zu. Betrachtet man die heute vielfach sehr kurzen Produktlebenszyklen (das ist der Zeitraum, in dem ein Produkt aktuell und gleichzeitig überwiegend wirtschaftlich rentabel ist), wird die Notwendigkeit ständiger **Forschung und Entwicklung (F & E)** plausibel. Man braucht sich anhand eines beliebigen Beispiels einfach nur vorzustellen, was mit einer Firma passieren würde, die lediglich ein einziges Produkt – mit einem normalen Produktlebenszyklus von z.B. drei Jahren – herstellt und in der Zwischenzeit keinerlei Anstrengungen unternommen hat, neue Produkte zu entwickkeln.

	Forschung		Entwicklung		
	Grundlagen-forschung	**Angewandte Forschung**	**Technologie-Entwicklung**	**Produkt-Entwicklung**	**Konstruktion**
Aktivität	erstmalige Beobachtung eines Phänomens	kontrollierte experimentelle Darstellung und Erklärung des Phänomens	Übertragung der Forschungsergebnisse auf kontrollierte Fertigungsprozesse	Erstellen von Produktkonzepten auf Basis von bekannten Fertigungsprozessen	Entwerfen und Ausarbeiten von Produkten nach bekannten Richtlinien und Prinzipien
Ergebnis	wissenschaftlicher Bericht	Nachweis einer konkreten Anwendungsmöglichkeit	Fertigungsvorschriften, Technologiemuster	Produktkonzepte, Funktionsmuster	Prototypen, Fertigungsunterlagen
Zeithorizont	> 5 Jahre	einige Jahre	einige Jahre	1 Jahr	½ Jahr
Trefferquote	gering	mittel	mittel	relativ hoch	hoch
Beispiel: Ink Jet Drucker	Erforschung von hydrodynamischen Phänomenen etc.	Druckkopfprinzip auf Basis von „Droplet on demand"	Fertigungstechnologie für Druckköpfe	Druckerkonzepte auf Basis „Droplet on demand", Funktionsmuster	verschiedene Druckermodelle, fertigungsreif entwickelte Unterlagen

Tabelle 2-15 F & E – Begriffe und Abgrenzungen[43]

Faktum ist: Insbesondere im Produktbereich, aber auch hinsichtlich aktueller Produktionsverfahren ist zur Sicherstellung eines nachhaltigen wirtschaftlichen Erfolges permanent entsprechende F & E notwendig.

Aufgrund der schnellebigen Anforderungen der Märkte muß Produktentwicklung rasch erfolgen. *Time to market*, also die Markteinführung eines Produkts zur richtigen Zeit, dominiert die Überlegungen der Hersteller. Die engen **Zeithorizonte** führen auch dazu, bei einem neuen Produkt möglichst wenige neue Technologien und/oder Komponenten anzuwenden, um das Risiko hinsichtlich Qualität und Lebensdauer zu minimieren. In der Regel basieren deshalb mehrere aufeinanderfolgende Produktgenerationen auch auf der gleichen oder nur leicht modifizierten

Technologie. Gleichzeitig will man bei jeder Produktgeneration aber doch ein gewisses Maß an technischem Fortschritt realisieren, um diese für den Kunden attraktiver zu machen (z.B. mehr *features*, günstigerer Preis). Jedenfalls geht es dabei um das Finden des richtigen Maßes, wobei die „Politik der kleinen Schritte" dominiert. Die Einführung neuer Fertigungstechnologien sollte nicht mit der Herstellung neuer Produkte zusammenfallen, weil sich dadurch das Risiko eines teilweisen Mißerfolgs erhöht.

Ein **Entwicklungsprojekt**, ob es auf einem bestimmten Kundenwunsch beruht, wie z.B. bei Investitionsgütern, oder der Marktnachfrage, wie bei Konsumgütern üblich, ist strikt in verschiedene Ablaufphasen strukturiert, um die budgetierten Kosten, den Zeitplan, die organisatorischen Abläufe und damit das Risiko bestmöglich jederzeit überblicken zu können. Prinzipiell unterscheidet man in Planungsphasen, Konzeptphasen, Entwurfs- und Ausarbeitungsphasen. Wie auch immer der Ablauf – abgestimmt auf die speziellen Notwendigkeiten – gestaltet ist: Ausreichende Kommunikation mit allen Beteiligten und die verbindliche Einhaltung der Festlegungen, am besten mit „Meilensteinen", ist eine Grundvoraussetzung für die erfolgreiche Realisierung.

Entwicklungsphase	Abschluß mit	Meilenstein Nr.	Aktivität	Output
Studienphase			Klärung der Technologie, Vorauswahl der Bauelemente, Feasibility-Studie, Marktstudie, Kundenkontakte, Patentlage, Projektplanung	
	Zero-Date-Meeting	M 0	Projektauftrag auf Basis von verbindlichen Vereinbarungen	Projektplan: Ausgangssituation/Problem/Ziel, Systemspezifikation, Zeitplan, Kosten, Aufgabenverteilung, Q-Plan, Berichtswesen
Detailplanungsphase			Feinabstimmung der Detail-Spezifikation, basierend auf gesicherten Untersuchungsergebnissen	
	Specification-Release-Meeting	M 1	Freigabe der Detail-Spezifikationen und der Detailplanung	Detailplanung, Detailspezifikationen
Prinzipmusterphase			Aufbau eines Funktionsmusters, das die wesentlichen Funktionen nachweist	
	Prinzip-muster-Meeting	M 2	Genehmigung des Funktionsmusters	Untersuchungsbericht über kritische Punkte

Fortsetzung

Entwick-lungsphase	Abschluß mit	Meilenstein Nr.	Aktivität	Output
Konstruktionsphase			Detailkonstruktion, Freigabeuntersuchungen, Bau von Prototypen	
	Commit-ment-Date	M 3	definitive Genehmigung des Projekts, Beschluß, in Serie zu gehen	definitive Prototypen, vorläufige Freigabeberichte, Alpha-Tests
Freigabephase			Bestellung von Werkzeugen und langfristigen Teilen, definitive Freigabetests	
	Design-Release	M 4	Freigabe, Schlußpräsentation, Projektabschluß	Abschlußbericht, Beta-Test, Freigabebericht

***Tabelle 2-16** Grundstruktur eines Entwicklungsablaufs*[44]

Beim **Simultaneous Engineering** sollen bereichsübergreifend Entwicklungsteams dafür sorgen, Fehlentwicklungen zu vermeiden. Dabei ist die Verringerung zeit- und kostenintensiver Produktänderungen im fortgeschrittenen Projektstadium und eine optimale Abstimmung zwischen Produkt- und Verfahrensentwicklung von besonderer Bedeutung. Vorteilhaft ist die Einbeziehung von (wichtigen) Lieferanten und Kunden mit dem Ziel, ihre Wünsche und Möglichkeiten in die Überlegungen einfließen zu lassen.

Am formalen Beginn einer Entwicklung muß es eine klare Vereinbarung zwischen dem Auftraggeber und der ausführenden Entwicklungsabteilung geben. Diese Vereinbarung stützt sich am besten auf einen **Anforderungskatalog**, der „Pflichtenheft", „Lastenheft" oder „Spezifikation" genannt wird. Das Pflichtenheft ist durchaus vergleichbar mit einem Bauplan, der nicht nur die mit dem Bauherren abgestimmten Vorstellungen des Architekten artikuliert, sondern auch während des Bauens als Anleitung für die wunschgemäße Ausführung dient. Das Pflichtenheft vermittelt eine Vielzahl von verschiedensten allgemeinen und konkreten Informationen, damit sich der Entwickler ein möglichst umfassendes Bild von der Ausgangslage und dem gewünschten Ergebnis machen kann.

Beispiel für die Struktur eines Pflichtenheftes

1. Allgemein

- Notwendigkeit für eine neue Entwicklung
- Ziel der Neuentwicklung
- bestehende Patente, Lizenzen
- gesetzliche Grundlagen, Normen, Richtlinien

2. Markt

- Marktlücke bzw. Lücke im eigenen Programm
- absetzbare Stückzahlen
- erzielbarer Preis
- Service- und Unterhaltsleistungen
- Zeitpunkt des Markteintritts
- Absatzgebiete

- Wettbewerbsverhalten

3. Technische Spezifikation

- technische Betriebsdaten (z.B. Drehzahl, Schnittgeschwindigkeit, Leistung, Arbeitsprinzip)
- konstruktive Daten (z.B. Gewicht, Abmessungen, Montagefähigkeit, Wartungsfreundlichkeit, Ausbaumöglichkeit)

4. Konstruktions-Richtlinien

- Verwendung von Normteilen und vorhandenen Teilefamilien
- Konzeption nach dem Baukastenprinzip
- fertigungsgerechtes Konstruieren
- wartungsfreundliches Konstruieren
- recyclingfähiges Konstruieren
- korrosionsbeständiges Konstruieren

5. Qualitätsanforderungen

- Genauigkeiten, Zuverlässigkeiten
- statische, dynamische Prüfungen
- mechanische Werte
- klimatische Anforderungen (Wärme, Feuchte)
- Industrie-Robustheit

6. Qualitätsprüfungen

- Funktions- und Zuverlässigkeitsprüfungen
- statische, dynamische Prüfungen
- Arbeitsgenauigkeit
- statistische Prüfungen

7. Termine, Stückzahlen, Kosten

- Anzahl der Prototypen, Größe der Nullserie
- Kosten und Termine für die Nullserie
- erforderliche Stückzahl für die Amortisation der Werkzeuge und Vorrichtungen
- Beginn der Fertigung[45]

Weitere grundlegende **Voraussetzungen für erfolgreiche F & E** sind:

- Definition des Umfanges eines Projekts und der dafür notwendigen materiellen und personellen Ressourcen sowie deren konkrete Zuteilung (z.B. Teilprojekte, Phasen),

- erreichbare Ziele setzen,

- eine Zersplitterung der Ressourcen (z.B. auf zu viele Projekte gleichzeitig) zu vermeiden,

- eine langfristige Personalbeschaffungs- und Personalentwicklungsplanung und die Gestaltung eines angemessenen Anreiz- und Honorierungssystems,

- ein institutionalisierter Informationsaustausch zwischen Entwicklung, Fertigung und auch dem Vertrieb, um eventuelle Probleme rechtzeitig erkennen und beseitigen zu können,

- eine ständige Überprüfung in Hinblick auf Effizienz und Leistungssteigerungs-möglichkeiten,

- ein allgemein kooperativer und gleichzeitig situativer Führungsstil.[46]

Innovation – eine schwierige Aufgabe

Bei der **Budgetierung von F & E** ist darüber hinaus zu beachten:

- Aufwendungen für F & E sind Investitionen für künftige Geschäftserfolge, ent-sprechend wichtig ist es, auch angemessene Mittel bereitzustellen (z.B. sind in der Elektronikindustrie etwa 10 % vom jährlichen Umsatz üblich),

- die Festlegung der Kriterien für die Zuteilung des F & E-Budgets und die Aus-wahl der Projekte (z.B. für neue Produkte und Verfahren, die Verbilligung und/oder Verbesserung bestehender Produkte),

- das F & E-Budget sollte nach Projekten gegliedert sein,

- festzulegen sind für jedes Projekt: ein Kostenverantwortlicher, Zeit- und Ko-stenschätzungen,

- regelmäßig vorzulegen sind Soll-Ist-Abweichungsanalysen und Berichte über den Fortschritt der einzelnen Projekte,

- generell sollten allgemeine Kosten/Nutzen-Analysen zur Evaluierung des Nut-zens von F & E-Projekten bzw. deren Realisierung in zeitlicher und sachlicher Hinsicht durchgeführt werden,

- Anstellen von Kostenüberlegungen in Hinblick auf den Vergleich von eigener und fremder F & E, eventuell auch von Lizenznahmen,

- Prüfung der Möglichkeiten, mit anderen Unternehmen und staatlichen Stellen zusammenzuarbeiten.

Fallstudie: Der Qualitätszirkel

Herr S. ist nach seinem Studium der Betriebswirtschaft nun schon seit einiger Zeit als Sachbearbeiter in der Administration einer großen Firma tätig. Er ist etwas frustriert, weil er mit Arbeiten betraut ist, für die er seine Ausbildung überhaupt nicht brauchen würde. Als er zur Firma kam, wurde ihm einiges versprochen, diese Herausforderungen stellten sich ihm bisher jedoch nicht. Seine Vorgesetzten bemerken die Ungeduld natürlich und beginnen, ihm schrittweise kleinere Projekte zu übertragen. Qualitätsmanagement ist zum wichtigen Thema geworden, in der Firma hat sich bisher aber niemand explizit darauf konzentriert. Deshalb sind besonders manche Abläufe auf jeden Fall verbesserungswürdig. So wird Herr S. nun mit der Initiierung und Leitung eines Qualitätszirkels beauftragt, der sich mit möglichen Vereinfachungen in bestimmten Kernbereichen der Administration befassen soll. Erfreut geht er ans Werk und ist auch gerne bereit, das Projekt in seiner Freizeit durchzuführen. Die bisherige tägliche Arbeit ist schließlich unverändert zu erledigen, und außerdem werden Überstunden ohnehin bezahlt. Unverzüglich beginnt er, mögliche Teilnehmerinnen – praktisch alle in der Administration Beschäftigten sind Frauen – zu identifizieren und um ihre Mitarbeit zu bitten. Nach anfänglichem – hauptsächlich mit großer Arbeitsbelastung begründeten – „Murren" läßt sich die Sache gleich in den ersten wöchentlichen Meetings gut an. Alle gehen kooperativ und konstruktiv ans Werk. Herr S. ist auch dementsprechend erfreut, daß es keine Schwierigkeiten gibt. Besonders nach der 1. Phase, der umfangreichen und nicht ganz einfachen Bestandsaufnahme der Probleme, bei der sich die langjährige Praxis der Mitarbeiterinnen äußerst bezahlt macht, zeigt sich ein erfreulicher Blick auf die Einsparungsmöglichkeiten, die sich aus dem Projekt ergeben können. Alle sind sehr angetan, und der Sinn der Sache wird nun endgültig akzeptiert. Die 2. Phase dient dazu, geeignete Verbesserungsvorschläge zu erarbeiten. S. wird später sehen, wie wichtig es für die Umsetzung ist, daß die Vorschläge im Kreis der mit den Aufgaben befaßten Mitarbeiter entwickelt und nicht „von oben" verordnet werden. Die 3. Phase ist etwas heikler, geht es doch darum, die Vereinfachungen am Arbeitsplatz nun wirklich „zu leben", was in der ersten Zeit – aus der täglichen Routine heraus – nicht immer gelingt. Langsam beginnt die Sache aber zu greifen, auch das Management wird nun auf erste Erfolge aufmerksam. Jetzt macht Herr S. eine entscheidende Erfahrung: Qualitätsmanagement ist wie die Betreuung eines Gartens im Frühling – wenn man nicht ständig daran arbeitet, wuchert innerhalb kürzester Zeit alles wieder zu. Er tut dies auch in zahlreichen *follow-ups* und sieht, daß man von einem einmal begonnenen Projekt nicht mehr so leicht loskommt, wenn es – bei durchaus anfänglichen Erfolgen – langfristig nicht im Sand verlaufen soll. Einfach, weil systembedingt ein gewisser „Schlendrian" schnell wieder einreißt, der so manchen guten Vorschlag wieder in Vergessenheit geraten läßt. Weil die Sache – seit Beginn ist nun schon fast ein Jahr vergangen – aber erfolgreich ist, will sie das Management auch richtig „verkaufen". Es wird eine Konferenz einberufen, zu der alle in den europäischen Niederlassungen der Firma mit dieser Thematik betrauten Manager eingeladen werden. Herr S. präsentiert das Projekt erfolgreich, zugegeben mit einer gehörigen Portion Nervosität. Später erfolgt auch eine Publikation in der weltweit erscheinenden Firmenzeitschrift. Es dauert nicht lange, bis S. um die Leitung eines weiteren Projekts gebeten wird. Bei nach wie vor unveränderter Arbeit auf dem eigenen Schreibtisch, die sich übrigens immer mehr zu stapeln beginnt, versteht sich ...

Aufgabe 1

Wie lassen sich Potentiale zur Qualitätsverbesserung in den Organisationsstrukturen und -prozessen identifizieren?

Aufgabe 2

Was sind wichtige Kriterien, um einen Verbesserungsprozeß erfolgreich zu gestalten?

Aufgabe 3

Wie kann eine durchgehend hohe Akzeptanz für Verbesserungsmaßnahmen erreicht werden?

2.9   Leistungsverwertung

Die Aufgabe der **Leistungsverwertung** (vgl. auch „Absatz") ist es, die im Rahmen der Leistungserstellung produzierten **Güter und Dienstleistungen in optimaler Form abzugeben.** Dabei stehen Art und Qualität, Menge sowie Ort und Zeit der Abgabe im Vordergrund.

Betrachtet man die Leistungsverwertung von Gütern und Dienstleistungen, zeigen sich gewisse Unterschiede. Diese liegen darin begründet, daß Dienstleistungen aufgrund ihres Charakters mehr Erklärung bedürfen. Aufgrund dessen ergeben sich bei der Verwertung von Dienstleistungen gegenüber jener von Gütern besondere Anforderungen.

Um eine adäquate Verwertung der erbrachten Leistungen zu gewährleisten, ist die Gewinnung von diesbezüglichen Informationen notwendig. Unternehmen versuchen in diesem Zusammenhang vor allem, Informationen über die Situation des jeweiligen Marktes bzw. Wettbewerbes zu akquirieren. Unternehmen sind bei der Gewinnung der für sie relevanten Informationen primär auf die Erhebung empirischer Daten angewiesen. Im Zuge dessen stellen sich allerdings auch alle Probleme, die im Zusammenhang mit der Erhebung empirischer Daten üblicherweise auftreten (z.B. Verläßlichkeit des Datenmaterials, methodische Probleme bei der Auswertung). Für Unternehmen ist es üblicherweise opportun, die im Rahmen der Recherchen wahrgenommenen Wünsche der Konsumenten zu befolgen.

Ebenso wie die Beschaffung läßt sich auch die Verwertung von Leistungen nach den Aspekten Ziele der Leistungsverwertung, Umweltbedingungen und einwirkende rechtliche Regelungen behandeln. In bezug auf die **Ziele der Leistungsverwertung** sind Unternehmen primär an erwerbswirtschaftlichen, andere Organisationen (z. B. öffentliche Verwaltungen, Verbände) hingegen primär an bedarfswirtschaftlichen Zielen orientiert. Erwerbswirtschaftliche Ziele sind eng mit der üblicherweise angestrebten Steigerung von zu verwertenden Mengen und der Erhöhung von Anteilen auf dem Markt verknüpft. Bei der Verfolgung von bedarfswirtschaftlichen Zielen steht vor allem die Deckung des vorhandenen Bedarfs der jeweiligen Zielgruppe im Vordergrund. Dabei ist es in manchen Fällen notwendig, die (knappen) zur Verfügung stehenden Leistungen (etwa öffentlicher Verwaltungen) zu kontingentieren. Dies ist insbesondere dann der Fall, wenn Leistungen aufgrund ihres Charakters – etwa aufgrund ihrer Unentgeltlichkeit – besonders begehrt sind.

Betrachtet man die **Umweltbedingungen** bei der Verwertung von Leistungen, zeigt sich, daß sich Unternehmen aufgrund des Umstandes, daß sie auf Märkten agieren, in sehr unterschiedlichen Situationen befinden können. Dabei können vor allem sich ständig wandelnde Märkte die Situation von Unternehmen wesentlich beeinflussen.

Betrachtet man die **Relevanz rechtlicher Rahmenbedingungen** im Zusammenhang mit der Verwertung von Leistungen, ergibt sich für Unternehmen grundsätzlich das Prinzip der Vertragsfreiheit. Unter gewissen Bedingungen besteht für Unternehmen die Pflicht zur Abgabe ihrer Leistungen. Dies ist vor allem bei Unternehmen zur Versorgung und Beförderung häufig der Fall. Die Abgabe der Leistungen ist in diesen Ausnahmefällen üblicherweise mit Tarifen geregelt.

Im Zusammenhang mit der Verwertung von Leistungen kommen bestimmte Instrumente zum Einsatz. Diesbezüglich wird – insbesondere bei einer Tätigkeit auf Märkten – von **Marketing-Mix** gesprochen. Dabei stehen die Gestaltung des Portfolios der Güter und Dienstleistungen, deren Verteilung, die Konditionen ihres Bezugs sowie die Art der Kommunikation mit den Abnehmern der Leistungen im Vordergrund.[47]

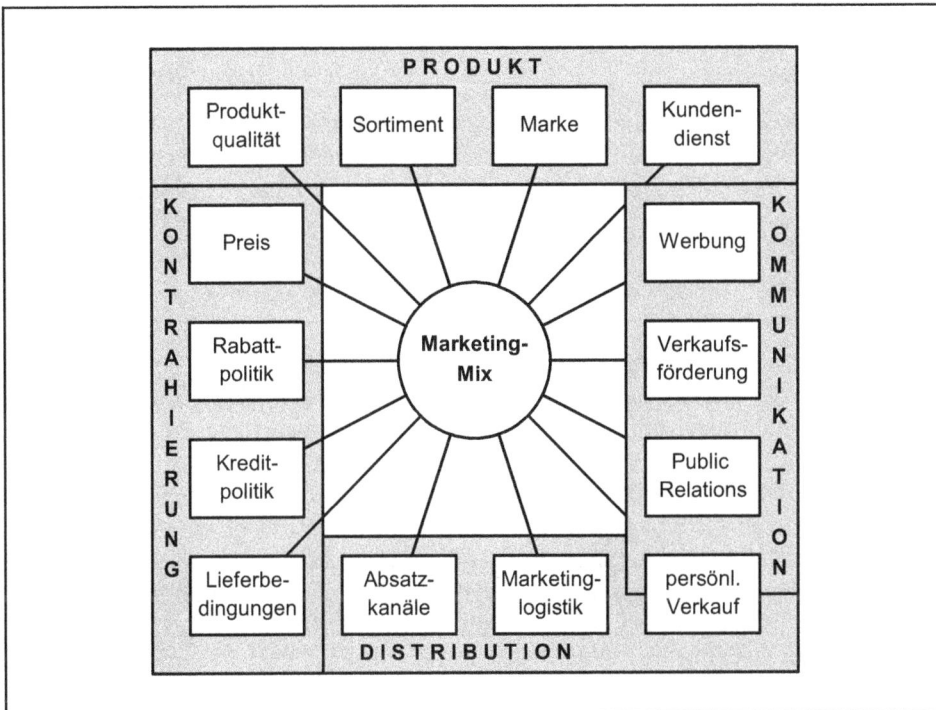

Abbildung 2-23 Elemente des Marketing-Mix

Bei der **Gestaltung des Portfolios** der Produkte und Dienstleistungen (vgl. Produktpalette) von Organisationen kommen gewisse grundsätzliche Kriterien in Betracht. Die erbrachten Leistungen sind zunächst in Hinblick auf die Erfüllung ihres Zweckes zu gestalten. Dieser Zweck ist dann erfüllt, wenn die hervorgebrachten Güter und Dienstleistungen entweder zur Befriedigung der Bedürfnisse der Abnehmer oder zur Erstellung weiterer Güter und Dienstleistungen, etwa durch andere Unternehmen geeignet sind. Die Möglichkeiten der Verwertung von Leistungen hängt auch davon ab, ob diese mit bereits erbrachten oder anderen zu verwertenden Leistungen zusammenpassen.

Die Gestaltung des Portfolios von Gütern und Dienstleistungen besteht hauptsächlich in der Etablierung neuer Güter und Dienstleistungen sowie in der Änderung und Adaptierung des bestehenden Portfolios. Im Unternehmen ergeben sich derar-

tige Aktivitäten vor allem durch Impulse aus dem Markt. Betrachtet man die Art
der Verteilung von Leistungen, zeigt sich, daß diese den Abnehmern überwiegend
aktiv angeboten werden (müssen).

Für eine adäquate **Verteilung der Leistungen** ist der Standort der Organisation,
von der die Leistung erbracht wird, wesentlich. Dies ist vor allem bei jenen Organisationen von großer Bedeutung, die ihre Leistungen nur auf direktem Weg an die
Empfänger abgeben. In bezug auf den Standort bedingt dies ein hohes Ausmaß an
Dezentralisierung, um alle Empfänger von Leistungen in ausreichender Weise erreichen zu können. Allerdings stehen diverse Wege der Verteilung von Gütern und
Dienstleistungen zur Auswahl. In diesem Zusammenhang sind etwa zentraler und
dezentraler Vertrieb sowie direkte und indirekte Verteilung von Gütern und Dienstleistungen relevant.

Marketingmaßnahmen, wie z.B. Werbung oder Verkaufsförderung, haben nur dann
Erfolg, wenn ein kontinuierlicher bzw. bedarfsgerechter Nachschub der Erzeugnisse gewährleistet werden kann. Dies bedeutet, daß die gewünschten Produkte in der
geforderten Anzahl zur richtigen Zeit in die richtigen Verkaufsstellen bzw. Lager
gelangen sollen. Damit ist die Aufgabe der **Marketinglogistik** umrissen, die sich
hauptsächlich mit Entscheidungen über Transportmittel, Transportwege, Standorte
und Lagerhaltung befaßt.

Die Auswahl der **Transportmittel** beeinflußt nicht nur die Schnelligkeit und Zuverlässigkeit der Lieferung, sondern auch die Weiterverkaufspreise und den Zustand der Erzeugnisse nach dem Transport. Bei der Auswahl müssen sowohl Pro-
dukteigenschaften als auch Herstellerspezifika beachtet werden. Außerdem muß
auf eventuell anfallende Rücktransporte der Ware, wie z.B. bei Leergut, Rücksicht
genommen werden. Nicht selten wird dadurch schon die Zahl der Auswahlmög-
lichkeiten erheblich eingegrenzt. Für jedes Transportmittel werden sodann kritische
Mengen errechnet, bei denen die Wirtschaftlichkeit sichergestellt ist bzw. der Um-
stieg auf ein anderes Transportmittel lohnt. Eng im Zusammenhang mit derartigen
Überlegungen zu **Vor- und Nachteilen** stellt sich die Frage nach den optimalen
(kostengünstigsten) **Transportwegen**.[48]

Zu den wichtigsten Transportmitteln, deren sich Unternehmen im internationalen
Geschäft üblicherweise bedienen, gehören See-, Luft-, Bahn-, Straßen- und elektronischer Transport.

- **Seetransport**: Seetransporte sind preiswert und eignen sich für Produkte (fast)
  aller Größen und Gewichte, besonders bei sehr großen, sperrigen Gütern. Da
  Frachtschiffe in der Regel mehrere Häfen anlaufen, sind Seetransporte eher
  langsam und Ankunftszeiten mitunter ungenau. Der Grad der Sicherheit und
  Zuverlässigkeit richtet sich nach der jeweiligen Schiffahrtslinie. Transporte zu
  den und von den Verladehäfen müssen im allgemeinen separat arrangiert werden. Dabei bieten insbesondere die Binnenschiffahrt und die Eisenbahn große
  Kapazitäten.

- **Lufttransport**: Lufttransporte sind schnell und direkt, sollten aufgrund der hohen Kosten aber nur für kleinere, leichtere und/oder wertvollere Waren in Be-

tracht gezogen werden. Lufttransporte zeichnen sich im allgemeinen durch eine hohe Sicherheit und Zuverlässigkeit aus, eignen sich aber nur für zentrale Standorte, zumal entsprechende Bodenanschlußtransporte notwendig sind.

- **Bahntransport**: Bahntransporte sind relativ preiswert, sicher und zuverlässig. Sie eignen sich für große Gütermengen über große Entfernungen. Sie weisen einen geringen Energieverbrauch pro beförderter Tonne auf und sind daher wesentlich umweltschonender als Straßentransporte. Für den Fall, daß Lieferanten oder Kunden nicht über die notwendigen Gleisanschlüsse verfügen, sind entsprechende Transporte von und zu Verladebahnhöfen zu organisieren, was mit einem hohen Vorbereitungsaufwand verbunden ist.

Optimaler Transport?

- **Straßentransport**: Straßentransporte zeichnen sich durch ihre vielseitige und dauerhafte Einsetzbarkeit sowie die hohe Anpassungsfähigkeit der Fahrzeuge an die Güter bzw. die Kundenbedürfnisse aus. Sie eignen sich für die Transport auch kleiner Gütermengen. Sie ermöglichen eine bequeme „Von-Tür-zu-Tür-Lieferung" und können häufig auch für solche Standorte genutzt werden, die durch andere Transportmittel nicht erreichbar sind. Nachteilig erweist sich die im Vergleich zu anderen Verkehrsträgern begrenzte Ladefähigkeit sowie die dadurch recht ungünstige Relation von Nutzlast zu Totlast, die zu einem relativ hohen Energieverbrauch und damit zu einer hohen Umweltbelastung je beförderter Tonne führt.

- **Elektronischer Transport**: Elektronische Transporte sind schnell und direkt, aber nur für ausgewählte Produkte geeignet. Dazu gehören z.B. Verträge, Pläne, Berichte, EDV-Programme usw. Trotz der Zuverlässigkeit, Bequemlichkeit und

Schnelligkeit dieser Übertragungsform sollten auch damit verbundene Probleme, wie z.B. mangelnde Geheimhaltung, berücksichtigt werden.

Unternehmen geben ihre Leistungen üblicherweise gegen **Entgelt** an die Empfänger der Leistungen ab. In diesem Fall wird die Abgabe mit Hilfe der Preise gesteuert. Den Abnehmern der Leistungen steht es normalerweise frei, ihren Partner bzw. die nachgefragte Menge auszuwählen. Im Falle bedarfswirtschaftlicher Organisationen erfolgt die Abgabe von Leistungen auf dem Wege der Zuteilung an die Empfänger. Als Entgelt werden – allerdings nicht in jedem Fall – Gebühren und Beiträge eingehoben. Diese dienen hauptsächlich der Deckung eines Teils der entstandenen Kosten, nicht jedoch der Lenkung der Nachfrage oder ähnlichen in Zusammenhang mit Märkten stehenden Absichten.

Typische **Probleme** bei der Leistungsverwertung können folgende sein:

- Optimierung der Abgabe der erstellten Leistungen in Hinblick auf die Erfüllung der auf dem Markt gegebenen Nachfrage,

- Akquirierung ausreichender Informationen, um die Verwertung der Leistungen erfolgreich zu gestalten,

- Optimierung des Portfolios von Gütern und Dienstleistungen auf der Grundlage der jeweiligen Ziele und Erfordernisse,

- effiziente Gestaltung der Verteilung der Güter und Dienstleistungen durch Nutzung effizienter Vertriebskanäle,

- Lenkung der Nachfrage durch Einsatz der Preispolitik,

- optimale Gestaltung der Kommunikation zwischen Leistungserstellern und -abnehmern.

Im Rahmen der Verwertung von Leistungen kommt der Kommunikation zwischen den Anbietern und den Empfängern der Leistungen Bedeutung zu. Für auf Märkten agierende Unternehmen ist die Bedeutung der Kommunikation in Form von Werbung, Absatzförderung und Öffentlichkeitsarbeit sehr hoch.

Kundenorientierung ist die Ausrichtung des gesamten betrieblichen Denkens und Handelns (aller Führungskräfte und Mitarbeiter) auf die aktuellen und potentiellen Bedürfnisse, Wünsche und Probleme des Kunden.

Kundenzufriedenheit ist das Ergebnis eines Vergleichsprozesses des Kunden zwischen seinen Erwartungen (Anspruchsniveau, Angebot des Anbieters, Alternativen) und den wahrgenommenen Leistungen.

Kundenorientierung als Philosophie muß auch entsprechend in der Unternehmensstrategie und -kultur verankert sein. Ein häufiges Mißverständnis ist der Glaube, daß der Kunde ein bestimmtes Produkt kauft; natürlich tut er dies, aber eigentlich kauft er den Nutzen des Produkts. Diese Erkenntnis bei allen produktspezifischen Überlegungen und Verkaufsmaßnahmen zu beachten, ist von großer Bedeutung.

Art und Weise des
Telefonkontaktes

Einhaltung von
Terminzusagen/Verläßlichkeit

Höflichkeit/
Freundlichkeit der Mitarbeiter

Erreichbarkeit

Auftreten und Verhalten
der Mitarbeiter

Referenzen

Schnelligkeit

Verständlichkeit der Leistung

Werbung/Kommunikation

Auswahl/Sortimentsbreite/
Sortimentstiefe

Verhalten bei
Beschwerden

Angebot von Alternativen

Garantie

Glaubwürdigkeit/Vertrauen

**Die Wahrnehmung
durch den Kunden ist
für sein Qualitätsurteil
entscheidend**

Kulanz

Flexibilität/Motivation

Zuverlässigkeit der
Produkte/Leistungen

materielles Umfeld

Sicherheit

Design

Preis-Leistungs-Verhältnis

dargebotene Lösung/
Nutzen/Erfolg

technische Ausstattung
der Leistung

Abbildung 2-24 *Mit den Augen des Kunden*[49]

Diese Überlegungen werden spätestens vor dem Hintergrund der „alten Weisheit", daß ein unzufriedener Kunde seine negativen Erfahrungen im Schnitt zehn potentiellen Kunden weitergibt, während jeder zufriedene Kunde mindestens drei neue Kunden empfiehlt, plausibel. Um so wichtiger ist auch die intensive Pflege vorhandener Kunden. Studien besagen, daß Unternehmen deshalb Kunden verlieren, weil

- 80 % der Kunden bemängeln, daß der Verkäufer mehr am schnellen Umsatz als an der Zufriedenheit des Kunden interessiert ist,

- 72 % sich über unfreundliches Personal beklagen,

- 70 % die Preise für überzogen halten und

- sich 68 % mißachtet oder gleichgültig behandelt fühlen bzw. den Eindruck haben, daß sie als Kunden „wenig willkommen" sind;

- demgegenüber wird von praktisch allen befragten Kunden erwartet, daß Aufträge *gleich* richtig, vollständig und termingerecht ausgeführt werden.[50]

Der Kunde als König

10 Gebote für kundenorientierte Unternehmen

1. enge Kontaktpflege mit den Kunden (vgl. Beziehungsmanagement)

2. mit den Bedürfnissen, Erwartungen und Wünschen der Kunden vertraut machen

3. regelmäßige Überprüfung der Zufriedenheit der Kunden mit den Produkten und Dienstleistungen des Unternehmens (bei gleichzeitiger Konzentration auf die Kernkompetenzen des Unternehmens)

4. Konzentration auf alle Leistungen, die für den Kunden seine Wertschöpfung erhöhen (vgl. „USP" – *unique selling proposition*, oder: warum soll der Kunde gerade dieses Produkt kaufen?)

5. Einbeziehung der (wichtigen) Kunden in betriebliche Überlegungen (z.B. Entscheidungsfindung, Planung)

6. regelmäßige Einbindung *aller* Mitarbeiter in den Kundenkontakt, damit sie die Kunden und ihre Bedürfnisse kennenlernen

7. Anpassung der Geschäftsprozesse an die Bedürfnisse und Wahrnehmungen der Kunden

8. marktkonforme Strukturierung der Organisationsstrukturen

9. Entwicklung einer Strategie zur Rückgewinnung von unzufriedenen Kunden (vgl. auch Beschwerdemanagement – „Reklamation als Chance")

10. Einstellung und Förderung ausschließlich kundenfreundlicher Mitarbeiter[51]

Fallstudie: Der schnelle Weg zum Imbiß

Dienstagabend, kurz nach 21.00 Uhr – Mittag- und Abendessen waren streßbedingt ausgefallen. Nun waren Kunigunde König und ihr Kollege Hugo Hurtig mit mächtig knurrendem Magen auf dem Weg zu einer bekannten Schnellimbiß-Kette. Große Ansprüche an das Essen stellten die beiden an diesem Tag nicht, wichtig war nur, daß sie schnell etwas bekamen. Im „Restaurant" angekommen, erwartete die beiden eine lange Schlange vor der einzigen geöffneten Kasse. Sie warteten, warteten und warteten. Es schien überhaupt nicht vorwärts zu gehen. Schließlich platzte Hugo Hurtig der Kragen. Er drängte sich vor zur Kasse und fragte, ob es nicht möglich wäre, eine der fünf geschlossenen Kassen zu öffnen, damit es ein wenig schneller gehe. Schließlich sei man hier Kunde und nicht „Bittsteller". Mitarbeiter gäbe es genug, man sah sie ja hinter dem Tresen herum huschen. Die Kassiererin fühlte sich mit dieser Bitte scheinbar überfordert. Entscheiden durfte sie selbst nicht, der Restaurantmanager war momentan außer Haus. Hugo ließ sich damit nicht abspeisen. Die Kassiererin bot an, Hugo bevorzugt zu behandeln, doch das wollte er aus prinzipiellen Erwägungen nicht. Also diskutierte man weiter. Dies hatte zur Folge, daß nun an der einzigen Kasse auch nichts mehr weiterging. In der Reihe wurde man unruhig. Kunigunde bat Hugo wiederholt, wenigstens den Ablauf an dieser Kasse nicht noch zu stören – ohne Erfolg. Auf einmal tauchte aus dem Hintergrund der Manager, der sich offenbar doch bei den Angestellten hinter dem Tresen befand, auf. Sofort öffnete man zwei weitere Kassen, die wartende Schlange teilte sich auf diese Kassen auf und binnen fünf Minuten saß jeder zufrieden mit Pommes oder Burger im Lokal.

Kundenzufriedenheit im Fokus

Aufgabe 1
Wodurch zeichnet sich ein kundenorientiertes Unternehmen aus?

Aufgabe 2
Wodurch können im vorliegenden Fall Zweifel an der Kundenorientierung aufkommen?

Aufgabe 3
Wie hätte man idealerweise reagieren sollen?

2.10   Finanzierung

> Die **Finanzierung** umfaßt alle Instrumente, die der **Bereitstellung** des für betriebliche Zwecke **nötigen Kapitals** dienen (vgl. auch „Mittelherkunft"). **Investition** umfaßt alle Instrumente zur Optimierung der betrieblichen Ressourcen, insbesondere im Zusammenhang mit dem Anlagevermögen (vgl. auch „Mittelverwendung").

Versucht man, einen Überblick über die Finanzierung von Unternehmen zu geben, bietet sich dies zunächst anhand der Zahlungsströme an. Darüber hinaus ist es sinnvoll, „Finanzierung" und „Investition" zu trennen und gleichzeitig deren Zusammenhänge aufzuzeigen.[52]

In monetärer Hinsicht haben Organisationen **Einnahmen** und **Ausgaben** zu verzeichnen. Dabei stellt jede von einer Organisation geleistete Zahlung eine Ausgabe dar, jede an die Organisation geleistete Zahlung eine Einnahme. Unterschieden werden Ausgaben und Einnahmen, die das Vermögen betreffen (z.B. Aufnahme von Krediten für Investitionen in das Anlagevermögen) und solche, die den Erfolg der Organisation betreffen. Jene Ausgaben und Einnahmen, die den Erfolg betreffen, werden auch als **Aufwände** und **Erträge** bezeichnet. Bei Unternehmen entstehen derartige Ausgaben (bzw. Aufwände) hauptsächlich durch die Beschaffung von Gütern und Dienstleistungen zur Erstellung von Leistungen. Einnahmen (bzw. Erträge) resultieren bei Unternehmen hauptsächlich durch die Verwertung der erbrachten Leistungen.

Betrachtet man die **Finanzierungsarten**, sind Innenfinanzierung und Außenfinanzierung zu unterscheiden.

Die wesentlichsten Formen der **Innenfinanzierung** sind die Bildung von Ersparnissen, die Finanzierung aus Abschreibungen, aus Rückstellungen und aus Umschichtungen des Vermögens. Als Varianten der **Außenfinanzierung** stehen vor allem die Aufbringung von Kapital auf dem Wege von Beteiligungen und – von großer wirtschaftlicher Bedeutung – die Finanzierung über Kredite zur Verfügung. Insbesondere gewinnt bei Unternehmen die Finanzierung durch Beteiligungen zunehmend an Bedeutung. Dabei wird von einem Unternehmen Kapital aufgebracht, indem sich eine andere Organisation an diesem Unternehmen beteiligt und im Zuge dessen Kapital zur Verfügung stellt. Insgesamt existieren – je nach Bedarf – vielfältige Arten kurz-, mittel- und langfristiger Möglichkeiten der Finanzierung.

Betrachtet man die Finanzierung im Hinblick auf gewisse Prinzipien, lassen sich Grundsätze in bezug auf die Verwendung der finanziellen Mittel und solche in bezug auf die Höhe der Verschuldung unterscheiden.

In bezug auf eine optimale Verwendung der finanziellen Mittel gilt für Unternehmen vor allem, daß die **Liquidität** (Zahlungsfähigkeit) nicht gefährdet werden soll. Die Liquidität ist zweifellos der wichtigste Aspekt, um das unmittelbare Überleben eines Unternehmens zu sichern. In bezug auf die Höhe der Verschuldung steht vor allem die Begrenzung eines zu hohen Risikos in bezug auf die Struktur des Kapitals (vgl. **Eigenkapital**, **Fremdkapital**) im Vordergrund. Das unmittelbare Risiko etwa einer Investition im allgemeinen und die **Rentabilität** des aufgenommenen Kapitals im speziellen sind dabei jene Aspekte, die von besonderer Bedeutung sind. Mit der Beachtung dieser Komponenten soll vor allem der Gefahr einer zu hohen Verschuldung begegnet werden.

Von Interesse ist es natürlich, die günstigste Art der Verschuldung zu ermitteln. Kaufmännisch betrachtet zeigt sich, daß die maximale Verschuldung dann erreicht ist, wenn die Höhe der Kosten des aufgenommenen Kapitals (Fremdkapitalzinsen) gerade von der Rentabilität (wirtschaftlicher Erfolg gemessen am eingesetzten Kapital) der damit getätigten Investition gedeckt werden kann. Normalerweise sollte aber der Grad der Verschuldung unter diesem Punkt liegen. Zu bedenken ist dabei, daß die (finanzielle) Unabhängigkeit von Organisationen wesentlich durch den Grad der Verschuldung bestimmt wird.

Probleme im Bereich der Finanzierung können sich bei der Aufbringung ausreichender Finanzmittel, durch oft nicht adäquate Beachtung der Grundsätze der Finanzierung oder als Liquiditätsprobleme durch hohe Zinsbelastung/Rückzahlungen ergeben.

Im Rahmen der **Investition** lassen sich verschiedene Arten von Investitionen unterscheiden. Die Legitimität von Investitionen ergibt sich vor allem aufgrund ihres Nutzens bzw. ihrer Vorteile. Zunächst lassen sich Investitionen nach ihrem Ziel unterscheiden. Dabei können etwa Investitionen in **Sachvermögen** oder **Finanzvermögen** differenziert werden. Darüber hinaus ist auch der Anlaß von Investitionen ein wichtiges Kriterium der Unterscheidung. Ein Beispiel für einen häufigen Anlaß von Investitionen wäre etwa die Notwendigkeit von Rationalisierungen. Ein weiteres Kriterium der Unterscheidung von Investitionen wäre etwa, Investitionen nach ihren Effekten innerhalb von Organisationen (z.B. Anschaffung einer EDV-Anlage) und solche mit Wirkung nach außen (z.B. Werbekampagnen zur Marktentwicklung) zu differenzieren.

Ein wesentlicher Aspekt ist die Vorteilhaftigkeit von Investitionen. Diese kann vor allem durch verschiedene Methoden der Berechnung ihres Nutzens ermittelt werden. Dabei steht primär die Rentabilität im Vordergrund.

Probleme im Bereich der Investition können bei der Auswahl der besten Alternative, bei der optimalen Berechnung der Rentabilität der Investitionen oder bei der Durchführung eines Investitionsprojektes entstehen.

Investitionsbewertung

Mit Risikoprofilen können Nutzen und Risiken von Investitionen übersichtlich evaluiert werden. Im Vorfeld der Anschaffung sollte so jede Investitionsalternative betrachtet werden. Derartige Profile bieten über die direkten Vergleichsmöglichkeiten hinaus auch eine gute Basis für die zudem durchzuführenden konkreten Wirtschaftlichkeitsberechnungen. Ein Beispiel:

Chancen-Profil			
Chance	gering	mittel	hoch
Rationalisierungspotential			
Prozeßorientierung			
Variantenvielfalt			
Losgrößenreduzierung			
Lebenszyklus-Verkürzung			
Durchlaufreduzierung			
Kapitalbindung			
Technologie-Fortschritt			
Entkoppelung Mensch/Maschine			
Risiken-Profil			
Risiken	gering	mittel	hoch
Kapitalbindung			
Technologie-Fixierung			
Standort-Fixierung			
Kapazitätsgrenzen			
Personaleinsatz			
Fehlbedienung			
Akzeptanz			
Ausfall			
Lieferanten			

Investitionsalternativen   Fertigungsstraße A   ———

                                Fertigungsstraße B   ▬▬▬

Kein Schlagwort war in jüngster Zeit so *en vogue* und umstritten – wohl auch durch die Bedeutung der Börse in den letzten Jahren, verbunden auch mit dem Interesse einer breiteren Öffentlichkeit an Aktien – wie der Shareholder-Value.

> Ziel des **Shareholder-Value-Konzepts** ist es, den Wert des Unternehmens im Sinne der Eigentümer (Aktionäre) nachhaltig zu steigern. Damit verbunden ist eine systematische und strikte Orientierung an der Rentabilität. Wichtige Größen in diesem Zusammenhang sind der erzielte Gewinn sowie die Entwicklung des Aktienkurses.

„Was herauskommt, interessiert, sonst eigentlich nichts!" ist die gängige Vorstellung. Kritiker wenden nicht zu Unrecht ein, daß die Interessen der Eigentümer dabei zu stark im Vordergrund stehen und jene der anderen *Stakeholders* (Interessengruppen, wie z.B. Mitarbeiter, Kunden, Lieferanten) zu kurz kommen. Manager wenden dagegen gerne ein, daß Gewinn zu erzielen – und damit verbunden auch den **Unternehmenswert** bzw. den Aktienkurs zu steigern – schon immer oberstes Ziel war und auch sein mußte.

Der Shareholder-Value als Tyrann

Ein stark im Vordergrund stehendes **Rentabilitätsdenken** bedingt, rigoros die erfolgreichen Geschäftsfelder auszubauen und alle anderen umzustrukturieren bzw. zu liquidieren.

Anforderungen in Hinblick auf eine erfolgreiche Umsetzung des Shareholder-Value-Konzepts sind:[53]

- laufende Kommunikation über das unternehmensspezifische Shareholder-Value-Konzept zu wichtigen und potentiellen Interessensgruppen (*investors relations*);

- ein leistungsfähiges und in Hinblick auf die Zielgrößen ausgerichtetes, aussage-kräftiges Informations- und Steuerungssystem (vgl. Controlling);

- eine entsprechend übersichtliche Organisationsstruktur, die relativ einfaches und vor allem kurzfristiges Reagieren im Falle von Fehlentwicklungen ermög-licht;

- eine direkte Beteiligung des Managements an der Ertragslage und Wertentwick-lung der Gesellschaft bzw. deren Aktien.

2.11   Informationswesen

Das betriebliche **Informationswesen** beinhaltet im engeren Sinn **Rechnungswe-sen**[54] und **Controlling**[55]. Darüber hinausgehend gehören alle Vorgänge des EDV-gestützten Datenmanagements dazu. Das Rechnungswesen dient der systemati-schen Erfassung und Auswertung aller quantifizierbaren Beziehungen und Vorgän-ge in Organisationen zum Zweck der Gewinnung von Informationen. Intern dient das Rechnungswesen Zwecken der Dokumentation und Kontrolle. Extern besteht die Notwendigkeit zur Rechenschaftslegung und unter bestimmten Bedingungen zur Information der Öffentlichkeit.

Ein wesentlicher Bestandteil des **Rechnungswesens** ist die Buchführung. Unter Buchführung versteht man die planmäßige und lückenlose Aufzeichnung aller Ge-schäftsvorfälle in Organisationen. Die Buchführung sammelt, ordnet und gruppiert die aus den getätigten Transaktionen resultierenden Werte. In regelmäßigen Zeitab-ständen (z.B. monatlich, jährlich) werden daraus Abschlüsse entwickelt.

In Wirtschaftsunternehmen wird heute nahezu ausschließlich das System der soge-nannten **doppelten Buchführung** verwendet. Dabei wird jede durch einen Ge-schäftsfall ausgelöste und aufgrund eines Beleges vorgenommene Buchung auf mindestens zwei Konten verbucht. Dieses Verfahren beeinflußt auch die Art des periodischen Abschlusses. Der Vorgang der **Bilanzierung** unterscheidet die Erstel-lung einer **Bilanz** sowie einer **Gewinn- und Verlustrechnung**. Unter Bilanz ist eine bestimmte Form der Gegenüberstellung von Vermögen (Aktiva) und Kapital (Passiva) zu einem bestimmten Zeitpunkt zu verstehen. Die Aktiva zeigen die kon-krete Verwendung der eingesetzten finanziellen Mittel. Die Passiva die Ansprüche der Gläubiger (Fremdkapital) und das unternehmenseigene Kapital (Eigenkapital als Saldo zwischen Vermögen und Fremdkapital). Aktiva und Passiva stellen insge-samt denselben Wert dar. Die Ermittlung des kaufmännischen Erfolges einer Perio-de geschieht sowohl im Rahmen der Bilanz als auch durch die Gewinn- und Ver-lustrechnung. Die Gewinn- und Verlustrechnung ist eine Gegenüberstellung von Aufwendungen und Erträgen zur Ermittlung des kaufmännischen Ergebnisses eines Unternehmens und der Darstellung seiner Quellen.

Folgende **Probleme** können im Rechnungswesen auftreten:

- Lückenlosigkeit bei der Datenerfassung,

- Transparenz bei der Dokumentation,

- rationelle Verarbeitung der Daten,

- optimale Ausnützung rechtlicher Möglichkeiten (z.B. steuerliche Begünstigungen).

> **Controlling** umfaßt – im Gegensatz zum traditionellen Rechnungswesen – insbesondere die **Planung und Steuerung** des Geschehens in Organisationen sowie die diesbezügliche Berichterstattung.

Planung im Rahmen von Controlling beinhaltet die Erstellung und Koordinierung von Plänen in bezug auf Gewinn, Kosten, Produktion, Absatz, Beschaffung und Investition sowie die Unterstützung bei der Durchführung dieser Pläne. Ein wesentlicher Schwerpunkt dabei ist die Integration der einzelnen Teilpläne. Kontrollergebnisse beruhen oft auf Vergangenheitswerten, z.B. der Buchhaltung und des Rechnungswesens. Bevor korrigierend eingegriffen werden kann, ist bereits wertvolle Zeit vergangen. Damit kommt der Anwendung eines der Unternehmensgröße angemessenen Controllings als vorausschauendes **Führungsinstrument** eine besondere Bedeutung zu. Als Ziel steht hierbei im weiteren, sich abzeichnende Abweichungen vom Sollverlauf ehestmöglich zu erfassen und Korrekturmaßnahmen kurzfristig einzuleiten (vgl. Soll-Ist-Vergleich, Abweichungsanalyse).

Bausteine eines Management-Informationssystems (MIS)

Der Einsatz eines MIS zur regelmäßigen Aufbereitung wichtiger Informationen kann wesentlich dazu beitragen, die Qualität von Entscheidungen im Unternehmen zu erhöhen. Folgende Informationen sind üblicherweise – betriebsindividuell – in einem MIS enthalten:

- Auftragsbestand
- Auftragseingang
- Umsatz
- Cash-flow
- Gewinn
- Personalkosten
- Materialkosten
- sonstige Kosten
- Zinsen
- Mitarbeiterzahl
- offene Forderungen
- offene Forderungen über Zahlungsziel
- durchschnittliche Debitorenfrist
- offene Verbindlichkeiten
- durchschnittliche Kreditorenfrist

- Anzahl Kundenreklamationen
- beanspruchte Darlehen
- freie Kreditlinien
- Eigenkapital
- Eigenkapitalquote
- Verschuldungsgrad
- getätigte Investitionen
- Krankenstand
- Auslastung der Fertigungsanlagen
- Umsätze nach Produktgruppen
- Deckungsbeiträge nach Produktgruppen
- Stand der Bankkonten
- Lagerbestand
- Lagerreichweite

Eine wichtige Funktion des Controlling ist die **Berichterstattung** und **Interpretation** der Erkenntnisse. Darunter fallen etwa die Erstellung von periodischen Standardberichten (z.B. monatliche Erfolgsrechnung) sowie spezielle Auswertungen (z.B. Beurteilung von Investitionsvorhaben). Im Zusammenhang damit ist eine entsprechende Betreuung des im Zuge dessen verwendeten Informationssystems von Bedeutung.

Eine weitere wichtige Aufgabe liegt in der allgemeinen, laufenden Beurteilung der jeweiligen Organisation und deren Beratung. Controlling soll mit der Wahrnehmung dieser Aufgabe den ausführenden Abteilungen helfen, die vereinbarten Ziele (z.B. Erreichung bestimmter Umsätze, Einhaltung des Budgets) zu erreichen. Letztlich kann Controlling auch als **organisationsinterne Beratung** aufgefaßt werden.

Eine Aufgabe des Controllings ist häufig auch die Behandlung von Steuerangelegenheiten sowie die Berichterstattung an staatliche Stellen. Ebenso wichtig wie die Aufgaben Planung und Steuerung ist im Rahmen des Controlling die eigentliche Kontrollaufgabe. Dabei steht besonders die Sicherung des Vermögens sowie die Erfüllung gesetzlicher Anforderungen im Vordergrund.

In einer moderneren, weiteren Fassung des Begriffs wird Controlling zudem als eine Funktion des Managements der gesamten Organisation bzw. der Unternehmensführung verstanden. Innerhalb dieser Funktion werden zwar keine eigenständigen Führungsentscheidungen getroffen. Diese werden jedoch umfassend vorbereitet und ihre Durchsetzung unterstützt.

Aufgrund dessen geht das Konzept des Controllings weit über die Anforderungen und Möglichkeiten des betrieblichen Rechnungswesens hinaus. Zwar sind ebenso detaillierte, realistische Informationen über Kosten und Erlöse notwendig, um die Fülle von Aufgaben des Controllings zu bewältigen. Allerdings werden zum einen wesentlich umfassendere Daten als im Rechnungswesen benötigt. Beispiele dafür wären etwa Informationen über die qualitative Einschätzung der Entwicklung von Märkten und der Nachfrage. Zum anderen ist die Bereitstellung von Informationen nur ein kleiner Ausschnitt der gesamten Aufgabe im Rahmen dieser Funktion. Controlling ist nicht nur für die Entwicklung und Implementierung von Instrumenten und Systemen der Planung, Steuerung und Kontrolle verantwortlich. Darüber hinaus soll im Rahmen des Controllings auch dafür gesorgt werden, daß die bereitgestellten Daten von den Empfängern gemäß ihren Aufgaben und Zielen verwendet werden. Dies erfordert eine häufig weitreichende Unterstützung der Empfänger von Daten seitens des Controllings. Eine derartige Unterstützung besteht vor allem in der Erläuterung schwer interpretierbarer Informationen für nicht speziell geschultes Personal. Dadurch soll vor allem die praktische Umsetzbarkeit gewährleistet und erleichtert werden.

Im Rahmen der Aufgabe von Controlling als unterstützende Funktion des Managements ist es notwendig, gewisse Managementprinzipien in dessen Konzeption einzubeziehen. In der Praxis bedeutet dies vielfach die Notwendigkeit der Abkehr von einem – häufig vorfindbaren – Verständnis von Controlling als lediglich Instanz der Kontrolle. Demgegenüber ist Controlling vielmehr als Aufgabe der Beratung, Unterstützung und Motivation zu verstehen. Dies bedeutet letztlich auch, daß sich Controlling als Unterstützung des Managements nicht nur auf den operativen Bereich beschränkt. Darüber hinaus muß auch die strategische Komponente des Managements berücksichtigt werden. Dies bedeutet, daß der zunächst dominanten

Komponente der koordinierenden Abstimmung kooperativer Prozesse ein weiterer Faktor hinzutritt. Dieser besteht – mit zunehmender Tendenz – in der Funktion des Controllings als visionäre Aufgabe. Operationalisiert wird dies vor allem im Rahmen der strategischen Unternehmensplanung. Dabei steht insbesondere auch die Aufgabe des **Risk Management** im Vordergrund (vgl. vorzeitiges Erkennen von Risiken und entsprechende Absicherung).

Traditioneller Einsatzbereich des Controllings sind größere Organisationen. Der in diesem Rahmen erhebliche Bedarf an Koordination sowie Einflüsse aus der Umwelt des Unternehmens begründen die Notwendigkeit des Einsatzes von Controllinginstrumenten. In jüngerer Zeit sind Faktoren wie die Dynamik des Wettbewerbs, schnelle technische Entwicklung und kürzere Lebenszyklen von Produkten dafür ausschlaggebend, daß Controlling auch in mittleren und kleineren Unternehmen zunehmend Einsatz findet.

Problembereiche im Controlling können die Früherkennung von Entwicklungen, insbesondere von Risiken, die Aussagekräftigkeit der erarbeiteten Daten sowie Optimierung in Hinblick auf die Verwendbarkeit als wirkliches Steuerungsinstrumentarium sein.

> Ein solches ist die **Balanced Scorecard** (BSC), die ausgehend von bisherigen Kennzahlensystemen, ein weiterentwickeltes, verschiedenste Indikatoren aus allen Unternehmenbereichen einbeziehendes Managementsystem darstellt und das dadurch eine effizientere Umsetzung von Strategien ermöglicht.

Kennzahlen sind quantitative Daten, die als eine bewußte Verdichtung der komplexen Realität über zahlenmäßig erfaßbare betriebswirtschaftliche Sachverhalte informieren sollen (z.B. ROI, *Cash-flow*, Gewinn). Mit Hilfe von Kennzahlen lassen sich konkrete Ziele setzen und deren Einhaltung überwachen. Im Falle der Nichterreichung von Zielen können so auch entsprechende Maßnahmen eingeleitet und deren Erfolg evaluiert werden. Im Laufe der Zeit wurde kritisiert, daß rein finanzielle Kennzahlensysteme zu eindimensional sind, zu kurz greifen und damit den gestiegenen Anforderungen der Unternehmenspraxis nicht mehr gänzlich gerecht werden.

Im Konzept der Balanced Scorecard werden demgegenüber über die traditionellen finanziellen Kennzahlen hinaus auch eine Kundenperspektive, eine interne Prozeßperspektive und eine Lern- und Entwicklungsperspektive mit einbezogen.

- Die **finanzielle Perspektive** zeigt, ob eine bestimmte Strategie zur Verbesserung der betriebswirtschaftlichen Ergebnisse beiträgt. Den finanziellen Kennzahlen kommt aber nach wie vor eine große Bedeutung zu. Zum einen definieren sie die finanzielle Leistung, die von einer Strategie erwartet wird. Zum anderen drücken sie auch die Ziele aus, die mit Hilfe der anderen Perspektiven der Balanced Scorecard erreicht werden sollen. Deren Kennzahlen sollen entsprechend als Ursache-Wirkungs-Beziehungen mit den finanziellen Zielen verbunden sein.

- Die **Kundenperspektive** reflektiert die strategischen Ziele des Unternehmens in bezug auf die Kunden und Märkte, in denen es tätig ist. Für die identifizierten Kunden und Marktsegmente sollen jeweils spezifische Kennzahlen (z.B. Kundentreue, Lieferzeiten), Zielvorgaben und Maßnahmen entwickelt werden.

- Die **interne Prozeßperspektive** soll diejenigen Prozesse im Unternehmen mittels Kennzahlen abbilden, die notwendig sind, um die finanziellen Ziele und jene der Kundenperspektive zu erreichen. Dabei sollte die komplette Wertschöpfungskette (von der Bestellung des Rohmaterials beim Lieferanten bis zur Bezahlung der Rechnung durch den Kunden) betrachtet werden (z.B. durch Kennzahlen wie Prozeßqualität und Prozeßdurchlaufzeit).

- Die Kennzahlen der **Lern- und Entwicklungsperspektive** beschreiben schließlich die Infrastruktur, die notwendig ist, um die Ziele der anderen Perspektiven zu erreichen: Mitarbeiterqualifikation (z.B. Fachwissen), Leistungsfähigkeit des Informationssystems sowie Motivation der Mitarbeiter.

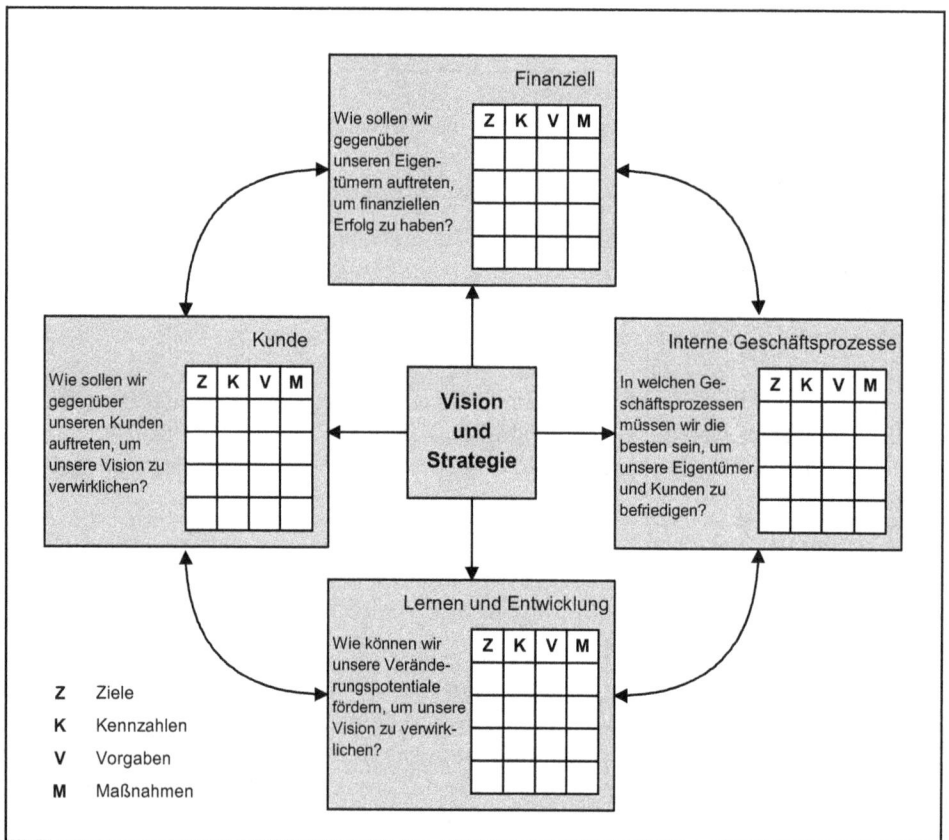

Abbildung 2-25 Die vier Perspektiven der Balanced Scorecard[56]

Nicht unproblematisch ist es, geeignete Kennzahlen für die „weichen" Bereiche der Balanced Scorecard, etwa die Lern- und Entwicklungsperspektive, zu definieren. In diesem Fall wird man letztlich verstärkt auf Indikatoren, die auf bestimmten Kriterien beruhen, zurückgreifen müssen. Der große Vorteil der BSC ist es sicher, daß die Vorgänge im Unternehmen nicht nur eindimensional, sondern umfassender betrachtet werden und dabei gleichzeitig ein gewisses System in die oft festzustellende unübersichtliche Flut von (teilweise zudem nicht sinnvollen) Kennzahlen bringt. Die BSC könnte sich aufgrund dessen damit längerfristig gesehen durchaus als Standard etablieren, der eine leichtere Vergleichbarkeit von Unternehmen, z.B. im Rahmen von internationalen Aktienanalysen, ermöglicht (vgl. **Benchmarking**).

Aufgrund der Revolution der Informationsflüsse ist vor allem die Nutzung des Internets heute ein fester Bestandteil im Unternehmen, und längst nicht mehr nur dort, geworden. Unternehmen nutzen seit einiger Zeit die Vorteile, die ihnen das elektronische Netz bietet, für vielfältigste Zwecke. Es hilft z.B. den weltweit preiswertesten Lieferanten zu finden und gibt Einblicke in die betrieblichen Abläufe von Partnern und Konkurrenten. Durch die **weltweite Vernetzung** haben Unternehmen zudem die Möglichkeit, in kurzer Zeit Informationen auszutauschen, Produkte anzubieten, Leistungen einzukaufen und Finanzgeschäfte abzuwickeln. Es bedarf nicht mehr all zu großer Phantasie, sich das Internet im Zusammenhang mit jeglichen betrieblichen Aufgaben vorzustellen.

Wollen Unternehmen heutzutage im sich ständig verschärfenden, internationalen Wettbewerb bestehen, sind sie – zumindest mittelfristig – gezwungen, umfassend ins Internet zu gehen. Dadurch bieten sich ihnen primär vielfältige Möglichkeiten und Chancen. Unternehmen, die es verstehen, ihre Stärken gezielt auch im Internet einzusetzen, verschaffen sich in kürzester Zeit einen großen **Wettbewerbsvorteil**.

Durch die immer stärker werdende Nutzung der globalen Datennetze entstehen laufend auch neue Geschäftsmodelle, wie die mittlerweile boomenden Online-Marktplätze und elektronischen Mehrwertdienste:

- **Online-Marktplätze** eröffnen Anbietern und Interessenten aller Wirtschaftszweige innerhalb kürzester Zeit die Möglichkeit, miteinander in Kontakt zu treten. Für diese Form der Kommunikation ist nur eine einzige Transaktion notwendig. Es müssen nicht mehr Tage damit verbracht werden, um den geeignetsten Lieferanten zu finden; ständig eröffnen neue Branchenmärkte. Durch diese Art des Einkaufs können beachtliche Effektivitätssteigerungen in allen Unternehmensbereichen erzielt werden. Auch stellt die Nutzung von Online-Marktplätzen eine Chance dar, auf die ständig steigenden Herausforderungen, insbesondere im Beschaffungsbereich, zu reagieren.

- **Elektronische Mehrwertdienste** zeigen Anbietern vielfältige Möglichkeiten, sich gegenüber ihren Konkurrenten hervorzuheben. Man ist damit in der Lage, einen ganz auf die individuellen Wünsche der Kunden abgestimmten Service anzubieten. Der Verkauf von Produkten per Internet ermöglicht, Bestellungen vielfältigster Art erheblich schneller und problemloser zu bearbeiten.

Wissensmanagement umfaßt die Fähigkeit einer Organisation, die vorhandene Wissensbasis zu nutzen, zu verbessern und zu transformieren. Dabei geht es darum, das umfangreiche Wissen, über das die einzelnen Mitarbeiter verfügen, aus deren

Köpfen und Schubladen herauszuholen und in systematisierter Form allgemein zugänglich zu machen. Dieserart kann Wissensmanagement als Teil des Informationswesens betrachtet werden.

In Organisationen ist – zumal wenn sie länger bestehen – Wissen vielfältigster Art vorhanden. Dieses kann Strukturwissen, Personalwissen, Prozeßwissen, Projektwissen und Steuerungswissen sein.[57]

Definitiv hängt die „Intelligenz" einer Organisation von der Qualität des Wissensmanagements ab. Um langfristig eine optimale betriebliche Informationsbasis zu erlangen, sind idealerweise auch die Lernprozesse in der Organisation entsprechend zu gestalten und zu steuern. Legt man Wissensmanagement ganzheitlich und unternehmensübergreifend an, bestehen seine Aufgaben in:

- **Wissensgenerierung** (vorhandenes internes Wissen nutzen, neues Wissen gemeinsam entwickeln, externes Wissen beschaffen),

- **Wissensspeicherung** (Wissen unabhängig von einzelnen Mitarbeitern dauerhaft für die Organisation zu sichern),

- **Wissenstransfer** (durch direkte Weitergabe und indirekt z.B. durch Sozialisation oder gemeinsames Arbeiten),

- **Wissensanwendung** (durch Kommunikation, Handlungen und Entscheidungen).

Die Funktionen stehen in einem regelkreisartigen Zusammenhang zueinander. Zu bemerken ist, daß Wissensmanagement nur dann gelingen wird, wenn die Mitarbeiter entsprechend kooperationsbereit sind; zumal in der Unternehmenspraxis der Zugang und die allgemeine Nutzung von (individuellen) Wissen eher verhindert als gefördert wird (vgl. z.B. Expertenmacht).

Die **lernende Organisation** ist eine Gestaltungsphilosophie bzw. Vision, die davon ausgeht, mit einem permanenten kollektiven Lernprozeß eine qualitative Steigerung des Wissensstandes im Unternehmen und damit die Verbesserung der Fähigkeit, effektiv zu handeln, zu erreichen.

Der Zusammenhang zwischen Wissensmanagement und der Vorstellung von der lernenden Organisation wird damit offenkundig. Das Ziel des Wissensmanagements der lernenden Organisation als wissensbasiertes System ist die Steigerung der organisationalen Intelligenz. Die Bedingungen dafür sind entsprechende strukturelle Voraussetzungen, die grundsätzliche Lernfähigkeit einer Organisation sowie – im Idealfall – eine gewisse Größe und auch Qualität der schon vorhandenen Wissensbasis. Dabei hat jede Organisation ihren eigenen Weg zu gehen, um sich dem grundsätzlichen Ziel, eine lernende Organisation zu sein, schrittweise anzunähern.

3 Der Mensch im Mittelpunkt

3.1 Führung in Theorie und Praxis

> **Führung** ist die Fähigkeit, eine Gruppe von Individuen so zu beeinflussen, daß sie auf die Erreichung von bestimmten Zielen hinarbeiten. Häufig bietet dabei die formale Position in der Organisationshierarchie die Quelle des Einflusses.

Jedoch ist nicht jeder Manager gleichzeitig ein begabter Führer. Die Einnahme einer einflußreichen Position garantiert noch keine Führungsqualitäten. Die Möglichkeit zur Beeinflussung anderer entsteht allerdings nicht nur aufgrund formeller Positionen; Führer können sich ebenso gut aufgrund ihrer Eigenschaften innerhalb einer Gruppe herausbilden.

Um sich dem Phänomen Führung anzunähern, entwickelte die Forschung ausgehend von unterschiedlichen Ansätzen zahlreiche und vielfältige **Theorien der Führung**. Nachfolgend sollen die wesentlichsten Ansätze und Probleme überblicksartig skizziert werden. Als große Gruppen werden Eigenschaftstheorien und Verhaltenstheorien sowie die Kontingenztheorien der Führung unterschieden.

3.1.1 Eigenschaftstheorien

Schon ab etwa 1900 beschäftigte die Frage, ob charakterliche Eigenschaften einen Einfluß auf den Führungsstil eines Individuums ausüben. Gibt es also bestimmte Charaktermerkmale, die alle Führer aufweisen, die aber bei „Nicht-Führern" nicht bzw. nur schwach ausgeprägt sind? Anhand von bedeutenden Persönlichkeiten, die als Führer analysiert wurden, hat man zunächst Charakterzüge isoliert, worin sich Führer und Nicht-Führer unterscheiden. Diese sind etwa Ehrgeiz und Energie, Ehrlichkeit und Integrität, der Wunsch zu führen, Selbstvertrauen, Intelligenz und arbeitsbezogenes Wissen. Darüber hinaus scheint bewiesen, daß Menschen mit hoher Selbstkontrolle eher eine führende Stellung einnehmen als Individuen, bei denen dieser Charakterzug schwächer ausgeprägt ist. Eine umfassende Gültigkeit der Eigenschaftstheorien würde unterstellen, daß bereits mit der Geburt festgelegt wäre, ob ein Mensch Führungsqualitäten hat oder nicht. Weder sich ändernde Situationen noch die Interaktion mit anderen Personen könnten dann den Führungsstil eines Individuums beeinflussen. Unter dieser – so nicht realistischen – Voraussetzung wäre es sehr leicht, Führungskräfte mit den erforderlichen Merkmalen auszuwählen.

3.1.2 Verhaltenstheorien

Da Eigenschaftstheorien nur bedingt zur Identifizierung von Führern dienen konnten, versuchte man, anhand von Verhaltensstudien herauszufinden, was einen Führer bezüglich seines Verhaltens von „durchschnittlichen" Individuen unterscheidet. Man suchte nach Verhalten, das typischerweise und vorrangig von Führungspersönlichkeiten gezeigt wurde. Träfen die Grundannahmen der Verhaltenstheorien voll zu, könnte Führungsverhalten erlernt werden. In Schulungen und Trainingsprogrammen könnten dann „perfekte" Führer ausgebildet werden. Auch dies kann wohl so keine allgemeine Gültigkeit haben.

Das wahrscheinlich bekannteste verhaltensbezogene Modell ist das von **Blake** und **Mouton** entwickelte „**Managerial Grid**"[58]. Anhand eines Koordinatensystems, auf dessen Achsen eine neunstufige Skala aufgetragen wurde, können verschiedene Führungsstile dargestellt werden. Die Abszisse repräsentiert dabei die Dimension „Menschenorientierung", d.h. das Bestreben und die Fähigkeit des Managers, auf die sozialen Bedürfnisse der Mitarbeiter einzugehen; die Ordinate die Dimension „Aufgabenorientierung", d.h. das Bestreben und die Fähigkeit des Managers, die an ihn und seine Mitarbeiter gestellten Leistungserwartungen zu erfüllen.

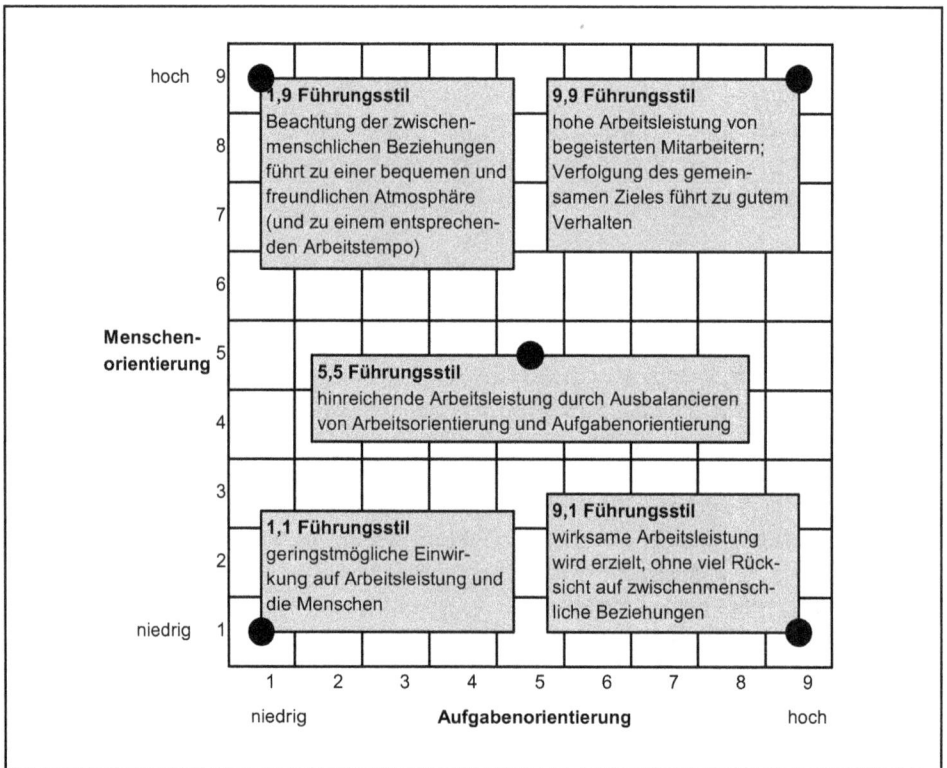

Abbildung 3-1 Managerial Grid von Blake/Mouton[59]

Aus dem sich dieserart ergebenden Gitter (*grid*) resultieren nun – je nach Ausprägung der genannten Dimensionen – bestimmte Führungsstile, gemäß der neunstufigen Skala insgesamt 81. Blake/Mouton fokussieren ihre Überlegungen schließlich auf fünf charakteristische Führungsstile.

- Führungsstil „**1,1**" zeichnet sich durch eine gleichermaßen geringe Menschen- und Aufgabenorientierung aus. Manager, die diesen Führungsstil praktizieren, minimieren ihre Anstrengungen auf das absolut notwendige Niveau, das erforderlich ist, um ihre Position halten zu können (vgl. „*laissez faire*").

- Führungsstil „**9,1**" ist gekennzeichnet durch eine hohe Aufgaben-, aber eine geringe Menschenorientierung. Manager, die diesen Führungsstil verkörpern, sind vor allem an möglichst hoher Leistung interessiert. Durch Einsatz aller ihnen zur Verfügung stehenden Mittel beeinflussen sie das Verhalten der Mitarbeiter diesbezüglich.

- Führungsstil „**1,9**" resultiert aus einer hohen Menschenorientierung und einer geringen Aufgabenorientierung. Ungeachtet der Auswirkungen auf das Leistungsergebnis bemühen sich Manager mit diesem Führungsstil hauptsächlich um gute zwischenmenschliche Beziehungen und eine angenehme Atmosphäre.

- Führungsstil „**9,9**" zielt auf eine hohe Menschen- und zugleich hohe Leistungsorientierung. Durch eine partizipative Gestaltung der Führung sollen sowohl zwischenmenschliche Bedürfnisse befriedigt als auch hochwertige Leistungen erzielt werden. „9,9" wird von Blake/Mouton als idealer Führungsstil betrachtet, der in jeder Situation erfolgreich einsetzbar ist. Manager sollten daher bestrebt sein, diesem Führungsverhalten möglichst nahe zu kommen.

- Führungsstil „**5,5**" verbindet schließlich eine ausgewogene Menschenorientierung mit einer angemessenen Aufgabenorientierung. Die Wahl der „goldenen Mitte" sollte auch eine ausreichende Befriedigung der Bedürfnisse der Mitarbeiter sowie der Leistungsaspekte garantieren.

Nachteile dieses Modells – und auch die Hauptpunkte der Kritik – sind sein idealtypischer Charakter und die Nichtberücksichtigung sowohl der jeweiligen Führungssituation als auch der unterschiedlichen Menschentypen.

3.1.3   Kontingenztheorien

Da es anhand von bestimmten Eigenschaften bzw. Verhaltensformen allein nicht möglich war, allgemeingültige Führungstheorien aufzustellen, konzentrierte man sich in der Folge auf situationsbedingte Einflüsse. Ein Führungsstil, der in einer Situation angemessen erscheint, kann sich in einer anderen als völlig unzweckmäßig herausstellen. Die Grundannahme der **situativen Führungstheorien** (Kontingenztheorien) lauten also: Es gibt keinen Allround-Führungsstil, der in allen Situationen zum Erfolg führt. Die Zweckmäßigkeit eines Führungsstils wird vielmehr von der jeweiligen Situation bestimmt.

Anhand verschiedener Methoden können situationsbezogene Schlüsselfaktoren analysiert werden, die einen Einfluß auf den Führungsstil und dessen Effektivität ausüben. Als beeinflussende Faktoren wurden z.B. die Aufgabenstruktur, verfügbare Informationen, Gruppennormen, die Klarheit der Rollen in der Gruppe, die Positionsmacht des Führers, seine Beziehung zu den Mitarbeitern sowie der Grad, zu dem seine Entscheidungen akzeptiert werden, ermittelt.

Nachfolgend sollen zwei wichtige Kontingenztheorien – die Kontingenztheorie von Fiedler und die Reifegradtheorie von Hersey/Blanchard – beschrieben werden.

Der optimale Führungsstil

Kontingenztheorie nach Fiedler

Fiedler[60] entwickelte das erste umfassende Kontingenzmodell. Er ging zunächst davon aus, daß jedes Individuum einen nicht änderbaren Führungsstil hat. Eine Anpassung an veränderte Situationen hielt er für unmöglich: Wenn der Führungsstil eines Individuums nicht der Situation entspricht, muß die Situation angepaßt oder der Mensch ersetzt werden. Zur Ermittlung des persönlichen Führungsstils entwickelte Fiedler einen Fragebogen, auf dem die Beziehung zu Mitarbeitern anhand von 16 gegensätzlichen Adjektivpaaren eingeschätzt werden soll. Tendieren die Befragten dazu, den Mitarbeiter positiv zu beschreiben, unterstellte ihnen Fiedler einen beziehungsorientierten Stil, während er eher negative Beschreibungen einem aufgabenorientierten Stil zuordnete.

Fiedler konzentrierte sich in seinem Modell auf drei situationsbezogene Faktoren:

- die Beziehung zwischen der Führungskraft und den Gruppenmitgliedern (Vertrauen und Respekt),

- die Aufgabenstruktur (definierte Aufgaben und Stellenbeschreibungen) sowie

- die Positionsmacht des Führers (Möglichkeit, Gruppenmitglieder einzustellen und zu entlassen, zu loben und zu bestrafen, Disziplinarmaßnahmen oder Lohnerhöhungen auszusprechen).

Anhand dieser Faktoren wird die jeweilige Situation eingeschätzt. Dabei kann die Beziehung der Führungskraft zu den Mitarbeitern entweder gut oder schlecht ausgeprägt, die Aufgaben stark oder wenig strukturiert und seine Positionsmacht stark oder schwach sein. Hieraus ergeben sich acht verschiedene Szenarien (siehe nachfolgende Tabelle).

Fiedler fand heraus, daß aufgabenorientierte Führer besonders effektiv arbeiten, wenn sie sich in einer entweder sehr ungünstigen (schlecht – schwach – schwach) oder sehr günstigen Situation (gut – stark – stark) befanden. Beziehungsorientierte Führer wiederum arbeiten in von durchschnittlichen Ausprägungen bestimmten Situationen am effektivsten.

Situationsfaktoren		
Beziehung Führungskraft – Mitarbeiter	Strukturierung der Aufgaben	Positionsmacht
gut	stark	stark
gut	stark	schwach
gut	schwach	stark
gut	schwach	schwach
schlecht	stark	stark
schlecht	stark	schwach
schlecht	schwach	stark
schlecht	schwach	schwach

Tabelle 3-1 Situationsszenarien nach Fiedler

Reifegradtheorie

Eine weitere Kontingenztheorie ist die von **Hersey** und **Blanchard**[61] entwickelte **situative Reifegradtheorie**. Sie vertreten die Ansicht, daß Mitarbeiter hinsichtlich ihrer Arbeitsaufgaben verschiedene Reifegrade aufweisen und der Führungsstil dem jeweiligen Reifegrad des Mitarbeiters angepaßt werden sollte.

Der Reifegrad eines Mitarbeiters leitet sich aus seiner aufgabenbezogenen und seiner psychischen Reife ab. Der aufgabenbezogene Reifegrad wird bestimmt durch die Fähigkeit, Ziele relativ hoch anzusetzen, aber dennoch zu bewältigen, die Fähigkeit Verantwortung zu tragen sowie die erforderlichen Kenntnisse und Erfahrungen. Der psychische Reifegrad beschreibt das Ausmaß an Selbstsicherheit und Vertrauen, die gestellte Aufgabe bewältigen zu können. Die in einem Test ermittelten Reifegrade werden vier Reifestadien zugeordnet, welche wie folgt charakterisiert werden:

- **geringe Reife**: Der Mitarbeiter verfügt weder über das erforderliche Wissen noch über entsprechende Fähigkeiten und Motivation.

- **geringe bis mäßige Reife**: Der Mitarbeiter ist zwar motiviert, jedoch sind die notwendigen Fähigkeiten nicht ausreichend vorhanden.

- **mäßige bis hohe Reife**: Der Mitarbeiter verfügt über die erforderlichen Fähigkeiten, ist aber nicht ausreichend motiviert.

- **hohe Reife**: Sowohl notwendiges Wissen und Fähigkeiten als auch Motivation sind vorhanden.

Hersey/Blanchard unterscheiden zudem vier verschiedene Führungsstile:

- **„Telling"** (unterweisen): die Arbeitsaufgaben und die Art und Weise, wie diese zu erledigen sind, werden dem Mitarbeiter vom Vorgesetzten vorgegeben.

- **„Selling"** (verkaufen): Durch sachliche Argumentation und Diskussion mit den Mitarbeitern sowie emotionale Unterstützung versucht der Vorgesetzte, jemanden für eine Arbeitsaufgabe zu gewinnen, d.h. auch die Akzeptanz der Aufgaben von seiten des Mitarbeiters zu erreichen.

- **„Participating"** (partizipieren): Ein partizipativer Führungsstil sieht die Mitbestimmung der Mitarbeiter bei der Entscheidungsfindung vor.

- **„Delegating"** (delegieren): Die Erledigung der Aufgaben wird zum größten Teil den Mitarbeitern überlassen. Der Vorgesetzte nimmt nur noch eine Überwachungsfunktion wahr.

Die Wahl des Führungsstils soll nach Hersey/Blanchard nun angepaßt an die Reife der Mitarbeiter erfolgen und stellt sich wie folgt dar:

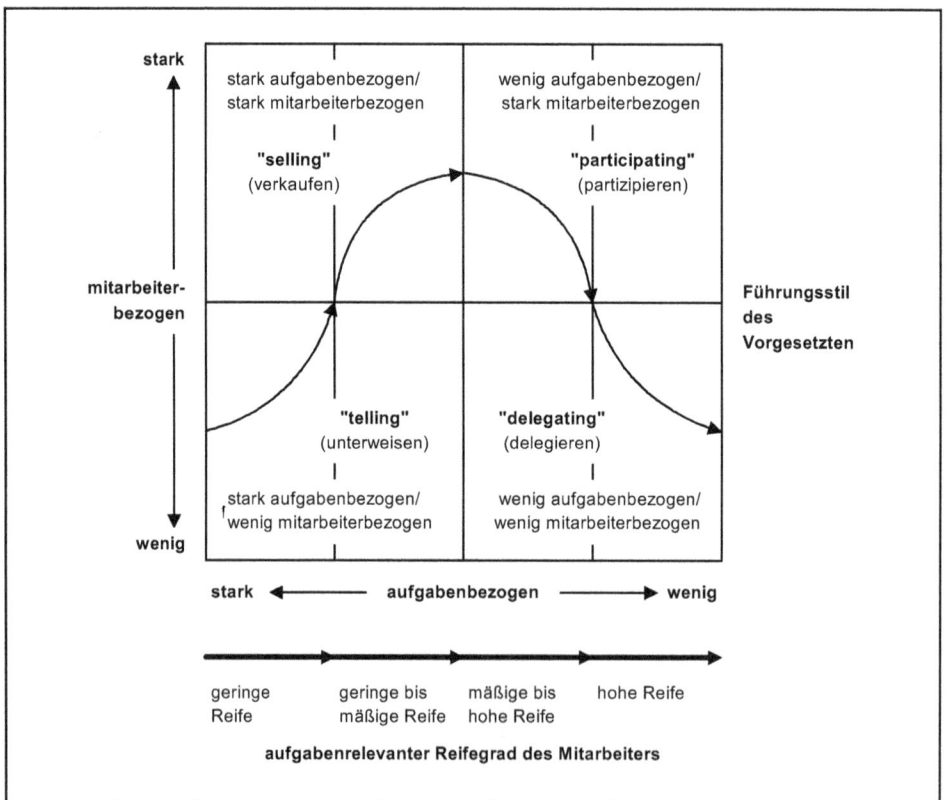

Abbildung 3-2 Reifegradtheorie nach Hersey/Blanchard[62]

Hersey/Blanchard haben zur Diagnose des individuellen Führungsstils den „**LEAD-Test**" (Leadership Effectiveness Adaptability Description) entwickelt. Aufgrund der mit Hilfe dieses Instrumentes gewonnenen Erkenntnisse kann auch die Führungskräfteentwicklung gezielter vorgenommen werden.

Ein wesentlicher Kritikpunkt, dem sich Hersey/Blanchard aussetzen mußten, war ihre Annahme, daß die Führungskraft die Reife des Mitarbeiters quasi feststellt und aufgrund dessen – mit einer außerdem zu bezweifelnden Flexibilität – einen bestimmten Führungsstil wählt.

Aus dem Umstand, daß die von der Wissenschaft im Laufe der Zeit entwickelten Führungstheorien für die Praxis nur sehr eingeschränkt unmittelbar einsetzbar sind, wurden – teilweise durchaus auch in Zusammenarbeit von Wissenschaft und Praxis – verschiedene Modelle entwickelt, die sich mitunter als praktikabler erwiesen. Diese sogenannten „**Management by ...**"-Ansätze sind Führungsinstrumente, die sich jeweils auf einen bestimmten Aspekt stützen. Beispiele dafür wären etwa „**Management by Exception**" (Führung durch Eingreifen in Ausnahmefällen), „**Management by Delegation**" (Führung durch weitgehendes Delegieren), „**Management by Results**" (nur die Ergebnisse zählen). Allerdings greifen auch diese Ansätze – eben auch wegen der Betonung nur eines speziellen Aspekts – meist zu kurz. In jüngerer Zeit hat sich mit „Management by Objectives" allerdings ein sehr brauchbares und mittlerweile häufig eingesetztes „Management by ..."-Konzept herauskristallisiert. Der Erfolg dieses Ansatzes läßt sich auch dadurch erklären, daß MbO verschiedene im Rahmen des Managements wichtige Faktoren vereint.

Management by Objectives – ein Führungsinstrument der Praxis

Management by Objectives (MbO, Management durch Zielvereinbarung) ist ein Führungsprinzip, das zur Steuerung und Motivation von Mitarbeitern konkret vereinbarte Ziele einsetzt. Bei MbO sind Vorgesetzte und Mitarbeiter gemeinsam an der Zielsetzung beteiligt. Ausgehend von den grundsätzlichen Zielen der Organisation, werden spezifische Ziele für jede Hierarchieebene bzw. jede Stelle festgelegt. Mit jedem Organisationsmitglied werden genau definierte und kontrollierbare Ziele vereinbart, für deren Erfüllung es in der Folge auch verantwortlich ist. Aufgabenbereich und Handlungsspielraum jedes Mitarbeiters werden nach den erwarteten Ergebnissen bestimmt. Wie die Ergebnisse erreicht, kontrolliert und gemessen werden sollen, kann der verantwortliche Mitarbeiter in Absprache mit seinem Vorgesetzten selbst festlegen. Durch die Erfüllung seiner spezifischen Ziele leistet jeder Mitarbeiter seinen Beitrag zur Erreichung der Organisationsziele.

Die Voraussetzungen für den Erfolg von MbO sind:

- **Spezifizierung von Zielen**: Die Ziele sollten klar und präzise formuliert sein, z.B. sollen die Kosten in der Werbeabteilung um 5 % gesenkt werden, indem anstelle eines hochwertigen Papiers preiswerteres Material für Konzeptausdrucke verwendet wird.

- **Partizipative Entscheidungsfindung**: An der Zielsetzung und der Erfolgskontrolle sind Vorgesetzte und Mitarbeiter gemeinsam beteiligt, was die Verpflichtung des Einzelnen gegenüber der Organisation und auch die Akzeptanz erhöht.

- **Genau definierte Zeitperioden**: Für jedes Ziel wird ein Zeitraum festgelegt, innerhalb dessen es erfüllt sein soll. Üblich sind dabei Zeitspannen von drei, sechs oder 12 Monaten.

- **Leistungsfeedback**: Kontinuierliches Feedback und Leistungsbewertungen auf allen Unternehmensebenen sollen motivierend wirken und die Kontrolle und eventuelle Korrektur von Ergebnissen bzw. Verhalten vereinfachen.

- **Entgelt**: Für die erfolgreiche Umsetzung von MbO ist es wichtig, auch die Entlohnung – zumindest in einem gewissen Ausmaß – an die Erreichung der vereinbarten Ziele zu koppeln, z.B. durch die Auszahlung einer jährlichen „MbO-Prämie".

Management by Objectives

Manager werden durch MbO in gewisser Weise entlastet, da sie durch die Einbindung der Mitarbeiter nicht mehr alleine für Entscheidungen, Durchführung und Überwachung verantwortlich sind. Darüber hinaus fördert die mögliche Mitbestimmung der Mitarbeiter deren Motivation, Eigeninitiative und das Verantwortungsbewußtsein.

Fallstudie: Führungsstile

Vor kurzem wurde eine wichtige Abteilung einer großen Bank personell neu besetzt. Das war durch verschiedene Abgänge, intrigenbedingte Versetzungswünsche und die vom Vorstand herbeigeführte frühzeitige Pensionierung des bisherigen Bereichsleiters notwendig geworden. Über einen *Headhunter* wurden aus einer Vielzahl von Bewerbern insgesamt sieben erfahrene Leute ausgewählt. Voraussetzung für die Auswahl war es, daß die Kandidaten über langjährige Erfahrungen in der Industrie, vorzugsweise im kaufmännischen Bereich, verfügten. Die Bedingungen waren großzügig und außerdem verhandelbar. Die Neuen arbeiteten in kleinen Teams zusammen, die von je einer Sekretärin – schon bisher in der Abteilung – ergänzt wurden. Die Arbeit der Abteilung teilten sich die Teams nach Sachgebieten gleichmäßig auf. Die Chefposition wurde vorerst bewußt nicht besetzt und zunächst von einem erfahrenen Manager eines anderen Bereiches, Herrn Direktor L., mitbetreut. Herr L., knapp unter 50, hatte schon öfter „Feuerwehraufgaben" zu aller Zufriedenheit erledigt und war als integer, zielbewußt und pragmatisch bekannt. Er hatte die Gabe, Dinge – ohne viel herumzureden – sehr schnell auf den Punkt zu bringen. Besprechungen mit Herrn L. dauerten deshalb – auch bei schwierigen Problemen – selten länger als 20 Minuten. Diese Fähigkeiten war auch mit der Grund, warum er im Hause mehrere Aufgaben gleichzeitig wahrnehmen konnte.

Ein solcher Führungsstil erfordert natürlich auch kompetente, selbständige Mitarbeiter, weil sehr viel delegiert wird. Zum einen hatte man ohnehin das Vertrauen, daß „gestandene" Leute selbständig arbeiten können, andererseits aber auch die Absicht, den künftigen Leiter aus dem Kreis der neuen Mitarbeiter, eine längere Bewährungsphase vorausgesetzt, zu rekrutieren. Bald wurde dies auch deutlich, und es dauerte nicht lange, entwickelten sich schon gewisse Rivalitäten. Zunächst noch eher freundschaftlich zwischen den einzelnen Teams, bald – etwas konsequenter, mit unterschiedlichen Intensitäten – innerhalb der Teams.

Weil Herr L. nach einigen Monaten – die wichtigsten Aufgaben des Neuaufbaus der Abteilung waren getan – wieder neue Projekte übernehmen mußte, entschied man, Herrn H., einen langjährigen Mitarbeiter der Abteilung, der als einziger die „Stürme der Vergangenheit" überstanden hatte, mit der Leitung und dem weiteren Aufbau des Bereiches zu betrauen.

Herr H. hatte kürzlich seinen 40. Geburtstag gefeiert und freute sich über das ihm entgegengebrachte Vertrauen sehr. Er galt als ausgezeichneter Fachmann und kannte – im Gegensatz zu manchen der neuen Kollegen – auch die notwendigen Abläufe und Bankinterna.

Herr H., ein an sich gutmütiger Mensch mit einer etwas rauhen Schale, machte bald klar, daß er die Abteilung als „Galeere" verstehe, auf der eben zu rudern sei. Konkret hieß dies, daß er mit jedem Team täglich ein etwa einstündiges Gespräch führte, in dem er anhand einer stets aktuell gehaltenen Liste, die er tatsächlich als eine Art Managementinstrument benutzte, Anweisungen bis in das letzte Detail gab und jede Kleinigkeit nachfragte; Schriftstücke und Protokolle gab er nicht selten zurück, übersät mit Korrekturen – ausgeführt mit Rotstift. Entsprechend oft wurde auch getadelt. Für Herrn H. persönlich – er rauchte Kette, 60 Mentholzigaretten täglich – dauerte der Arbeitstag meist bis etwa Mitternacht, bei diesem Arbeitsstil wenig verwunderlich. Möglicherweise wollte er auch nicht nach Hause, seine Ehe wurde jedenfalls einige Monate später geschieden. Mit der Zeit – etwa nach einem Jahr – wurde den verantwortlichen Mitarbeitern und wohl auch dem Vorstand klar, daß der Bereich auch strategische Perspektiven brauchte und die tägliche Arbeit nicht nur aus Verwaltungsaufgaben bestehen kann.

Jetzt witterte Herr W. seine Chance. Er war gemeinsam mit den anderen Neuen aufgenommen worden, war mit knapp über 40 etwas älter als diese, sehr ehrgeizig und dementsprechend aktiv. Schon früher hatte er verschiedene Führungsfunktionen inne. Kurzum, Herr W. begann, Herrn H. mit verschiedenen Mitteln – guten Leistungen, Intrigen, permanentem Agitieren beim Vorstand in eigener Sache – das Wasser abzugraben, um Herrn H. sukzessiv (und mit Unterstützung des Generaldirektors) auszubooten. Herr W. bekam nach etwa einem Jahr auch tatsächlich die Bereichsleitung übertragen. Die Kollegen – die bisher alles mit ansahen – hatten berechtigt ihre Befürchtungen. Besonders für jene, die mit W. schon Konflikte hatten, was angesichts seines Agierens manchmal unvermeidlich war, wurden diese bald übertroffen: Alle, die nach seiner Pfeife tanzten, bevorzugte er offensichtlich, die anderen hatten jede Menge Probleme mit ihm. Persönliche Beleidigungen oder einfach nur Konfrontationen, bei denen er häufig in cholerischer Weise schlechtes Benehmen an den Tag legte, vergällten ihnen das Leben. Es dauerte nicht lange, bis die ersten kündigten, was W. aber unübersehbar freute. Nicht zuletzt deshalb, weil so die Zeugen seines Aufstiegs weniger wurden. Seine „Lieblinge" hingegen waren jene, die ihm nichts Sonderliches entgegenbrachten und ihre Arbeit auch ordentlich machten. Sie behandelte er äußerst zuvorkommend und großzügig. Es hagelte regelrecht Gehaltserhöhungen und auch Beförderungen in einer Weise, daß es sich bald im ganzen Haus herumsprach. Dem Vorstand gegenüber trat er mit einer seltsamen Mischung aus Engagement, Frechheit und Unterwürfigkeit entgegen. Man fragte sich oft, warum sich der Vorstand so etwas bieten läßt. Gewiß, W. bezog für manche Unverfrorenheit auch „Prügel", steckte diese aber scheinbar locker weg. Besonders der Generaldirektor schien ihn trotz allem zu schätzen. Bis zu dessen frühzeitigem Tod blieb Herr W. – rund sieben Jahre lang – Bereichsleiter. Kurz nach dem daraus folgenden Wechsel im Vorstand wurde W. ausgetauscht und als Geschäftsführer einer kleineren Tochterfirma, gut dotiert aber fern der Zentrale, auf ein „Abstellgleis" geschoben.

Wo auch immer er sich hinsetzt – er ist der Chef

Aufgabe 1

Wodurch unterscheiden sich die Führungsstile der beschriebenen Akteure?

Aufgabe 2

Charakterisieren Sie eine Ihnen bekannte Führungskraft bezüglich ihres Führungsstils und dessen Sinnhaftigkeit!

3.1.4 Leadership und Charisma

Die Managementliteratur der 1980er und 1990er Jahre setzte sich vor dem Hintergrund des Eindrucks, daß häufig zu viel verwaltet und zuwenig geführt wird, wesentlich auch mit der Unterscheidung von Management und Führung auseinander. Die Überlegungen mündeten in einer konkreteren Beschreibung dessen, was unter „managen" und „führen" verstanden werden kann. Dabei schließen diese beiden Kategorien einander nicht aus, wobei aber gerade dieser Aspekt zahlreiche Diskussionen nach sich zog.[63]

Von *Leadership* (Führung) kann dann gesprochen werden, wenn es gelingt:

- mit einer Vision Aufmerksamkeit bei den Mitarbeitern zu erzielen und diese entsprechend motiviert reagieren;
- den Mitarbeitern mit geeigneter Kommunikation Sinn zu vermitteln;
- das die Führungskraft (*leader*) authentisch ihre Position einnimmt und es ihr gelingt, dadurch Vertrauen zu gewinnen;
- die Führungskraft auf der Grundlage eines positiven Selbstwertgefühls ihre Persönlichkeit und ihr Selbst kreativ entfaltet.

Mit *Leadership* eng verbunden ist der Begriff der transformationalen Führung. Um ihren besonderen Charakter deutlich zu machen, sei zunächst der Begriff der transaktionalen Führung erklärt. Von **transaktionaler Führung** spricht man dann, wenn eine Person mit einer anderen zum Austausch von Gütern in Kontakt tritt. Dieser Austausch kann ökonomischer, politischer oder psychologischer Natur sein. Transaktionale Führer motivieren dadurch, daß im Sinne eines Tauschgeschäfts für geleistete Arbeit eine Belohnung angeboten wird. Im Prinzip geht es darum, daß im Rahmen transaktionaler Führung ein Mitarbeiter etwas tut bzw. unterläßt, weil er dafür etwas für ihn Erstrebenswertes bekommt.

Im Gegensatz dazu ist von **transformationaler Führung** dann zu sprechen, wenn Personen einander derart verpflichtet sind, daß sich dabei Führende und Geführte gegenseitig zu höheren Ebenen der Motivation und Moralität heben. Die Beteiligten, konkret auch die Geführten, werden dazu motiviert, sich für (höhere) Ziele einzusetzen, die über ihre Eigeninteressen hinausgehen (z.B. zugunsten von Idealen, einer Idee bzw. Vision – vgl. z.B. Martin Luther King, Gandhi). Sehr eng verknüpft mit transformationaler Führung ist der Begriff Charisma.[64]

Charisma als Eigenschaft läßt die charismatische Persönlichkeit kraft ihrer Ausstrahlung eine Vision bzw. eine Art Mission vermitteln, erzeugt Stolz und erlangt Respekt und Vertrauen. Die damit verbundene Inspiration bewirkt eine mitreißende Aktivierung der Geführten und gleichzeitig die kommunikative Vermittlung der Vision. Entsprechende geistige Anregung motiviert dazu, eingefahrene Denkmuster in Frage zu stellen und die Vergangenheit loszulassen.

Transformationale Führung, die über die einfache Transaktionsbeziehung hinausgeht, wird also im wesentlichen durch die Ingangsetzung von zwei Prozessen erreicht:

- einer Stärkung des Selbstvertrauens bei den Geführten, mit dem die Zuversicht gesteigert wird, erstrebte Ziele auch tatsächlich erreichen zu können und

- einer Erhöhung der Attraktivität der Ziele, die um höhere Bedürfnisse erweitert und entsprechend aktiviert werden.

In der Führungspraxis sind transformationale Führung und charismatische Führungskräfte dann von besonderer Bedeutung, wenn es darum geht, durch wirkungsvolle Artikulation von Visionen für Ziele zu begeistern, die als Grundlagen für Transformationsprozesse fungieren.

3.2   Gruppendynamik

> Eine **Gruppe** besteht aus zwei oder mehr Individuen, die aufeinander Einfluß ausüben und/oder in irgend einer Weise voneinander abhängen. Derartige Zusammenschlüsse entstehen meist zur Erreichung bestimmter Ziele, die durch den Zusammenschluß vereinfacht wird. Gruppen immanent ist eine stets nicht unbeträchtliche Dynamik.

Gruppen können formeller oder informeller Natur sein. **Formelle Gruppen** entstehen aufgrund von Organisationsstrukturen oder Arbeitsaufgaben. **Informelle Gruppen** sind Verbindungen, die weder auf hierarchischen noch auf organisatorischen Strukturen beruhen, sondern aus dem menschlichen Bedürfnis nach sozialen Kontakten am Arbeitsplatz oder anderen Absichten entstehen. Solche Beziehungen tragen – obwohl informell – zu einer nachhaltigen Beeinflussung des Arbeits-, Leistungs- und oft auch Entscheidungsverhaltens bei. Darüber hinaus können Gruppen auch in Befehlsgruppen (z.B. Abteilungen), Aufgabengruppen (z.B. Projektteams) sowie Interessengruppen (z.B. Vereine, „Seilschaften") und Freundschaftsgruppen (z.B. Stammtisch) gegliedert werden.

Die meisten Menschen sind Mitglied mehrerer Gruppen, was die Vermutung aufkommen läßt, daß jede Gruppe bestimmte menschliche Bedürfnisse, wie z.B. nach Sicherheit („gemeinsam sind wir stark"), Zugehörigkeit (vgl. Bedürfnis nach sozialen Beziehungen), Zielerreichung (Alleingang vs. vereinte Kräfte) oder Macht, Status und Selbstachtung (z.B. Vorsitzender des Kleintierzüchtervereins), erfüllt.

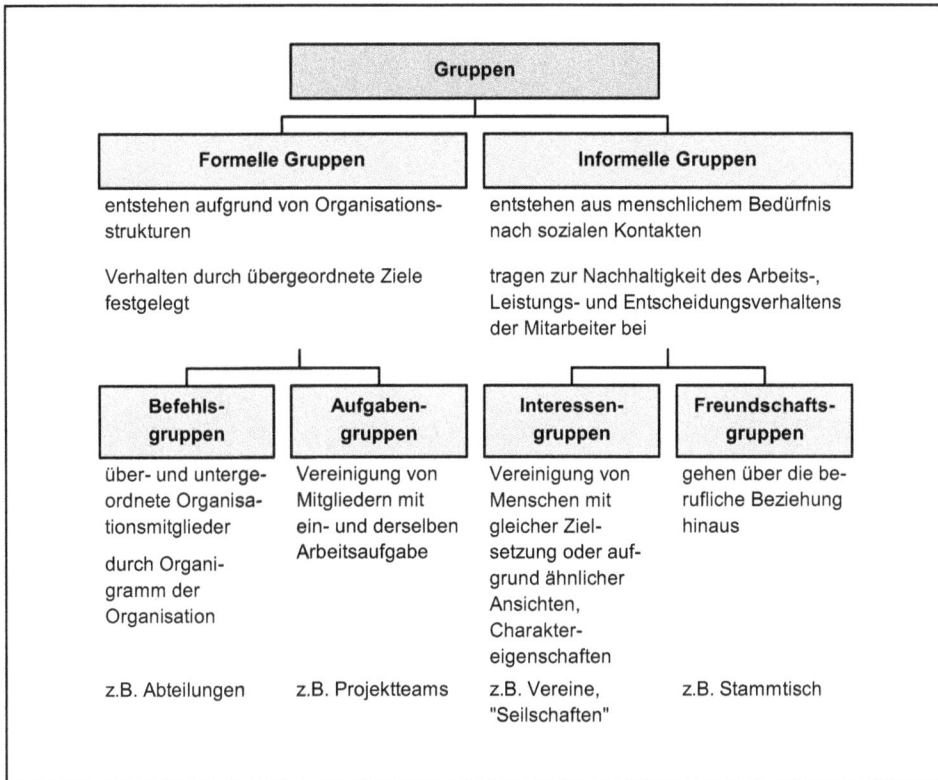

Abbildung 3-3 Gruppen

Gruppen durchlaufen üblicherweise einen standardisierten Entwicklungsprozeß, der aus folgenden Phasen besteht:

1. **Formungsphase („*forming*")**: Die erste Phase zeichnet sich durch große Unsicherheit hinsichtlich des Gruppenzieles, der Gruppenstruktur und der Führung aus. Da noch keinerlei Verhaltensnormen festgelegt wurden, testen die Mitglieder, welche Verhaltensweisen akzeptiert bzw. abgelehnt werden.

2. **Konfliktphase („*storming*")**: Die zweite Phase wird von gruppeninternen Konflikten beherrscht. Obwohl sich die Mitglieder nun als Teil der Gruppe sehen, lehnen sie sich noch gegen ihnen auferlegte Zwänge und Einschränkungen ihrer Individualität auf. Darüber hinaus bestehen Konflikte über die hierarchische Ordnung und Führung der Gruppe.

3. **Normungsphase („*norming*")**: In der dritten Phase, wenn sich eine klare Rangordnung herausgebildet hat, beginnen sich Beziehungen zwischen den Gruppenmitgliedern zu entwickeln. Dabei zeigt sich, wie stark die gegenseitige Anziehung unter den Mitgliedern ausgeprägt ist. In dieser Phase bilden sich gemeinsame Erwartungen und verhaltensbezogene Normen heraus, die von den Gruppenmitgliedern geteilt und akzeptiert werden.

Formungsphase

Konfliktphase

Normungsphase

Durchführungsphase

Auflösungsphase

Stadien der Gruppenbildung

4. **Durchführungsphase („*performing*"):** In der vierten Phase ist die Gruppenstuktur bereits gefestigt und hat sich hinsichtlich Funktionalität und Zweckmäßigkeit den Aufgaben der Gruppe angepaßt. Die Hauptanstrengungen der Gruppe verschieben sich nun vom gegenseitigen Kennenlernen in Richtung der Erfüllung der Aufgaben.

5. **Auflösungsphase („*adjourning*"):** Die fünfte Phase dient zur Vorbereitung der Auflösung der Gruppe. Unter den Mitgliedern ruft diese Phase verschiedenartige Reaktionen hervor. Während die einen glücklich über die erzielten Ergebnisse sind und sich bereits neuen Aufgaben zuwenden, trauern andere dem Verlust der in der Gruppe gewonnenen Identität und den Kameraden nach.

Neuere Untersuchungen zeigen, daß Gruppen nicht unbedingt einem standardisierten Muster der Gruppenbildung folgen. Die Phasen des eben beschriebenen Modelles sind nicht immer eindeutig gegeneinander abgrenzbar, häufig werden verschiedene Phasen gleichzeitig durchlaufen. Manche Gruppen kehren auch zu bereits durchlaufenen Phasen zurück.

Die Gruppengröße hat auch Einfluß auf das Gruppenverhalten

3.2.1 Gruppenstrukturen und -prozesse

Unabhängig von der Organisationsstruktur weist jede Arbeitsgruppe ihre eigene **Gruppenstruktur** und ihre eigenen Rollen und Regeln auf, die es ihr ermöglichen, Einfluß auf das Verhalten der Mitglieder auszuüben. Neben der Motivation und den individuellen Fähigkeiten der Mitglieder bilden diese internen Faktoren die Grundlage für die gruppeninterne Kommunikation und Interaktion bzw. die Gruppenprozesse. Konkret sind in diesem Zusammenhang folgende Faktoren von Bedeutung:

- **Gruppenmitglieder**: Die Leistungsfähigkeit einer Gruppe ist neben den von der Organisation zur Verfügung gestellten technischen und finanziellen Ressourcen vor allem von den Fähigkeiten und Fertigkeiten sowie den persönlichen Merkmalen ihrer Mitglieder abhängig.

- **Formelle Führung**, vgl. z.B. autoritärer bzw. partizipativer Führungsstil.

- **Rollen:** Innerhalb einer Gruppe nimmt jedes Mitglied eine Rolle ein, an die bestimmte Verhaltenserwartungen geknüpft werden. Jede Rolle ist von bestimmten, regelmäßig auftretenden Einstellungen und Verhaltensweisen gekennzeichnet. Dies nennt man **Rollenidentität.** Ein Individuum, das eine Rolle einnimmt, hat eine Vorstellung darüber, wie es sich in dieser Rolle verhalten sollte. Die **Wahrnehmung der Rolle** ist ausschlaggebend für die Verhaltensweisen, die von einem Individuum gezeigt werden. Vorstellungen über „rollengerechtes" Verhalten bezieht der Mensch aus vielerlei Quellen. Nicht nur man selbst, auch andere haben Vorstellungen darüber, wie sich eine Person in einer bestimmten Rolle bzw. Situation verhalten wird. Dies nennt man **Rollenerwartungen.** Wenn ein Individuum feststellt, daß die Erfüllung der Erwartungen an eine Rolle die Erfüllung einer anderen Rolle erschwert, spricht man von einem **Rollenkonflikt.**

- **Normen** sind Verhaltensstandards, die von Gruppen konstituiert und von allen Gruppenmitgliedern akzeptiert werden (sollen).

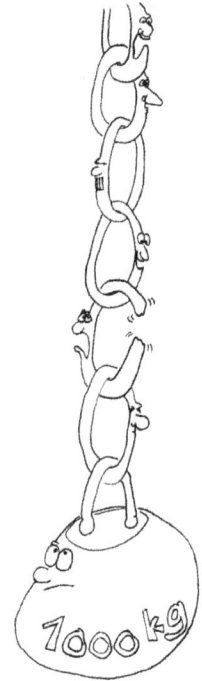

Fähigkeiten von Gruppenmitgliedern am Beispiel einer Kette

- **Status**: Unter Status versteht man eine Stellung mit sozialer Bedeutung, die Gruppenmitgliedern oder Gruppen von anderen zugeschrieben wird. Status tritt in **formeller und informeller Form** auf. Formeller Status wird z.B. durch eine hohe Position in der Unternehmenshierarchie erlangt, welche nach außen sichtbar ist (vgl. Statussymbole). Informeller Status ist nicht an eine bestimmte betriebliche Stellung gebunden, sondern z.B. an Alter, Geschlecht, Ausbildung oder Kenntnisse.

- **Größe:** Die Gruppengröße hat einen nicht unbedeutenden Einfluß auf das Gruppenverhalten. Kleinere Gruppen bewältigen Aufgaben i.d.R. schneller als große Gruppen und sind zur Entscheidungsfindung besser geeignet (vgl. „Trittbrettfahren" bei zu großen Gruppen).

- **Zusammensetzung**: Die **Gruppendemographie** gibt Auskunft darüber, inwieweit Gruppenmitglieder in ihren Merkmalen übereinstimmen, was sich auf den Zusammenhalt und das Klima in der Gruppe auswirkt (vgl. Konfliktpotential, Machtkämpfe etc.).

- **Gruppenaufgaben**: Schließlich wird die Leistungsfähigkeit und Effizienz einer Gruppe auch von den Aufgaben, die von ihr bewältigt werden müssen, beeinflußt. In Abhängigkeit von Komplexität und Interdependenz eignen sich Gruppen mit einer bestimmten Struktur, Größe und Zusammensetzung für spezielle Aufgaben.

- **Gruppenkohäsion**: Der Grad, zu dem sich die Mitglieder voneinander angezogen fühlen, wird als Gruppenkohäsion (Bindekraft) bezeichnet. Gruppen mit einer Vielzahl interner Widersprüche und Defizite hinsichtlich der Kooperation werden im allgemeinen als weniger effektiv im Vergleich zu Gruppen gesehen, deren Mitglieder sich mögen, versuchen einander zu verstehen und kooperieren. Die Gruppenkohäsion wird von unterschiedlichen Determinanten, wie etwa der in der Gruppe gemeinsam verbrachten Zeit, Gruppengröße, der Art des Aufnahmerituals, dem Geschlecht der Mitglieder, eventuellen Bedrohungen sowie schon erzielten Erfolgen beeinflußt.

3.2.2   Verhalten von Arbeitsgruppen

Nicht alle Arbeitsgruppen arbeiten gleichermaßen effektiv und erfolgreich. Die Ursachen für diesbezügliche Unterschiede können bei den Mitgliedern, in der Gruppenstruktur, dem internen Druck und Konfliktniveau, aber auch in den von außen einwirkenden Einflüssen gesucht werden. Schließlich wirkt sich die Art der zu bewältigenden Arbeitsaufgabe in nicht unbedeutendem Maße auf die Leistung und Zufriedenheit innerhalb der Gruppe aus.

Da jede Arbeitsgruppe gleichzeitig einen Teil einer Organisation darstellt, sollten derartige Gruppen stets im Zusammenhang mit ihrer Arbeitsumwelt betrachtet werden. Diesbezügliche **Einflußfaktoren** stellen sich wie folgt dar:

- **Unternehmensstrategie**: Mit der Strategie werden die Ziele des Unternehmens sowie die Wege zur Realisierung dieser Ziele festgelegt. Je nach aktueller strategischer Ausrichtung können Angst und Konfliktbereitschaft unter den Gruppenmitgliedern steigen und die beeinflussende Macht der Arbeitsgruppen abnehmen, da üblicherweise niemand etwas riskieren will.

- **Hierarchische Strukturen**: In jeder Organisation gibt es Strukturen, die festlegen, wer wem zur Rechenschaft verpflichtet ist und wer welche Entscheidungen treffen darf. Diese Regelungen legen fest, welche Position eine Arbeitsgruppe innerhalb der Organisation einnimmt, in welcher Beziehung sie zu anderen Gruppen in der Organisation steht und wer die Gruppe formell – oder aber auch informell – führt.

- **Formelle Regeln**: Organisationen stellen im allgemeinen zahlreiche Regeln und Vorschriften auf, durch die sie das Verhalten ihrer Mitglieder lenken und beeinflussen wollen. Je stärker die Arbeitsabläufe von formellen Regulierungen bestimmt werden, um so geringer sind die individuelle Verfügungs- und Entscheidungsfreiheit der Mitglieder.

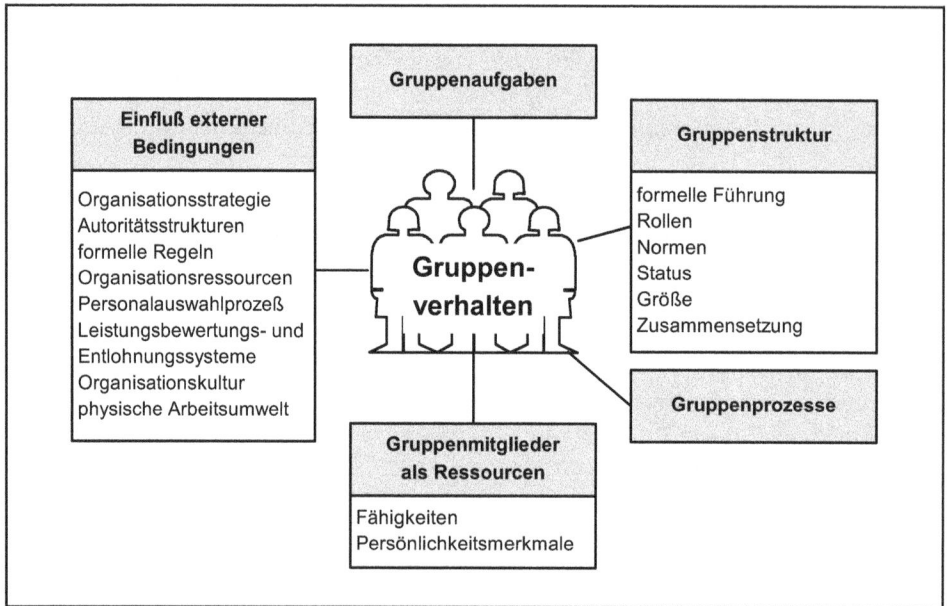

Abbildung 3-4 Das Gruppenverhalten beeinflussende Faktoren

- **Organisationale Ressourcen**: Nicht jede Organisation ist mit den gleichen Ressourcen ausgestattet. Der Ausstattungsgrad einer Organisation wirkt sich jedenfalls auf die Arbeitsgruppen aus, denn die Leistungsfähigkeit einer Arbeitsgruppe wird wesentlich durch die bereitgestellten Ressourcen wie Kapital, Material oder technische Anlagen bestimmt.

- **Personalauswahlprozeß**: Die Kriterien, die eine Organisation ihrem Personalauswahlprozeß zugrunde legt, und die Auswahlverfahren, die ein erfolgreicher Kandidat zu durchlaufen hat, bestimmen, welche Individuen in die Organisation und damit in die jeweiligen Arbeitsgruppen aufgenommen werden.

- **Leistungsbewertungs- und Entlohnungssystem**: Das Verhalten der Gruppenmitglieder wird darüber hinaus durch das Leistungsbewertungs- und Entlohnungssystem beeinflußt werden. In Abhängigkeit davon, ob die Organisation die individuelle oder die gemeinschaftliche Erfüllung von Zielen fördert und belohnt, werden die Mitglieder ihre Bereitschaft zur Gruppenarbeit verändern.

- **Organisationskultur**: In jeder Organisation gelten eine Reihe ungeschriebener Gesetze, welche akzeptables und inakzeptables Verhalten festlegen. Im Laufe ihrer Zugehörigkeit machen sich alle Mitglieder mit dieser Kultur vertraut und beachten sie (mehr oder weniger). Sie wissen, welches Verhalten von ihnen erwartet wird, welche Fehltritte sie sich ohne größere Konsequenzen leisten können und wann sie mit ernsteren Maßnahmen rechnen müssen.

- **Physische Arbeitsumwelt**: Auch die physische Arbeitsumwelt, d.h. die architektonische Gestaltung des Arbeitsplatzes, die Anordnung der Maschinen und

Anlagen, Lichtverhältnisse, Lärmpegel und die Nähe zu anderen Mitarbeitern, kann das Gruppenverhalten nachhaltig beeinflussen.

3.3 Streß

Streß beschreibt eine dynamische Situation, in der ein Individuum Forderungen, Zwängen oder günstigen Gelegenheiten gegenübersteht. Eine günstige Gelegenheit würde z.B. eine Beförderung im Falle guter Bewältigung einer Aufgabe darstellen. Um Streß entstehen zu lassen, bedarf es zweier Voraussetzungen: Es muß Ungewißheit über ein Ergebnis bestehen, und das Ergebnis muß von Bedeutung sein.

Unter Streß wird im allgemeinen ein negativer, belastender Zustand verstanden. Streß muß jedoch nicht notwendigerweise ausschließlich negative Auswirkungen haben. Streß kann z.B. zu einer Leistungssteigerung führen, weil sich ein in einer Streßsituation befindliches Individuum mehr als gewöhnlich anstrengt.

Streß, Streß und nochmals Streß

Um Streßsituationen bewältigen zu können, ist es notwendig, potentielle **Streßursachen** zu identifizieren. Inwieweit diese Faktoren tatsächlich Streß hervorrufen können, hängt von der Persönlichkeit des Individuums und seiner Erfahrung im Umgang mit Streßsituationen ab. Potentielle Streßursachen können sein:

- **Umweltfaktoren**, z.B. ökonomische, politische und technologische Unsicherheit;

- **organisationale Faktoren**, z.B. Zeitdruck, Überlastung, die zwanghafte Vermeidung von Fehlern, unkooperative Arbeitskollegen oder anspruchsvolle Vorgesetzte, aber auch Fließbandarbeit oder Hitze und Lärm sowie zu große Erwartungen;

- **individuelle Faktoren**, z.B. Eheprobleme, Probleme mit den Kindern oder finanzielle Schwierigkeiten. Schließlich tragen auch Persönlichkeitsmerkmale dazu bei, ob und wie Streß empfunden wird. Individuen, die zu Unsicherheit neigen und generell die negativen Seiten des Lebens hervorheben, werden häufiger Streß empfinden als selbstsichere und optimistische Menschen.

Ein wesentliches Merkmal von Streß ist, daß sich einzelne Streßfaktoren addieren. Das heißt, treffen mehrere, im einzelnen an sich harmlose Streßfaktoren aufeinander, ergänzen sie sich und das Streßniveau wird als entsprechend höher empfunden.

Streß wird nicht von allen Individuen gleich wahrgenommen. Während einige mit Streßsituationen gut zurechtkommen, sie sogar leistungssteigernd empfinden, leiden andere darunter (vgl. Streßresistenz). Für die unterschiedliche Bewältigung von Streßsituationen sind u.a. die individuelle Wahrnehmung, der Erfahrungsschatz, die Gewährung von Unterstützung durch Kollegen oder Vorgesetzte und das Gefühl, eine Situation selbst kontrollieren zu können oder nicht, verantwortlich.

Rang	Ereignis	mittlerer Wert
1	Tod des Ehepartners	100
2	Scheidung	73
3	Trennung ohne Scheidung	65
4	Gefängnisstrafe	63
5	Tod eines nahen Familienmitgliedes	63
6	Verletzung oder Krankheit	53
7	Hochzeit	50
8	**Entlassung**	**47**
9	Wiederversöhnung nach Streit mit Partner	45
10	**Pensionierung**	**45**
11	Erkrankung eines Familienmitgliedes	44
12	Schwangerschaft	40
13	sexuelle Schwierigkeiten	39
14	Vergrößerung der Familie	39
15	**berufliche Veränderungen**	**39**
16	Veränderungen im finanziellen Bereich	38
17	Tod eines nahen Freundes	37
18	**Wechsel an einen Arbeitsplatz mit ungewohnter Tätigkeit**	**36**
19	Veränderung in der Anzahl der Auseinandersetzungen mit dem Partner	35
20	Aufnahme einer Hypothek	31

Tabelle 3-2 Ranking typischer Belastungsfaktoren[65]

Streß kann bei jedem Individuum andere **Wirkungen** zeigen, konkret physiologische (z.B. erhöhten Blutdruck, Kopfschmerzen), psychologische (z.B. Unzufriedenheit, Anspannung, Unsicherheit oder auch Langeweile) und verhaltensbedingte

Symptome (z.B. sinkende Produktivität, erhöhte Anzahl von Fehltagen, Veränderung der Eßgewohnheiten und verstärkter Tabak- oder Alkoholkonsum).

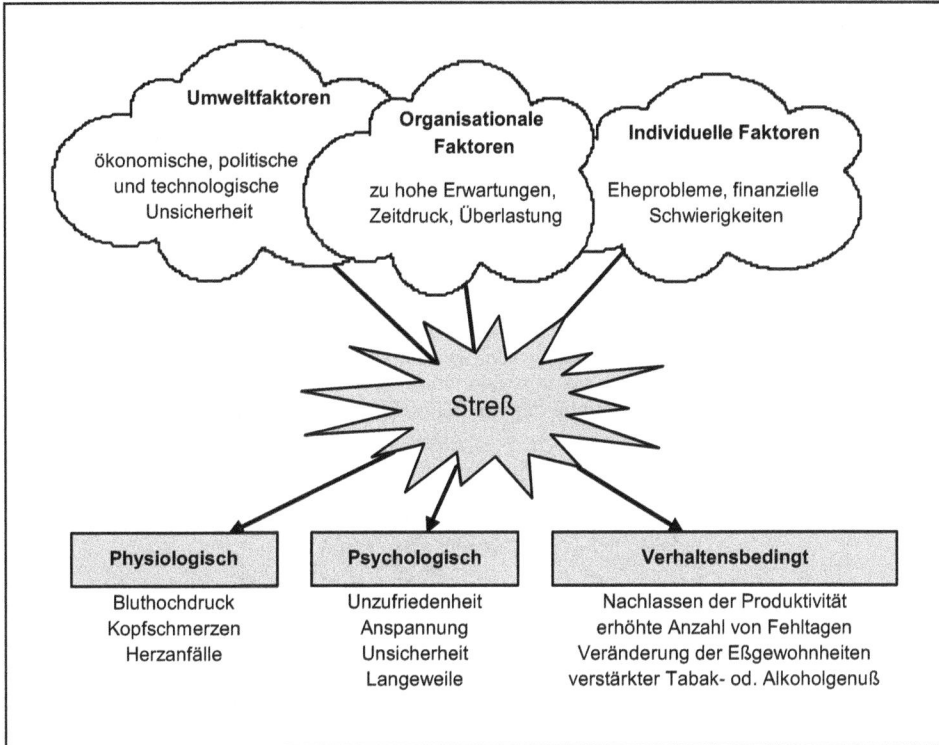

Abbildung 3-5 *Streß – Einflußfaktoren und Auswirkungen*

Während schwache bis mittlere kurzzeitige Streßsituationen durchaus zu einer Leistungssteigerung beitragen können, wirkt länger andauernder Streß kontraproduktiv, die Leistungsfähigkeit leidet entsprechend.

Ein Individuum kann selbst dazu beitragen, daß Streßniveau, dem es ausgesetzt ist, zu reduzieren. Als wirksame individuelle Methoden zur **Streßbewältigung** haben sich Zeit-Management-Techniken, sportliche Betätigung, Entspannungstraining und die Verstärkung der sozialen Unterstützung (z.B. Familie, Freunde, Kollegen) erwiesen.

Wirksame Methoden zur Streßbewältigung seitens der Organisation sind eine gezielte Personalauswahl und Stellenbesetzung, die Setzung klar definierter, realistischer Ziele, die Umgestaltung von Tätigkeiten, die verstärkte Einbeziehung der Mitarbeiter in Entscheidungen sowie die Verbesserung der innerbetrieblichen Kommunikation.

Fallstudie: Streß in der Firma

Die Firma W. ist die österreichische Niederlassung des gleichnamigen, weltweit bekannten US-Elektronikkonzerns. Früher war die Firma, gegründet und zu Ruhm gekommen durch den aus China stammenden Computer-Pionier Dr. W., jahrzehntelang einer der führenden Anbieter von stets innovativen EDV-Lösungen. Seit einigen Jahren ist ein immer schärferer Konkurrenzdruck zu spüren. Einige teils schwere Managementfehler haben die Mutterfirma außerdem in Bedrängnis gebracht. Gleiches gilt im wesentlichen auch für die Tochter in Wien. Mit ursprünglich über 140 Beschäftigten zuständig für Österreich und Osteuropa leidet der Geschäftsgang in letzter Zeit stark. Ein Grund dafür sind auch die Folgen der „Wende" im Osten. Nur langsam tritt hier nach dem fast völligen Zusammenbruch der früher glänzenden Geschäftsbeziehungen eine Erholung ein.

Auf schlechte Geschäfte reagiert man in US-Firmen blitzartig und mit voller Härte. Konkret heißt das vor allem: „Anpassungsmaßnahmen", sprich Personalabbau. Besonders zu Quartalsende, Halbjahr, Jahresende – wenn die für größere Entscheidungen dienenden Berichte an das *Headquarter* zu liefern sind, geht bei den Mitarbeitern die Angst um. Wohl berechtigt, denn gerade nach den letzten „Meilensteinen" wurden – in ein paar „Wellen" – je etwa 20 Leute gekündigt. Das geht am Personal nicht spurlos vorüber. Wer sind die nächsten? Dieser Frage kann sich kaum noch jemand entziehen – bis in die Geschäftsleitung. Wilde Spekulationen und Gerüchte kursieren ständig, natürlich nie offen ausgesprochen.

Im Getriebe der Wirtschaft

Durch die vielen Umorganisationen, die nach den Kündigungen notwendig wurden, geht allmählich der Überblick verloren. Aus Angst, irgendwann nicht mehr genug Arbeit zu haben und dadurch entbehrlich zu werden, raufen sich die Mitarbeiter förmlich um die frei gewordenen Aufgaben. Andere wiederum versuchen, ihre eigene Arbeit durch Schaffen von umfangreichen Ablagesystemen und überflüssigen Abläufen, denen dann immerfort „gedient" werden muß, aufzublähen und so *job security* zu betreiben. Viele tun einfach nur so, als hätten sie viel zu tun, und schlichten den ganzen Tag Papier von einer Ecke des Schreibtischs zur anderen. Im Außendienst wird – oft vergeblich – entweder hektisch versucht, Kontakte anzubahnen, koste es, was es wolle; wobei viele Aktivitäten auch Alibiaktionen sind. Oder – das ist die andere Variante – die Verkäufer treiben sich nur noch draußen herum und schauen, daß sie möglichst wenig in die Firma müssen. Dabei werden sie natürlich auch nicht froh.

Für alle gilt: Langsam ist man so paralysiert, daß vor Angst niemand mehr richtig arbeiten kann und nur noch das Damoklesschwert über den Köpfen hängt. Einige Tage vor Halbjahresende – kurz vor Beginn der Urlaubszeit, die ohnehin kaum jemand genießen wird können – kommt es zu einem Vorfall. Frau M. findet, als sie die – nur mehr aus Herrn K. bestehende – EDV-Abteilung betritt, Herrn K. ohnmächtig auf dem Boden liegend. Nervenzusammenbruch, wie sich später herausstellt. Herr K. ist ein korrekter und netter, wenngleich etwas verschlossener Mitarbeiter, der sich stets sehr besorgt darum kümmert, daß die interne EDV reibungslos funktioniert. Er ist Inder, der schon lange in Österreich lebt und seit zehn Jahren bei der Firma ist. Im Zuge des Geschehens erfährt man, daß von einem Teil seines Gehalts, daß er regelmäßig nach New Delhi schickt, 14 Personen seiner nahen Verwandtschaft leben. Nicht verwunderlich, daß er vor einer Kündigung besondere Angst hat. Manche fragen sich angesichts des Vorfalls, ob Wirtschaft wirklich so grausam sein kann und ob es soweit kommen muß.

Zwei Wochen nach Ablieferung der Halbjahreszahlen mit der Planung für das 2. Halbjahr bekommt Herr P., der Geschäftsführer, eine E-Mail aus den USA, in der ihm mitgeteilt wird, wie viele Personen – rechtzeitig zum Monatsletzten – zu kündigen seien. Im Attachment befindet sich auch die zugrundeliegende Berechnung mit konkreten Vorgaben hinsichtlich der einzusparenden Personalkosten. Es wird nicht viel kommuniziert, nach einigen bangen Tagen und schlaflosen Nächten – besonders auch des Geschäftsführers, der es wirklich nicht leicht nimmt – erhalten 24 Mitarbeiter den gefürchteten „blauen Brief". Herr K. ist dabei. Der Geschäftsführer, Herr P., kündigt einige Monate später selbst, weil er als praktizierender Christ solche Sachen nicht mehr länger vertreten will.

Aufgabe 1

Was sind typische Stressoren für Mitarbeiter unterschiedlicher Hierarchiestufen?

Aufgabe 2

Inwiefern können Konzernstrukturen zu einer Ver- bzw. Entschärfung der oben beschriebenen Praktiken beitragen?

Aufgabe 3

Wie geht man individuell mit der Angst um den Arbeitsplatz um?

Aufgabe 4

Wo liegen die eigentlichen Probleme im Unternehmen?

Aufgabe 5

Wie hätten Sie an Stelle des Geschäftsführers gehandelt?

3.4   Konflikt

Ein **Konflikt** wird ausgelöst durch die Wahrnehmung einer Partei, daß etwas, das für sie von Bedeutung ist, negativ durch eine andere Partei beeinflußt wurde bzw. wird. Diese sehr allgemein angelegte Definition umfaßt jegliche Art von Konflikten, angefangen bei Meinungsverschiedenheiten bis hin zu offenen Angriffen, die auf unterschiedlichen Erwartungen, Fehlinterpretationen oder auch auf der Unvereinbarkeit von Zielen basieren können.

Die Existenz von Konflikten ist an deren Wahrnehmung durch die betroffenen Parteien gebunden. Wenn Gründe für einen Konflikt zwischen zwei Parteien gegeben, aber keiner der beiden Parteien bewußt sind, wird der Konflikt – zumindest zu diesem Zeitpunkt – nicht ausbrechen, jedoch bereits latent bestehen. Konflikte können nicht generell als gut oder schlecht bezeichnet werden. Es hängt vielmehr von der Art und Intensität des Konfliktes sowie von der Situation und vom Zeitpunkt seines Auftretens ab, ob er sich destruktiv und funktionsstörend oder konstruktiv und leistungsfördernd auswirkt.

Zu den zahlreichen Gründen für die **Entstehung von Konflikten** zählen beispielsweise sprachliche Mißverständnisse, unterschiedliche Interessen und Ziele, eine unklare Definition der Arbeitsaufgaben, unklare Kompetenzbereiche, als unangemessen empfundene Entlohnungs- und Aufstiegssysteme, Abhängigkeit oder auch persönliche Merkmale, wie etwa das persönliche Wertesystem.

Wesentlich für die **Konfliktbewältigung** sind die Absichten der Konfliktparteien, die aus ihrem Verhalten nicht immer deutlich werden. Es können fünf grundlegende Absichten der Konfliktbewältigung unterschieden werden:

- Konkurrenz (zielt auf Erfüllung der eigenen Interessen),

- Zusammenarbeit (Lösung zugunsten beider Parteien),

- Vermeidung (Unterdrückung des Konflikts),

- Anpassung (Zurückstellen eigener Interessen) und

- Kompromiß (ein Teil der Ziele wird zugunsten der Interessen des Gegners geopfert).

Durch die **Austragung von Konflikten** werden häufig Probleme zur Sprache gebracht, deren Lösung zum Spannungsabbau innerhalb der Gruppe und zur Schaffung einer Änderungen gegenüber offenen Umgebung führt. In diesem Sinne können Konflikte durchaus zu einer konstruktiven Lösung gebracht werden. Zu den destruktiven Auswirkungen von (nicht gelösten) Konflikten gehören im Gegensatz dazu vor allem eine wachsende Unzufriedenheit, die zu einer allmählichen oder sofortigen Zerstörung des allgemeinen Zusammenhalts beiträgt, eine künftig erschwerte Kommunikation und die Vernachlässigung der gemeinsamen Ziele aufgrund der Priorität der Meinungsverschiedenheiten.

Phase 1		**Potentielle Widersprüchlichkeit** **bzw. Unvereinbarkeit** in Kommunikation, Struktur, persönlichen Merkmalen
Phase 2		**Ausbruch des Konflikts** durch Wahrnehmung und Personifizierung der Bedrohung
Phase 3	*mögliche Modifizierung der Absichten durch* *neue Überlegungen* *emotionale Reaktionen*	**Festlegung der Ziele der Konfliktparteien** - Erfüllung der eigenen Interessen - Erfüllung der Interessen beider Parteien - Unterdrückung des Konfliktausbruchs - Anpassung der Ziele an die Konfliktparteien - Kompromiß zur teilweisen Zielerfüllung der Parteien
Phase 4		**Handlungsphase** als dynamischer, interaktiver Prozeß
Phase 5		**Ergebnis** konstruktiv und leistungsfördernd / destruktiv und funktionsstörend

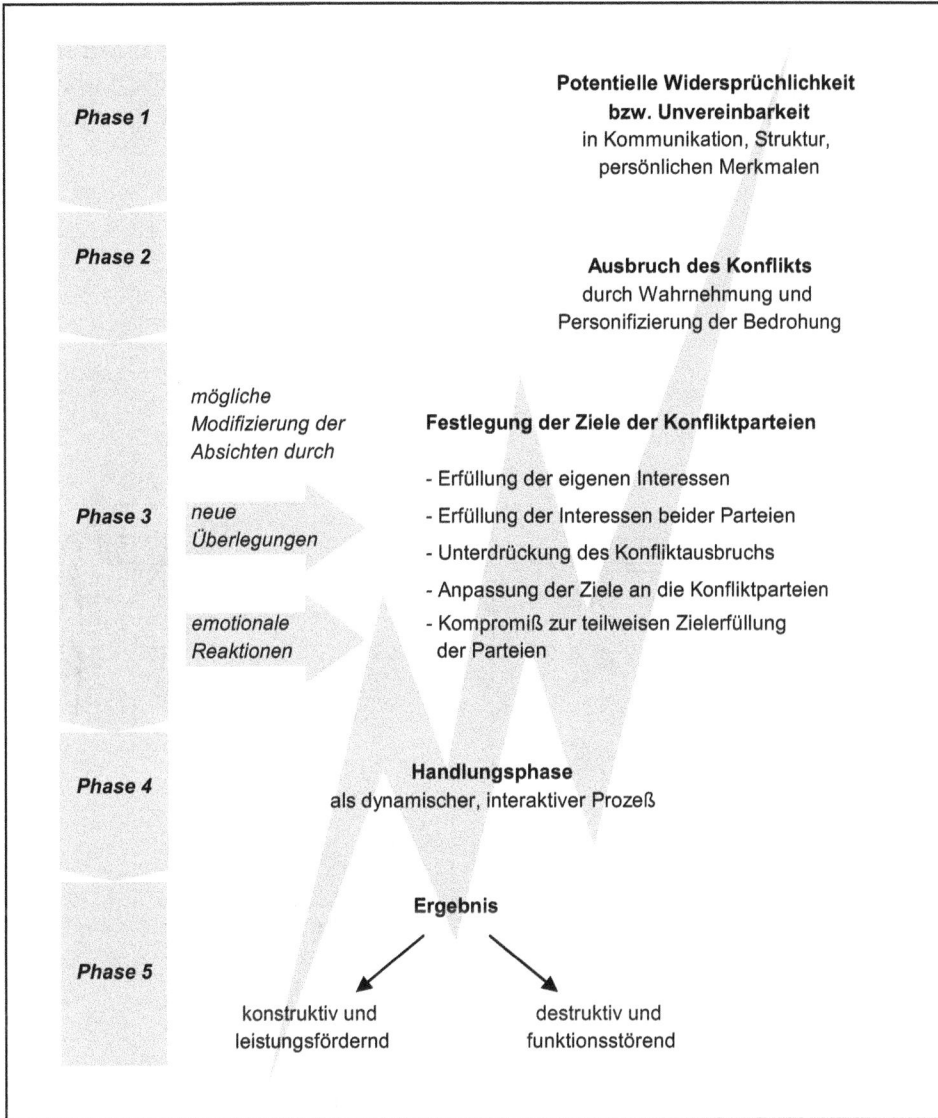

Abbildung 3-6 Der Konfliktprozeß

Im Zusammenhang mit Konflikten – darüber hinaus aber auch in vielerlei anderer Hinsicht – kommt dem Verhandeln eine wesentliche Bedeutung zu. Grundsätzlich kann zwischen zwei **Verhandlungsstrategien**, dem distributiven Verhandeln und dem integrativen Verhandeln, unterschieden werden. Unter **distributivem Verhandeln** versteht man einen Verhandlungsprozeß, der unter Null-Summen-Bedingungen stattfindet. Dies bedeutet, daß jeder Gewinn der einen Partei zu Lasten der anderen Partei geht. Alle Anstrengungen richten sich darauf, den Verhandlungs„partner" dem eigenen Ziel möglichst nahe zu bringen. Dabei wird versucht, die andere Seite von der Unerfüllbarkeit ihrer Ziele und der Fairneß der eigenen

Vorstellungen zu überzeugen. Ein klassisches Beispiel dafür sind Tarifverhandlungen zwischen Belegschaft bzw. Gewerkschaft und Management. **Integratives Verhandeln** zielt demgegenüber auf ein gewinnendes Ergebnis für alle. Insbesondere in Hinblick auf weitere Verhandlungen erleichtert diese Strategie den Weg für die zukünftige Zusammenarbeit.

Manchmal gibt es potentielle Widersprüche

Ergebnis einer destruktiven Konfliktlösung

Es kann natürlich auch geschehen, daß die Parteien bzw. deren Vertreter nicht in der Lage sind, eine für beide Seiten akzeptable Einigung herbeizuführen, was – um dennoch eine Lösung zu finden – den Einsatz von Dritten nahelegt. Ein **Vermittler** ist eine neutrale dritte Partei, die den Verhandlungsprozeß vereinfachen soll, indem durch geschicktes Argumentieren und Überzeugen sowie durch Vorschlagen von Lösungsalternativen die endgültige Lösung gefunden werden soll. Ein **Schiedsrichter** als dritte Partei ist mit der Autorität zu entscheiden ausgestattet, d.h., er kann den Konfliktparteien eine Übereinkunft vorschreiben (vgl. Gericht). Obwohl ein **Schlichter** eigentlich vor allem Kommunikationszwecken dient, unterstützt er die Konfliktparteien auch bei der Suche und Interpretation von Informationen sowie bei der Überzeugung der Kontrahenten. Ein **Berater** versucht, den Problemlösungsprozeß durch Kommunikation sowie eigene Erfahrungen und Fertigkeiten bei der Aushandlung von Konflikten zu vereinfachen. Aufgabe des Beraters ist nicht die Problemlösung an sich, sondern die gegenseitige Annäherung der Konfliktparteien, so daß diese in die Lage gebracht werden, aus eigenen Kräften eine Einigung zu erzielen. Der Berater versucht im Hinblick auf langfristige Beziehungen, Verständnis der Parteien füreinander und für die Belange des anderen zu entwickeln.

Mobbing

Mobbing beschreibt negative kommunikative Handlungen, die (von einer Person oder mehreren anderen) gegen jemanden gerichtet sind, sehr oft und über einen längeren Zeitraum hinweg vorkommen und damit die Beziehung zwischen Täter und Opfer kennzeichnen.

Mit einem Streit unter Kollegen fängt es an, vielleicht nicht einmal offen ausgetragen. Dann kommen kleine Sticheleien, hier und da ein böses Wort, ein hämisches Grinsen. Und nach und nach wird ein Mensch an den Rand gedrängt, ausgegrenzt. Die anderen zeigen ihm die kalte Schulter, reden nicht mehr mit ihm, machen immer deutlicher: Du gehörst nicht dazu. Ein Vorurteil entsteht, setzt sich fest, bis die ganze Abteilung zu wissen glaubt: Mit dem da stimmt was nicht. Also hackt man auf ihm herum. Und wenn es ganz schlimm kommt, beziehen auch noch Personalleitung und Betriebsrat Stellung gegen das Opfer. Das ist ein Störenfried und der muß weg.

Was hier geschieht, ist Mobbing, Psychoterror am Arbeitsplatz. Ein Mensch wird in die Mangel genommen – immer wieder und über einen langen Zeitraum – von Kollegen und von Vorgesetzten, und niemand hilft. Ein Prozeß ist in Gang gekommen, der immer wieder ausufert. Für das Opfer kann er am Ende zum Verlust des Arbeitsplatzes, zu dauernder Krankheit und Arbeitsunfähigkeit führen.

Mobbing ist sehr leicht abzustellen – wenn man es wirklich will, wenn Personalleitungen, Betriebsräte, Gewerkschaften es wollen. Denn der Hauptgrund dafür, daß Mobbing Menschen zugrunde richtet, ist der, daß man es geschehen läßt, daß niemand rechtzeitig eingreift.

Wie wird gemobbt?

Eine wichtige Voraussetzung, um Mobbing zu begegnen, ist, es zu erkennen. Folgende „Instrumente" – eine erschütternd lange Liste – werden üblicherweise eingesetzt, um jemanden zu „mobben":

1. Angriffe auf die Möglichkeit, sich mitzuteilen

- der Vorgesetzte schränkt die Möglichkeit ein, sich zu äußern
- man wird ständig unterbrochen
- Kollegen schränken die Möglichkeit ein, sich zu äußern
- Anschreien oder lautes Schimpfen
- ständige Kritik an der Arbeit
- ständige Kritik am Privatleben
- Telefonterror
- mündliche Drohungen
- schriftliche Drohungen
- Kontaktverweigerung durch abwertende Blicke oder Gesten
- Kontaktverweigerung durch Andeutungen, ohne etwas direkt auszusprechen

2. Angriffe auf die sozialen Beziehungen

- man spricht nicht mehr mit der betroffenen Person
- man läßt sich nicht ansprechen
- Versetzung in einen eigenen Raum, weitab von Kollegen
- den Arbeitskollegen wird verboten, die betroffene Person anzusprechen
- man wird wie Luft behandelt

3. Auswirkungen auf das soziale Ansehen

- hinter dem Rücken des Betroffenen wird schlecht über ihn gesprochen – man verbreitet Gerüchte
- man macht jemanden lächerlich (z.B. man imitiert Gang, Stimme oder Gestik)
- man verdächtigt jemanden, psychisch krank zu sein
- man will jemanden zu einer psychiatrischen Untersuchung zwingen
- man macht sich über eine Behinderung lustig
- man greift die politische oder religiöse Einstellung an
- man macht sich über das Privatleben lustig
- man macht sich über die Nationalität lustig
- man stellt die Entscheidungen des/der Betroffenen in Frage
- man ruft obszöne Schimpfwörter oder andere entwürdigende Ausdrücke nach
- sexuelle Annäherungen oder verbale sexuelle Angebote

4. Angriffe auf die Qualität der Berufs- und Lebenssituation

- man beurteilt den Arbeitseinsatz in falscher und kränkender Weise
- man zwingt jemanden, Arbeiten auszuführen, die das Selbstbewußtsein verletzen
- man weist dem Betroffenen keine Arbeitsaufgaben zu
- man nimmt ihm jede Beschäftigung am Arbeitsplatz, so daß er sich nicht einmal selbst Aufgaben ausdenken kann
- man gibt ihm sinnlose Arbeitsaufgaben
- man gibt ihm Aufgaben weit unter seinem eigentlichen Können
- man gibt ihm ständig neue Aufgaben
- man gibt ihm „kränkende" Aufgaben
- man gibt dem Betroffenen Arbeitsaufgaben, die seine Qualifikation übersteigen, um ihn zu diskreditieren

5. Angriffe auf die Gesundheit

- Zwang zu gesundheitsschädlichen Arbeiten
- Androhung körperlicher Gewalt
- Anwendung leichter Gewalt, z.B. um jemandem einen „Denkzettel" zu verpassen
- körperliche Mißhandlung
- man verursacht Kosten für den Betroffenen, um ihm zu schaden
- man richtet physischen Schaden im Heim oder am Arbeitsplatz des Betroffenen an
- sexuelle Handgreiflichkeiten[66]

Fallstudie: Der Vorstand

Herr E. ist Chefcontroller in einem großen Unternehmen der metallverarbeitenden Industrie. Seit kurzem hat er ein lukratives Angebot: Er soll als Geschäftsführer in die Firma eines Unternehmers, mit dem er seit rund zwanzig Jahren gut bekannt ist, eintreten. E. fällt die Entscheidung wirklich nicht leicht, zumal es ihm in seiner jetzigen Firma gut gefällt: Er hat das gesamte Controlling auf- und ausgebaut, ist in einer Schlüsselstellung und hat die volle Rückendeckung des Vorstandes und besonders des Eigentümers, Herrn P. Als er den Herren von seinem Angebot und den Kündigungsabsichten berichtet, ist besonders Herr P. betroffen und beauftragt den Vorstand, eine attraktive Lösung auszuarbeiten, um Herrn E. zum Bleiben zu bewegen.

Nach wochenlangem Hin und Her, eher unerquicklichen Gesprächen und zahlreichen Varianten, die sich allesamt durch eine gewisse Kleinkariertheit auszeichnen, gewinnt E. verärgert den Eindruck, daß den Herren des Vorstandes aus verschiedenen Gründen nicht wirklich an seinem Verbleib liegt und kündigt schließlich schriftlich. Er tritt gerade seinen Resturlaub an, als ihn Herr P. bestürzt in die Zentrale beordert und ihm erklärt, daß er alles erst jetzt erfahren habe und nun noch die Version von E. hören will, um anschließend sofort eine Krisensitzung durchzuführen. In letzter Minute zwar, denkt sich E., aber offenbar funktionieren die Sensoren des „Alten" doch noch.

Gesagt, getan: Bereits einige Stunden später sitzen alle Herren beisammen. P. läuft in seinem Büro auf und ab wie ein gereizter Tiger und tobt etwa eine halbe Stunde lang. Zuerst zur Sache, danach geht es um Grundsätzliches. Dann als Höhepunkt konkrete Vorwürfe – seinem Generaldirektor Sch. sagt P. geradeaus auf den Kopf zu: „Sie können nichts anderes, als Leute ärgern, außerdem lassen Sie Ihre Vorstandskollegen nicht arbeiten. Das ist mir schon länger klar. Ich sage Ihnen am besten gleich jetzt, daß ich Ihren Vertrag nächstes Jahr sowieso nicht verlängern werde!" Für die beiden anderen Vorstandsmitglieder fällt das Urteil noch deftiger aus: „Ich kann keine Vorstände brauchen, die nicht alleine stehen können!" Anschließend nimmt P. – wie aus alten Zeiten bekannt – die Dinge selbst in die Hand. Er schickt die Vorstände aus dem Zimmer und handelt anschließend persönlich mit Herrn E. in großzügiger Weise die Bedingungen für dessen Verbleib aus, die dieser schließlich auch dankend und motiviert annimmt. Die Kündigung wird dann bei einem Gläschen zerrissen und Herr P. verabschiedet E. mit den Worten: „Ich bin wirklich froh, daß ich auch Leute habe, auf die ich mich verlassen kann. Wenn es künftig Probleme gibt, kommen Sie ruhig gleich zu mir." ...

Aufgabe 1

Wie hätte Herr P. idealerweise reagieren sollen?

Aufgabe 2

In welchen Situationen kommt Loyalität von Mitarbeitern eine besondere Bedeutung zu?

Aufgabe 3

Wie kann man bereits im Stadium der Mitarbeiterauswahl Sorge tragen, daß man das Team nicht mit kontraproduktiven Mitarbeitern „verstärkt"?

Fallstudie: Alkohol und Sex in der Firma

Herr R. (50) ist erfolgreicher Verkäufer für Computersysteme und seit über zwanzig Jahren ausschließlich im Ostgeschäft tätig. Er ist ein stiller Mensch, eher ein Einzelgänger, in keiner Weise auffällig. Stets alles im Griff, zeichnet er sich durch eine hervorragende „Nase" für Geschäfte, hohe Sensibilität für die Bedürfnisse der Kunden und absolute Verhandlungssicherheit aus. In der Osteuropa-Abteilung der Firma hat es sich eingebürgert, dass nach Dienstschluss regelmäßig „einer gehoben" wird. Nachdem es üblich ist, dass die Mitarbeiter von ihren zahlreichen Reisen harte Getränke mitbringen, existiert stets ein entsprechender Vorrat, überwiegend Wodka, der dann auch – gerne und in teilweise großen Mengen – konsumiert wird. R. ist, wie die meisten anderen, auch mit von der Partie, wenn er im Lande weilt. Gelegentlich erwähnt Herr R., dass er manchmal gesundheitliche Probleme hat, geht aber nicht näher darauf ein und tut dies mit seinem allmählich vorrückenden Alter ab. Auf den vielen gemeinsamen Reisen kommt man sich – meist an einer Hotelbar – natürlich näher. Dabei erzählt er einmal, dass er um die Dreißig eine Phase hatte, während der er praktisch täglich schon zum Frühstück eine Flasche „Ballantines" kippte. In späteren Zeiten wurde „es" zwar wesentlich besser, sein Alkoholkonsum – fast ausschließlich Schnaps – war aber stets beträchtlich. Durch seine fast permanenten Auslandsaufenthalte und seine ruhige Art blieb alles aber immer unbemerkt.

Eines Tages verlässt er das Büro für einige Stunden und kommt sehr betrübt zurück. Es stellt sich heraus, dass er beim Arzt war und den Befund eines Gesundheitschecks erhalten hat. Der Arzt teilte ihm mit, dass seine Werte höchste Alarmstufe erreicht hätten und es einem Wunder gleicht, dass er überhaupt noch lebt. Dringend angeraten wurde sofortiges Einstellen jeglichen Alkoholkonsums. Herr R. hatte keine Ahnung, wie er das bewerkstelligen sollte. Mehr und mehr beschlich ihn das Gefühl, dass er nicht einmal seine Pensionierung erleben wird....

///

In der Niederlassung eines internationalen Konzerns waren überwiegend jüngere Mitarbeiter beschäftigt. Viele hatten ein Verhältnis mit einem/r Kollegen/in. Auch über die Vergangenheit wusste man einiges zu berichten. Herr M., ein Verkäufer, gehörte der Gruppe der „Schürzenjäger" an, in der er sich auch besonders hervortat. Entsprechend wurde er von den meisten Kolleginnen gemieden. Eines Tages passierte etwas äußerst Peinliches: Der Lastenaufzug, der sich im einzigen Stiegenhaus des Gebäudes befand, funktionierte aus irgendeinem Grund nicht. Der Hausmeister wurde gerufen und setzte den Lift erst nach einiger Zeit wieder in Bewegung. Als sich die Tür öffnete, konnte er, einigermaßen überrascht, M. mit einer Kollegin *in flagranti* bewundern....

Aufgabe 1

Wie sollte Herr R. sein Leben künftig gestalten?

Aufgabe 2

Wie könnte ihm das Unternehmen dabei helfen?

Aufgabe 3

Inwieweit können innerbetriebliche Affären und Beziehungen das Arbeitsklima und die Arbeitsprozesse befördern bzw. behindern?

Aufgabe 4

Wie kann man bei negativen Erscheinungen aus Managementsicht reagieren?

3.5   Macht und Politik

Unter **Macht** versteht man die Fähigkeit eines Individuums A, ein anderes Individuum B so zu beeinflussen, daß B etwas tut, was es freiwillig nicht getan hätte.

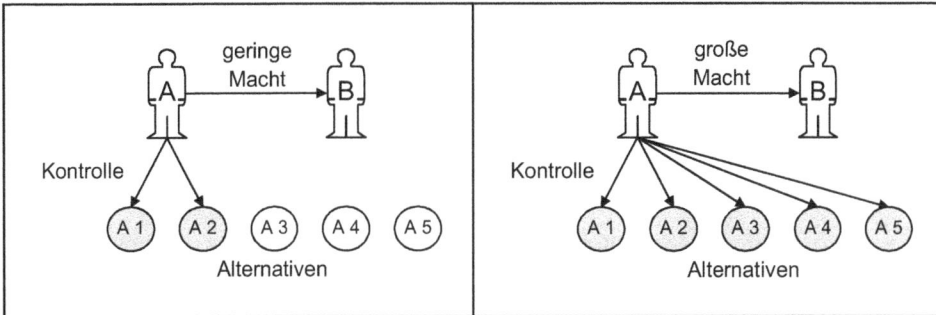

Abbildung 3-7 *A's Macht über B unter Berücksichtigung der Alternativen*

Macht und Führung stehen in einem engen Zusammenhang. Zur Erreichung der Ziele setzen Manager ihre Macht gegenüber anderen ein. Während Führung aber eine – zumindest grundsätzliche – Übereinstimmung zwischen den Zielen des Managements und jenen der Mitarbeiter verlangt, erfordert Macht lediglich eine Art der Abhängigkeit zwischen den „Parteien".

Kauf dir einen Kaiser – die Macht der Fugger

Verwunderlich in heutiger wirtschaftsdominierter Zeit: Nie zuvor und auch nicht danach bestimmte die Wirtschaft so eindeutig die Weltpolitik wie in den Jahren der Hochblüte der Familie Fugger. Sie waren keine Männer des Staates, sondern Kaufleute, private Unternehmer, die die größte Macht der Welt in Händen hielten. Die Augsburger Herren entschieden, wann Kriege geführt und Frieden geschlossen wurden. Von ihnen hing es ab, ob ein Habsburger zum Kaiser gewählt wurde. Ja, die Fugger mischten sich letztlich sogar in Angelegenheiten des Glaubens: Nicht nur manche Papstwahl beeinflußten sie entscheidend. Auch führten ihre dubiosen Geschäfte mit dem Nachlaß von Sünden zur Reformation; ihr Geld verhinderte dann wiederum, daß Mitteleuropa protestantisch wurde.

Zur Illustration eine Begebenheit: ... Ein letztes Mal bestimmten nun die Fugger den Gang der Weltgeschichte. Von Anton Fugger allein hing es ab, ob der Kaiser genug Geld bekam, um den Fürstenaufstand niederzuschlagen. Karl V. hatte kaum noch Macht über seinen Bankier, er war unweigerlich verloren, wenn ihm der Fugger nicht aus der Patsche half: Der Untergang des Hauses Habsburg konnte von einem schwäbischen Kaufmann besiegelt werden. Zögerte Fugger, so würde Karl V. in Gefangenschaft geraten und zur Abdankung gezwungen werden. Die Türken bekämen eine neue Chance, nach Mitteleuropa vorzustoßen, und Frankreich würde zur führenden Kontinentalmacht. Ausgespielt wäre dann auch, zumindest für die folgenden Jahre, die beherrschende Rolle der römisch-katholischen Kirche auf der deutschen Bühne.

Untätig zuzusehen, wie ringsumher das alte Reich in Schutt und Asche fiel, erschien Fugger sinnlos und dumm. Er mußte helfen, wenn es um das Schicksal des Reiches ging! Er bewilligte also dem Kaiser die sagenhafte Summe von 400.000 Dukaten. Zurückgezahlt werden sollten das Darlehen aus den Einkünften der Krone und der Kirche in Spanien sowie durch die Ausbeutung der Gold- und Silbervorkommen in Amerika. Selbstverständlich benutzte der Kaufmann die Gelegenheit, sich verschiedene Zollbegünstigungen und Steuerprivilegien garantieren zu lassen. Der am 28. Mai 1552 unterzeichnete Vertrag verschaffte dem Kaiser wieder Autorität. Karl V. lebte sichtlich auf: Aus dem mutlosen Flüchtling wurde dank des Goldes der Fugger wieder ein machtbewußter Herrscher, der seinen Gegnern bei den folgenden Friedensverhandlungen beträchtliche Zugeständnisse abrang.

Faktum ist: Die Fugger beherrschten – zwischen 1480 und 1560 – als erster multinationaler Konzern praktisch alle Bereiche der damaligen Wirtschaft. Sie waren einer der größten Grundbesitzer im Reich, die bedeutendsten Bankiers der Welt, das mit Abstand größte Handelshaus, wichtigstes Bergbauunternehmen, bedeutendster Arbeitgeber des Handwerks, Waffenproduzent, Münzverwalter und eine politische Großmacht ersten Ranges. Im Herrschaftsgebiet Kaiser Karls V., in dem die Sonne bekanntlich nicht unterging, gab es niemand mächtigeren als die Augsburger Kaufherren.[67]

Voraussetzungen für die Ausübung von Macht sind

- ein **Machtpotential,**

- eine **Abhängigkeitsbeziehung** zwischen A und B, die besonders hoch ist, wenn die kontrollierten Ressourcen wichtig, knapp und nicht durch andere ersetzbar sind, sowie

- eine gewisse **Verfügungsfreiheit** von B, über das eigene Verhalten zu entscheiden.

Die **Grundlagen der Macht** beschreiben, was der Machtinhaber kontrolliert und womit er folglich andere beeinflussen kann. Hierbei werden vier Formen unterschieden:

- **Zwangsmacht** beruht auf Angst. Aus Angst vor negativen Folgen, die entstehen (z.B. Schmerzen, Tod), wenn sie einer Forderung nicht nachkommen, reagieren Individuen auf diese Art von Macht.

- Von **Belohnungsmacht** hingegen spricht man, wenn ein Individuum in der Lage ist, von anderen begehrte Belohnungen (z.B. Gehaltserhöhungen, Beförderungen) zu verteilen.

- **Überzeugungsmacht** resultiert aus der Möglichkeit, symbolische Werte, wie z.B. Statuswerte oder Gruppennormen, manipulieren bzw. verteilen zu können.

- **Wissensmacht** basiert auf besonderen Erfahrungen, Kenntnissen oder Informationen, die (z.B. für eine Organisation) besonders wertvoll sind. Kontrolliert jemand solche Informationen, kann er wissensbezogene Macht ausüben.

Quellen der Macht beziehen sich darauf, wodurch einem Individuum Macht verschafft wird. Sie erklären, wie jemand die Kontrolle über Machtgrundlagen erlangt.

- **Positionsmacht** entsteht, wenn ein Individuum durch seine Stellung die Möglichkeit erhält, wichtige Ressourcen oder Informationen zu kontrollieren (vgl. Firmenhierarchie).

- **Persönlichkeitsmacht** beruht auf Persönlichkeitsmerkmalen eines Individuums. Es kann ein dominantes, autoritäres, selbstsicheres Individuum andere Personen leichter manipulieren als jemand eher schüchterner.

- **Expertenmacht** basiert auf der Möglichkeit, eigene Erfahrungen und Kenntnisse zur Manipulation anderer Individuen zu benutzen.

- **Gelegenheitsmacht** entsteht, wenn jemand „zur richtigen Zeit am richtigen Ort" ist. Sie kann auch ohne eine einflußreiche Position oder spezifisches Wissen ausgeübt werden.

Absolute Macht

Üblicherweise versuchen Individuen mittels standardisierter Wege, ihre Absichten zu verwirklichen. Derartige **Machttaktiken** können sein:

- **Begründung**: Verwendung von Fakten und Daten zur Erklärung von Ansichten und Forderungen;

- **Freundlichkeit**: freundliches, schmeichelndes Auftreten, bevor etwas gefordert wird;

- **Koalitionen**: Suche von Verbündeten zur Unterstützung von Forderungen;

- **Verhandeln**: Vereinbarung von Vorteilen für beide Seiten;

- **Unnachgiebigkeit**: Herbeiführung der Erfüllung von Forderungen durch eindringliche Bitten, Appelle sowie Ausübung von Druck;

- **Autoritäten**: Suche nach Unterstützung durch höhere Hierarchiestufen;

- **Sanktionen**: Belohnungen und Bestrafungen auf Organisationsebene.

Niccolo Machiavelli: Die sieben Gebote der Macht

Erstes Gebot: Sei Opportunist!

Der Mächtige muß hellhörig sein, sich nach den Umständen richten und mit dem Winde segeln, zwar wenn irgend möglich vom rechten Weg nicht abweichen, aber ohne Bedenken auch den bösen beschreiten, wenn es die Not erfordert.

Zweites Gebot: Sei grausam, aber richtig!

Gewalttaten müssen alle auf einmal angewandt werden, damit sie weniger gespürt werden und deshalb weniger verletzen. Um den Vorwurf der Grausamkeit darf sich der Herrscher nicht kümmern. Wohltaten dagegen soll man nur nach und nach erweisen, damit sie besser empfunden werden.

Drittes Gebot: Sei geizig!

Weil man nie reich genug ist, um alle zu befriedigen, macht Freigiebigkeit jene zu Feinden, die leer ausgehen. Besser ist es daher, den Ruf der Knauserigkeit nicht zu scheuen.

Viertes Gebot: Vermeide es, verhaßt zu werden!

Ein Herrscher hat nämlich zweierlei zu fürchten: einmal die Gefahr im Inneren von seiten seiner Untertanen und ferner die äußeren Gefahren von seiten fremder Machthaber. Die beste Absicherung gegen beides ist, beim Volk nicht verhaßt zu sein.

Fünftes Gebot: Verbünde dich nicht mit Mächtigeren!

Ein Herrscher muß darauf achten, sich nie mit einem Mächtigeren zu verbünden, weil er sonst unweigerlich in dessen Abhängigkeit gerät.

Sechstes Gebot: Meide Schmeichler!

Um nicht durch Schmeicheleien den Sinn für die Realität zu verlieren, soll sich der Machthaber zwar stets beraten lassen, aber nur, wenn er selber es will, und nicht, wenn es die anderen wollen; vielmehr soll er jedem den Mut nehmen, sich ihm mit einem Rat zu nähern, wenn er nicht gefragt ist.

Siebtes Gebot: Lüge und brich Versprechen!

Denn ein kluger Mensch kann und darf sein Wort nicht halten, wenn ihm dies zu Schaden gereichen würde.[68]

Der Einsatz von Machtstrategien hängt zudem von vier Faktoren ab: von der relativen Macht des Managers (welche Möglichkeiten hat jemand, die genannten Machttaktiken einzusetzen), seinen Zielen, den Erwartungen an die Zielperson hinsichtlich ihrer Erfüllungsbereitschaft und von der Organisationskultur (welche Strategien werden als angemessen betrachtet).

Individuen, die ein Bedürfnis nach Macht zeigen, jedoch keine Macht besitzen, werden zunächst individuell versuchen, ihr Bedürfnis zu befriedigen. Auf diese Weise ist garantiert, daß sie – im Falle eines Erfolges – das volle Machtpotential für sich nutzen können. Erweist sich dieser Weg als beschwerlich oder unmöglich, besteht die Möglichkeit der **Koalitionsbildung**. Durch den Zusammenschluß mit zwei oder mehreren Gleichgesinnten (z.B. die Bildung von Gewerkschaften) können die individuellen Ressourcen kombiniert und zur Erreichung des gemeinsamen Zieles eingesetzt werden. In diesem Zusammenhang ist auch der Begriff **Networking** im Sinne von Beziehungsgefüge (z.B. für Geschäft oder Karriere) von Relevanz.

Auf der Ebene der Organisation werden zusätzlich (und teilweise ähnlich wie auf individueller Ebene) weitere Machttaktiken angewendet:

- **Koalition**: Zusammenschluß von Unternehmen in verschiedenster Form (z.B. Absprachen, Kartelle), um gemeinsam Ziele leichter zu erreichen als allein;

- **Bargaining**: Verhandlungen zwischen Organisationen mit einem bestimmten Zweck (z.B. Tarifverhandlungen zwischen Gewerkschaft und Arbeitgebern);

- **Kooptation**: Einbindung von Außenstehenden, die für das Unternehmen von Vorteil sein können (z.B. im Rahmen des Aufsichtsrates);

- **Lobbyismus**: Pflege guter Beziehungen mit der Politik und öffentlichen Stellen, um deren Entscheidungsfindung (z.B. bei der Gesetzgebung) im Sinne des Unternehmens zu beeinflussen;

- **Repräsentation**: Mitgliedschaft in einflußreichen Organisationen (z.B. Verbände) mit dem Ziel, die eigenen Interessen zu verwirklichen;

- **Öffentlichkeitsarbeit (Public Relations)**: Vermittlung und Verbreitung von Meinungen, Werten und Normen im Interesse des Unternehmens, damit diese in der Öffentlichkeit positive Aufnahme finden (z.B. chemische Industrie, Atomwirtschaft).

Macht durch Koalition

Den Machttaktiken auf der Ebene der Organisation kommt in Zeiten der zunehmenden (auch internationalen) politischen und wirtschaftlichen Vernetzung verstärkte Bedeutung zu.

4 Die Mitarbeiter als größtes Kapital

Mitarbeiter sollen Mitdenker und Mitgestalter sein, die kontinuierlich an der Verbesserung der Prozesse mitwirken. Es kann davon ausgegangen werden, daß der Mensch – gewissermaßen als **Humanressource** – durch seine Qualifikation, Motivation und Kooperationsfähigkeit für den Unternehmenserfolg um ein mehrfaches wichtiger ist, als die im Unternehmen vorhandenen physischen Voraussetzungen (Technologien, Ausrüstungen, Materialien). Führungskräfte haben somit auch die Aufgabe, derartige Fähigkeiten zu fördern. In besonderer Weise gilt dies, wenn es um die Auswahl von Mitarbeitern und ihre Entwicklung geht. Über die **Fachqualifikation** hinaus ist dabei „**soziale Kompetenz**" von großer Bedeutung.

4.1 Personalauswahl

Sinn und Zweck von Personalauswahlverfahren ist, die persönlichen Merkmale von Bewerbern (Ausbildung, Erfahrung, Fähigkeiten und Fertigkeiten usw.) mit den Anforderungen betrieblicher Tätigkeiten zu kombinieren. Als grundsätzliche Möglichkeiten der Personalauswahl bieten sich die **externe** und die **interne Mitarbeiterrekrutierung** an. Bei der externen Personalauswahl versucht man, auf das Angebot des gesamten Personalmarkts zurückzugreifen. Bei der internen Rekrutierung stehen – bei allen Vor- und Nachteilen – lediglich die bereits im Unternehmen befindlichen und für eine bestimmte Aufgabe in Frage kommenden Mitarbeiter zur Auswahl.

– ohne Worte –

	Interne Personalauswahl	Externe Personalauswahl
Vorteile	• Motivationspotential durch Aufstiegsmöglichkeiten • stärkere Bindung an die Organisation • gute Kenntnis der Qualifikation • schnelle Nachbesetzung • geringe Beschaffungskosten • Einsatzmöglichkeiten für Nachwuchskräfte werden frei • Einhaltung des betrieblichen Entgeltniveaus, da sich der Mitarbeiter am betrieblichen Lohnniveau orientiert	• breite Auswahlmöglichkeiten • neue Impulse durch den neuen Mitarbeiter • kein Folgebedarf • weniger Vorurteile dem Externen gegenüber • gute Kenntnis der Qualifikation des Mitarbeiters
Nachteile	• weniger Auswahlmöglichkeiten • Beförderung ist oft nur mit aufwendiger Weiterbildung möglich, ggf. hohe Weiterbildungskosten • Enttäuschung von Kollegen, die beim Aufrücken in Vorgesetztenpositionen nicht berücksichtigt wurden, evtl. Spannungen und Rivalitäten • zu starke kollegiale Bindungen, Sachentscheidungen werden „verkumpelt" • Versetzung löst den Bedarf quantitativ nicht, da nachbesetzt werden muß	• höhere Beschaffungskosten • Stellenbesetzung aufwendiger • negative Auswirkung auf Betriebsklima • bei Stellenwechsel höhere Gehaltsvorstellungen als bei innerbetrieblichem Aufstieg • hohe externe Einstellungsquote wirkt fluktuationsfördernd • Blockierung von Aufstiegsmöglichkeiten • Fähigkeiten des Externen weniger gut bekannt als die eines internen Mitarbeiters • keine Betriebskenntnis • soziale Integration des neuen Mitarbeiters notwendig

Tabelle 4-1 *Vorteile und Nachteile interner und externer Personalbeschaffung*[69]

Um die optimale Kombination von Individuum und Tätigkeit zu finden, müssen zunächst die Anforderungen für jede Tätigkeit untersucht werden. Dies geschieht mit einer Tätigkeitsanalyse. Anhand der Informationen, die so gewonnen werden, kann eine detaillierte **Stellenbeschreibung** (vgl. *job description*) erstellt werden. Eine Stellenbeschreibung beinhaltet die Bezeichnung einer Stelle sowie eine genaue Beschreibung der Aufgaben und Pflichten des Tätigkeitsfeldes wie auch eine Umschreibung des Kompetenzbereiches des Stelleninhabers mit Hinweisen zur Einordnung der Stelle in die Hierarchie. Diese Informationen helfen auch einem Bewerber, die an ihn gestellten Anforderungen einzuschätzen.

Auswahlinstrumente, wie Lebenslauf, Interviews, Einstellungstests (z.B. psychologischer Test, Assessment-Center), Referenzschreiben u.ä. dienen dazu, Informationen über einen Bewerber zu sammeln. Diese Informationen sollen einer Organisation helfen festzustellen, ob ein bestimmter Bewerber über die notwendigen Kenntnisse, Erfahrungen und Fertigkeiten für die zu vergebende Stelle verfügt. Ungeachtet der Aussagekraft der verschiedenen Auswahlinstrumente betonen vor allem Praktiker stets, das letztlich „die Chemie stimmen muß", d.h. der neue Mitarbeiter zum Unternehmen, insbesondere aber zu seinem künftigen Umfeld passen muß. Dieser Aspekt bestimmt die Entscheidung für einen bestimmten Kandidaten letztendlich.

Interviews	
Vorteile	**Nachteile**
- persönliche Be- urteilung möglich - geringer Kosten- aufwand	- Subjektivität des Interviewers - zeitaufwendig

Schriftliche Tests	
Vorteile	**Nachteile**
- Vorhersage- möglichkeit für Arbeitsleistung - Beurteilung der intellektuellen Fähigkeiten	- kein direkter Zusammenhang mit der Tätigkeit

Personalauswahl-instrumente

Leistungssimulationstests

Arbeitsproben	
Vorteile	**Nachteile**
- praxisbezogen - Test im direkten Zusammenhang mit späterer Tätig- keit - relativ hohe Verläßlichkeit	- organisatorischer Aufwand

Assessment Center	
Vorteile	**Nachteile**
- komplexe Beurtei- lung - Einschätzungs- möglichkeit späte- rer Leistungen - Beurteilung durch mehrere Beobachter	- hoher Kostenauf- wand - hoher zeitlicher und organisato- rischer Aufwand - Subjektivität der Beobachter

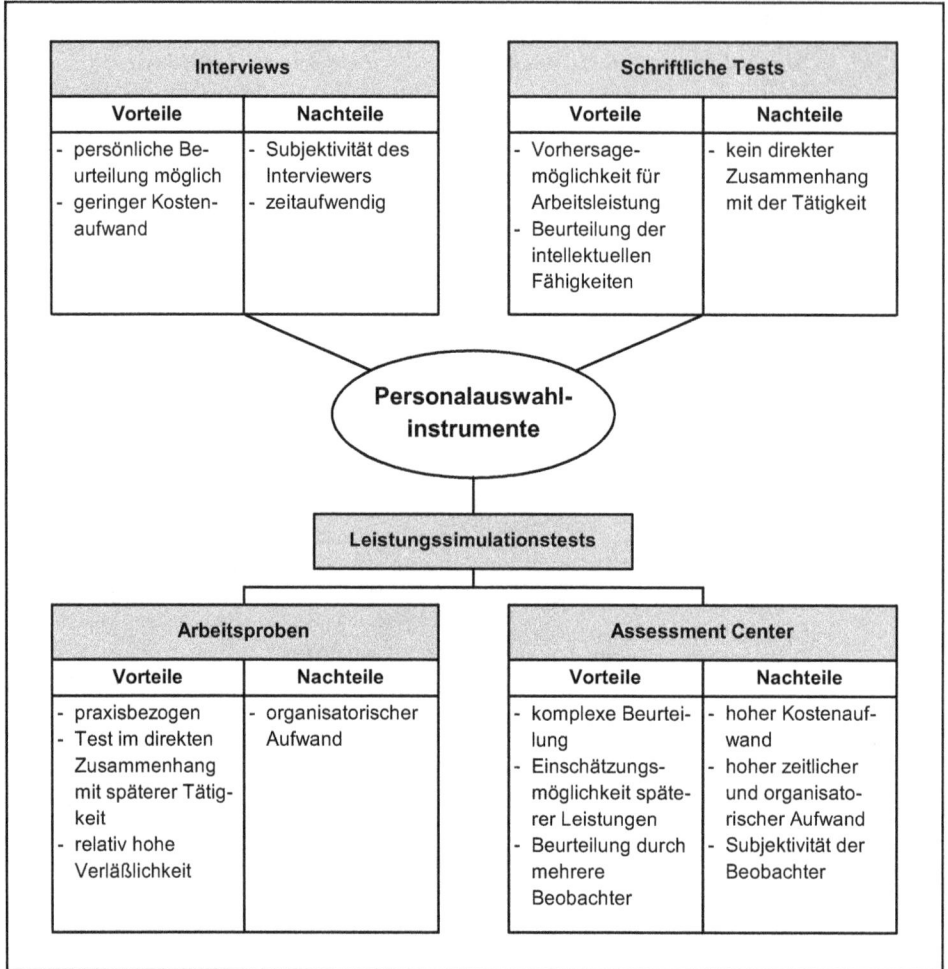

Abbildung 4-1 Personalauswahlinstrumente

Sehr anspruchsvoll gestaltet sich die Auswahl von Mitarbeitern für einen Einsatz im Ausland. Hierbei kommt der sozialen Kompetenz besondere Bedeutung zu. Diese schließt zunächst eine Auseinandersetzung mit fremden Kulturen und Menschen, und letztlich eine entsprechende Anpassung des Verhaltens mit ein. Damit verbunden sind auch hohe Anforderungen an die persönlichen Eigenschaften wie etwa physische und psychische Belastbarkeit, Geduld, Improvisationsgabe, Vorurteilsfreiheit bzw. Toleranz und schließlich allgemein Mobilität, d.h. auch die Bereitschaft zu längeren Auslandsaufenthalten. Darüber hinaus sind spezielle **interkulturelle Fähigkeiten** gefordert, so z.B. die Kenntnis fremder Kulturen, Sensibilität und Einfühlungsvermögen in bezug auf eine andersartige Umwelt, Anpassungswille und -fähigkeit, Sprachkenntnisse sowie Kommunikationsfähigkeit.

We build the E-Service World

Hewlett-Packard is a leading global provider of computing Internet and Intranet solutions, services and communication products, all of which are recognized for excellence in quality and support. HP has worldwide 83,200 employees and achieved revenue of $ 42.4 billions during last fiscal year.

The HP-office based in Vienna is looking for a

Business Administration Supervisor
for the HP Technology Finance Organization (HPTF)

HP Technology Finance is part of the Financing & Complement Group within the International Sales Europe region providing leasing services, asset management, asset rental and project financing to HP customers.

As part of an international team you will own the processing of leasing contracts, play a key role in the area of business controls and be the primary interface to audit. You will monitor efficiency, consult customers and sales representatives, support credit & collection and financial analysts and give visibility over administration activity. The Business Administration Supervisor also provides strong leadership to the team and develops an adequate service culture.

Successful candidates will have a university degree or gained several years of relevant professional experience and have demonstrated solid organizational and planning skills. In addition, excellent language skills (English and German) and PC skills are also essential. The Business Administration Supervisor is an initiative person who shows willingness to take ownership of issues and is enthusiastic to get involved in a fast growing, entrepreneurial and international environment.

HP's corporate culture, known as the "HP-way", encourages teamwork, flexibility and innovation. Being the second largest IT-company in the world, we offer an attractive compensation package, development opportunities in an international environment and a pleasant working atmosphere. More information about the company can be found at: http://www.hp.com.

Join us on our way!

Please submit your written application to:

Hewlett-Packard Ges.m.b.H.
A-1122 Wien, Lieblgasse 1
vienna_recruitment@hp.com

Das Vorstellungsgespräch

Grundsätzlich gliedert sich ein Vorstellungsgespräch in zwei Phasen: die Selbstpräsentation und die Möglichkeit, Fragen zu stellen, um das Unternehmen und die ausgeschriebene Position besser kennenzulernen. Folgende Fragen können und sollten vom Bewerber gestellt werden.

Fragen zum Unternehmen

- Wie sieht die derzeitige wirtschaftliche Situation des Unternehmens und die Unternehmensplanung aus?
- Welche mittelfristigen Ziele hat das Unternehmen?
- Wie hat sich das Unternehmen in den vergangenen Jahren entwickelt?
- Wie sieht die Unternehmensphilosophie im Detail aus?
- Gibt es Frauen in Führungspositionen?
- Wie wird Leistung im Unternehmen beurteilt?
- Gibt es ein Zielvereinbarungssystem, regelmäßige Mitarbeitergespräche?
- Welchen Stellenwert haben Aus- und Weiterbildung?
- Gibt es Möglichkeiten, für das Unternehmen im Ausland zu arbeiten?

Fragen zur Position

- Welche Schwerpunkte hat die ausgeschriebene Aufgabe?
- Warum wird die Position neu besetzt?
- Wie ist die Position im Organigramm eingeordnet?
- Welche Kompetenzen sind mit der Position verbunden?
- Welche Entwicklungsmöglichkeiten sind vorgesehen?
- Wie wird die Einarbeitungsphase aussehen?
- Wie ist die Position dotiert?
- Wie sind die Modalitäten bei der Entsendung von Mitarbeitern ins Ausland?[70]

Schriftliche Tests

4.2   Training und Entwicklung von Mitarbeitern

Als es noch üblich war, fast die gesamte Lebensarbeitszeit bei einem Unternehmen zu verbringen, engagierten sich die meisten Organisationen stärker für die Karriereentwicklung der Mitarbeiter. Es wurden innerbetriebliche Karriereprogramme entwickelt, um potentielle Führungskräfte und Beförderungskandidaten auf eine neue, verantwortungsvollere Position vorzubereiten. Die Organisationen boten

Weiterbildungsmaßnahmen und Aufstiegschancen, die Mitarbeiter honorierten dies mit Loyalität und Engagement.

Learning by doing, sagt sich Tasso, der Wachhund

Heute haben viele Organisationen die Verantwortung für die Karriereplanung weitgehend auf die Mitarbeiter übertragen. Die Unternehmen sind zunehmend weniger bereit, in aufwendige Entwicklungsprogramme für möglicherweise nur kurzfristig im Unternehmen Beschäftigte zu investieren. Die Mitarbeiter wiederum sind nicht bereit, sich organisationsspezifische Fähigkeiten anzueignen, die sie woanders nicht einsetzen können. Dennoch sollte fortschrittliche Karriereentwicklung den Mitarbeitern Unterstützung bieten und eine kontinuierliche Weiterbildung ihrer Fähigkeiten und Kenntnisse ermöglichen. Jeder Mitarbeiter sollte sich jedoch bewußt sein, daß in erster Linie er selbst für seine Entwicklung verantwortlich ist und daß eine erfolgreiche berufliche Laufbahn hauptsächlich auf Flexibilität und steter Lernbereitschaft basiert, denn: Auch ein fähiger und fachkundiger Mitarbeiter bleibt nicht ewig kompetent (vgl. Halbwertszeit des Wissens). Konkret sind laufend Maßnahmen zur Entwicklung erforderlich, speziell:

- **Fachkompetenz**: Aufgrund neuer Technologien und verbesserter Verfahren und Methoden unterliegen Arbeitsaufgaben einer fortwährenden Veränderung. Folglich müssen die Mitarbeiter ständig geschult und auf die neuen Anforderungen vorbereitet werden. Die meisten Trainingsaktivitäten zielen darauf, die technischen Fähigkeiten der Mitarbeiter – sowohl im ausführenden als auch im leitenden Bereich – zu verbessern.

- **Soziale Kompetenz**: Vorgesetzte und Mitarbeiter in nicht-standardisierten Tätigkeiten müssen Probleme lösen und Entscheidungen treffen können. Durch Training kann nicht nur eine Schulung der Kooperations- und Konfliktfähigkeit, sondern auch eine Verbesserung der Fähigkeiten zur Definition von Problemen, zur Einschätzung von Ursachen, zur Entwicklung von Alternativen sowie zur Auswahl von Lösungen erreicht werden.

Als Trainingsmethoden kommen verschiedene Formen des Trainings „On-the-Job" und „Off-the-Job" zur Anwendung:

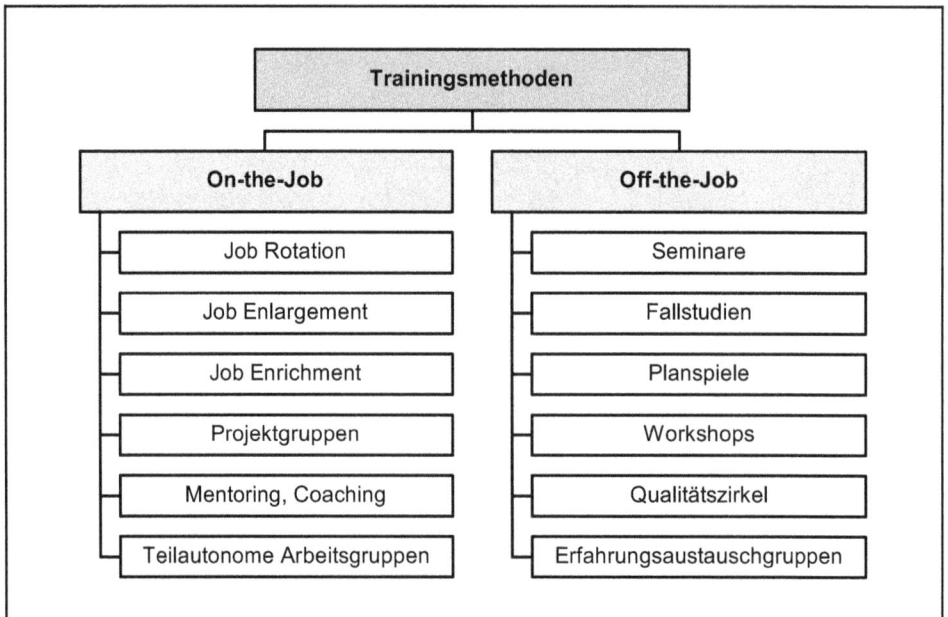

Abbildung 4-2 Trainingsmethoden

- **Training „On-the-Job"**: Aufgrund der Einfachheit und der vergleichsweise geringen Kosten finden die meisten Trainingsaktivitäten am Arbeitsplatz statt. Bei **Job Rotation** durchläuft ein Mitarbeiter nacheinander verschiedene Tätigkeiten und mitunter auch verschiedene Abteilungen, um einen besseren Einblick in die Art der Organisationsaktivitäten und das Zusammenspiel der verschiedenen Tätigkeiten zu bekommen. Neue Mitarbeiter erlernen ihre Tätigkeit häufig unter Anleitung eines erfahrenen Mitarbeiters (vgl. *mentoring, coaching*, wie es z.B. im Handwerk während der Lehre der Fall ist). Vorteil dieser Maßnahme sind die Reduzierung der Langeweile und die Erweiterung des Erfahrungsspektrums. Darüber hinaus trägt sie zu einer umfassenden Schulung der Mitarbeiter bei, die dann sehr flexibel im Unternehmen eingesetzt werden können. Allerdings entstehen durch Job Rotation erhöhte Schulungs- und Trainingskosten. Darüber hinaus ist in der Zeit, die zur Einarbeitung in das neue Tätigkeitsfeld benötigt wird, mit einer verringerten Produktivität zu rechnen. Auf dem Prinzip der Job Rotation beruhen auch die sehr beliebten Trainee-Programme für Berufsanfänger, wie z.B. Hochschulabsolventen. Diese geben den jungen Mitarbeitern die Möglichkeit, etwa ein Jahr lang verschiedene Abteilungen, z.B. einer Bank, kennenzulernen und so einen Einblick in das gesamte Bankgeschäft zu bekommen, bevor sie an ihrem eigentlichen künftigen Arbeitsplatz eingesetzt werden.

Job Rotation

- **Job Enlargement** bedeutet, daß der Mitarbeiter mit der Zeit immer wieder zusätzliche Aufgaben übernimmt, um auf diese Weise nicht nur besser eingesetzt, sondern auch leistungsfähiger zu werden. Während hier quantitative Aspekte im Vordergrund stehen, zielt **Job Enrichment** auf eine qualitative Verbesserung der Tätigkeit ab. Der Mitarbeiter übernimmt hier nach und nach nicht nur mehr

Aufgaben, sondern insbesondere solche, für deren Ausführung auch mehr Qualifikation und Erfahrung notwendig ist. Diese Maßnahme wirkt sich jedoch nur bedingt in Hinblick auf erhöhte Motivation und Produktivität aus und dient zudem oft als Instrument im Zusammenhang mit der Realisierung von Sparmaßnahmen. Eine Weiterführung von Job Enrichment stellen **(teil-)autonome Arbeitsgruppen** dar. Durch deren Bildung erlangen die beteiligten Mitarbeiter eine höhere Selbständigkeit und Eigenverantwortung für ihre Tätigkeit. Die Gruppen sind verantwortlich für die Festlegung der Ziele, die Verteilung der Arbeitsaufgaben, für die Durchführung der zur Erfüllung notwendigen Tätigkeiten sowie für die Kontrolle bzw. Auswertung. Dieses Modell praktizierte vor Jahrzehnten bereits Volvo in Schweden, in jüngster Zeit beruht Lean Management wesentlich darauf.

- **Training „Off-the-Job":** Bestimmte Tätigkeiten sind zu komplex, um sie ausschließlich im normalen Arbeitsprozeß zu erlernen. In solchen Fällen bietet sich eine Weiterbildung außerhalb des Unternehmens an. Off-the-Job-Training findet üblicherweise in Form von **Seminaren** statt, bei denen verschiedene didaktische Methoden eingesetzt werden (vgl. z.B. Outdoor-Trainings, bei denen der Teamgeist durch diverse Übungen im Gelände gestärkt werden soll). **Vorträge** etwa eignen sich, um spezifische Informationen zu übermitteln, technische und problemlösungsbezogene Fähigkeiten zu schulen. Anhand von **Videos** können spezielle Verfahren demonstriert werden, die sich durch andere Methoden nur schwer zeigen lassen. Interpersonelle und Problemlösungsfähigkeiten lassen sich am besten in **Simulationsübungen** (Fallstudien, Experimente, Rollenspiele und interaktive Gruppenübungen) trainieren. Auch Computersimulationsmodelle (z.B. Unternehmensplanspiele) können zur Schulung eingesetzt werden. Schließlich besteht die Möglichkeit, neue Mitarbeiter zunächst in einer Art **Lehrwerkstätte** arbeiten zu lassen, damit sie sich die notwendigen Fähigkeiten aneignen können.

Traineeprogramme haben sich bewährt

Das Institut der deutschen Wirtschaft Köln hat in einer umfassenden Befragung von großen Unternehmen untersucht, welche Ziele die Firmen mit Traineeprogrammen verfolgen, wie die Programme organisiert sind und welche Kandidaten die besten Aussichten haben.

- **Ziele**: Qualifizierung der Trainees, ihre Integration in das soziale Umfeld des Unternehmens sowie die Erlangung einer Orientierung in bezug auf die Ziele und die Organisation der Firma.

- **Programmablauf**: Zunehmend verzichtet man auf eine festgelegte Abfolge der Ausbildungsstationen zugunsten einer flexiblen Programmgestaltung, die sich an den Fähigkeiten und Interessen des Trainees ausrichtet. Damit rückt an die Stelle der traditionellen Vielzahl von Tätigkeiten in verschiedensten Bereichen eine fach- und ressortbezogene Konzentration auf wenige ausgewählte Stationen. Variabel ist auch die Dauer der Programme. Sie reicht von zwei Monaten bis zu drei Jahren, durchschnittlich 15 Monate. Unterschiedlich ist auch die Teilnehmerzahl, die sich zwischen zwei Trainees in einem Beratungsunternehmen und über 200 Kandidaten in einer großen Bank bewegt.

- **Chancen**: Hauptsächlich gefragt sind Betriebswirte, Ingenieure (Elektronik, IT-Spezialisten, Informatik etc.) sowie Wirtschaftsingenieure mit einer Kombination von technischem *und* kaufmännischem Wissen. Das gilt nicht nur für Traineeprogramme, ebenso wie die nachfolgenden Wünsche der Unternehmen an den erfolgreichen Bewerber.

- **Voraussetzungen**: Natürlich gibt es die „eierlegende Wollmilchsau", jemand der alle Anforderungen gleichermaßen erfüllt, nicht. Das wissen auch die Firmen. Es gibt aber wohl eine deutliche Reihung dessen, was man mitbringen sollte – (1) kommunikative und soziale Fähigkeiten (Integrations- und Kooperationsbereitschaft, Problemlösungskompetenz), Leistungsvermögen und Eigeninitiative (2) anwendungsbezogenes Fachwissen inkl. EDV- und Fremdsprachenkenntnisse; (3) von Vorteil sind Praktikums- und Auslandserfahrung, eine zielgerichtete Planung des Werdegangs und kurze Studiendauer. Weniger wichtig sind die Noten, das Thema der Diplomarbeit, eine bestimmte Spezialisierung und welche Hochschule besucht wurde, ein ausländisches Diplom oder der Doktortitel – akademische Leistungskriterien sind deutlich nur ein Teilaspekt des Anforderungsprofils der Wirtschaftspraxis.[71]

Empowerment – als Begriff der jüngsten Zeit – verlangt nicht nur die Notwendigkeit der ständigen Weiterentwicklung der Mitarbeiter, sondern darüber hinaus deren Befähigung zu selbständigem, unternehmerischem Handeln, was insbesondere aber auch ihre Ausstattung mit entsprechenden Kompetenzen erfordert.

| am ersten Tag | nach einem halben Jahr | nach zwei Jahren |

| nach fünf Jahren | nach zehn Jahren | nach 20 Jahren |

Personalentwicklung

Der Mitarbeiter als Unternehmer

Im Unternehmen der Zukunft können sich Anforderungen und Inhalte am Arbeitsplatz täglich ändern. Die Arbeitsmarktfähigkeit der Beschäftigten muß gestärkt werden. Starre Arbeitszeitregelungen sind nicht mehr tragbar, Flexibilität und Mobilität verhelfen zu den guten Jobs.

Tatsachen sprechen eine deutliche Sprache: Trotz wirtschaftlichen Aufschwungs in den letzten Jahren gehen die Arbeitslosenzahlen kaum zurück. Immer mehr arbeitswillige Menschen sind aufgrund fehlender oder mangelhafter Kompetenzen nicht vermittelbar. Der Arbeitsmarkt erfährt einen dramatischen Wechsel.

Das renommierte Prognos-Institut hat bilanziert, daß jeder fünfte heutige Industriearbeitsplatz bis 2020 abgebaut sein wird. Wer sich als Arbeitnehmer nicht umstellt, weiterbildet oder in anderer Weise qualifiziert, um zeitgemäßen Arbeitsmarktbedingungen zu genügen, wird bald arbeitslos auf der Straße stehen. Obgleich Wirtschaft und Politik positive Signale aussenden, ist der EU-Arbeitsmarkt in eine Schieflage geraten. Globale Veränderungen beeinflussen das System Arbeit, Trends der Zukunft zeichnen sich bereits ab. Die Zukunft der Arbeit wird mit ihrer Vergangenheit sehr wenig zu tun haben. Die Industriegesellschaft stirbt aus, die globale Dienstleistungs- und Wissensgesellschaft kommt. Die erweiterten Märkte nutzt eine größere Zahl von Nachfragern und Anbietern. Das führt zu Arbeitsteilung und Spezialisierung. Die Aufgaben für Mitarbeiter in ihren Unternehmen werden immer individueller zugeschnitten. Wer dem nicht Rechnung trägt, wird nicht mehr mithalten können.

Die neuen Technologien, vor allem im Informationsbereich, bedingen höhere Qualitätsanforderungen. Neue Formen der Arbeitsteilung bilden sich heraus. Wer bisher noch großteils mit mechanischen Tätigkeiten befaßt war, wird durch Computer- und Roboter-Einsatz ersetzt werden.

Der klassische Wirtschaftsarbeitsplatz – etwa der Dreher an seiner Maschine, der tagein tagaus dort seiner erlernten Tätigkeit nachgeht – wird bald passé sein. Niemand wird mehr ein Leben lang Dreher sein können. Denn nicht nur der heimische Arbeitsmarkt verändert sich, er läßt sich auch nicht mehr von internationalen Einflüssen abschotten. Das Umdenken besteht darin, sich klarzumachen, daß der einmal erlangte Arbeitsplatz keine zeitlose Institution der menschlich-beruflichen Existenz mehr ist.

Weil die Arbeit an sich einem Wandel unterliegt, werden wir alle im Laufe unserer beruflichen Biografie mehrere Arbeitsplätze haben – oder auf der Strecke bleiben. Schon heute gibt es in vielen Unternehmen keine feste Arbeitsplatzstruktur mehr, sondern Arbeitsfelder.

Immer mehr verliert die Arbeit ihren herkömmlichen Standort, sie ist mobil. Laptops und Modems machen manche Büroansiedlung obsolet, internationale Datenbanken im Internet machen unabhängig von betriebsinternen Archiven und Dokumentationsablagen. Geschwindigkeit und Flexibilität bestimmen das Arbeitsgeschehen, nicht der Besitz eines Arbeitsvertrags.

Befristete Verträge werden zur Regel, freie Mitarbeit und Outsourcing konterkarieren das Arbeitsleben konventionellen Zuschnitts. Honorierungen von zeitlich befristeten Verträgen, in denen die individuell erbrachte Leistung abgerechnet wird, verdrängen Lebensarbeitsplätze, in denen sich die Gehaltsstufen nach dem Alter des Mitarbeiters staffeln. Dieser Umbruch wird eine ganz neue Unternehmenslandschaft entstehen lassen, in der andere Beschäftigungskonzepte gebraucht werden. Die Gewerkschaften hinken dieser Entwicklung weit hinterher.

Es ist auch nicht leicht, in einer Welt der rasanten Veränderung, ohne klar umrissene zukünftige Arbeitsfelder, Deutlichkeit zu vermitteln. Deutlich ist, daß ein Unternehmen ohne emanzipierte Mitarbeiter nicht mehr existieren kann. Wer als Beschäftigter seine Arbeitsmarktfähigkeit nicht stärkt, gilt als Auslaufmodell.

Nur mit lebenslangem Lernen wird der einzelne dem neuen Paradigma der Zusatzleistungen gerecht. Die Zeit des gelegentlichen Weiterbildungstourismus nähert sich ihrem Ende.

Das verzerrte Arbeitsplatzbild wird abgelöst werden von wirklichkeitsnaher Ausbildung. Die Personalabteilung wird von der Mitarbeiterverwaltung zur unternehmerischen Personalarbeit übergehen. Lebens-, Arbeits- und Weiterbildungsphasen, Arbeitsplätze und Aufgaben, Funktionen und Vergütung werden den kontinuierlichen Veränderungsprozeß des Arbeitnehmers begleiten. Man ist in Zukunft nicht nur Mitarbeiter eines Unternehmens, sondern auch als Angestellter eine Selbst-GmbH in eigener Verantwortung. Der Mitarbeiter wird zum Unternehmer.[72]

4.3 Leistungsbewertung

Leistungsbewertungen (vgl. auch *job evaluation, job appraisal*) dienen der Förderung und Selektion der Mitarbeiter und werden über die Beurteilung der individuellen Leistung hinaus für die allgemeine Planung der Humanressourcen – im besonderen betrifft dies die Beförderung, Versetzung von Mitarbeitern oder auch die Beendigung von Beschäftigungsverhältnissen – verwendet. Sie tragen auch zur Identifizierung von Entwicklungsbedarfen und -potentialen bei.

Sie können darüber hinaus dazu dienen, den Erfolg von Trainings- und Weiterbildungsmaßnahmen einzuschätzen und geben den Mitarbeitern das nötige Feedback. Schließlich bildet die Leistungsbeurteilung die Grundlage für die betriebliche Entgeltpolitik.

Ziele der Leistungsbewertung	
Unternehmen	**Mitarbeiter**
• Personaleinsatzentscheidungen • Personalentwicklung • Lohndifferenzierung • Förderung der Mitarbeiter • Personalführung und Kontrolle • Evaluierung der Personalarbeit • Personalplanung	• Karriereziele • Einkommensziele • Leistungs- und Informationsziele

Tabelle 4-2 Ziele der Leistungsbewertung

Die üblichsten **Kriterien** bei der Leistungsbewertung sind

- **individuelle Ergebnisse**: Diese werden eingesetzt, wenn die Arbeitsergebnisse, weniger aber die Art und Weise, wie diese Ergebnisse erzielt wurden, eine Rolle spielen (z.B. Erfüllung von Umsatzvorgaben bei Verkäufern).

- **Verhalten**: Bei vielen Tätigkeiten kann die individuelle Leistung eines Mitarbeiters aber nicht primär am Endergebnis gemessen werden. Dies ist z.B. bei Tätigkeiten in leitenden Positionen oder Teamaufgaben der Fall, bei denen zwar die Gesamtleistung, nicht aber konkret die Leistung eines Einzelnen ermittelt werden kann. In solchen Fällen orientiert sich die Leistungsbewertung häufig am Verhalten der Mitarbeiter. Bei einer Führungskraft wird dann z.B. der praktizierte Führungsstil, bei Teammitgliedern etwa die Kooperationsbereitschaft bewertet.

Wer bewertet? – Zunehmend werden über die traditionelle Methode, daß ausschließlich der unmittelbare Vorgesetzte die Leistungsbeurteilung vornimmt, hinaus auch andere Methoden angewendet. Auch die Bewertung durch Kollegen, die üblicherweise einen sehr guten Einblick in die Erfüllung von Aufgaben haben, bewährt sich. Selbsteinschätzungen sowie – zur Leistungsbewertung von Führungskräften gelegentlich praktiziert – die Beurteilung durch unterstellte Mitarbeiter sind ebenfalls anwendbare Methoden. Schließlich kann die Leistungsbewertung im Rahmen der „360°-Beurteilung" auch von allen, die während des Tagesgeschäfts mit einer Person zu tun haben (Vorgesetzte, Kollegen, unterstellte Mitarbeiter und Kunden) vorgenommen werden. Diese Variante eignet sich besonders gut für Organisationen mit ausgeprägter Teamarbeit und im Rahmen von Qualitätsmanagement-Programmen.

Die Leistungsbewertung kann durch den Einsatz verschiedener **Techniken** erfolgen. Die am häufigsten eingesetzten Methoden sind die schriftliche Einschätzung, das Festhalten entscheidender Ereignisse bzw. Ergebnisse sowie die Verwendung von Bewertungsskalen (vgl. Indikatoren). Häufig sind die genannten Erfassungsmöglichkeiten in einem standardisierten Personalbeurteilungsbogen bzw. -formular kombiniert. Ein wichtiges Thema in diesem Zusammenhang ist auch der Leistungsvergleich, der als Grundlage für das Beurteilungsgespräch dient. Dabei werden die Mitarbeiter einer Abteilung, z.B. in das beste Drittel, das mittlere Drittel und das schwächere Drittel eingeteilt, klassifiziert oder auch ein konkretes *Ranking* der einzelnen Mitarbeiter vorgenommen.

Sie haben wieder einmal gute Arbeit geleistet, Herr Huber.
Hier, nehmen Sie den Lolli!

Obwohl die meisten Organisationen bestrebt sind, Befangenheit und Vorurteile bei der Leistungsbewertung auszuschließen, können **Probleme** auftreten. Die meisten Tätigkeiten beinhalten vielfältige Aufgaben. Wenn zur Bewertung der Leistung nur ein bestimmtes Kriterium herangezogen wird, neigt der Mitarbeiter dazu, sich auf dieses Kriterium zu konzentrieren und andere, ebenso wichtige Aspekte zu vernachlässigen. Zudem beurteilt jemand vielleicht nachsichtig, andere urteilen wiederum sehr streng, was – bei gleicher Leistung – zu sehr unterschiedlichen Ergebnissen führen kann. Menschen neigen stark dazu, ausgehend von einem auffälligen Persönlichkeitsmerkmal auf das gesamte Wesen einer Person zu schließen.

Sinnvolle Leistungsbewertung ist mit der Gestaltung der Vergütung bzw. mit einem motivationswirksamen betrieblichen Anreizsystem eng verknüpft. Die **Gestaltung des Anreizsystems** umfaßt dabei üblicherweise folgende Komponenten:

- **Leistungsbezogene Entlohnung** heißt, ein Mitarbeiter wird nicht nur aufgrund seiner Anwesenheit, sondern (auch) nach tatsächlich geleisteter Arbeit bezahlt. Als Meßvariable bzw. Vergütungsbasis können dabei z.B. die eigene Produktivität, die des Teams oder auch des Unternehmens herangezogen werden. Bei der leistungsbezogenen Entlohnung unterscheidet man Akkordlöhne, Prämienlohn (Grundgehalt plus Zusatzvergütung, z.B. MbO-Prämie) und Erfolgsbeteiligung (z.B. Gewinnbeteiligung, Ausgabe von Aktien), wobei auch Mischformen zur Anwendung kommen.

- Im Rahmen einer **flexiblen Gestaltung der Sozialleistungen** (vgl. *fringe benefits*) kann ein Unternehmen seinen Mitarbeitern auch die individuelle Zusammenstellung von „Leistungspaketen" anbieten (z.B. subventionierte Kranken- oder Lebensversicherungen, Sparpläne, Ferienmöglichkeiten, zusätzlicher Urlaub etc.).

- Darüber hinaus ist die **flexible Gestaltung der Arbeitszeit** ein wichtiges Thema. Es soll dabei nicht mehr darum gehen, primär Anwesenheit zu „produzieren", sondern vielmehr dem Lebensrhythmus der Mitarbeiter entgegenzukommen und – gewissermaßen im Gegenzug – motivierte Leistungserbringung erwarten zu können. Zu den bereits bewährten Modellen, wie etwa Gleitzeit in verschiedenen Ausformungen, kommen zunehmend z.B. die konzentrierte Arbeitswoche (vgl. das Modell der Vier-Tage-Woche bei Volkswagen) oder Job Sharing (zwei Mitarbeiter „teilen" sich eine Stelle) zur Anwendung.

- Motivation und Produktivität werden auch von einer **flexiblen Gestaltung der Arbeitsorganisation** beeinflußt. Die Unternehmensleitung kann dazu beitragen, indem sie das Empfinden des Mitarbeiters am Arbeitsplatz positiv beeinflußt und damit seine Zufriedenheit erhöht. Erreicht werden kann dies z.B. durch Job Rotation, Job Enlargement, Job Enrichment oder die Einrichtung (teil-)autonomer Arbeitsgruppen, die eine eigenverantwortliche Bewältigung der Aufgaben fördern.

Flexible Arbeitszeitgestaltung ist heutzutage unumgänglich

4.4   Das globale Dorf – Interkulturelles Bewußtsein im Auslandsgeschäft

Bei Globalisierung denken die meisten an Produktentwicklung, Marketing, Vertrieb, Technik. Übersehen wird dabei oft, daß auch die Mitarbeiter „international tauglich" sein müssen. Bei der weltumspannenden, grenzüberschreitenden Entfaltung von wirtschaftlichen Aktivitäten kommen sie in Berührung mit fremden Wirtschaftsräumen und Kulturen. Über die bisherigen Probleme der Unternehmensführung hinaus ist eine Auseinandersetzung mit kulturellen Unterschieden notwendig. Was im Stammhaus als bewährte Praxis gilt, ist noch lange nicht die im Ausland geeignete Vorgangsweise.

Letztlich ist die Schaffung geeigneter struktureller und personeller Voraussetzungen – nicht nur im Stammhaus eines Unternehmens – notwendig, um Auslandsaktivitäten erfolgreich koordinieren zu können. **Interkulturelles Management** beschäftigt sich mit diesbezüglichen Gestaltungsaufgaben und dem optimalen Einsatz von Mitarbeitern im Kontext unterschiedlicher Kulturen und Gesellschaften.

Aufgrund der fortschreitenden Globalisierung, die sich z.B. durch die weltweiten Medien, internationale Unternehmenstätigkeit, die Overall-Präsenz vieler Markenartikel usw. ausdrückt, könnte man annehmen, daß kulturelle Unterschiede, langfristig gesehen, nur noch von geringer Bedeutung wären, wenn nicht gar verschwinden. Aber **gleichen sich die nationalen Kulturen wirklich einander an?** Trotz der zunehmenden länderübergreifenden Interaktion ist daher anzunehmen, daß landesspezifische Traditionen und Bräuche in einem hohen Ausmaß erhalten bleiben. Zur Betrachtung und Bewertung verschiedener Kulturen (im organisationalen Kontext) wurden verschiedenste Modelle entwickelt. Auf zwei wichtige Modelle wird nachfolgend eingegangen.

4.4.1   Das Modell von Kluckhohn/Strodtbeck

Kluckhohn und Strodtbeck untersuchten und verglichen Kulturen anhand sechs verschiedener Dimensionen:[73]

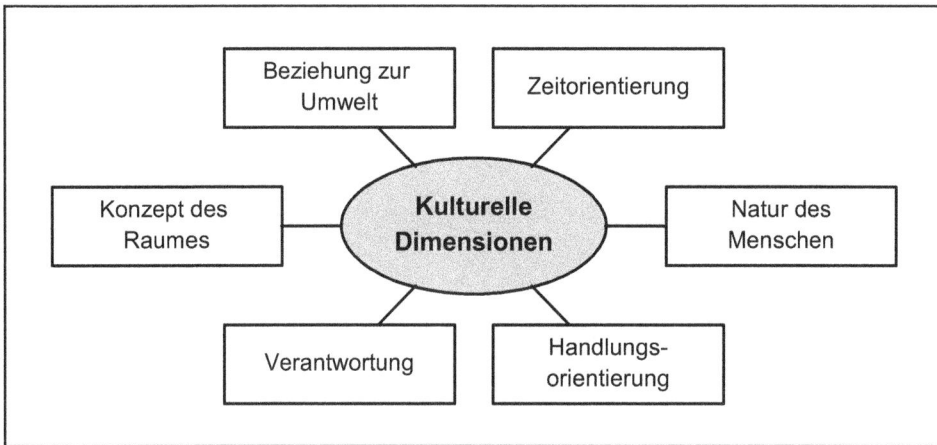

Abbildung 4-3 Kulturelle Dimensionen nach Kluckhohn/Strodtbeck

Die **Beziehung zur Umwelt** drückt aus, ob die Menschen sich ihr überwiegend unterworfen glauben, mit ihr in Harmonie leben oder sie zu dominieren versuchen. **Zeitorientierung** bezieht sich darauf, ob sich eine Kultur eher auf die Vergangenheit, Gegenwart oder Zukunft konzentriert. Beispielsweise spielen Traditionsorientierung, das Bemühen um den Aufbau längerfristiger Geschäftsbeziehungen oder rein kurzfristiges Denken (vgl. *„the trend is your friend"*) in diesem Zusammenhang eine Rolle.

Die Kategorie **„Natur der Menschen"** beschreibt, wie eine Kultur den Menschen betrachtet – als gut, schlecht oder eine Mischung aus beidem – und mit diesem schließlich umgeht. Die Betrachtungsweise des Menschen wirkt sich besonders auch auf den Führungsstil in Organisationen aus. Manche Kulturen betonen im Rahmen ihrer **Handlungsorientierung** das Sein, das Leben für den Moment. Andere konzentrieren sich demgegenüber hauptsächlich auf das Tun, auf Handlungen und orientieren auf die Erbringung von Leistungen und die Erfüllung von Aufgaben. Kulturen können auch danach beurteilt werden, ob sie die Verantwortung für andere eher in der **individualistischen** oder **kollektivistischen Sphäre** ansiedeln: Steht beispielsweise Gruppenorientierung im Vordergrund (vgl. Harmonie, Loyalität) oder ist man stark danach orientiert, daß jedes Individuum Verantwortung für sich selbst übernimmt. Die letzte Dimension des Modells wird **Konzept des Rau-**

mes genannt. Dabei ist die Offenheit bzw. Öffentlichkeit angesprochen, mit der Tätigkeiten verrichtet werden. Beispielsweise ist es in Japan oder den USA üblich, in Großraumbüros ohne jegliche Trennwände zu arbeiten. Demgegenüber zieht man sich in anderen Kulturen hinter verschlossenen Türen zurück und mißt einem eigenen Büro einen hohen Stellenwert bei.

Zeitorientierung

4.4.2   Das Modell von Hofstede

Ein weiteres Modell zur Analyse kultureller Unterschiede wurde von Hofstede entwickelt.[74] Während in den meisten anderen Untersuchungen nur eine begrenzte Anzahl von Ländern bzw. verschiedene Unternehmen betrachtet wurden, untersuchte Hofstede mehr als 116.000 Mitarbeiter eines internationalen Unternehmens (IBM) in 40 Ländern. Durch diese Vorgehensweise konnten alle durch unterschiedliche Unternehmenskulturen auftretenden Unterschiede ausgeschlossen werden, d.h., die ermittelten Unterschiede sollten auf unterschiedliche Kulturen zurückzuführen sein.

Hofstedes Untersuchungen zeigten, daß die nationale Kultur einen entscheidenden Einfluß auf die arbeitsbezogenen Werte und Einstellungen eines Mitarbeiters hat und daß sich sowohl Manager als auch Mitarbeiter in vier Dimensionen der nationalen Kultur – Individualismus vs. Kollektivismus, Machtdistanz, Vermeidung von Unsicherheit und Maskulinität – unterscheiden.

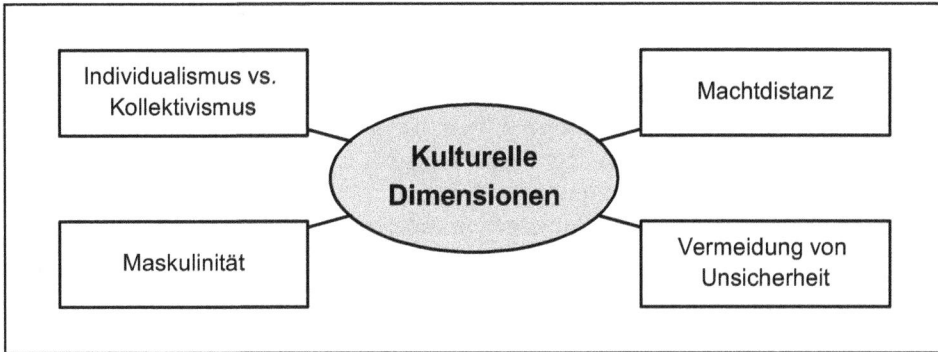

Abbildung 4-4 *Kulturelle Dimensionen nach Hofstede*

Individualismus versus **Kollektivismus** – In individualistischen Kulturen wird dem Einzelnen ein hohes Maß an persönlicher Freiheit zugestanden. Die Menschen sind mehr auf die eigenen Interessen und die ihrer unmittelbaren Angehörigen bedacht. Kollektivismus ist gekennzeichnet durch eine überwiegende Formierung der Menschen in Gruppen, die Schutz bieten und denen die Individuen als Gegenleistung dafür ihre Loyalität bzw. Anpassung entgegenbringen. Der Grad der Ausprägung von Individualismus bzw. Kollektivismus hängt nach Hofstede stark mit dem Reichtum des jeweiligen Landes zusammen.

Mit **Machtdistanz** beschreibt Hofstede, in welchem Ausmaß eine Kultur Ungleichheiten bei der Machtverteilung im öffentlichen Leben wie auch in Organisationen akzeptiert. Eine hohe Machtdistanz drückt aus, daß die Kultur große Differenzen in der Machtverteilung billigt, „Autoritäten" bzw. Vorgesetzten den nötigen Respekt entgegenbringt und Status, wie z.B. Titeln eine große Bedeutung zuschreibt. In Kulturen mit einer geringen Machtdistanz werden machtbezogene Unterschiede so weit wie möglich abgeschwächt. Vorgesetzte haben zwar Autorität und werden akzeptiert, die Mitarbeiter zeigen aber weder Angst noch Ehrfurcht vor ihnen. Beispiele solcher Kulturen sind die nordeuropäischen Länder.

Die Dimension **Vermeidung von Unsicherheit** beschreibt, wie stark sich eine Kultur von unvorhersehbaren Einflüssen bedroht fühlt und wie groß das Bestreben ist, unsicheren Situationen aus dem Weg zu gehen. Manche Kulturen akzeptieren eine ungewisse Zukunft und gehen ihr mehr oder weniger gelassen entgegen. Ebenso gelassen reagieren sie auf von ihren Vorstellungen abweichende Meinungen oder Verhaltensweisen, da sie sich dadurch nicht bedroht fühlen. Nach Hofstede zeigen solche Kulturen einen geringen Drang zur Vermeidung von Unsicherheit, da sich die Menschen in ihr recht sicher fühlen. Im Gegensatz dazu sind Kulturen, die einen starken Drang zur Vermeidung von Unsicherheit zeigen, gekennzeichnet durch einen hohen Grad an Angst und Unsicherheit. Dies zeigt sich beim einzelnen Menschen in Form von Nervosität, Streß und Aggressivität. Da sich die Menschen tendenziell bedroht und unsicher fühlen, besteht ein hohes Bedürfnis nach Schutz. Üblicherweise werden Regeln und Vorschriften konstruiert, die Risiken minimieren sollen. Von der Norm abweichendes Verhalten wird in der Regel weniger akzeptiert, da dies Ursache für Unsicherheit sein könnte. Am Arbeitsplatz zeigt sich ein

hoher Grad an Unsicherheitsvermeidung hauptsächlich durch eine geringe Arbeits-
platzmobilität.

Die Dimension **Maskulinität** beschreibt schließlich, ob eine Kultur maskulinen
Werten oder femininen Werten eine größere Bedeutung zuschreibt. Kulturen, die
die maskulinen Werte betonen, legen nach Hofstede besonderen Wert auf Materielles. Andere Kulturen schätzen feminine Werte, sie räumen etwa zwischenmenschli-
chen Beziehungen sowie dem Wohlergehen anderer einen größeren Stellenwert ein.

Die folgende Übersicht zeigt am Beispiel einiger ausgewählter Länder die Ausprägung der vier Dimensionen:

Dimensionen / Land	Deutschland	Frankreich	Griechenland	Großbritannien	Japan	Niederlande	Österreich	Schweden	Schweiz	USA
Individualismus	67	71	*35*	89	46	80	55	71	68	**91**
Machtdistanz	35	**68**	60	35	54	38	*11*	31	34	40
Vermeidung von Unsicherheit	65	86	**112**	35	92	53	70	*29*	58	46
Maskulinität	66	43	57	66	**95**	14	79	*5*	70	62

Je größer der Wert, umso stärker ist das jeweilige Merkmal ausgeprägt.
Markiert sind jeweils der *niedrigste* und der **höchste** Zeilenwert.

Tabelle 4-3 *Ausprägung der Hofstede-Dimensionen in ausgewählten Ländern*[75]

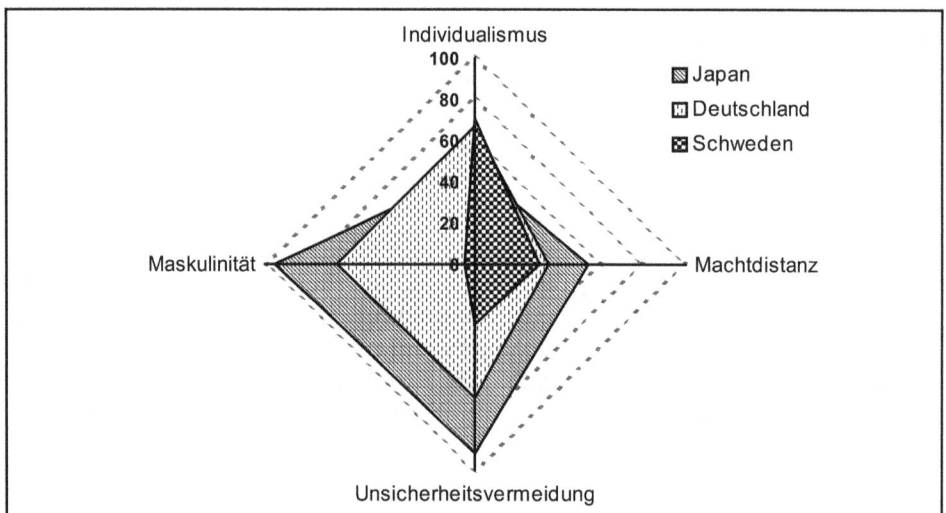

Abbildung 4-5 *Kulturprofil Deutschlands, Japans und Schwedens im Vergleich*

Kritisch anzumerken ist, daß Hofstedes Untersuchung ausschließlich auf einer Betrachtung verschiedener Länder beruht. Kulturen beschränken sich aber nicht
zwangsläufig auf Ländergrenzen. Es gibt zahlreiche multikulturelle Länder, aber

auch Kulturen, die Ländergrenzen überschreiten. Beide Aspekte finden keine Berücksichtigung. Zu betonen ist, daß die Erkenntnisse von Hofstede auch zur Erklärung kulturspezifischer Unterschiede im beruflichen Kontext heranzuziehen sind.
So werden etwa Motivation, Führungsstile, Personalentwicklung sowie die Anforderungen bzw. Voraussetzungen bei geschäftlichen Verhandlungen stark von der
jeweiligen Landeskultur beeinflußt, wie auch die folgende Tabelle zeigt.

Managementkriterien	Europa	USA
Art der Kooperation	Wettbewerb mit zahlreichen Einschränkungen	liberale Wettbewerbsordnung
Werte	formell, status- und einfluß-orientiert	informell, zielorientiert
Zeitorientierung	längerfristig	kurzfristig
Politischer Einfluß	politische Einflüsse spielen eine größere Rolle (z.B. öffentliche Wirtschaft, Interventionen)	eher unabhängig von politischen Umständen
Art der Ausbildung	gute Grundausbildung	zielorientiert, Managementausbildung
Initiative	Entscheidungsfindung eher gruppenorientiert	persönliche Initiative und Entscheidungsfindung
Mobilität	eher geringere Mobilität	hohe Mobilität (Fluktuation) der Mitarbeiter
Loyalität	Loyalität des Managements genüber dem Unternehmen	geringere Loyalität des Managements gegenüber dem Unternehmen
Rolle des Unternehmens	Förderung gesellschaftlicher Ziele noch immer nicht gänzlich unbedeutend	Förderung ausschließlich des Ziels optimaler Kapitalverwertung

Tabelle 4-4 Wirtschaft und Management in Europa und den USA

Fallstudie: Auf der Flucht

Hier in China kann ich mich des Gefühls nicht erwehren, daß wir irgendwie alle auf der Flucht sind; auf der Flucht vor unliebsamen Erinnerungen, problembehafteten Beziehungen, vor der „Realität", oder auch einfach nur vor uns selbst. Meist reichte nicht einfach nur ein „normaler" Ortswechsel, es mußte schon weit weg sein, am besten sprichwörtlich ans andere Ende der Welt. Und hier ist dann eben alles anders. Nichts ist wirklich ganz real, nichts so wie zu Hause. Man verhält sich anders, trifft andere Entscheidungen, geht Wege, die man „zu Hause" niemals gegangen wäre. Und warum? Um den eigenen Horizont neu abstecken zu können, sich auszuprobieren und neu zu entdecken. Das ist zumindest die offizielle Erklärung. Klingt gut und einleuchtend. Doch warum können wir diese Erfahrungen nicht auch zu Hause machen? Weil uns dort jeder kennt und wir in unserer Schublade feststecken. Hier jedoch kennt uns niemand, hier gibt es keine vorgefertigten Meinungen, kein „das bist doch gar nicht Du". Alles schön und gut, aber auch nur bis zu einem gewissen Grad. Sicherlich, Leben im Ausland stärkt und festigt den Charakter, kann dem Leben eine andere Richtung geben, gibt eine neue Sicht auf die Dinge, läßt die unliebsame Erfahrung machen, selbst „Ausländer" zu sein, das Gefühl, nie wirklich dazuzugehören, so sehr man sich auch anstrengt. Das mag jetzt stark verallgemeinernd sein; es gibt sicherlich auch glückliche Ausnahmen. Doch scheint es, daß eine gewisse Art von „Kulturchauvinismus" im Ausland nur noch verstärkt wird. Wer von den Ausländern, die ich während meiner Zeit hier kennengelernt habe – mich eingeschlossen –, kann wirklich und ehrlich behaupten, gute chinesische Freunde zu besitzen? Wer kann negieren, daß er – außerhalb der Arbeit – den Großteil seiner Zeit bloß mit anderen Ausländern verbringt? Kaum jemand. Sicherlich ist die Sprachbarriere ein großes Problem für viele. Doch das ist es nicht allein. Wir sind hier Ausländer, quasi einer anderen Spezies zugehörig. Einer Spezies, die zwar zuweilen neugierig beäugt wird, die den Duft der großen weiten Welt mit sich bringt, die aber immer auch mit Vorsicht zu genießen ist. Ich möchte mir nicht herausnehmen zu behaupten, daß die vielen Beziehungen zwischen jungen Chinesinnen und männlichen Ausländern (jungen wie alten) nur auf dem Reiz des Westens (der ein besseres Leben verspricht) beruhen, in gewisser Hinsicht kann ich mich des Eindrucks aber leider nicht erwehren. So, wie wir hier auf einen gewissen Sockel gestellt werden, bauen wir uns um diesen Sockel herum noch eine Plexiglaskuppel – wie die Aufseher in einer Werkhalle in ihren Büros mit den großen Glasfenstern, um alles bestens im Blick zu haben, jedoch vor dem Lärm und dem Gestank der Maschinen geschützt zu sein. Und je mehr Ausländer sich zusammenschließen – auch aus einer nicht zu verleugnenden Art von Selbstschutz heraus –, desto undurchdringlicher wird die Kuppel.

Dazu ist fairerweise jedoch auch anzumerken, daß unter der Kuppel keine – oder nur geringe – Unterscheidungen hinsichtlich der Nationalität der einzelnen Ausländer gemacht werden. Schließlich sitzen wir alle im selben Boot. Einzig einen Unterschied gibt es: jenen zwischen den Studenten und Englisch-Lehrern auf der einen Seite, die größtenteils nach China gekommen sind, um das Leben hier zu genießen, und auf der anderen Seite jenen, die längerfristig zum Arbeiten nach China gekommen sind. Altersmäßig gehöre ich zur ersten Gruppe, ansichtsmäßig zur zweiten. Ich befinde mich also wieder einmal zwischen den Stühlen.

Aufgabe 1

Mit welchen Probleme sieht sich ein ins Ausland entsandter Mitarbeiter konfrontiert?

Aufgabe 2

Welche Möglichkeiten bieten sich, um im Gastland – jenseits der „Communities" – wirklich Fuß zu fassen?

Aufgabe 3

Was würden Sie im geschilderten Fall zur Wiederherstellung des „Seelenfriedens" raten?

4.4.3   Verhalten in internationalen Märkten

Menschen werden in ihrem Denken und Handeln von ihrer Kultur beeinflußt und agieren in Übereinstimmung mit den in ihrem Land vorherrschenden Werten und Normen. Sofern jemand die Wahl zwischen mehreren potentiellen Geschäftspartnern hat, wird er denjenigen auswählen, der ihm am sympathischsten erscheint, dem er glaubt, vertrauen zu können, zu dem er eine Beziehung aufbauen kann. Geschäfte werden demgemäß auch in wesentlich größerem Ausmaß zwischen einzelnen Menschen abgeschlossen, als man dies auf den ersten Blick vermuten mag.

Andere Länder, andere Sitten

„Dabei geht es nicht darum, einfach Benimm-Regeln zu beachten, sondern vielmehr darum, die kulturellen Eigenarten des jeweiligen Landes zu kennen und zu achten. Das beginnt bei der Begrüßung und geht bis zu kulturellen Tabubereichen, die beim Kontakt mit ausländischen Geschäftspartnern zu beachten sind.

Wer beispielsweise in Japan Argumente zu offen ausspricht oder Gefühle zeigt, verliert sein Gesicht. Wer sich dagegen nach westlichem Verständnis passiv verhält, was zum Beispiel in Deutschland im Geschäftsleben undenkbar erscheint, erntet in Asien allerhöchste Wertschätzung.

In jedem Land gibt es eigene Lebensgewohnheiten, kulturelle Besonderheiten und Traditionen, die auch auf das Geschäftsleben abfärben. So reagieren viele Südeuropäer verärgert über Anrufe in der Mittagszeit (Siesta), dafür sind viele Büros auch abends nach 19 Uhr noch vollständig besetzt. Wer mit arabischen Ländern Geschäfte tätigt, sollte den heiligen Freitag achten. Dafür wird ganz selbstverständlich am westlichen ,heiligen' Sonntag gearbeitet.

In vielen Ländern der Welt haben nationale oder ethnische Eigenarten oder Zugehörigkeiten einen viel höheren Stellenwert als in Deutschland. Wer in Schottland oder Wales von Briten redet, wird kaum erfolgreich sein. Viele Bewohner Nordspaniens zum Beispiel sehen sich nicht als Spanier, sondern als Basken, Katalonen oder Galizier. Nicht nur solche Besonderheiten müssen beachtet werden, sondern auch Rivalitäten innerhalb eines Landes. So ist es in Italien wichtig zu wissen, daß sich viele Norditaliener und Süditaliener nicht leiden mögen. Auch die Rivalität von Flamen und Wallonen in Belgien hat eine andere Dimension als das in Deutschland eher belächelte Gerede vom angeblichen Konflikt zwischen Bayern und Preußen."[76]

Geschäftsverhandlungen auf internationalen Märkten erfordern weit mehr Toleranz, Aufmerksamkeit, Einfühlungsvermögen und Flexibilität als auf dem Heimatmarkt. Wenn ein zu Verhandlungen ins Ausland entsandter Mitarbeiter nicht gleichzeitig auf geschäftlichem **und** sozialem Niveau kommunizieren kann, die verschiedenen Auffassungen von Geschäftstätigkeit nicht toleriert und gesellschaftliche Unterschiede nicht akzeptiert, wird er höchstwahrscheinlich keinen Erfolg haben.

Ob eine Geschäftsbeziehung bei Eintreten unvorhergesehener Umstände – wie z.B. Streiks, Rohstoffknappheit oder Ölkrisen – aufrechterhalten wird, hängt ebenfalls wesentlich von der persönlichen Beziehung zwischen Lieferant und Abnehmer ab.

Ländergrenzen überschreitende Joint Ventures, Übernahmen und Unternehmenszusammenschlüsse gehören heute zur Regel. Allerdings sind nicht wenige dieser Vereinigungen zum Scheitern verurteilt, weil die Partner unfähig sind, auf kulturbedingte Unterschiede angemessen einzugehen. Bevor ein Geschäftspartner oder Fusionskandidat ausgewählt wird, sollte man sich deshalb unbedingt auch mit seinem kulturellen Hintergrund beschäftigen.

	Kulturelle Differenzen
Export	• Fehler in der Anbahnung, nicht adäquater Marktauftritt (z.B. Prospektgestaltung, Korrespondenzen usw.) • Mißverständnisse in Verhandlungssituationen (z.B. Mißinterpretationen von Unterschieden in der verbalen und nonverbalen Kommunikation) • unzulängliche Produktgestaltung (z.B. hinsichtlich Anwendung, Design, Farbe, Verpackung, Warnhinweisen usw.) • unterschiedliche Standpunkte, Praktiken und Erwartungen hinsichtlich der Vertragserfüllung (z.B. hinsichtlich der „Dehnbarkeit" einer Bestimmung usw.)
Lizenzen	• obige und zusätzlich insbesondere: • unterschiedliche Standpunkte, Praktiken und Erwartungen hinsichtlich Produktions- und Absatzpolitik (z.B. unterschiedliche Auffassung über die Produktqualität, die verfolgte Kommunikationsstrategie usw.)
Franchising	• obige und zusätzlich insbesondere: • unterschiedliche Standpunkte, Praktiken und Erwartungen hinsichtlich der Serviceorientierung und Regelgenauigkeit (z.B. hinsichtlich Hygiene, Freundlichkeit usw.)
Joint Ventures und Niederlassungsgründung	• obige und zusätzlich insbesondere: • unterschiedliche Organisationsformen, Vereinbarung von weltweiter Zentralisierung und Lokalisierung, divergierende Standpunkte, Praktiken und Erwartungen hinsichtlich Management und Personalpolitik (z.B. betreffend Einstellungen und Entlassungen, Umgang mit Mitarbeitern, praktizierter Managementstil usw.)

Tabelle 4-5 *Internationale Unternehmenstätigkeit und kulturelle Unterschiede*[77]

Flexibel genug zu sein, um sich anderen Handlungsweisen und Auffassungen anpassen zu können, gleichzeitig aber die eigene Identität zu wahren, erfordert eine gehörige Portion Geschick und Gespür.

Dabei gibt es verschiedene Dinge, die in allen Kulturen gleichermaßen von besonderer Wichtigkeit sind, wenn auch in länderspezifischen Formen:

• Status (Lebensalter, Geschlecht, Position im Unternehmen),

• die Art der Begrüßung (vgl. „*kiss, bow or shake hands*"),

• die Anrede,

• Visitenkarten bzw. der Umgang mit ihnen,

• die Wahl der Kleidung,

• das Verhalten bei Essen und Trinken,

• Gesprächsthemen (vgl. Tabus),

• Geschenke,

• Pünktlichkeit.

Dieser gewissermaßen kulturübergreifenden Agenda ist dementsprechend hohe Bedeutung einzuräumen. Das sei an dieser Stelle besonders betont. Die obigen Punkte zu negieren oder auch nur zu unterschätzen, kann sich schnell als großer Fehler mit fatalen Wirkungen auf den Geschäftserfolg erweisen.[78]

James, ich befürchte, daß sie uns nicht verstehen

Nochmals: Die umfassende Beschäftigung mit den Umgangsformen, Gewohnheiten und Bräuchen eines Landes ist unabdingbar (und sehr lohnend), sobald man mit diesem Land – sei es geschäftlich oder auch auf andere Art – in näheren Kontakt kommt.

Aufmerksamkeiten

„Ich habe mir im Lauf der Jahre einen kleinen Kniff zurecht gelegt, der bis jetzt immer funktioniert hat. Wann immer ich einen wichtigen ausländischen Partner besuche oder treffe, besonders natürlich beim ersten Mal, rufe ich einige Tage vorher die Sekretärin an und frage nach Hobbys, Familie oder auch Vorlieben meines Geschäftspartners. Ich erkläre auch, daß ich eine kleine Freude machen möchte, bitte aber um Verschwiegenheit. Jedesmal sind die Partner überrascht – sei es über eine besondere Flasche Wein, die Eintrittskarte in die Oper oder zum Fußball, einen Bildband, oder auch nur, weil ich erfahren habe, daß die Kunden gern italienisch oder indisch essen gehen und ein Tisch reserviert ist. Auf diese Weise schaffe ich eine freundliche Atmosphäre, die sich auf die Gespräche überträgt. Gleiches gilt natürlich auch, wenn man um die Dinge weiß, die ein ausländischer Geschäftspartner partout nicht mag. Das kann Kaffee genauso sein wie ein überhitztes Büro – das gab es alles schon."[79]

Fallstudie: Verkaufsgespräche in China[80]

Thomas Fechter, ein ausgezeichneter und international erfahrener Verkäufer, versteht die Welt nicht mehr. Er ist zu Verkaufsgesprächen in China.

Nach tagelangen zähen Verhandlungen über den Ankauf von Präzisionswerkzeugen wähnt er sich mit der chinesischen Delegation endlich soweit, sich über den Lieferumfang verständigen zu können, der den Preisvorstellungen der Chinesen entspricht. Fechter, der den erfolgreichen Abschluß greifbar nahe sieht, macht einen umfassenden Vorschlag, der aus seiner Sicht den Stand der Verhandlungen zusammenfaßt und den Interessen beider Seiten optimal gerecht wird. Mit Befriedigung registriert er während seiner Ausführungen, daß die Mitglieder und der Leiter der chinesischen Delegation wiederholt zustimmend nicken. Auch seine Schlußbemerkung, daß aus seiner Sicht der Vorschlag eine für beide Seiten befriedigende Lösung darstelle, wird vom chinesischen Delegationsleiter lächelnd und zustimmend nickend bestätigt.

Thomas Fechter erwartet zuversichtlich die Zustimmung zu seinem Vorschlag am nächsten Tag. Das Gespräch eröffnet der technische Leiter der Chinesen, der damit beginnt, man finde den Vorschlag sehr gut und habe nur noch einige wenige spezielle Wünsche, die er gerne darlegen wolle. Am Ende des Vortrages ist Herrn Fechter klar, daß der chinesische Vorschlag mit dem seinen nicht das geringste zu tun hat und zudem für ihn völlig unannehmbar wäre. Seine Partner tun, als hätten die tagelangen Verhandlungen nicht stattgefunden, als begänne alles von neuem.

– ohne Worte –

„Wenn die auf Zeit spielen, tue ich es umgekehrt", beschließt Fechter. Er macht dem chinesischen Delegationsleiter deutlich, daß er zu weiteren tagelangen Verhandlungen nicht bereit sei und auch spätestens in zwei Tagen zurückreisen müsse. Nach den bisherigen positiven Zwischenergebnissen, die er auch gestern nochmals formuliert habe und die ja auch von chinesischer Seite bestätigt worden seien, sei er sehr zuversichtlich, daß man sich auf der Basis seines Vorschlages bis dahin sicherlich einigen könne.

Der chinesische Delegationsleiter nickt lächelnd, man werde sicherlich sehr schnell zu einem Abschluß kommen, wenn Herr Fechter sich ein wenig bemühe, ihnen entgegenzukommen und ihren Vorschlag akzeptiere.

Thomas Fechter hält die Zeit für gekommen, seinen Verhandlungsstil zu verschärfen: Er habe sich all die Tage bemüht, den chinesischen Interessen soweit wie nur möglich entgegenzukommen und dies in seinem Vorschlag zum Ausdruck gebracht. Der Gegenvorschlag hingegen berücksichtige in keiner Weise bisher gefundene Kompromisse. Er sei tief enttäuscht hierüber, denn ein solches Vorgehen sei für ihn weder seriös noch akzeptabel. Er sei wohl bereit, auf der Basis seines Vorschlages nochmals Details zu erörtern. Auch über den Preis könne man gegebenenfalls noch einmal reden, obwohl er hier keinen Spielraum mehr sähe. Dies sei aber sein äußerstes Angebot und letztes Wort.

Nach längerem Schweigen ergreift der chinesische Direktor das Wort, spricht lange allgemein über deutsch-chinesische Freundschaft, die guten Beziehungen und den wechselseitigen Respekt und bittet am Ende um Vertagung.

Herr Fechter geht in sein Hotel und ist sich sicher, daß die Chinesen einlenken werden. Am frühen Nachmittag erhält er die Nachricht, in der Abendmaschine sei ein Platz für ihn reserviert, man wünsche ihm eine gute Heimreise.

Aufgabe 1

Was hat Herrn Fechter so zuversichtlich gemacht, daß die chinesischen Partner seinen Vorschlag akzeptieren würden?

Aufgabe 2

Wie interpretierte Herr Fechter die Situation, als die chinesische Delegation dann doch nicht auf seinen Vorschlag einging?

Aufgabe 3

Was sind Ihrer Meinung nach die wichtigsten Gründe, warum die Verhandlung gescheitert ist?

Aufgabe 4

Was hätten Sie anders gemacht, wenn sie an Fechters Stelle gewesen wären? Weshalb?

4.5   Konsequenzen für die Personalpolitik

Die Anforderungen an die Humanressourcen, die sich aus den unterschiedlichen Kulturen ergeben, sind beträchtlich. Für Unternehmen, die Mitarbeiter für diverse Aufgaben ins Ausland entsenden wollen, bedeutet das ebenso wie für die Betroffenen selbst die Notwendigkeit, zahlreiche Vorkehrungen zu treffen. Mit ihrer Hilfe soll gewährleistet werden, daß die Aufgaben im Ausland optimal wahrgenommen werden können und man auch in bezug auf die Begleitumstände eines Einsatzes im Ausland bestmöglich gerüstet ist.[81]

Die Gründe für Auslandsentsendungen sind vielgestaltig, wie nachfolgende Abbildung zeigt:

Abbildung 4-6 *Gründe für einen Auslandseinsatz*[82]

Die Anforderungen, die an einen zu entsendenden Mitarbeiter gestellt werden, sind stark vom Entsendungsgrund abhängig und variieren auch je nach Einsatzgebiet. Die Entsendungsgründe wirken sich damit auch auf den Auswahlmodus und die Auswahlinstrumente aus. Die Personalauswahl für Auslandtätigkeiten gestaltet sich weitaus schwieriger als die Personalbeschaffung für Aufgaben im Inland, da die Bewerber nicht nur fachliche, sondern auch interkulturelle Kompetenz wie auch die Bereitschaft, schwierige Aufgaben in einem nicht vertrauten Umfeld wahrzunehmen, aufweisen müssen. Die beiden grundsätzlichen Möglichkeiten der Personalbeschaffung sind die unternehmensinterne und die unternehmensexterne Personalbeschaffung (vgl. dazu Kapitel 4.1 Personalauswahl).

Über die **Fachqualifikation** hinaus ist die internationale Tätigkeit mit Aufgaben verbunden, die eine intensive Auseinandersetzung mit fremden Kulturen und Menschen mit sich bringen und letztlich eine entsprechende Anpassung des Verhaltens erfordern. Daraus resultieren hohe Anforderungen an die **persönlichen Eigen-**

schaften wie etwa physische und psychische Belastbarkeit, Geduld, Improvisationsgabe, Vorurteilsfreiheit bzw. Toleranz und schließlich allgemein Mobilität, d.h. auch die Bereitschaft zu häufigen und längeren Auslandsaufenthalten. Darüber hinaus sind spezielle **interkulturelle Fähigkeiten** gefordert, so z.B. die Kenntnis fremder Kulturen, Sensibilität und Einfühlungsvermögen in bezug auf eine andersartige Umwelt, Anpassungswille und -fähigkeit, Sprachkenntnisse sowie Kommunikationsfähigkeit.

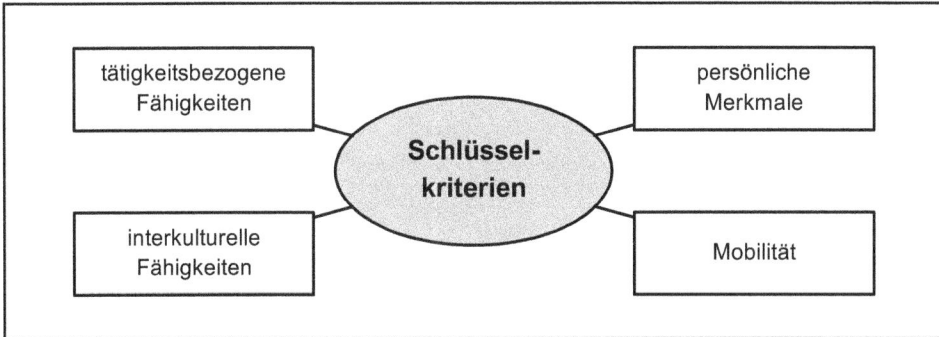

Abbildung 4-7 Schlüsselkriterien der Personalauswahl für Auslandseinsätze

Neben diesen Kriterien sollte eine Reihe weiterer Faktoren, die den Erfolg einer Entsendung ins Ausland beeinflussen können, überprüft werden. Insbesondere die stets zahlreichen *Pros* und *Contras* sind sorgfältig – vor dem jeweiligen persönlichen Hintergrund – abzuwägen. Dabei geht es vor allem auch darum, die dem Auswahlprozeß zugrunde liegenden Kriterien und die persönlichen Motive und Vorbehalte des Kandidaten abzustimmen.

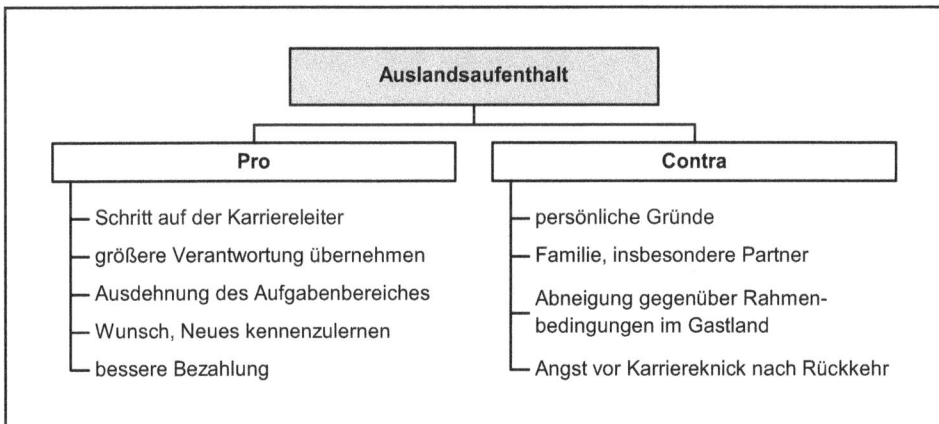

Abbildung 4-8 Pro und Contra Auslandsaufenthalt

Insbesondere auch mit den personalpolitischen Fragestellungen, die sich im Zusammenhang mit der Etablierung von ständigen Einrichtungen vor Ort (z.B. Niederlassung) stellen, spielen drei strategische Optionen – der ethnozentrische, der polyzentrische und der geozentrische Ansatz – eine Rolle.

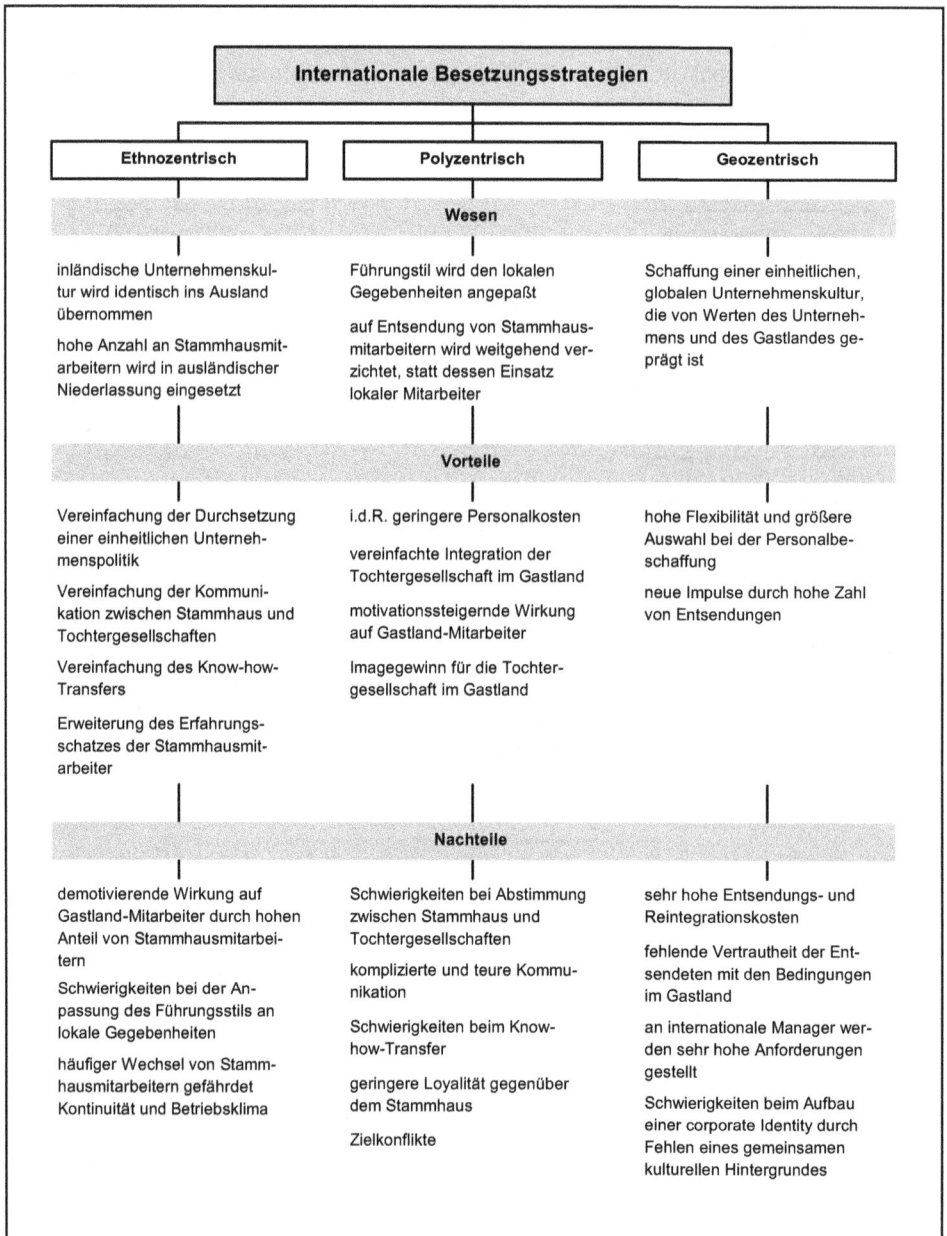

Internationale Besetzungsstrategien

Ethnozentrisch	Polyzentrisch	Geozentrisch
Wesen		
inländische Unternehmenskultur wird identisch ins Ausland übernommen hohe Anzahl an Stammhausmitarbeitern wird in ausländischer Niederlassung eingesetzt	Führungstil wird den lokalen Gegebenheiten angepaßt auf Entsendung von Stammhausmitarbeitern wird weitgehend verzichtet, statt dessen Einsatz lokaler Mitarbeiter	Schaffung einer einheitlichen, globalen Unternehmenskultur, die von Werten des Unternehmens und des Gastlandes geprägt ist
Vorteile		
Vereinfachung der Durchsetzung einer einheitlichen Unternehmenspolitik Vereinfachung der Kommunikation zwischen Stammhaus und Tochtergesellschaften Vereinfachung des Know-how-Transfers Erweiterung des Erfahrungsschatzes der Stammhausmitarbeiter	i.d.R. geringere Personalkosten vereinfachte Integration der Tochtergesellschaft im Gastland motivationssteigernde Wirkung auf Gastland-Mitarbeiter Imagegewinn für die Tochtergesellschaft im Gastland	hohe Flexibilität und größere Auswahl bei der Personalbeschaffung neue Impulse durch hohe Zahl von Entsendungen
Nachteile		
demotivierende Wirkung auf Gastland-Mitarbeiter durch hohen Anteil von Stammhausmitarbeitern Schwierigkeiten bei der Anpassung des Führungsstils an lokale Gegebenheiten häufiger Wechsel von Stammhausmitarbeitern gefährdet Kontinuität und Betriebsklima	Schwierigkeiten bei Abstimmung zwischen Stammhaus und Tochtergesellschaften komplizierte und teure Kommunikation Schwierigkeiten beim Know-how-Transfer geringere Loyalität gegenüber dem Stammhaus Zielkonflikte	sehr hohe Entsendungs- und Reintegrationskosten fehlende Vertrautheit der Entsendeten mit den Bedingungen im Gastland an internationale Manager werden sehr hohe Anforderungen gestellt Schwierigkeiten beim Aufbau einer corporate Identity durch Fehlen eines gemeinsamen kulturellen Hintergrundes

Abbildung 4-9 Internationale Besetzungsstrategien[83]

Entsendungen und Besetzungen werden letztlich vor dem Hintergrund dieser Ansätze bzw. deren Anforderungen entschieden. Dabei geht der **ethnozentrische An-**

satz von der Überlegenheit der Managementmethoden des Stammlandes aus und zielt darauf ab, diese in fremden Kulturen unverändert anzuwenden. Der **polyzentrische Ansatz** anerkennt demgegenüber vorurteilsfrei das Potential kulturspezifischer Methoden, ein bestimmtes Ziel zu erreichen; keine der anzuwendenden Methoden wird primär effizienter gesehen als eine andere. Dieser Sichtweise liegt die Annahme zugrunde, daß Management nur im Kontext seines spezifischen kulturellen Umfeldes zu verstehen ist. Der **geozentrische Ansatz** setzt sich mit Management vor dem Hintergrund der Tätigkeit internationaler Unternehmen auseinander, die in zahlreichen Ländern und Kulturen mit eigenen Organisationen vertreten sind. Im Blickpunkt steht eine einheitliche, vom Stammhaus geprägte Unternehmenskultur, die weltweit implementiert ist und durch die Vereinheitlichung der Aktivitäten erzielbare ökonomische Vorteile.

Darüber hinaus beschäftigt sich der **komparative Ansatz** mit der Identifizierung interkultureller Ähnlichkeiten und deren Auswirkungen bei der Führung von Unternehmen. Dabei wird angenommen, daß manche Aspekte des Managements universell, andere hingegen kulturspezifisch sind. Schließlich untersucht der **synergistische Ansatz** die Beziehungen und Interaktionen von Menschen unterschiedlicher Kulturzugehörigkeiten und nimmt dabei besonders auf berufliche Situationen Bezug. Gegenseitige Sozialisation und Lernprozesse annehmend, zielt dieser Ansatz auf möglichst konfliktfreie Muster interkultureller Kooperation ab.

4.6   Maßnahmen im Zusammenhang mit Auslandseinsätzen

Angesichts der hohen Anforderungen kommt der **Personalentwicklung** ein bedeutender Stellenwert zu. Wichtigster Ansatzpunkt ist hier die permanente Förderung der Fähigkeit zur Anpassung des Verhaltens an fremde bzw. ungewohnte Gegebenheiten. Spezielles interkulturelles **Training** zielt auf die Entwicklung der Sensibilität für fremde Mentalitäten und deren Kenntnis sowie auf eine bessere Integrationsfähigkeit international tätiger Mitarbeiter im allgemeinen ab. Eine wirkungsvolle, praktikable und auch häufig angewendete Maßnahme ist in diesem Zusammenhang **Job Rotation**. Dabei ist vorgesehen, daß ein Mitarbeiter bzw. eine (künftige) Führungskraft innerhalb des Unternehmens im Rahmen internationaler Einsätze verschiedene Funktionen, Bereiche und Länder kennenlernt.

Maßnahmen zur Vorbereitung eines Auslandseinsatzes	
Veränderung von Einstellungen, Werten und Verhaltensweisen	*Vermittlung konkreter Hinweise zum Verhalten im Gastland*

erfahrungsbezogene Vorbereitung → Fallstudien / Rollenspiele / Kontrast-Kultur-Training / Kurzbesuche im Gastland ← **landesspezifische Vorbereitung**

interkulturelles Handlungstraining / Mitarbeit in internationalen Teams

landeskundliche Informationen / Sprachkurse / Kultur-Anpassungs-Training

landesübergreifende Vorbereitung → Kultur-Bewußtseins-Übungen (vgl. Hofstede-Modell Kluckhohn-Strodtbeck-Modell) ← **intellektuelle Vorbereitung**

Steigerung des kulturellen Bewußtseins   *Vermittlung von Kenntnissen*

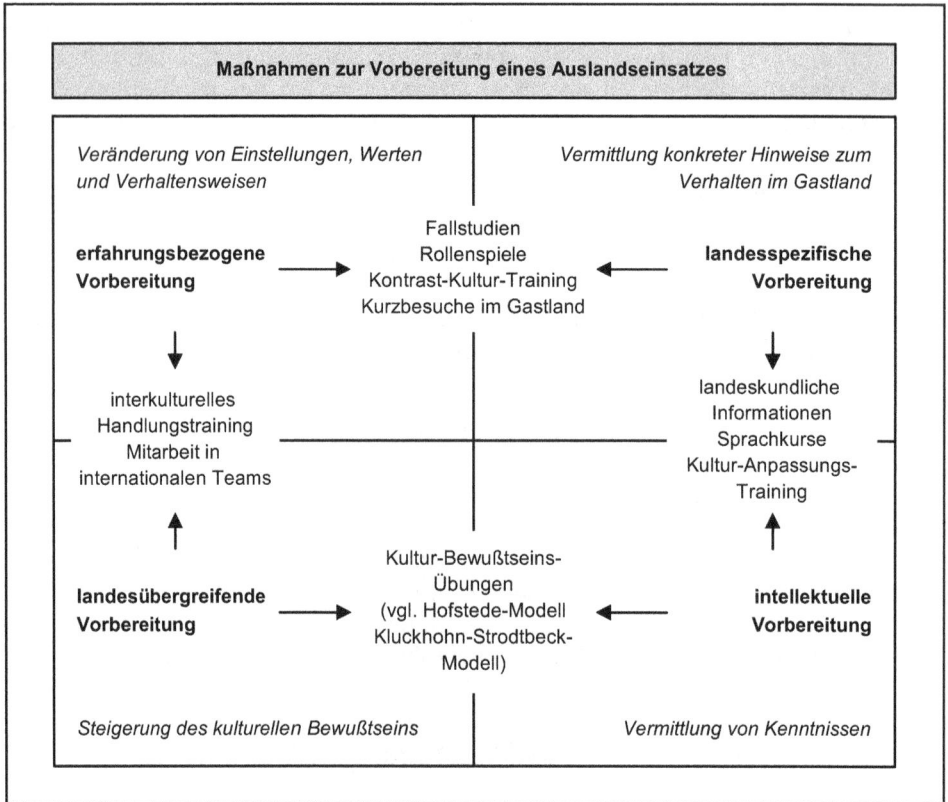

Abbildung 4-10 Maßnahmen zur Vorbereitung eines Auslandseinsatzen[84]

Ein nicht unproblematisches Gebiet ist die **Gestaltung des Anreizsystems** für den internationalen Einsatz von Mitarbeitern. Bei der **Entlohnung** gilt es primär, einen angemessenen Ausgleich zwischen Inlands- und Auslandsentgelt zu finden. Dabei sind unterschiedliche Lebenshaltungskosten (vgl. Ausgleichszulagen), die Lebensbedingungen vor Ort, der Schwierigkeitsgrad der Aufgabe (vgl. erfolgsabhängige Gehaltsbestandteile), nationale Regelungen (vgl. Steuersystem) sowie die familiäre Situation des Mitarbeiters (vgl. Übersiedlungskosten, Trennungsentschädigungen, Heimreisekosten, Versicherungsprämien, Schulgeld) zu berücksichtigen. Über die monetäre Vergütung hinaus ist im Rahmen des Anreizsystems auch die **nichtmonetäre Vergütung** (z.B. Dienstfahrzeug, Dienstwohnung im Ausland) von großer Bedeutung.

Für die **Motivation** und nicht zuletzt auch für den Leistungserfolg äußerst wichtig ist die Möglichkeit ständiger **Kommunikation** mit dem Stammhaus und Feedback. Der Entsandte darf sich im Ausland nicht von der Firma „abgeschnitten" fühlen, sondern sollte über wichtige Entwicklungen „zu Hause" informiert werden und stets auch die Möglichkeit zu Aufenthalten im Stammhaus haben, um in Kontakt zu bleiben, Entscheidungen vorzubereiten bzw. zu berichten.

gering ◄───── Ausmaß der Mobilität ─────► hoch

zeitliche Erstreckung der ersten Entsendung
hoch ◄───── Alter der entsandten Führungskräfte ─────► gering/
hierarchische Position niedrig

im Ausland ▲ · **gering** ▲

Verbleibensregion │ Stammlandorientierung · internationale Erfahrung der Muttergesellschaft · technische Ausrichtung

im Stammland ▼ · **hoch** ▼

Eingebürgerte

- nur einmal entsandt
- schnell angepaßt
- persönliche Bindungen vor Ort
- verlängern Entsendung bzw. verbleiben nach Entsendung im Gastland
- Problem der Reintegration entfällt
- gewonnene Erfahrungen werden nur begrenzt ins Stammhaus weitergereicht

Kosmopoliten

- mehrere Auslandseinsätze
- verbleiben im Ausland oder verlassen das Unternehmen
- geringe Loyalität zur Muttergesellschaft
- ausgeprägtes Beziehungsnetzwerk zu Mitarbeitern innerhalb und außerhalb des Unternehmens trägt zur Organisationsentwicklung bei
- Problem der Reintegration meist nicht relevant

Lokale

- kehren nach einmaliger Entsendung ins Stammhaus zurück und verbleiben dort
- halten während des Einsatzes engen Kontakt zum Stammhaus
- geringe Probleme bei Reintegration
- passen sich nach Rückkehr schnell den Bedingungen im Stammhaus an
- tragen nur mäßig zur Organisationsentwicklung bei

Nicht-Seßhafte

- kehren erst nach zwei, drei (oft aufeinander folgenden) Auslandsaufenthalten in Heimatland zurück
- hohe internationale Mobilität während der frühen Karrierephase
- werden öfter und länger ins Ausland entsandt als für Organisation notwendig
- verursachen häufig die größten Reintegrationsprobleme

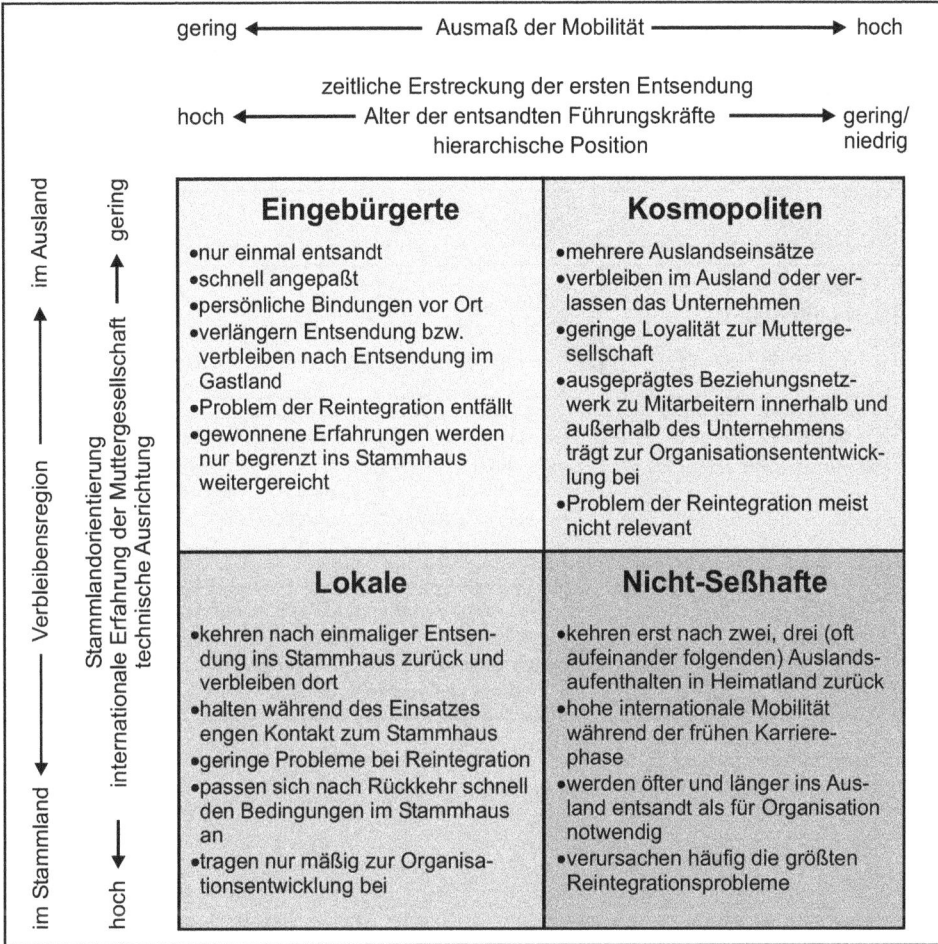

Abbildung 4-11 *Typologie von ins Ausland entsandten Mitarbeitern[85]*

Auch die Bedeutung der **Reintegration von im Ausland tätigen Mitarbeitern** sollte keinesfalls unterschätzt werden. Die Heimat, das gesellschaftliche und private Umfeld werden bei der Rückkehr nicht mehr so erlebt wie vor dem Auslandseinsatz. Ebenso wird das Unternehmen mit anderen Augen gesehen. Oft wird die Rückkehr als eine Reise in ein fremdes Land empfunden. Wurde jemand zu Beginn seiner Tätigkeit im Ausland als „Fremder" betrachtet und lebte sich dort nach und nach ein, so steht er nach der Rückkehr vor einer ähnlichen Situation.

Das Problem der Rückkehr darf nicht erst dann an Bedeutung gewinnen, wenn ein entsandter Mitarbeiter unmittelbar vor der Rückkehr ins Heimatland steht bzw. bereits zurückgekehrt ist, sondern sollte schon vor der Entsendung Bestandteil der Überlegungen sein. Kehrt jemand aus dem Ausland zurück, bringt er zahlreiche, auch für das Unternehmen bedeutsame Erfahrungen mit und kann wichtige Impulse vielfältiger Art, insbesondere aber in bezug auf den Umgang mit anderen Kulturen, geben. Lerneffekte im Unternehmen bzw. eine erfolgreiche Eingliederung des Mit-

arbeiters können aber nur dann wirklich gelingen, wenn der „Rückkehrer" mit seinem Hintergrund akzeptiert bzw. angehört wird und seine Erfahrungen auch auf
Interesse und Beachtung stoßen.

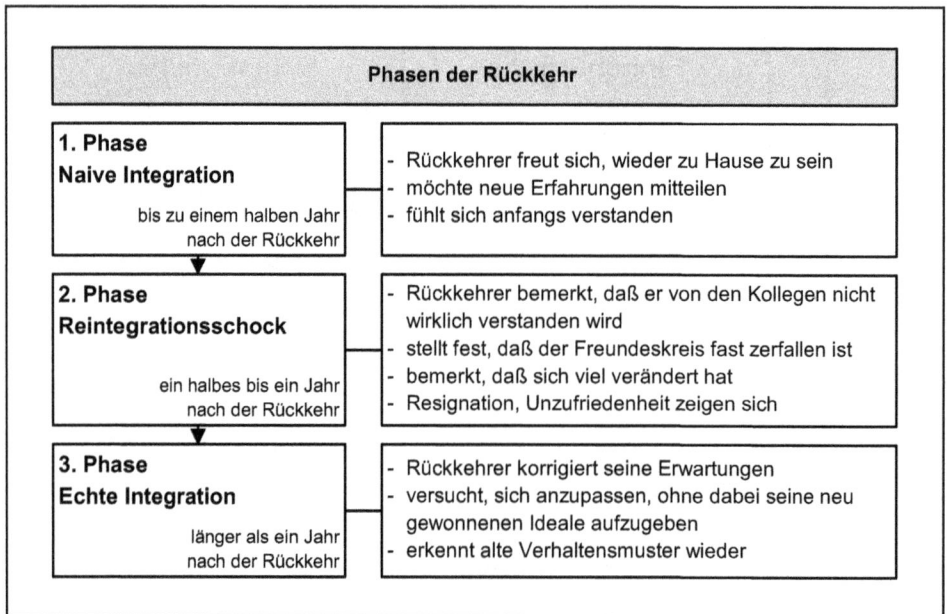

Phasen der Rückkehr	
1. Phase **Naive Integration** bis zu einem halben Jahr nach der Rückkehr	- Rückkehrer freut sich, wieder zu Hause zu sein - möchte neue Erfahrungen mitteilen - fühlt sich anfangs verstanden
2. Phase **Reintegrationsschock** ein halbes bis ein Jahr nach der Rückkehr	- Rückkehrer bemerkt, daß er von den Kollegen nicht wirklich verstanden wird - stellt fest, daß der Freundeskreis fast zerfallen ist - bemerkt, daß sich viel verändert hat - Resignation, Unzufriedenheit zeigen sich
3. Phase **Echte Integration** länger als ein Jahr nach der Rückkehr	- Rückkehrer korrigiert seine Erwartungen - versucht, sich anzupassen, ohne dabei seine neu gewonnenen Ideale aufzugeben - erkennt alte Verhaltensmuster wieder

Abbildung 4-12 Phasen der Rückkehr[86]

Fallstudie: Befördert – aber wohin?

Herr J., seit fast 20 Jahren Controller eines Konzerns, der weltweit Schwermaschinen vertreibt, beobachtet schon seit geraumer Zeit die eher unglückliche Entwicklung einer vor Jahren zugekauften französischen Tochtergesellschaft und die damit zusammenhängenden Diskussionen in der Vorstandsetage. Für Herrn J. wesentlich beunruhigender als die Lage des Unternehmens an sich ist jedoch die Tatsache, daß er als möglicher neuer Geschäftsführer des Tochterunternehmens gehandelt wird. Mit knapp 60 Jahren hat er eigentlich nicht mehr vor, sich derartigen Herausforderungen zu stellen. Vielmehr wollte er die verbliebenen Arbeitsjahre bis zum wohlverdienten Ruhestand in relativ sicherer Position verbringen. Im Vorstand werden immer wieder verschiedene personelle Konstellationen diskutiert, bis man schließlich folgende E-Mail an alle Mitarbeiter verschickt:

```
Von:          Generaldirektion
Gesendet:     Donnerstag, 16. Oktober ... 16:07
An:           Alle MitarbeiterInnen
Betreff:      Veränderungen / Changes
------------------------------------------------------------------

Sehr geehrte Mitarbeiterinnen und Mitarbeiter,

wir möchten Sie über eine Änderung in der Organisation und dem Manage-
ment in unserem französischen Tochterunternehmen informieren.

Nachdem dieser Bereich die gesteckten Ziele in Bezug auf Qualität, Lie-
fertreue, Betriebsleistung und Produktivität seit längerem nicht erfül-
len konnte, hat der Vorstand entschieden, das Management wie auch die
Organisation zu verändern. Unser Tochterunternehmen wird den Status ei-
ner „independant unit" erhalten - dies bedeutet erstens, dass sie das
Ausmaß und Form der Unterstützung durch die Gruppe weitgehend frei be-
stimmen kann und zweitens, dass sie direkt an unsere Händler fakturie-
ren wird.

Bezüglich des Managements möchten wir Sie informieren, dass der bishe-
rige Geschäftsführer des Tochterunternehmens das Unternehmen verlässt
wird. Die neue Führung wird bestehen aus
+ Herrn S. als General Manager mit der Gesamtverantwortung für das
Tochterunternehmen sowie direkt zuständig für Forschung und Entwick-
lung, Operations (Supply Chain, Logistik, Produktion und Montage) und
Personal;
+ Herrn C. als Geschäftsführer für Verkauf, After Sales Service und
Qualitätsmanagement;
+ Herrn J. als Geschäftsführer zuständig für Einkauf, Finanzen und Con-
trolling und IT.

Herr S., Herr C. und Herr J. haben lange Jahre Unternehmenserfahrung -
sie haben sich zum Ziel gesetzt, als Team die nachhaltige Ergebnisver-
besserung in unserem Tochterunternehmen zu erreichen.

Wir glauben an das Produkt und das mögliche Wachstum in dieser Branche.
Mit dem neuen Management-Team und einer gemeinsamen Anstrengung aller
Mitarbeiter ist es möglich, diese Einheit zu jenem Erfolg zu führen,
den wir uns alle wünschen.

Generaldirektion
```

Aufgabe 1

Ist die Entsendung von Herrn J. und die damit verbundene Beförderung zum Geschäftsführer als Karriereschritt oder als ein Schritt in Richtung „Abstellgleis" zu verstehen?

Aufgabe 2

Wie kann Herr J. mit dieser Herausforderung – auch angesichts seines Alters und seiner Lebensplanung – umgehen?

Aufgabe 3

Was kann Herr J. tun, um trotz der neuen Situation und der damit verbundenen Aufgaben eine ausgeglichene „Work and life balance" zu erzielen?

Aufgabe 4

Wie kann das Unternehmen Herrn J. vor, während und nach der Entsendung unterstützen?

Fallstudie: Betreuung von im Ausland tätigen Mitarbeitern

Ein international tätiger Konzern ist mit etwa 3.000 Mitarbeitern in der Region Asien-Pazifik vertreten. Bislang befand sich die Zentrale für die Region in Hongkong, wurde jedoch im Rahmen größerer Umstrukturierungen nach Shanghai verlagert. Dabei gestaltete man auch die gesamte Personalorganisation insofern neu, als daß es jetzt eine überregionale Personalabteilung gibt, die zusätzlich zu ihren bisherigen Aufgaben für den eigenen Standort nunmehr auch strategisch den gesamten Großraum China betreut. Im Zuge dessen wurde auch ein eigenes Team für das Personalmanagement der etwa 200 ausländischen Mitarbeiter geschaffen. Diese neue Abteilung besteht aus drei Personen:

- Eine lokale Mitarbeiterin kümmert sich um alle Belange wie Visa, Aufenthaltsgenehmigungen, Krankenversicherung, Organisation der Umzüge, Schulbesuch der Kinder usw. für den Standort Shanghai.

- Eine deutsche Mitarbeiterin zeichnet operativ für alles mit budgetären Einflüssen verantwortlich, z.B. für die Unterbringung (Budgetierung, Kontrolle und Freigabe der Mietverträge, Kommunikation mit den Immobilienmaklern), Kalkulation und Controlling der Auslandszulagen sowie die Verbindung zur zentralen Finanzabteilung hinsichtlich der Gehaltszahlungen der entsendeten Mitarbeiter.

- Gemeinsam mit der Leiterin der Abteilung ist diese Mitarbeiterin auch für die einschlägische strategische Planung im Großraum China zuständig, d.h., sie bündeln die Informationen über jeden ausländischen Mitarbeiter und fungieren darüber hinaus als deren Ansprechpartner.

Aktuell ist die Abteilung stark in einen Versetzungsprozeß von etwa 50 Expatriates eingebunden, wobei hiervon innerhalb der nächsten zwei Monate etwa die Hälfte von Deutschland nach Shanghai und parallel dazu die andere Hälfte von Shanghai nach Hongkong versetzt werden sollen.

Aufgabe 1

Umreißen Sie den Aufgabenbereich und mögliche Probleme der neu gegründeten Abteilung!

Aufgabe 2

Welche Maßnahmen könnten mit diesen Aufgaben verbunden sein?

Referenzen

[1] siehe dazu auch Zapotoczky, K.; Pracher, C.; Strunz, H. (Hrsg.): Verwaltung innovativ, Linz 2007

[2] Strunz, H.: Verwaltung, München/Wien 1993, 39f

[3] nach Staehle, W. H.: Funktionen des Managements, Bern/Stuttgart 1989, 46

[4] siehe dazu auch Karbach, R.: Grundlagen der Unternehmensführung, Altenberge 2005; Hittmár, Š.: Manažment, Žilina 2006

[5] nach Strunz, H.: Umweltmanagement, Wien/New York 1993, 69

[6] siehe dazu auch Buß, E.: Die deutschen Spitzenmanager – Wie sie wurden, was sie sind, München/Wien 2007; Lindner, J.; Initiative für Teaching Entrepreneurship (Hrsg.): Entrepreneur – Menschen, die Ideen umsetzen, Wien 2005

[7] http://members.tripod.de/barney122/fun/pferd.html

[8] nach Neuberger, O.: Führen und geführt werden, Stuttgart 1990, 158ff

[9] vgl. Watzlawik, P.; Beavin, J.; Jackson, D.: Menschliche Kommunikation, Bern 1996, 50ff

[10] Hewlett-Packard, http://www.hp.com

[11] Ossola-Haring, C. (Hrsg.): Die 499 besten Checklisten für Ihr Unternehmen, Landsberg/L. 1996, 331f

[12] Vroom, V. H.; Yetton, P. W.: Leadership and Decision-Making, Pittsburgh, Pa. 1973

[13] Vroom, V. H.; Yetton, P. W., zit. in: Steyrer, J.: Theorien der Führung, in: Kaspar, H.; Mayrhofer, W. (Hrsg.): Personalmanagement – Führung – Organisation, Wien 2002, 196ff

[14] nach Heinrich, M.: Gruppenarbeit – Theoretische Hintergründe und praktische Anwendungen, in: Kasper, H., Mayrhofer, W. (Hrsg.): Personalmanagement – Führung – Organisation, Wien 2002, 319

[15] Maslow, A. H.: Motivation und Personality, New York 1954

[16] nach Staehle, W. H.: Funktionen des Managements, Bern/Stuttgart 1989, 105

[17] nach Mayrhofer, W.: Motivation und Arbeitsverhalten, in: Kasper, H.; Mayrhofer, W. (Hrsg.): Personalmanagement – Führung – Organisation, Wien 2002, 261

[18] nach Mayrhofer, W.: Motivation und Arbeitsverhalten, in: Kasper, H.; Mayrhofer, W. (Hrsg.): Personalmanagement – Führung – Organisation, Wien 2002, 262

[19] McGregor, D.: The Human Side of Enterprise, New York 1960

[20] Veit, E. (Hrsg.): Das Beste von Karl Valentin, München/Zürich 1998, 46ff, © Piper Verlag GmbH, München 1985

[21] Robbins, S. P.: Organizational Behavior, Upper Saddle River, N. J., 1998, 478ff

[22] Smith, A.: Der Wohlstand der Nationen, München 1983, 9f; im Original: An Inquiry into the Causes of the Wealth of Nations, London 1776

[23] nach Robbins, S. P.: Organizational Behavior, Upper Saddle River, N. J. 1998, 484

[24] Weber, Max: Wirtschaft und Gesellschaft, Tübingen 1980, 125ff; im Original 1922

[25] Parkinson, C. N.: Parkinsons Gesetz und andere Untersuchungen über die Verwaltung, Reinbek 1981, 14ff

[26] Lewin, K.: Field Theory in Social Science, New York 1951

[27] nach Heimerl-Wagner, P.: Veränderung und Organisationsentwicklung, in: Kasper, H.; Mayrhofer, W. (Hrsg.): Personalmanagement – Führung – Organisation, Wien 1996, 556

[28] ebd., 557

[29] Ossola-Haring, C. (Hrsg.): Die 499 besten Checklisten für Ihr Unternehmen, Landsberg/L. 1996, 747

[30] o.V.: „Healthy Minds, Bodies and Spirits", in: emerge 1/2000, 10

[31] nach Kasper, H.; Mühlbacher, J.: Von Organisationskulturen zu lernenden Organisationen, in: Kasper, H.; Mayrhofer, W. (Hrsg.): Personalmanagement – Führung – Organisation, Wien 2002, 118

[32] Strunz, H.: Management im militärischen Bereich, Lohmar/Köln 2006, 104

[33] Hewlett-Packard, http://www.hp.com

[34] vgl. Ossola-Haring, C. (Hrsg.): Die 499 besten Checklisten für Ihr Unternehmen, Landsberg/L. 1996, 550ff

[35] nach Härdler, J. zit. in: Strunz, H.: Unternehmensführung, in: Härdler, J. (Hrsg.): Betriebswirtschaftslehre für Ingenieure, München 2007, 487

[36] vgl. Ossola-Haring, C. (Hrsg.): Die 499 besten Checklisten für Ihr Unternehmen, Landsberg/L. 1996, 585

[37] vgl. ebd., 582

[38] Dorsch, M.: Abenteuer Wirtschaft, München/Wien 2003, 394f

[39] Lutz Ribbe, zit. in: Stephan, S.: Brennpunkt – Lebensmitteltransporte, in: Focus, 09.04.2001, 263

[40] Strunz, H.: Auch Skelette sind schlank, in: Internationale Wirtschaft, Nr. 31, 4. August 1994, 8

[41] Schumpeter, J. A.: Konjunkturzyklen, Göttingen 1961, Bd. 1, 91ff

[42] Schumpeter, J. A.: Theorie der wirtschaftlichen Entwicklung, München/Leipzig 1926, 100f

[43] Foerster, G.: Studienmaterial „Unternehmensführung 1", Wien 2000, 6

[44] ebd., 9

[45] vgl. ebd., 10

[46] Ossola-Haring, C. (Hrsg.): Die 499 besten Checklisten für Ihr Unternehmen, Landsberg/L. 1996, 607ff

[47] siehe dazu auch Czinkota, M. R.; Ronkainen, I. A.: International Marketing, Mason, Ohio 2007

[48] vgl. Dorsch, M.: Verkehrswirtschaft – Aktuelle Entwicklungen und Probleme, Plauen 2005, 17ff sowie Dorsch, M.: Verkehrswirtschaft – 40 Fallstudien mit Lösungen, München 2009; Schieck, Arno: Internationale Logistik, München 2008

[49] nach Ederer, G.; Seiwert, L.: Der Kunde ist König, Offenbach 2000, 106

[50] vgl. ebd., 103ff

[51] nach ebd., 80f

[52] vgl. dazu z.B. Clausius, E.: Betriebswirtschaftslehre II – Grundlagen des Finanzwesens, München/Wien 2000

[53] vgl. Füser, K.: Modernes Management, München 1999, 172ff

[54] vgl. dazu auch Wöhe, G.; Döhring U.: Einführung in die Allgemeine Betriebswirtschaftslehre, München 2008, 687ff

[55] vgl. dazu auch Weber, J.; Schäffer, U.: Einführung in das Controlling, Stuttgart 2008

[56] nach Weber, J.; Schäffer, U.: Balanced Scorecard & Controlling, Wiesbaden 2000, 4

[57] vgl. Güldenberg, S.: Wissensmanagement, in: Eckardstein, D. v.; Kasper, H.; Mayrhofer, W. (Hrsg.): Management, Stuttgart 1999, 536ff

[58] Blake, R. R., Mouton, J. S.: The Managerial Grid, Houston, Tx. 1964

[59] nach Steyrer, J.: Theorien der Führung, in: Kasper, H., Mayrhofer, W. (Hrsg.): Personalmanagement – Führung – Organisation, Wien 2002, 182

[60] Fiedler, F. E.: A Theory of Leadership Effectiveness, New York 1967

[61] Hersey, P., Blanchard, K.: Management of Organizational Behavior, Englewood Cliffs, N. J. 1977

[62] nach Steyrer, J.: Theorien der Führung, in: Kasper, H., Mayrhofer, W. (Hrsg.): Personalmanagement – Führung – Organisation, Wien 2002, 193

[63] vgl. ebd., 183ff

[64] vgl. dazu auch Steyrer, J.: Charisma in Organisationen, Frankfurt/M./New York 1995

[65] nach Regnet, E.: Streß und Möglichkeiten der Streßhandhabung; in: Rosenstiel, Lutz v.; Regnet, E.; Domsch, M. (Hrsg.): Führung von Mitarbeitern, Stuttgart 1999, 88

[66] Leymann, H.: Mobbing, Reinbek 1999, 21 u. 33

[67] Ogger, G.: Kauf dir einen Kaiser. Die Geschichte der Fugger, München 1979, insbes. 11ff und 313f

[68] nach Machiavelli, N.: Der Fürst, Stuttgart 1984; im Original: Il Principe, Rom 1532

[69] nach Haltmeyer, B.; Lueger, G.: Beschaffung und Auswahl von Mitarbeitern, in: Kasper, H.; Mayr-hofer, W. (Hrsg.): Personalmanagement – Führung – Organisation, Wien 2002, 417

[70] Goldener Trend 1997, 46

[71] Konegen-Grenier, C.: Willkommen im Job!, in: Hochschul-Anzeiger (Frankfurter Allgemeine Zeitung), 49/2000, 6f

[72] Mischke, R.: Der Mitarbeiter als Unternehmer, Der Standard, 24./25.06.2000, 41

[73] Kluckhohn, F.; Strodtbeck, F. L.: Variations in Value Orientations, Evanston, Ill. 1961

[74] Hofstede, G.: Culture's Consequences: International Differences in Work Related Values, Beverly Hills, Ca. 1980; Hofstede, G.: The Cultural Relativity of Organizational Practices and Theories, in: Journal of International Business Studies (Fall 1989), 75-89

[75] nach Hofstede, G.: Culture's Consequences: International Differences in Work Related Values, Beverly Hills, Ca. 1980

[76] Bundesministerium für Wirtschaft und Technologie – BMWi (Hrsg.): Weltweit aktiv, Berlin 1999, 56

[77] Apfelthaler, G.: Interkulturelles Management, Wien 1999, 13

[78] vgl. Breunig, A,: Zimmerling, R.; Strunz, H.: Achtung Kultur!, Plauen 2009, 7ff; Rothlauf, J.: Interkulturelles Management, München/Wien 2006

[79] Bundesministerium für Wirtschaft und Technologie – BMWi (Hrsg.): Weltweit aktiv, Berlin 1999, 57

[80] erstellt von S. Roßbach

[81] vgl. Vojtovič, S. a kol.: Riadenie personálnych činností v organizácii, Bratislava 2008, 347ff; siehe dazu auch Vojtovič, S. Personálny manažment, Bratislava 2006

[82] nach Deutsche Gesellschaft für Personalführung (Hrsg.): Der internationale Einsatz von Fach- und Führungskräften, Köln 1995, 11

[83] nach Welge, M. K.; Holtbrügge, D.: Internationales Management, Landsberg/L. 1998, 196

[84] nach ebd., 200

[85] nach Borg, M.; Harzing, A.-W.: Karrierepfade und Effektivität internationaler Führungskräfte, in: Macharzina, K.; Wolf, J. (Hrsg.): Handbuch Internationales Führungskräfte-Management, Stuttgart u.a. 1996, 289

[86] nach Hirsch, K.: Reintegration von Auslandsmitarbeitern, in: Bergemann, N.; Sourisseaux, A. L. J. (Hrsg.): Interkulturelles Management, Heidelberg 1992, 291

Teil B:
Zukunft gestalten –
Strategische Orientierungen

1 Der globale Markt

Die **Globalisierung** der Wirtschaft hat zunehmend dazu geführt, daß nicht nur internationale Unternehmen, sondern auch mittelständische Firmen in zahlreichen Ländern und Märkten tätig sind. Die Beweggründe für eine grenzüberschreitende Tätigkeit von Unternehmen ergeben sich aus den sich jeweils bietenden einzelwirtschaftlichen Möglichkeiten. Primär sind dies die **Gewinnchancen** und die **Ausweichmöglichkeiten**, die sich durch die Tätigkeit auf fremden Märkten bieten.[1]

Entscheidet sich ein Unternehmen, internationale Aktivitäten aufzunehmen, ist zunächst eine detaillierte Betrachtung der unternehmensexternen Umwelt und des unternehmensexternen Kontexts vorzunehmen, um eine entsprechende Strategie zu formulieren und damit den Unternehmenserfolg langfristig sicherzustellen.

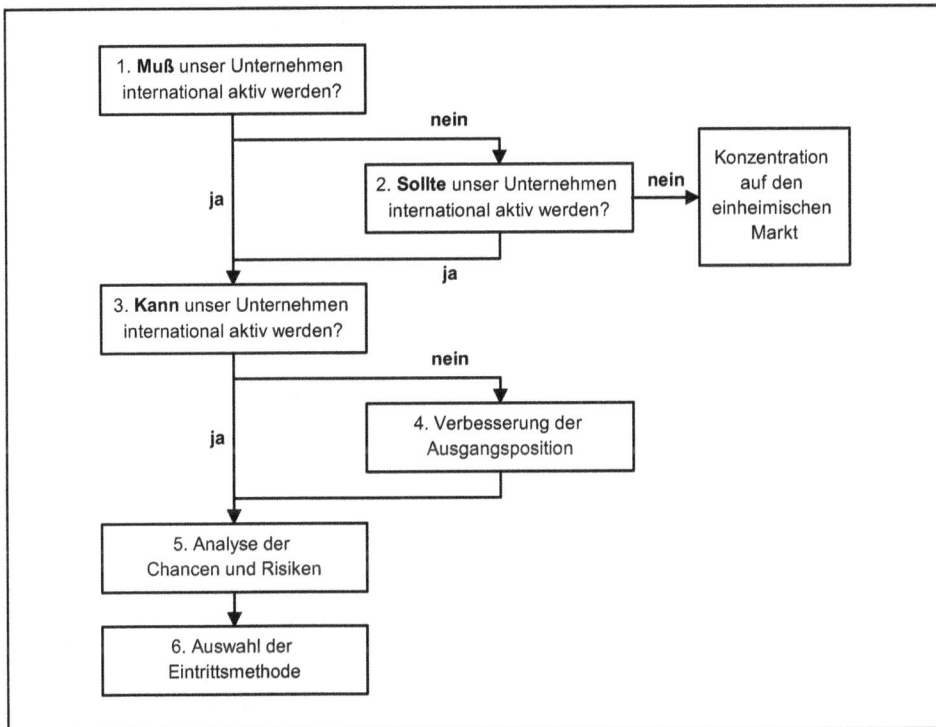

Abbildung 1-1 *Der Entscheidungsprozeß zur Internationalisierung*[2]

Dazu gehört nicht nur, daß Unternehmen bzw. deren Manager in der Lage sind, erfolgversprechende Unternehmenskonzepte auszuarbeiten. Sie sollten auch mit den spezifischen Gegebenheiten der internationalen Märkte, in denen sie aktiv sind, vertraut sein, um letztlich entscheiden zu können,

- ob ein (bestehendes) Konzept unverändert auf einen anderen Markt übertragen werden kann,

- ob Anpassungen an lokale Marktgegebenheiten notwendig sind oder

- ob ein Konzept jenseits der Landesgrenzen überhaupt nicht eingesetzt werden kann.

Internationales strategisches Management

Auf dem internationalen Markt aktive Unternehmen können aus ihrer Geschäftstätigkeit vielfältige **Chancen** ziehen:

- Erhöhung des Bekanntheitsgrades von Unternehmen und Erzeugnissen,

- Absatzsteigerung,

- idealerweise eine Erhöhung der Gewinne;

- durch die Verlagerung des Produktionsschwerpunktes auf mehrere Märkte werden Risiken, wie z.B. das des plötzlichen Wegbrechens eines Marktes, gestreut.

Die Vorteile bringen aber gleichzeitig eine Reihe nicht zu unterschätzender anderweitiger **Risiken**, wie beispielsweise Währungs- und Wechselkursrisiken, mit sich. So wollen unternehmensinterne Stärken und Schwächen bzw. externe Gelegenheiten und Bedrohungen mit aller gebotenen kaufmännischen Vorsicht betrachtet und sorgfältig abgewägt werden, bevor man das Abenteuer eines internationalen Engagements wirklich wagt.

Hinsichtlich des marktbezogenen und politischen Umfeldes bestehen zwischen Heimat- und Gastland häufig Unterschiede, die oft günstige Gelegenheiten für ein

Engagement jenseits der Landesgrenzen bieten. Eine Auswahl der möglichen **aktiven Gründe** wird nachfolgend kurz skizziert:

```
                    ┌─────────────────────────────────────┐
                    │   Internationalisierungsgründe       │
                    └─────────────────────────────────────┘
                               │
          ┌────────────────────┴────────────────────┐
┌──────────────────────┐              ┌──────────────────────┐
│    Aktive Gründe      │              │    Reaktive Gründe    │
└──────────────────────┘              └──────────────────────┘

  Verfügbarkeit der      Zins- und              Überwindung von
  Ressourcen             Steuervorteile         Handelsbarrieren

  Kosten der             Wettbewerbsvorteile    Internationalisierung
  Produktionsfaktoren                           der Geschäftspartner

                         Economies of Scale     Internationalisierung der
  Wirtschaftsförderungs-                         Wettbewerber
  maßnahmen              Synergieeffekte
                                                Gesetze und Restrik-
  wirtschaftlicher       Prestige               tionen im Heimatland
  Entwicklungsgrad
                                                Zufall
```

Abbildung 1-2 Gründe für eine Internationalisierung der Geschäftstätigkeit

- **Verfügbarkeit der Ressourcen**: Ressourcen – ob natürliche, personelle, finanzielle oder technologische – sind nicht an jedem Standort gleichermaßen leicht zugänglich und im notwendigen Umfang verfügbar. Es können starke Preisunterschiede auftreten. Zudem können Ressourcen Restriktionen unterliegen. Können die erforderlichen Ressourcen auf dem Heimatmarkt nicht (mehr) bezogen werden, gilt es alternative Beschaffungswege zu finden bzw. auf andere, auch internationale Standorte, an denen die entsprechenden Bezugsquellen leichter und/oder billiger zur Verfügung stehen, auszuweichen.

- **Kosten der Produktionsfaktoren**: Ein Großteil der Kosten ist standortabhängig. Ressourcen sind an jenen Standorten preiswert, an denen sie in ausreichenden Mengen zur Verfügung stehen. Rohstoffintensive Produkte können dort am günstigsten hergestellt werden, wo die benötigten Rohstoffe am preiswertesten und/oder am leichtesten beschaffbar sind. Arbeitsintensive Prozesse lassen sich dort am günstigsten durchführen, wo die Arbeitskraft billig ist. Zahlreiche Unternehmen haben bereits „teure" Produktionsstandorte verlassen und sich günstigeren Standorten, beispielsweise in Osteuropa, zugewandt.

- **Zins- und Steuerunterschiede**: Von Land zu Land unterschiedliche Zins- und Steuersätze kann sich ein Unternehmen zunutze machen, indem es sich dort ansiedelt, wo die für den jeweiligen Bereich maßgeblichen Kosten am niedrigsten sind.

- **Wirtschaftsförderungsmaßnahmen**: Um Investoren ins Land zu locken und die Wirtschaft des Landes durch den Zufluß begehrter Devisen, neue Technologien, Training der Arbeitskräfte in Schwung zu bringen, werden von Regierungen oft spezielle Förderungen geboten. Derartige Anreize können vielgestaltig sein. Denkbar wären etwa die Bereitstellung von Gewerbeflächen, die Vergabe von Fördermitteln, Steuervergünstigungen oder -befreiungen, zinsfreie Darlehen oder Hilfe bei der Anbahnung von Geschäftskontakten.

- **Wirtschaftlicher Entwicklungsgrad**: Auf dem einheimischen Markt ausgereifte Produkte können auf anderen, weniger entwickelten Märkten auf wachsende Nachfrage stoßen. Ebenso sind Technologien und Anlagen, die auf dem Heimatmarkt als veraltet betrachtet werden, in einem Entwicklungsland vielleicht willkommen.

- **Wettbewerbsvorteile**: Auf dem Heimatmarkt erlangte Wettbewerbsvorteile lassen sich u.U. auf dem Weltmarkt ausbauen. Ein bekannter Markenname, technologische Führerschaft und/oder besonders hohe Qualität sprechen dafür, daß ein Erzeugnis auch auf einem neuen Markt auf Nachfrage stößt.

- **Economies of Scale**: Ist der einheimische Markt für eine effiziente Auslastung zu klein, bietet sich das Ausweichen auf andere Märkte an. Eine Ausdehnung des Absatzgebietes auf internationale Ebene kann dem Unternehmen ein großes Wachstumspotential bringen und darüber hinaus zu einer Kostensenkung beitragen.

Ford T (15.000.000 Stück)

- **Synergieeffekte**: Ist ein Unternehmen bereits auf verschiedenen Märkten tätig, können Erfahrungen auf andere Bereiche übertragen werden. Auf diese Weise können etwa Gefahrensituationen antizipiert und Fehler vermieden werden.

- **Prestige**: Eine starke Marktpräsenz kann eine Steigerung des Marktanteils, eine Erhöhung des Bekanntheitsgrades und Einflusses des Unternehmens erhöhen. Eine auf diese Weise ausgebaute Position kann dazu genutzt werden, um auf die Konkurrenz wirksamen Druck auszuüben.

Prestige

Nicht immer ist ein Unternehmen von sich aus an der Internationalisierung seiner Geschäftstätigkeit interessiert. Oftmals werden die damit verbundenen Chancen als zu gering und/oder die Risiken als zu hoch eingeschätzt. Hinzu kommt, daß nicht jedes Unternehmen über die entsprechenden Ressourcen verfügt. Es können aber dennoch Umstände eintreten, die solche Unternehmen zwingen, geschäftliche Kontakte mit dem Ausland aufzunehmen. Derartige **reaktive Gründe** können folgende sein:

- **Überwindung von Handelsbarrieren**: In zahlreichen Ländern existieren von seiten des Staates oder einheimischen Unternehmen etablierte Handelsbarrieren, die ausländischen Unternehmen die Markterschließung erschweren, so daß sich Lieferungen nicht mehr lohnen und letztendlich andere Märkte gesucht werden müssen.

- **Internationalisierung der Geschäftspartner**: Wenn sich die Geschäftspartner eines Unternehmens für eine Ausdehnung ihrer Tätigkeit auf ausländische Märkte entscheiden, kann sich ein Unternehmen – um seine Geschäftspartner nicht zu verlieren – möglicherweise „gezwungen" fühlen, nachzuziehen. Aufgrund verschiedener „Vor-Ort"-Vorteile bevorzugt eine Reihe von Unternehmen im jeweiligen Land ansässige Vertragspartner.

- **Internationalisierung der Wettbewerber**: Ähnliche Wirkungen kann es nach sich ziehen, wenn die Wettbewerber entsprechende Schritte tun. Will ein Unternehmen dann seine Wettbewerbsposition beibehalten, muß es häufig der allgemeinen Entwicklung folgen und ebenfalls (rechtzeitig) auf Auslandsmärkten aktiv werden.

- **Gesetze und Restriktionen im Heimatland**: Werden die Handlungskosten in einem Land beispielsweise durch umwelt-, gesundheits- und sicherheitsbezogene Restriktionen erhöht und bietet gleichzeitig ein anderes Land einen diesbezüglich weitaus größeren Spielraum, könnte dies der Auslöser dafür sein, daß eine internationale Geschäftsausdehnung bzw. -verlagerung in Betracht gezogen wird.

- **Zufall**: Schließlich kann auch ein zufälliges Zusammentreffen potentieller Geschäftspartner, z.B. auf einer Messe oder einem Kongreß, den Auslöser für späteres internationales Engagement bilden.

Make it easy

Fallstudie: Die Wirtschaftsdelegation

Man ist nachts angereist, per Flug, und hat dabei auch – von manchem nicht ohne Angst verfolgt – das von der UNO auferlegte Flugembargo gebrochen. Syrian Airlines ist dazu aus Verbundenheit zum Nachbarn zwar bereit, nicht aber dazu, für diese Strecke andere als ihre ältesten Maschinen einzusetzen. Einige Tage zuvor wurde das Ziel der Reise, der Irak, wieder bombardiert, die zu Hause Gebliebenen lassen die Teilnehmer der österreichischen Wirtschaftsdelegation nicht gerne weg. Hervorragende Rahmenbedingungen also, denkt man sich in einer ruhigen Minute und auch, wie weit zu gehen der Mensch eigentlich für Geschäfte bereit ist. Im ausgebuchten Rasheed-Hotel, dem ersten Haus in Bagdad, wundert man sich ein wenig: Konkurrenten aus aller Herren Länder sind längst da, ein reges Treiben herrscht, ständiges Kommen und Gehen, beinahe *business as usual*. Selbst der russische Rechts-Politiker Schirinowski ist – samt zahlreichen Bodyguards – da und versucht, Großaufträge einzufädeln.

Der Irak steht nach dem 2. Golfkrieg nun schon seit zehn Jahren unter internationalen Sanktionen. Lediglich ein kleineres, auf bestimmte Lieferungen beschränktes Handelsvolumen darf, von der UNO gebilligt, unter dem sogenannten Programm „Oil for Food" abgewickelt werden. Jeder Liefervertrag muß in New York genehmigt werden, zur Bezahlung dienen limitierte Ölverkäufe, auch das Geld dafür wird in den USA verwaltet. Einerseits gestalten sich Geschäfte dadurch sehr schwierig und bürokratisch, andererseits liegt das Geld dafür bereit. Gerade das ist selten, oft genug muß auf den internationalen Märkten vom interessierten Lieferanten mit den Produkten auch gleich die Finanzierung mitgebracht werden, um ins Geschäft zu kommen. Dementsprechend groß ist das weltweite Interesse am irakischen Markt. Man hofft nicht zuletzt, nach dem Ende der Sanktionen eines Tages groß einsteigen zu können, wenn man sich in schwieriger Lage als guter Partner bewährt hat.

„Die Zeiten sind brutal, daß Aufträge von selber hereinkommen, ist unwiderruflich vorbei", murrt einer der Geschäftsleute, auch Teilnehmer der von der Gesellschaft für Österreichisch-Arabische Beziehungen organisierten Delegationsreise. Selbst höchstrangige Kontakte reichen manchmal nicht mehr aus. Der Leiter der österreichischen Delegation ist ein ehemaliger Außenminister, Mitglieder des Parlaments und Diplomaten sind mit von der Partie. Ziel ist es, in Regierungskreisen die Beziehungen zwischen den Ländern zu pflegen. Letztlich ergeben sich dabei erfahrungsgemäß auch Anknüpfungspunkte für geschäftliche Möglichkeiten. Deshalb sind zahlreiche Vertreter wichtiger Branchen mitgekommen: Wasserwirtschaft, Ölgeschäft, Medizintechnik, Holzhandel, auch Repräsentanten eines Handelshauses und der im Außenhandel wichtigsten Bank.

Bis alles richtig ins Laufen kommt, sind einige Mitglieder der Delegation schon ziemlich ungeduldig, die meiste Zeit vergeht zunächst mit Warten. Umstellung ist nötig, „Zeit ist Geld" gilt im Tagesablauf eines sozialistisch geprägten arabischen Landes nur wenig. Viele lokale „Helfer" sind eifrig tätig, es wird viel geredet, ständig ändert sich aber alles im letzten Moment. Im Zwiegespräch fragt man sich mitunter schon, warum man soweit gereist ist ... Man weiß aber wohl, daß gerade der Einstieg in einen schwierigen Markt – wenn überhaupt – nur auf diese Weise möglich ist: Man braucht im Grunde einen „Türöffner", dem es möglich ist, über (politische) Kontakte Zugang zu „Türöffnern" vor Ort zu verschaffen. Herkömmliche Akquisitionsmethoden helfen da wenig. Allein die zahlreichen Genehmigungen, die für praktisch alles erforderlich sind, um Termine mit den „richtigen" Gesprächspartnern zu bekommen, wären für einen einzelnen Reisenden ein Ding der Unmöglichkeit. Das wissen alle nur zu gut. Nach einer gewissen Zeit und einigen Gesprächen auf politischer Ebene treten plötzlich zwei „Vermittler" auf. Der Anschein trügt natürlich: Während der für die Gäste unproduktiven Wartezeit wurden von offizieller irakischer Seite hinter den Kulissen die Weichen gestellt. Jetzt ist es soweit. Man präsentiert sich – mit Hilfe eines Übersetzers – im Hotelrestaurant und vereinbart die nächsten Schritte. Besonders attraktiv erscheint, daß die Herren erklären, Zugang zu beträchtlichen Auftragsvolumina und Projekten aller Branchen zu haben, die ohne Ausschreibung vergeben werden können. Das ist der Knackpunkt, nun beginnt sich vielleicht alles zu lohnen. Die Geschäftsleute riechen endgültig Lunte und beginnen jetzt ihrerseits, aktiv zu kurbeln. In den nächsten Tagen finden zahlreiche Gespräche statt, Produktpräsentationen bei verschiedenen potentiellen Kunden, die Vertreter der Wasserwirtschaft organisieren – angesichts der vielen Interessenten – kurzerhand sogar ein kleineres Symposium. Von nun an sieht man die Firmenvertreter nur mehr flüchtig und in Eile, sie nehmen ständig Termine auswärts und auch im Hotel – die Bar ist ein bevorzugter Ort – wahr und arbeiten buchstäblich rund um die Uhr. Gelegentlich werden bei einer dicken Zigarre gemeinsame Probleme erörtert. Den „Augen des Staates" entgeht dabei nichts.

Warum nur?

Nach ein paar Tagen ist der Spuk vorbei. Letztlich haben alle erreicht, was – realistisch betrachtet – möglich war. Erst- und weitere Kontakte, das Auffinden (in manchen Fällen nicht weniger) konkreter Interessenten und Vereinbarungen über den weiteren Verbleib. Verträge wurden keine abgeschlossen, das war auch nicht zu erwarten. Jedenfalls sind alle Herren soweit, daß sie sich die nötige Infrastruktur erarbeiten konnten, um die nächsten Male alleine kommen zu können. Dies wird schon bald sein, wie die meisten versichern. Die Rückreise muß diesmal aus „organisatorischen Gründen", die nicht näher erläutert werden, mit dem Bus angetreten werden. Fast 1.000 km Fahrt durch die Wüste, nach 18 Stunden – es gibt immerhin eine „Raststätte" – ist man in Amman, von wo aus der Flug nach Wien startet. Übermüdet, aber zufrieden kommt man schließlich an und blickt optimistisch auf die Dinge, die sich in nächster Zeit ergeben mögen, inschallah – so Gott will, wie man vor Ort sagen würde ...

Aufgabe 1

Welche Umfeldeinflüsse kennzeichnen heikle Märkte und was bedeutet dies für die internationale Geschäftstätigkeit?

Aufgabe 2

Aus welchen Gründen suchen Exporteure selbst in krisenbehafteten Regionen nach Absatzpotentialen?

Aufgabe 3

In welcher Weise kann man unter solchen Umständen in befriedigender Weise Geschäfte tätigen?

Aufgabe 4

Auf welche interkulturelle Gegebenheiten müssen sich die ausländischen Geschäftsleute vorbereiten?

2 Konzeption strategischer Entscheidungen

2.1 Zielrahmen strategischer Entscheidungen

Nachfolgend wird der Entscheidungsprozeß beschrieben, den ein Unternehmen durchläuft, das die Aufnahme bzw. Ausdehnung internationaler Aktivitäten beabsichtigt.[3]

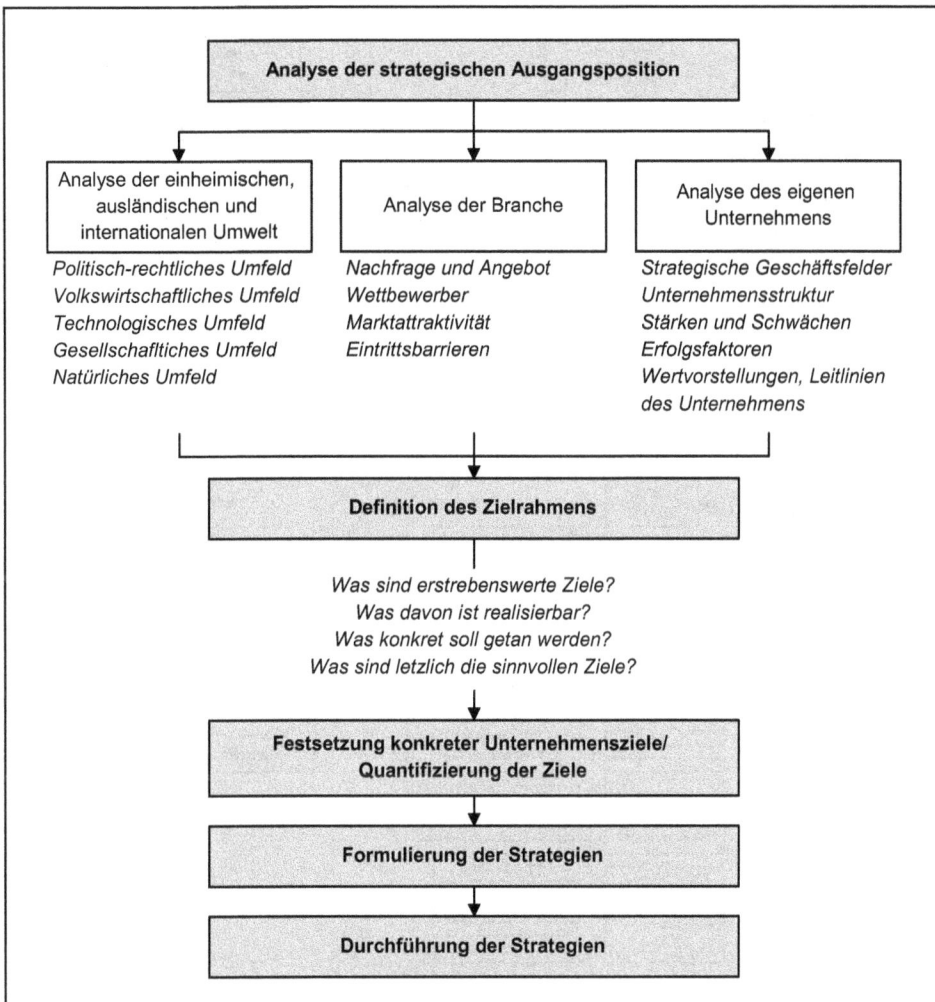

Abbildung 2-1 Ablauf eines strategischen Entscheidungsprozesses

2.2   Umfeldanalyse

> Das **Makroumfeld** eines Unternehmens setzt sich aus dem politisch-rechtlichen, volkswirtschaftlichen, technologischen, gesellschaftlichen und natürlichem Umfeld zusammen. In dieses komplexe Umfeld sind das Unternehmen, seine Zulieferer, Kunden und Konkurrenten gleichermaßen eingebunden und den einwirkenden Kräften und Entwicklungstrends ausgesetzt.

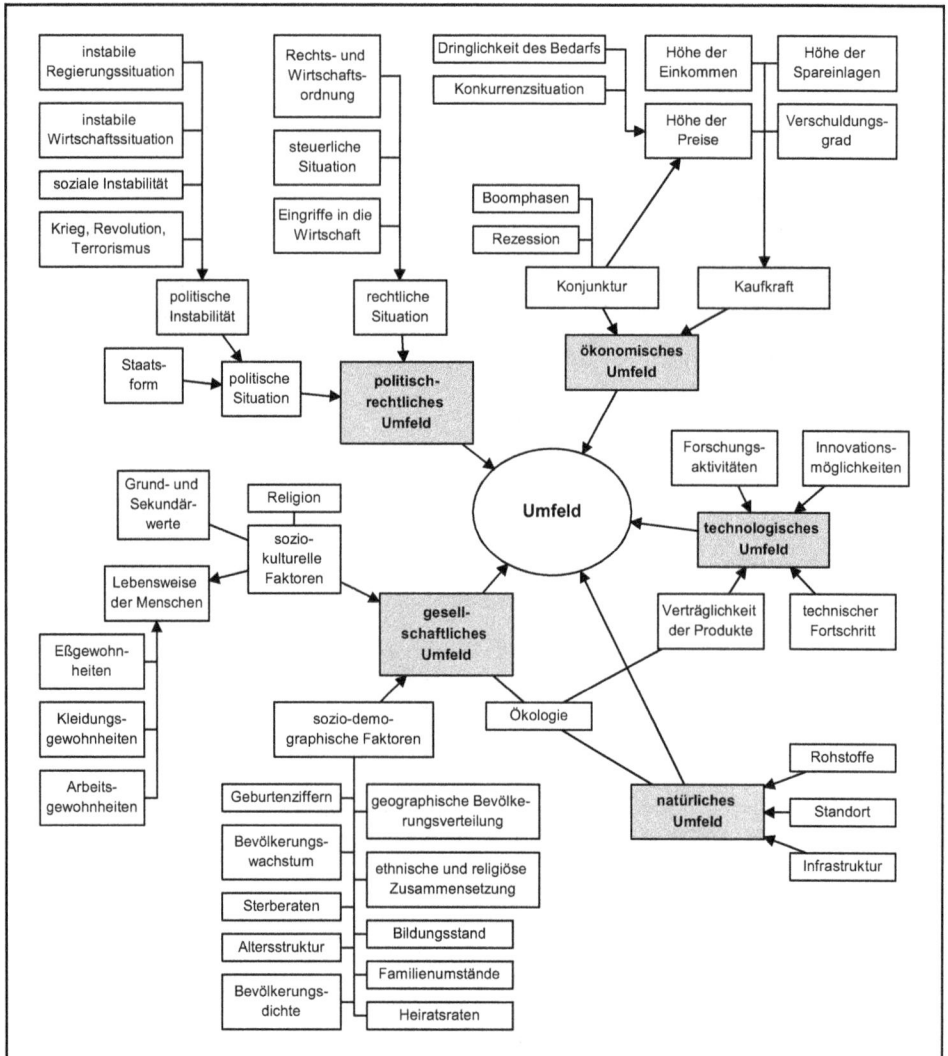

Abbildung 2-2 *Kriterien der Umfeldanalyse*

Das Unternehmen selbst kann diese Kräfte und Trends, die sowohl förderlich als auch bedrohend erscheinen können, nicht bzw. nur schwer beeinflussen. Auch wenn diese Variablen weitgehend unkontrollierbar sind, kann das Management dennoch auf sie einwirken – beispielsweise mit Hilfe von Lobbyisten.

Die (unternehmens-)**internen** Variablen kann das Management beeinflussen und gezielt steuern. Produktionsfaktoren (Mensch, Kapital und Rohstoffe) sowie Produktion und Marketingaktivitäten müssen dementsprechend auch so organisiert und kontrolliert werden, daß jederzeit auf Veränderungen bei den externen Variablen reagiert werden kann.

2.2.1   Politisch-rechtliches Umfeld

Die strategischen Maßnahmen eines Unternehmens müssen stets auf die **politische Situation** im jeweiligen Land abgestimmt sein. In den westlichen Industriestaaten stellt dies meist kein großes Problem dar. In politisch weniger gefestigten Staaten sollte die Situation allerdings einer genaueren Analyse unterzogen werden, um potentiellen **Risiken** entsprechend begegnen zu können.

Zu den für Unternehmen unbeeinflußbaren Faktoren gehören auch die **Rechts- und Wirtschaftsordnung** eines Staates. Der Handlungsspielraum ist diesbezüglich in einer staatlich dirigierten Planwirtschaft wesentlich kleiner als in einer Marktwirtschaft.

Stabilität

Für ein Unternehmen nicht minder von Bedeutung ist die **steuerliche Situation**, wobei insbesondere die – länderspezifisch äußerst unterschiedlichen und auch ständig im Fluß befindlichen – gesetzlichen Bestimmungen zu Einkommen-, Körperschaft-, Umsatz- bzw. Mehrwert-, Vermögens- sowie Verbrauchssteuern von Relevanz sind.

Als Problem können sich mitunter staatliche **Eingriffe** in die Wirtschaft sowie andere Kontrollmaßnahmen und Restriktionen erweisen. Branchen von besonderem staatlichen „Interesse" sind meist der infrastrukturelle Bereich, die Exportindustrie sowie die strategisch wichtige Grundstoffindustrie (z.B. Erdöl).

2.2.2   Ökonomisches Umfeld

Entscheidende Variablen bei der Beurteilung des volkswirtschaftlichen Umfeldes sind die Wirtschaftskraft eines Landes, damit zusammenhängend die Kaufkraft seiner Bevölkerung sowie die jeweilige Konjunktur.

Die **Kaufkraft** ist von maßgeblicher Bedeutung für das Wirtschaftsleben eines Landes. Die Kaufkraft eines Marktes wird in besonderem Maße von der **Einkommensverteilung** beeinflußt. Der Kauf von Gütern setzt das Vorhandensein ausreichender Geldmittel voraus. Erst wenn die Konsumenten über entsprechende finanzielle Mittel verfügen, kann sich ein reger Austausch von Waren, Dienstleistungen und Kapital entwickeln.

– ohne Worte –

Die **Preise** von Waren und Dienstleistungen resultieren aus verschiedenen wirtschaftlichen Faktoren. Zu diesen Faktoren zählen

- die Dringlichkeit des Bedarfs, d.h., wie wichtig für den Konsumenten die Befriedigung eines bestimmten Bedürfnisses ist,

- die Konkurrenzsituation, d.h., wie viele vergleichbare Erzeugnisse auf dem Markt angeboten werden und

- die konjunkturelle Situation in der Volkswirtschaft, d.h., ob sich die Volkswirtschaft in einer wachsenden, stagnierenden oder schrumpfenden Phase befindet.

Steigt das Preisniveau in einer Volkswirtschaft bei gleichbleibendem Einkommensniveau, erhöhen sich die **Lebenshaltungskosten** für die Bevölkerung. Die Kaufkraft sinkt, ein Rückgang der Nachfrage wird folgen. Sparen bzw. die **Sparneigung** sowie der **Verschuldungsgrad** sind weitere die Kaufkraft beeinflussende Faktoren.

Bei der Erschließung neuer Märkte ebenfalls relevant ist die **konjunkturelle Situation**. Sie läßt Aussagen darüber zu, wie sich die Nachfrage nach Gütern entwickelt. In Zeiten der **Rezession** stagniert die Nachfrage oder ist rückläufig, in Aufschwung- und **Boomphasen** nimmt die Nachfrage (rasch wieder) zu. Entscheidend sind dabei die Erwartungen der Verbraucher. Gehen diese z.B. von einem baldigen wirtschaftlichen Abschwung aus, so wird ihre Sparneigung zunehmen und ihre Konsumneigung folglich zurückgehen (und umgekehrt).

Hochkonjunktur

2.2.3 Technologisches Umfeld

Praktisch alle Wirtschaftssektoren unterliegen einem raschen technologischen Wandel. Die **Innovationsmöglichkeiten** scheinen unbegrenzt. Hinsichtlich der Höhe der F&E-Ausgaben liegen die USA weltweit an der Spitze, europaweit nimmt Deutschland die Spitzenposition ein. Die **Forschungsaktivitäten** konzentrieren sich dabei in den Branchen Maschinen- und Fahrzeugbau, Elektronik, Optik und Chemie (Forschungsausgaben bis 8 % des Umsatzes), am wenigsten wird in der Leder-, Textil- und Bekleidungsbranche sowie im Baugewerbe geforscht (weniger als 1 % des Umsatzes).

Die Möglichkeiten des **technischen Fortschritts** stellen sich dem Verbraucher nicht selten auch als Gefahr dar, wie die Diskussionen über gentechnisch veränderte Lebensmittel und die Kernkraft zeigen. Auch dem gestiegenen Umweltbewußtsein der Verbraucher gilt es Rechnung zu tragen. Aus der Forderung nach Sicherheitsgarantien resultierend, wurden im Laufe der Zeit strengere Regelungen in bezug auf Sicherheit und **Verträglichkeit der Produkte** erlassen.

*Trotz intensiver Versuche konnten die Gebrüder Wilbert
das Geheimnis des Gipsabdrucks nicht erkunden*

2.2.4   Natürliches Umfeld

Zum natürlichen Umfeld zählen die Oberflächengestaltung der Lebensräume, das Klima, die natürlichen Ressourcen und die Infrastruktur. In großem Maße verantwortlich für den Stand der wirtschaftlichen Entwicklung sind Klima und Oberflächenstruktur.

Für die **Rohstoffe** verarbeitende Industrie sind die Ressourcen eines Landes von besonderer Bedeutung. Nur an solchen Standorten, die die benötigten Ressourcen im erforderlichen Umfang aufweisen und ihre Förderung nicht zu kostenintensiv ist, lohnt die Ansiedlung eines rohstoffabhängigen Unternehmens.

Zudem sollte ein attraktiver **Standort** über eine entsprechende **Infrastruktur** verfügen bzw. der Anschluß an bereits bestehende Transportnetze mit nicht allzu hohem Aufwand verbunden sein.

Regionale Reize

2.2.5 Gesellschaftliches Umfeld

Soziodemographische Faktoren haben einen sehr starken Einfluß darauf, wie sich Menschen am Markt verhalten und Produkte und Dienstleistungen wahrnehmen. Um das Verbraucherverhalten richtig einzuschätzen und diesbezügliche Entwicklungstrends auszumachen und interpretieren zu können, muß ein Unternehmen über die soziodemographischen Gegebenheiten des Zielmarktes informiert sein. Bedingt durch das **Bevölkerungswachstum** – etwa in den Entwicklungsländern – steigt zwar der Bedarf, allerdings verfügen viele Länder meist nicht über die entsprechende Kaufkraft, so daß Bevölkerungswachstum nicht gleichzeitig ein Wachsen des Marktes bedeuten muß. Nur mäßiges Bevölkerungswachstum bzw. ein Rückgang ist demgegenüber in den industrialisierten Staaten zu verzeichnen.

Aus der Analyse der **Altersstruktur der Bevölkerung** kann ein Unternehmen ableiten, wie viele potentielle Abnehmer sich auf dem Markt befinden und wie sich die Zusammensetzung in Zukunft entwickeln wird. Entsprechend der Struktur und möglichen Trends müssen sich die Unternehmen dann eventuell auf neue Zielgruppen orientieren und/oder auch zielgruppenrelevante Produktinnovationen auf den Markt bringen.

Von ebenso wichtiger Bedeutung im Rahmen des gesellschaftlichen Umfeldes sind die **soziokulturellen Faktoren**. Komponenten wie Religion, Grund- und Sekundärwerte haben einen großen Einfluß darauf, was Menschen als wünschenswert, akzeptabel oder inakzeptabel empfinden. Soziokulturelle Faktoren bestimmen die Lebensweise der Menschen. Sie haben Einfluß auf Eß-, Kleidungs- und Arbeitsgewohnheiten. Was in einem Land oder in einer bestimmten Bevölkerungsgruppe einen besonderen Wert hat, kann anderswo unbedeutend oder gänzlich unüblich sein. Wertvorstellungen sollten deshalb genau analysiert werden, um gegebenenfalls Anpassungen der geschäftlichen Überlegungen vornehmen zu können.

kulturelle Vielfalt

Identität

Ethnozentrismus

Sozialisation

Kinder

Lebenszyklus

Generationenfolge

individuelle Freiheit

archaische Gesellschaften

Agrargesellschaften

Industrie- gesellschaften

1./2./3. Welt

Schwellenländer

Globalisierung

Traditionen

soziale Regeln

Kommunikations- formen

Alltagsleben

Soziale Interaktion

Kultur, Gesellschaft & Individuum

Gesellschafts- typen

Sozialisation

Identität

Sexualität

Gleichberechtigung

Klassenstruktur

Schichten

Armut

Ungleichheit

soziale Mobilität

ökonomischer Wettbewerb

Geschlecht

Gesellschaft & Politik
- I -

Gesundheit

Reproduktion

Ernährung

Körperkultur

Krankheit

Alter

medizinische Versorgung

Ethnizität

Rasse

Vorurteil

Diskriminierung

ethnische Beziehungen

Familie

Kriminalität & Devianz

Überwachen

Verbrechen

Bestrafung

Basiswerte

Privatleben

Ehe

Trennung

alternative Lebensformen

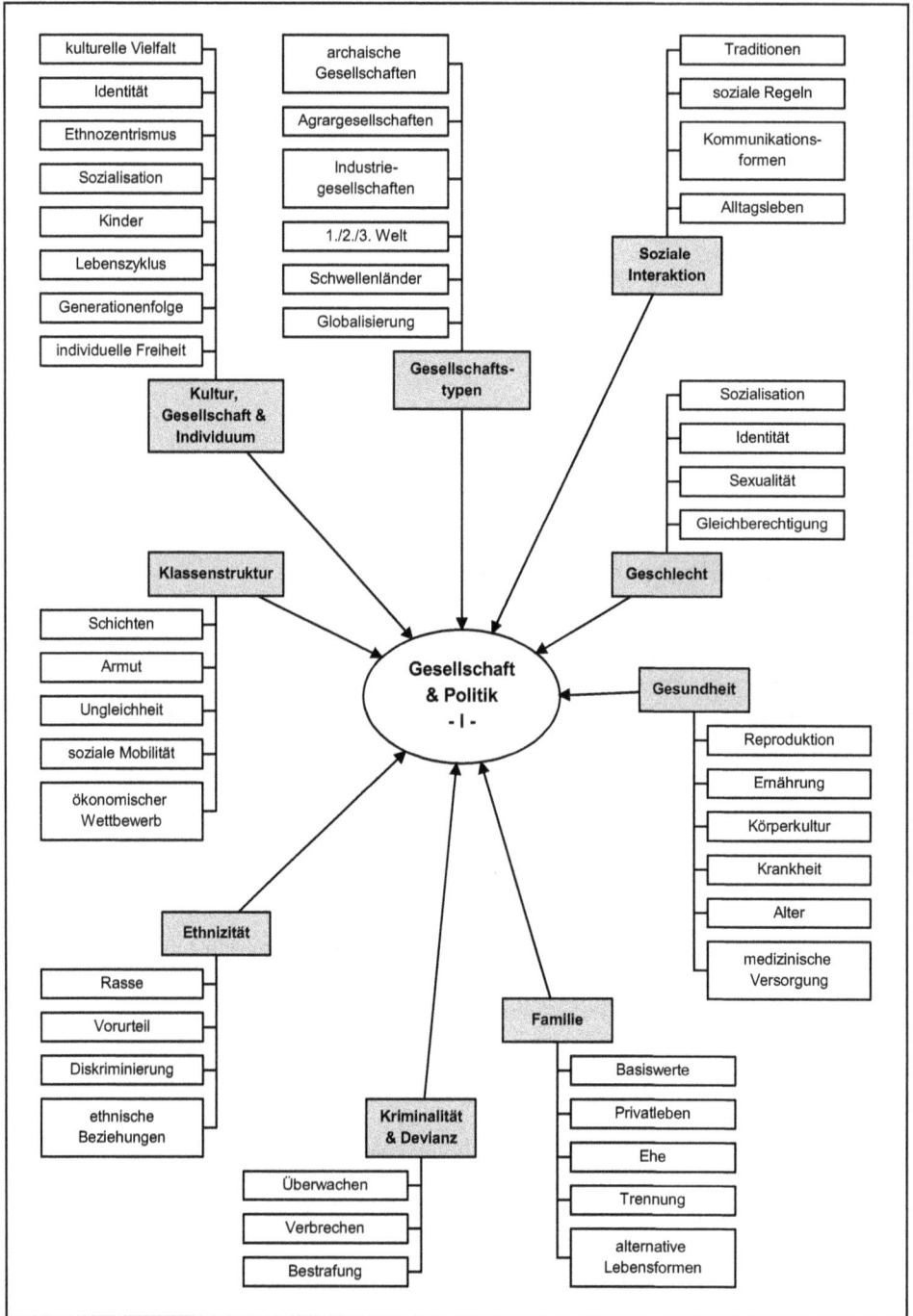

Abbildung 2-3 *Bereiche der Gesellschaft – Gestaltungsfelder der Politik I*

bezahlte Arbeit	Demokratie/ Totalitarismus	populäre Kultur
unbezahlte Arbeit	Macht	Massenmedien
Arbeitsteilung	Autorität	multimediale Kommunikation
wirtschaftliche Abhängigkeit	politische Parteien	Medientechnologie
Frauen im Erwerbsleben	Wahlen	Medienregulierung
Arbeitskonflikte	Beteiligung der Frauen	**Medien**
Arbeitslosigkeit	globale Mechanismen	

Arbeit & Alltagsleben

Militär

Krieg

Politik

Bildungssystem

Gleichheit

Einfluß

Förderung

Bildung

gesellschaftliche Institutionen

Wirtschaft

Bürokratie

technischer Fortschritt

Organisationen

Gesellschaft & Politik - II -

Religion

Formen

Organisationen

Einfluß

Geschlecht & Religion

Stadt- und Regional-entwicklung

Globaler Wandel

Urbanismus

Mega-Cities/Slums

Landflucht

unkontrolliertes Wachstum

Armut

Arbeit(slosigkeit)

Kriminalität

Umwelt/Raubbau

internationale Einflüsse

Soziale Unruhen

Liberalisierung

Vernetzung

Technologie

Korruption/Kriminalität

Regionalismus

Fundamentalismus

Kriege/Konflikte

Ausbeutung

Umweltkrise

soziale Bewegungen

kollektive Aktionen

Aufstand/Aufruhr

Revolutionen

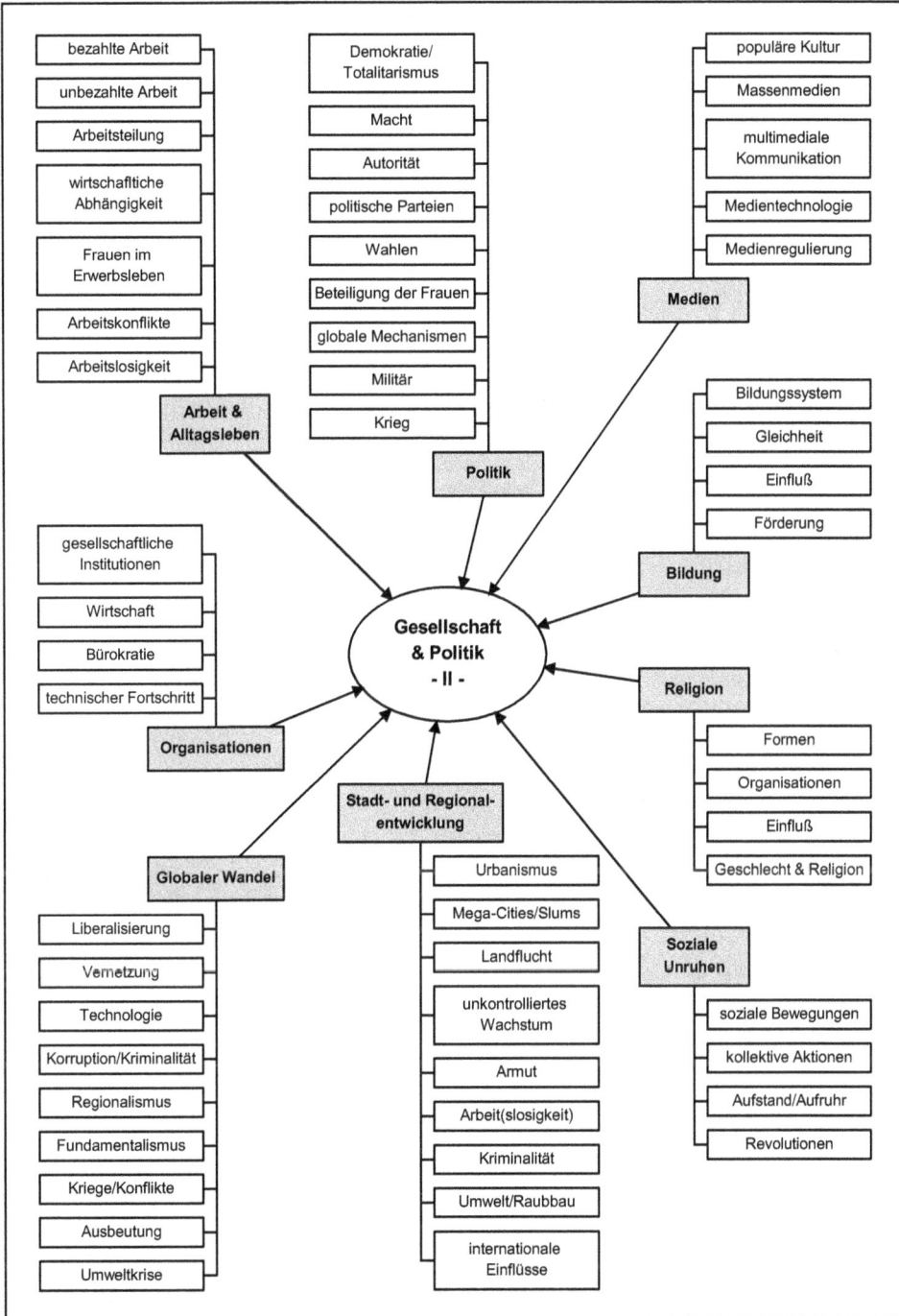

Abbildung 2-4 *Bereiche der Gesellschaft – Gestaltungsfelder der Politik II*

Trends und Veränderungen im Umfeld der Unternehmen

Ökonomischer Bereich

- Zunahme der internationalen Konkurrenz (neben USA und Japan besonders auch Schwellenländer), Verschiebung der internationalen Arbeitsteilung
- Tendenzen zunehmender protektionistischer Maßnahmen (bei steigender Exportabhängigkeit)
- Währungsturbulenzen (z.B. enorme Ausschläge des USD als zentraler Währung), Instabilität (Börsencrashs)
- Zuspitzung der Schuldenkrise in den Entwicklungsländern
- ungebrochene Konzentrationsprozesse
- verstärkte Verflechtung (Kooperation, strategische Allianzen, Beteiligungen, Aufkäufe)
- Globalisierung, europäischer Binnenmarkt
- neue Betriebsformen
- Marktsättigungstendenzen auf traditionellen Märkten, Entstehen neuer Wachstumsmärkte, Suche nach Marktnischen, Wandel im Kaufverhalten, zunehmende Artikelvielfalt
- Erschöpfung und Verknappung einiger Rohstoffe, unsichere Preisentwicklung
- Grenzen des quantitativen Wachstums bei gleichzeitig steigender Umweltbelastung (Überlegungen ex-ante, statt Maßnahmen ex-post)
- Zunahme des langfristig (in Forschung und Investition) gebundenen Kapitals
- strukturelle Flexibilisierungsüberlegungen (selbständige Teileinheiten, flache, dezentrale, netzwerkartige, temporäre Strukturen, flexible Arbeits- und Sozialleistungsmodelle)

Technologischer Bereich

- Innovationsschübe durch neue Basistechnologien
- Durchgängiger Einsatz der Mikroelektronik
- Zusammenwachsen von Daten- und Nachrichtentechnik
- Informations- und Technologiemanagement als Schlüsselfaktoren
- neue Zahlungsformen

Politisch-rechtlicher Bereich

- Erweiterung der ordnungspolitischen Rahmengesetzgebung
- zunehmende Bedeutung der EU
- Erweiterung im Bereich der Rechtsvorschriften und des Arbeitnehmerschutzes
- zunehmende Verrechtlichung des gesellschaftlichen Lebens, Bürokratisierung

Gesellschaftlicher Bereich

- rasch wachsendes Umweltbewußtsein breiter Bevölkerungskreise, Erkennen der industriellen Umweltbelastung (Ökonomie versus Ökologie)
- aktives Steuern gegen (oder Blockieren von) Unternehmensaktivitäten durch Verbände, Bürgerinitiativen usw.
- Forderung nach stärkerer Erfüllung der gesellschaftlichen Verantwortung des Unternehmens (vgl. soziale Standards)
- Arbeitszeitverkürzung, Arbeitszeitflexibilisierung
- Folgen der demographischen Entwicklung (stagnierende Geburtenrate, Zunahme älterer Jahrgänge)
- gesellschaftlicher Wertewandel/Wertedynamik (Autoritätsverfall traditionell „sinnstiftender" Institutionen, Verlust von Orientierung, Zunahme der Ansprüche, „postmaterielle" Werthaltung, „gespaltene Gesellschaft", alternative Lebensformen, Hedonismus von Yuppies usw., Wandel in der Einstellung zur Arbeit/Leistung, Suche nach Selbstverwirklichung und Bewußtseinsentfaltung, Freizeit als Lebensmittelpunkt, sinkende Fortschrittsgläubigkeit, zunehmende vs. abnehmende Ideologisierung)
- strukturell hohe (Dauer-)Arbeitslosigkeit

Fallstudie: Die Welt am Ölhahn

Erdöl und Erdgas sind im Zuge der dynamischen Industrialisierung immer mehr zum Schmiermittel der internationalen Wirtschaft geworden. Das Problem ist, daß diese Rohstoffe nur in bestimmten, häufig instabilen Weltregionen verfügbar sind. Reichtum für die einen und vollständige Abhängigkeit für alle anderen sind die Folge. Vielfältige geopolitische und auch logistische Probleme sind damit verbunden. Die wichtigen Rohstoffe sind dadurch auch zu einem bedeutenden weltpolitischen Druckmittel geworden.

Trojanisches Kamel

Die entscheidende Frage für sämtliche Industriestaaten – die allesamt nicht darüber verfügen – ist: Wie kann langfristige Versorgungssicherheit für Öl und Gas gewährleistet werden? Dazu kommt, daß aufstrebende Wirtschaftsmächte aufgrund ihres schier unersättlichen Bedarfs an fossilen Rohstoffen deren Preise regelrecht diktieren.

Aufgabe 1

Wie beeinflußt die weltweit enorme Nachfrage nach Erdöl und Erdgas das geopolitische Gefüge?

Aufgabe 2

Wie können die öl- und gasexportierenden Länder mit dem großen Bedarf umgehen und ihre daraus resultierenden Erträge nachhaltig nutzen?

Aufgabe 3

Wie beurteilen Sie die einschlägigen Märkte und die vielfältigen Spekulationen, die damit in Zusammenhang stehen?

Aufgabe 4

Wie können sich individuelle und industrielle Nachfrage angesichts der Rohstoffknappheit langfristig verhalten?

2.3   Branchenanalyse

Eine **Branche** (Wirtschaftssektor) ist ein entscheidender Bestandteil jeder Volkswirtschaft. Angebot und Nachfrage stehen hierbei in engem Zusammenhang mit
allen Faktoren des Makroumfelds, also jeglicher sozio-ökonomischer Entwicklung.

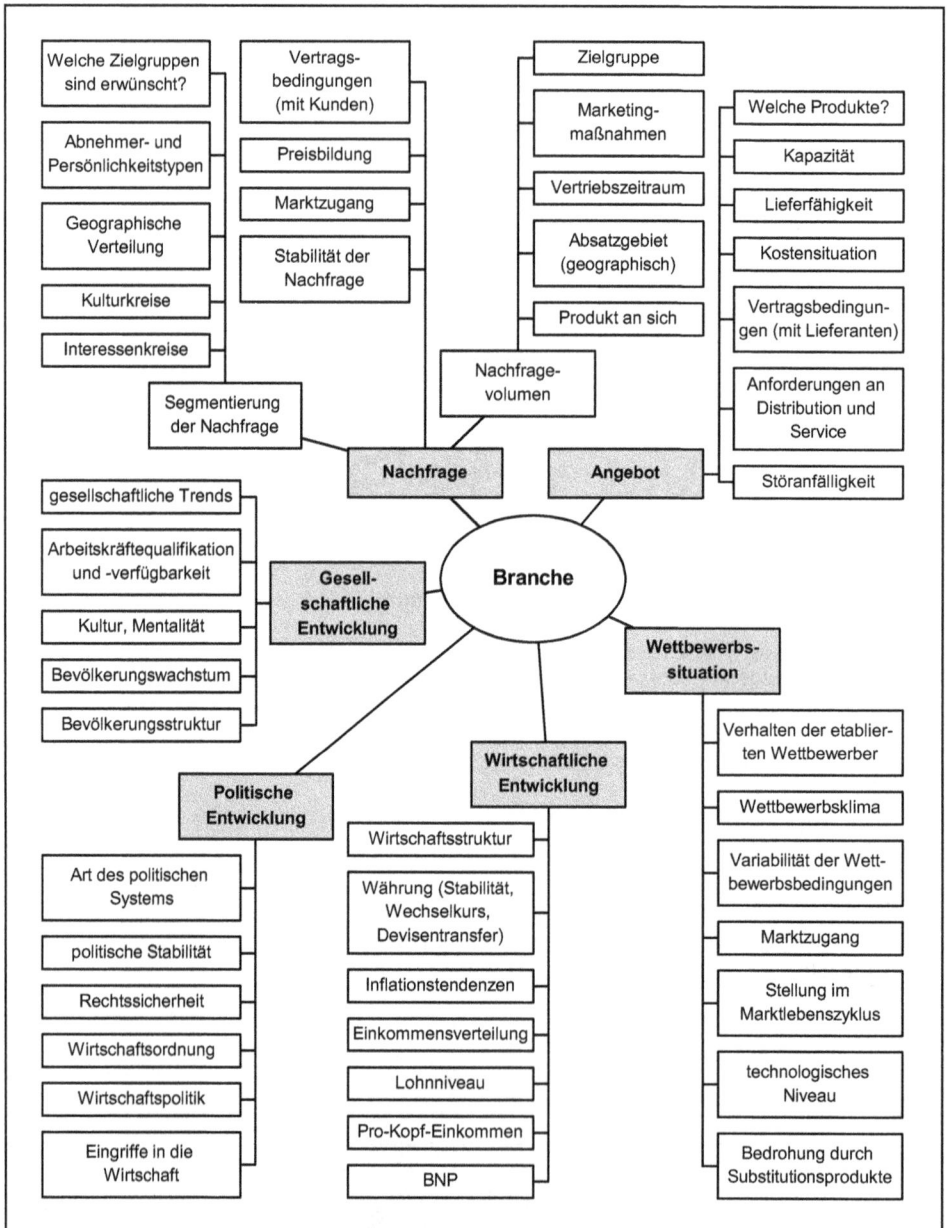

Abbildung 2-5 *Kriterien zur Analyse einer Branche*

Die **Marktgröße** bzw. die eines Marktsegments wird von der Anzahl der potentiellen Käufer bestimmt, also der Anzahl der Verbraucher, die ein echtes Interesse am Produkt haben. Auf die Menge potentieller Käufer und das **Nachfragevolumen** kann beispielsweise durch Kundenbefragungen oder eine kontinuierliche Beobachtung des Absatzes – auch von Konkurrenzprodukten – geschlossen werden (vgl. Trends).

2.3.1 Nachfrage

Die Nachfrage orientiert sich an verschiedenen Bestimmungsgrößen. Dabei ist das Produkt an sich ein wesentlicher Aspekt, des weiteren das geographische Absatzgebiet, entsprechende Marketingmaßnahmen sowie Vertriebsüberlegungen, um geeignete Kundengruppen zu erreichen.

Kaufverhalten der Nachfrager

Die Geschäftspolitik wird nur dann ihr Ziel erreichen, wenn sie direkt auf die Zielgruppe(n) zugeschnitten wird. Ziel einer **Segmentierung der Nachfrage** ist das Erkennen homogener Gruppen und die Bereitstellung der notwendigen Informationen für eine zielgruppenorientierte Marketingpolitik. Was sind sinnvolle Kriterien für eine Einordnung der Abnehmer in homogene Gruppen?

- Interessenkreise (z.B. gleiches Hobby, gleiche Einstellung zu Familie, Mode)
- Kulturkreise (z.B. gleiche Lebensformen, gleiche Bevölkerungsschicht)

- Geographische Verteilung (z.B. Stadt, Land)

- Abnehmer- und Persönlichkeitstypen (z.B. Hausfrauen, Manager, Rentner)

- Welche Abnehmergruppen sind (weniger) erwünscht?

Erst nachdem für ein Produkt eine konkrete Zielgruppe definiert ist, können Strategien für die Bearbeitung der Zielgruppe entwickelt werden.

2.3.2   Angebot

Die **Verfügbarkeit von Ressourcen** steht in engem Zusammenhang mit der Standortwahl. Für fast jede produzierende Branche sind **Rohstoffe** von Bedeutung. Die Knappheit von Rohstoffen drückt sich über ihren Preis aus, der sich auch im Endprodukt niederschlägt. Ebenso gehört die menschliche **Arbeitskraft** zu den wesentlichen Ressourcen (vgl. Niedriglohnländer). Neben Rohstoffen und Arbeitskraft spielen zudem die am Standort vorhandene **Infrastruktur** sowie die **Transportkosten** eine bedeutende Rolle.

– ohne Worte –

Der Erfolg eines Unternehmens ist in nicht unbedeutendem Maße auch vom **Verhalten der Lieferanten** abhängig. Von besonderer Bedeutung sind dabei die Qualität der gelieferten Rohstoffe und Fabrikate, die Liefertreue und nicht zuletzt der Preis. Starke Lieferantengruppen können sich – im Sinne der Marktmacht – für einen Abnehmer als durchaus problematisch erweisen. Wenige Anbieter, mangelnde Substituierbarkeit der Zulieferungen und ihre Bedeutung für das Endprodukt sowie etwaige Umstellkosten sind dabei die heikelsten Faktoren.

2.3.3 Wettbewerbssituation

Im Rahmen der **Konkurrenzanalyse** lassen sich drei Schwerpunkte identifizieren:

- die Ziele des Konkurrenten,

- seine Strategien zur Erreichung dieser Ziele sowie

- seine Stärken und Schwächen.

Oberste **Ziele** jedes unter marktwirtschaftlichen Bedingungen tätigen Unternehmens sind die langfristige Sicherung der Existenz sowie die Maximierung des Gewinns. Ausgehend davon leiten sich verschiedene, die Oberziele unterstützende Teilziele ab.

Genauere Informationen zur **Strategie** eines Konkurrenten lassen sich durch detaillierte Daten über Marketingmaßnahmen, Fertigung, Beschaffungswege, F&E-Tätigkeit, Kundendienst und Absatzorganisation der Konkurrenz gewinnen. Diese Merkmale lassen auch erkennen, welche strategische Grundrichtung ein Unternehmen verfolgt und welches Marktsegment angesprochen werden soll.

Frische Pilze

Aus den dieserart gewonnenen Informationen läßt sich ein strategisches Wettbewerbsprofil des Konkurrenten ableiten. Es gibt Aufschluß über seine aktuelle **Wettbewerbsposition** und seine potentiellen **Chancen** am Markt. Im Vergleich zum eigenen Unternehmen zeigt es aber auch die eigenen Schwachstellen auf, auf die sich in näherer Zukunft die (Gegen-)Strategie des Konkurrenten richten wird.

Eine **Stärken-Schwächen-Analyse** dient dem Vergleich der Konkurrenten untereinander bzw. eines Konkurrenten mit dem eigenen Unternehmen. Dazu bieten sich

etwa – sofern vorhanden – Daten zu Umsatz, Marktanteil, Gewinnspanne, Kapital-
rendite, Cash-flow, Neuinvestitionen und Kapazitätsauslastung sowie Rückschlüsse
auf dessen Image besonders an.

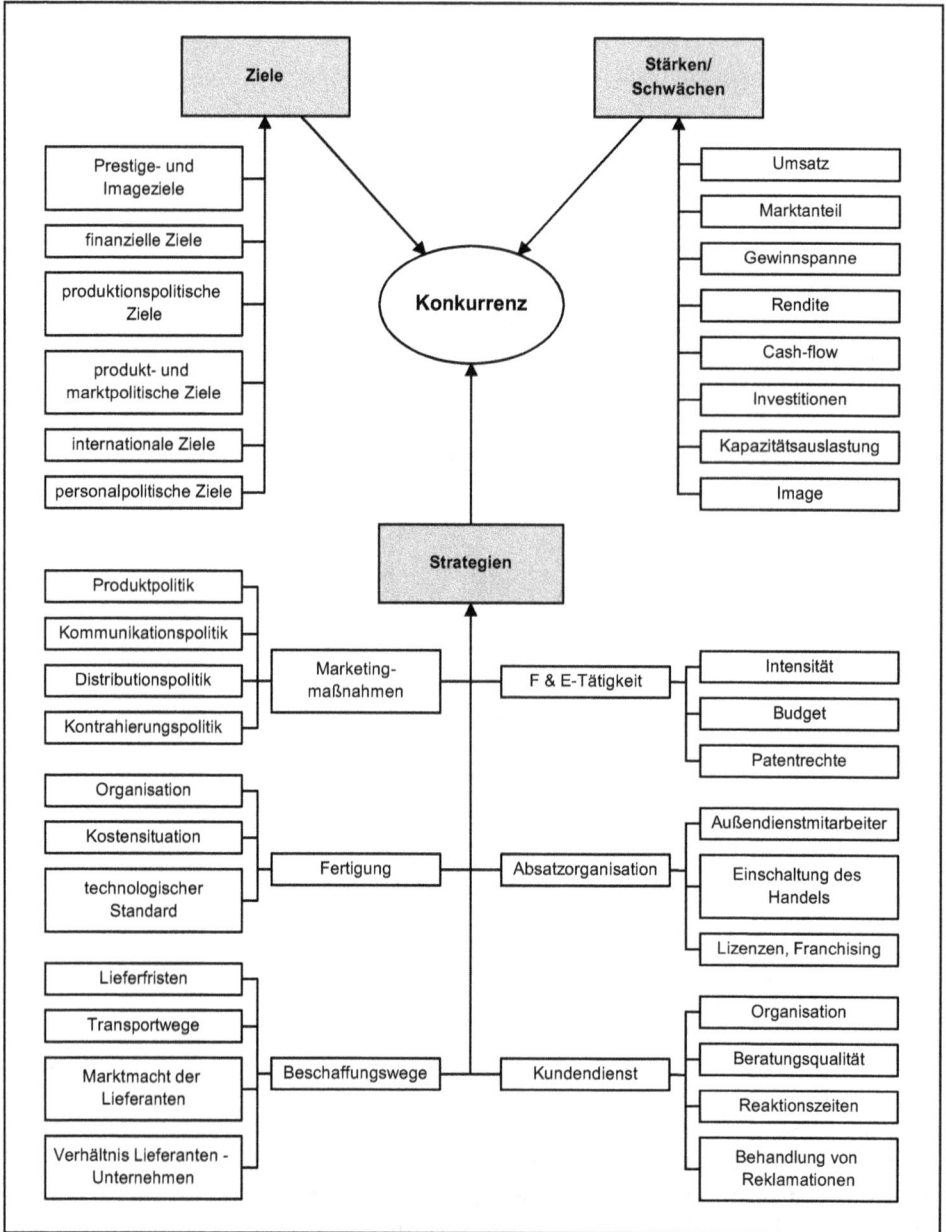

Abbildung 2-6 *Kriterien der Wettbewerbssituation*

Fallstudie: Verwählt?

Hugo Hurtig ist beruflich häufig innerhalb Europas unterwegs. Da er in manchen Monaten mehr Zeit auf Reisen als in seiner Wohnung in Österreich verbringt, hat er sich er sich aus Gründen der Praktikabilität entschlossen, seinen Festnetztelefonanschluß zu kündigen. Trotzdem oder gerade deshalb will er nach wie vor telefonisch erreichbar sein und natürlich auch die Informationsvielfalt des Internet weiterhin nutzen können.

Es stellt sich nun die Frage nach einem geeigneten Mobilfunkanbieter. Diese scheint es wie Sand am Meer zu geben. Selbst im Supermarkt ist es mittlerweile möglich, einen Vertrag abzuschließen. Die Preise wirken verlockend, zumindest bevor man das Kleingedruckte liest. Doch welche Vor- und Nachteile sind mit den jeweiligen Angeboten verbunden? Lohnt sich eine Flatrate? Welche Kosten bringt das Roaming mit sich?

Falsch verbunden?

Fragen über Fragen. Hugo Hurtig ist von der Fülle des Angebots zunächst überfordert. Um sich nicht voreilig an den falschen Anbieter zu binden, nimmt er sich vor, die einzelnen Angebote genauer unter die Lupe zu nehmen.

Aufgabe 1

Von welchen Veränderungen ist die genannte Branche betroffen? Wie ist es dazu gekommen? Wie schätzen Sie die weitere Entwicklung der Branche ein?

Aufgabe 2

Unterziehen Sie die Branche einer detaillierten Analyse und unterbreiten Sie ausgehend davon günstige Vorschläge für Hugo Hurtig!

2.4   Unternehmensanalyse

Um am Markt erfolgreich zu sein, reicht es nicht aus, über das unternehmensexterne Umfeld informiert zu sein. Ein Unternehmen muß auch seine **Stärken und Schwächen** kennen und diese – insbesondere im Vergleich zu den anderen Marktteilnehmern – einschätzen können. Erst wenn auch die eigene Ausgangssituation analysiert ist, können wirkungsvolle Strategien erarbeitet werden. Ein Unternehmen sollte folglich vor allem in jenen Bereichen Stärken aufweisen, die für den Kunden von Bedeutung sind. Relative **Wettbewerbsvorteile** können dabei aus unterschiedlichen Quellen resultieren.

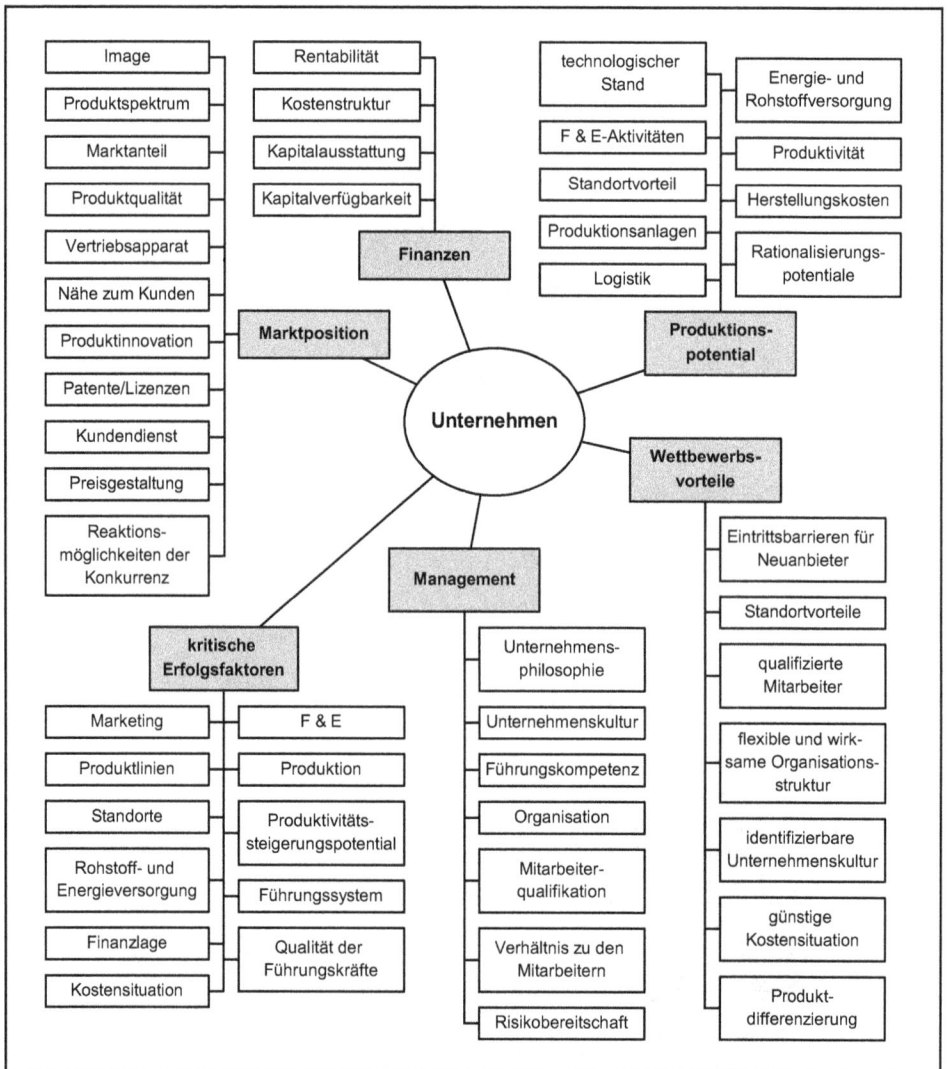

Abbildung 2-7 *Kriterien der Unternehmensanalyse*

Faktoren, die für den Erfolg eines Unternehmens besonders von Bedeutung sind, bezeichnet man als **kritische Erfolgsfaktoren**. Diese werden von der Natur der Branche und ihrer Umwelt bestimmt. Folglich variieren sie auch von Branche zu Branche.

Zur Ermittlung der kritischen Erfolgsfaktoren sollte sich ein Unternehmen folgende Fragen stellen:

- Wodurch wird der Erfolg eines Unternehmens bestimmt?

- Auf welche Faktoren ist eine Verschlechterung der Marktposition des Unternehmens zurückzuführen?

Es wird zwar nicht einfach sein, aber wir werden es bis heute abend schaffen.

Inwieweit die ermittelten Schwachpunkte und/oder Stärken tatsächlich relevant sind, hängt vom jeweiligen Markt ab. Als Stärke identifizierte niedrige Preise müssen nicht unbedingt einen Vorteil darstellen, wenn ein imagestarker Konkurrent den Großteil der Nachfrage bedient. Zentrale Frage bleibt also: Warum wird ein Produkt überhaupt gekauft und wie kann das Unternehmen diese Kaufgründe beeinflussen?

Die Bewertung der Stärken und Schwächen bzw. die Analyse der Wettbewerbsvorteile kann anhand eines Katalogs ausgewählter relevanter Kriterien beispielsweise mit Hilfe eines Evaluierungsschemas (mit Skalierungen und Gewichtungen) vorgenommen werden.

Die Ergebnisse einer solchen Bewertung können dann im Vergleich mit der Konkurrenz, konkret etwa mit einem unmittelbaren Konkurrenten des Unternehmens,

betrachtet werden. Zur Darstellung eignet sich beispielsweise ein Stärken-
Schwächen-Profil.

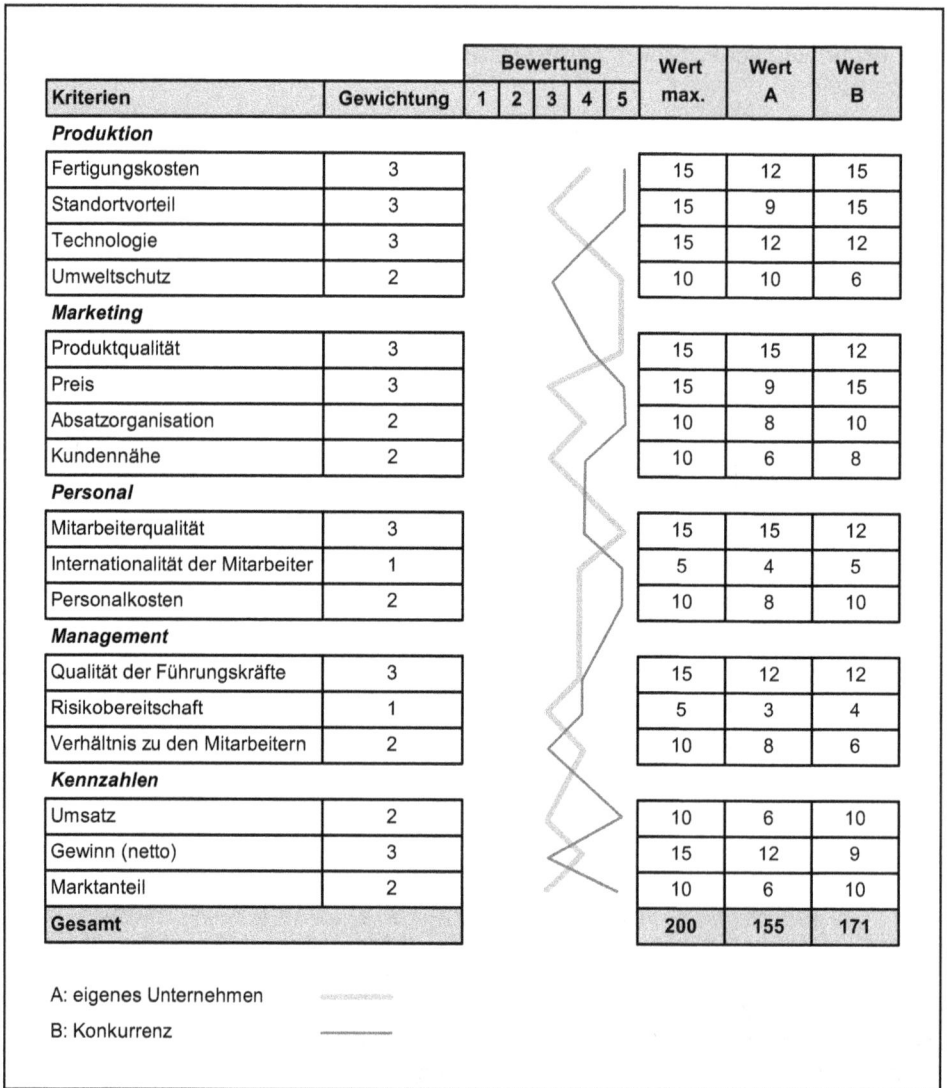

Kriterien	Gewichtung	Bewertung					Wert max.	Wert A	Wert B
		1	2	3	4	5			
Produktion									
Fertigungskosten	3						15	12	15
Standortvorteil	3						15	9	15
Technologie	3						15	12	12
Umweltschutz	2						10	10	6
Marketing									
Produktqualität	3						15	15	12
Preis	3						15	9	15
Absatzorganisation	2						10	8	10
Kundennähe	2						10	6	8
Personal									
Mitarbeiterqualität	3						15	15	12
Internationalität der Mitarbeiter	1						5	4	5
Personalkosten	2						10	8	10
Management									
Qualität der Führungskräfte	3						15	12	12
Risikobereitschaft	1						5	3	4
Verhältnis zu den Mitarbeitern	2						10	8	6
Kennzahlen									
Umsatz	2						10	6	10
Gewinn (netto)	3						15	12	9
Marktanteil	2						10	6	10
Gesamt							**200**	**155**	**171**

A: eigenes Unternehmen

B: Konkurrenz

Abbildung 2-8 Stärken-Schwächen-Profil (Beispiel)

Fallstudie: Im Aufwind

Nach mehreren Jahren Berufstätigkeit im außereuropäischen Raum ist Frau S. nach Europa zurückgekehrt und hat eine attraktive Stelle in Dänemark gefunden. Sie findet es sehr attraktiv, in einem dynamischen Unternehmen arbeiten zu dürfen und noch dazu für ein Produkt, daß sie vertreten kann. Zwar sind nicht alle, die in der Branche der alternativen Energien arbeiten, Idealisten, aber trotz allem scheint man sich einig darin zu sein, im Interesse von Wirtschaft und Umwelt zu handeln. Die Branche boomt dank der politischen Aufmerksamkeit, die die umweltfreundliche Energiegewinnung aufgrund der inzwischen sichtbaren Klimaveränderungen bekommt. Das Unternehmen hat allein im letzten Jahr 1.000 neue Mitarbeiter eingestellt. Das heißt, jeder zweite Mitarbeiter im Unternehmen ist neu, wobei Mitarbeiter, die schon zwei Jahre hier arbeiten bereits als „Alteingesessene" gelten. Dadurch, daß die Energiegewinnung mit Hilfe von Wind selbst nicht viel älter als 25 Jahre ist, haben alle, die auf ein Jahrzehnt Erfahrung zurückblicken können, einen Expertenstatus, der – gepaart mit der großen Nachfrage nach qualifizierten Arbeitskräften – in teilweise beträchtliche Gehälter mündet.

Manchmal könnte es einem direkt schwindelig werden, wenn man feststellt, wie schnell das Unternehmen wächst. Nach dem Urlaub schaut man in unbekannte Gesichter, leere Büros (wenn Kollegen in neu errichtete Gebäude umgezogen sind) oder hört, daß sich ein paar Kollegen intern oder extern verbessert haben.

Daß so viele Mitarbeiter neu im Unternehmen sind, hat den Vorteil, daß sich die meisten sehr aufgeschlossen geben und es relativ leicht ist, mit den Kollegen in Kontakt zu kommen, auch über die eigene Abteilung hinaus. Gleichzeitig steht man aber auch zahlreichen Herausforderungen kultureller Art gegenüber, so daß die verschiedenen (Geschäfts-)Kulturen der Herkunftsländer der Mitarbeiter teilweise recht heftig aufeinanderprallen. Status und Hierarchie sind Dinge, die beispielsweise in Deutschland nach wie vor von Bedeutung sind, währenddessen in Dänemark Gleichheit und Bescheidenheit große Bedeutung beigemessen wird. Deutlich wird dies bereits am Dresscode: In Dänemark kann es schwierig sein, anhand der Kleidung die Position eines Mitarbeiters zu erkennen.

Hinzu kommt, daß vom Unternehmen vor einiger Zeit ein Konkurrent aufgekauft wurde, so daß auch hier Unterschiede zwischen den jeweiligen Mitarbeitern spürbar sind. Auch daß jetzt plötzlich alle Englisch sprechen müssen, scheint einigen Mitarbeitern ein wenig das bisherige Geborgenheitsgefühl zu nehmen. Dennoch ist Frau S. überrascht, wie viele Dokumente nur auf Dänisch oder auch Deutsch verfügbar sind und wie wenig standardisierte Prozeduren benutzt werden. Alles befindet sich noch im Aufbau, während das Unternehmen gleichzeitig schnell wächst. Dies birgt natürlich auch jede Menge Risiken: Eine der größten Sorgen der älteren Mitarbeiter ist, daß die Qualität leiden könnte.

Frau S. motiviert, daß dem Einzelnen relativ viel Verantwortung übertragen wird und man wirklich eine Chance hat, das Unternehmen mitzuprägen. So finden z.B. Workshops statt, in denen an der Definition einer neuen Mission, Vision sowie von Werten für die tägliche Arbeit im Unternehmen gearbeitet wird.

In ihrer Abteilung hat Frau S. zwei unmittelbare Vorgesetzte: einen Westeuropäer, den man als einen fordernden Workaholic-Typen beschreiben könnte, und einen Südeuropäer mit dem ihm eigenen Charme, der die Mitarbeiter motiviert und auch einmal früher nach Hause schickt, wenn anderweitig Überstunden gemacht wurden. Auch Kuchen hat er am Freitagnachmittag schon verschenkt, um den Feierabend zu versüßen.

Aufgabe 1

Führen Sie anhand der bekannten Fakten eine Unternehmensanalyse durch!

Aufgabe 2

Worin sehen Sie die Stärken und Schwächen einer aufstrebenden Branche?

2.5   Dimensionen der Marktattraktivität

Die Attraktivität internationaler Märkte kann auf vielen Gründen beruhen. Neben den Hauptkriterien wie Marktwachstum, Marktgröße, Marktqualität, Ertragspotential, Verfügbarkeit von Ressourcen, der Konkurrenzsituation und einem allgemein günstigen Umfeld sind es auch die – oben dargestellten – aktiven und reaktiven Gründe, die ein Unternehmen veranlassen, international tätig zu werden (vgl. Kosten, firmenspezifische Vorteile usw.).

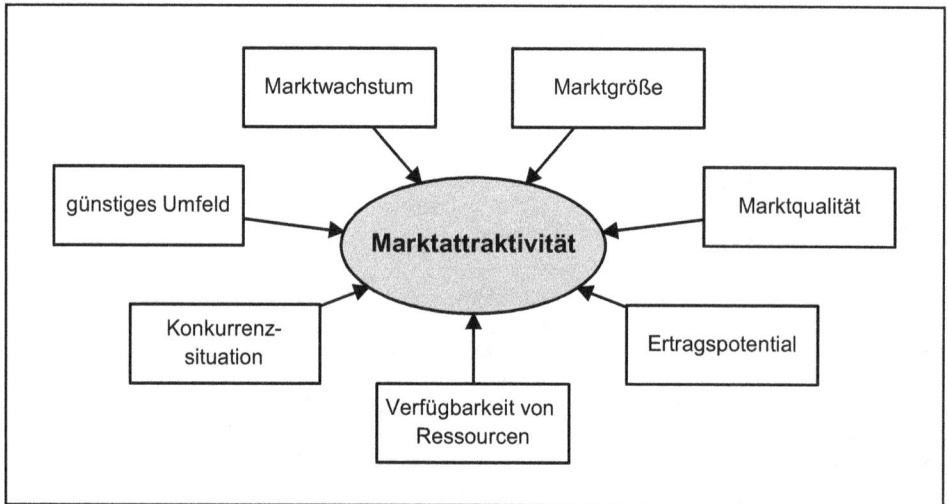

Abbildung 2-9 *Hauptkriterien der Marktattraktivität*

2.5.1   Standortattraktivität

Grundlage für die Ermittlung eines marktspezifischen Chancen-Risiken-Profils sind bestimmte Umweltfaktoren, die sogenannten **Standortfaktoren**, d.h. jene Kriterien, die üblicherweise herangezogen werden, um zu beurteilen, ob ein Markt für ein Unternehmen attraktiv ist oder nicht.

Zur Bewertung der Standortattraktivität wird der potentielle Standort auf seine Eintritts- und Austrittsbarrieren, Wettbewerbsverhältnisse, potentielle Zulieferer und Geschäftspartner, Verfügbarkeit von Ressourcen, Zinsen und Steuern sowie etwaige beeinflussende gesetzliche Regulierungen untersucht. Ein Standort kann nicht generell als attraktiv oder unattraktiv bezeichnet werden. Die Attraktivität hängt vielmehr davon ab, welche Bedeutung den einzelnen Standortmerkmalen zugeschrieben wird. Dabei unterscheidet man verschiedene Orientierungen:

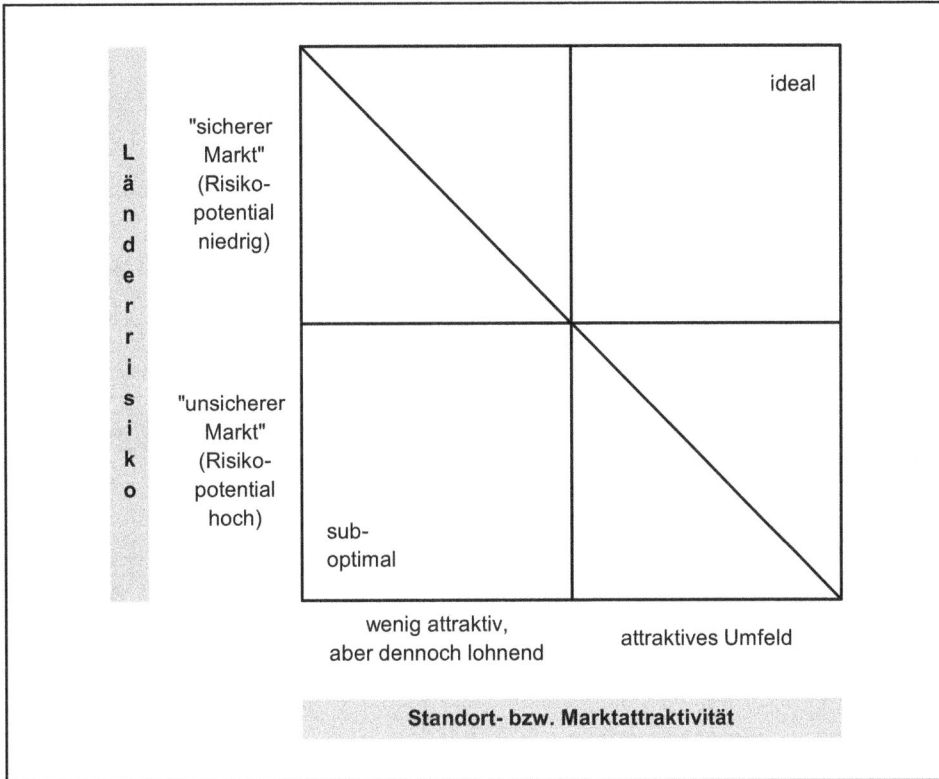

Abbildung 2-10 Wie kann sich ein (potentieller) Markt oder Standort darstellen?

- Bei einer **Materialorientierung** erfolgt die Auswahl des Standorts nach der Verfügbarkeit der notwendigen Materialien.

- Bei einer **Arbeitsorientierung** sind für die Standortwahl die Lohnkosten bzw. das Vorhandensein entsprechend qualifizierter Arbeitskräfte entscheidend.

- **Aufgabenorientierte** Unternehmen suchen beispielsweise gezielt nach „Steueroasen" zur Minimierung der global gezahlten Steuerlast.

- **Verkehrsorientierte**, auf Verkehrsknotenpunkte und Warenumschlagplätze angewiesene Branchen (z.B. Öl, Kaffee, Tabak) wählen ihre Standorte nach Transportkosten und Verfügbarkeit von Verkehrswegen aus.

- Durch hohe Kosten für Umweltschutzmaßnahmen können anderweitig attraktive Standorte für ein Unternehmen uninteressant werden (**Umweltorientierung**).

- Auf gute Kontakte zum Absatzmarkt angewiesene, **absatzorientierte** Branchen suchen nach Standorten mit guten Absatzmöglichkeiten.

Nach der Auswahl des geographisch optimalen Standortes muß sich das Unternehmen für einen lokalen Standort (innerstädtisch, am Standrand oder im ländlichen Gebiet) entscheiden. Dabei sind insbesondere Grundstückskosten, Ausbaufähigkeit, Verkehrsanschlüsse, Umweltauflagen und das jeweilige Baurecht von Bedeutung.

Die Bewertung der Marktattraktivität kann methodisch in ähnlicher Weise erfolgen wie die Evaluierung der Stärken und Schwächen des Unternehmens (s.o.).

Die Sicherheit von Unternehmensstandorten kann von vielen Faktoren bedroht werden.

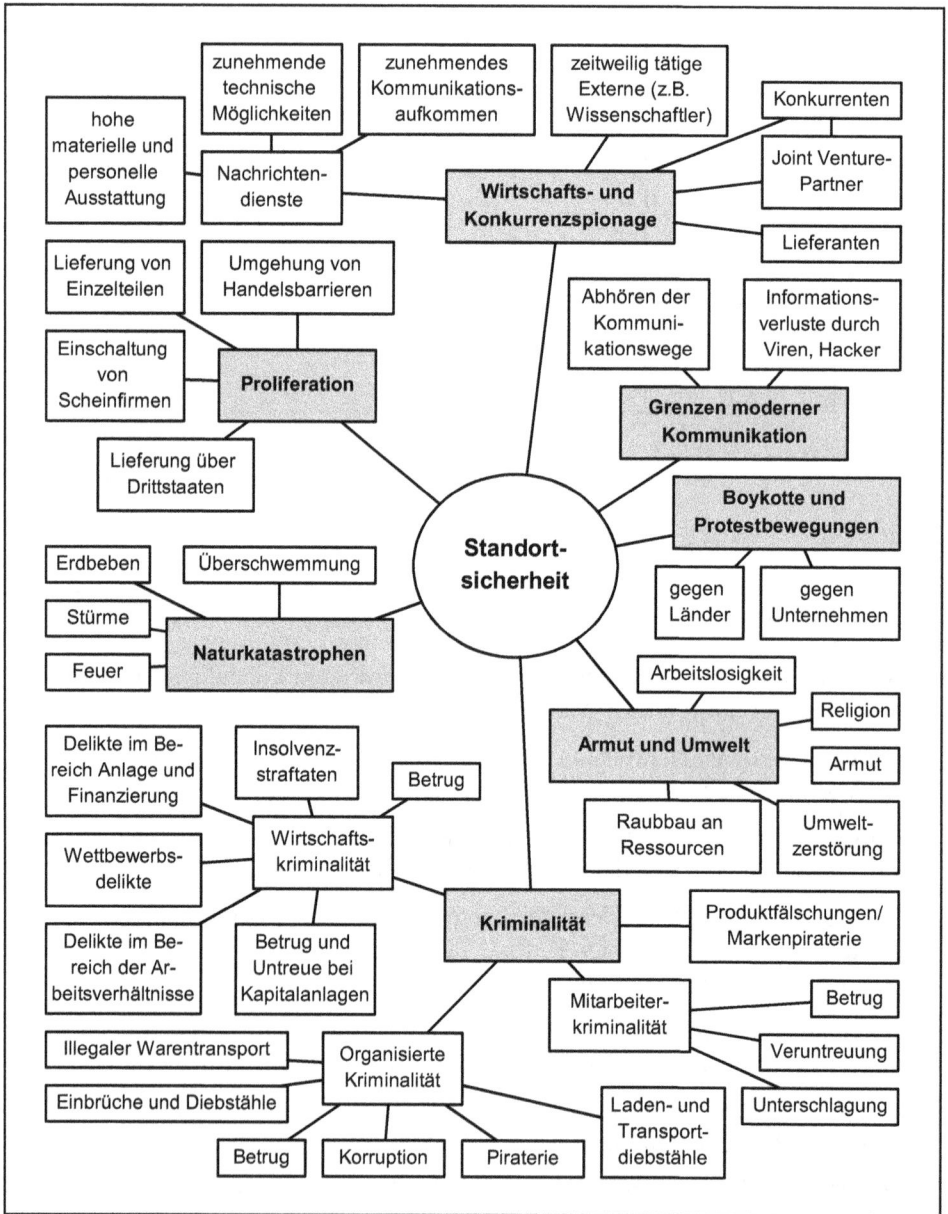

Abbildung 2-11 *Bedrohungsfaktoren der Markt- und Standortsicherheit*

Fallstudie: Standort Deutschland ade!

Das namhaftes Textilunternehmen kann auf eine langjährige Tradition zurückblicken. Seit über 50 Jahren stellt man Oberbekleidung vor allem für große, europaweit vertretene Einzelhandelsketten her. Früher wurde auch für Versandhäuser gefertigt, doch die lassen schon seit längerer Zeit im Ausland produzieren. In Hochzeiten beschäftigte der durch Zukäufe immer weiter gewachsene Konzern 15.000 Mitarbeiter und erwirtschaftete Umsätze in Höhe von 900 Mio. Euro. Mit immer noch 500 Mio. Euro Jahresumsatz gehört das Unternehmen unter den deutschen Bekleidungslieferanten zu den Top Ten.

Alles eine Frage des Standorts

Die Bekleidungsbranche steht allerdings enorm unter Druck. Im letzten Jahrzehnt ist die Zahl der in Deutschland Beschäftigten von ca. 110.000 auf unter 50.000 gesunken. Branchenweit sind hohe Umsatzverluste zu verzeichnen. Nachdem das Unternehmen mehrfach rote Zahlen geschrieben hat, melden nun die Banken ihre Forderungen an. Ein umfassender Sanierungsplan soll das Unternehmen retten. Dazu will man sich zunächst von einem Drittel der im Inland beschäftigten Mitarbeitern trennen, Unternehmenstöchter verkaufen und verschiedene Standorte schließen. Die meisten der ursprünglich vielen deutschen Produktionsstätten hat man längst aufgegeben. In Zukunft wird man gar nicht mehr in Deutschland produzieren und sich statt dessen im wesentlich preiswerteren Rumänien niederlassen.

Aufgabe 1

Warum verlagern Unternehmen ihre Produktionsstandorte ins Ausland?

Aufgabe 2

Welche volkswirtschaftlichen Konsequenzen hat die Verlagerung von Produktionsstandorten ins Ausland für den Wirtschaftsstandort Deutschland?

Aufgabe 3

Welche Möglichkeiten des Widerstandes haben die Mitarbeiter solcher Produktionsstätten zur Abwendung drohender Firmenschließungen?

2.5.2   Markteintrittsbarrieren

Neue Anbieter könnten sich am Markt wesentlich schneller etablieren, wenn sie freien Zutritt zur Branche hätten. Arrivierte Anbieter sehen in „Newcomern" allerdings einen erheblichen Risikofaktor. Entsprechend interessiert ist man am Aufbau bzw. der Erhaltung von (vielfältigen) Markteintrittsbarrieren. Diese sind bezogen auf die einzelnen Branchen in Art und Ausmaß unterschiedlich und hängen letztlich auch von der Natur der Branche ab. Von **tarifären Markteintrittsbarrieren** spricht man, wenn diese mit der (häufig prohibitiven) Entrichtung von Steuern, Zöllen und Gebühren verbunden sind. Prominente **nicht-tarifäre Markteintrittsbarrieren** sind:

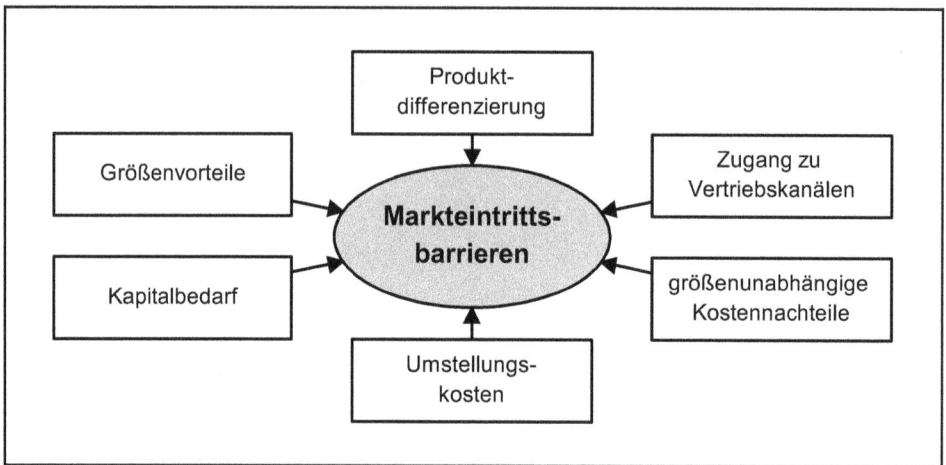

Abbildung 2-12 Markteintrittsbarrieren

- **Größenvorteile:** Niedrige Stückkosten können meist nur durch große Produktionsmengen (vgl. Economies of Scale) erzielt werden. Um preislich mit etablierten Anbietern konkurrieren zu können, müßten Marktneulinge ebenfalls solche Mengen produzieren, die der Markt meist ohnehin nicht mehr aufnehmen kann.

- **Produktdifferenzierung:** Die erfolgreichen Anbieter können auf ein gutes Image und ein häufig breites Angebotssortiment verweisen, in dem der Konsument (fast) alles findet, was er braucht. Für einen Neuling ist es entsprechend schwer; hier benötigt man oft viel Geduld, den Verbraucher von der Qualität seiner Produkte zu überzeugen.

- **Zugang zu Vertriebskanälen:** Ein wesentlicher Faktor für den erfolgreichen Absatz von Produkten ist ein gut ausgebautes Vertriebsnetz. Nicht immer aber gelingt es neuen Anbietern, ein solches Netz aufzubauen. Schließlich ist dies auch mit hohen Kosten verbunden.

- **Kapitalbedarf:** Um in Branchen mit hohem Werbe- oder F&E-Aufwand erfolgreich sein zu können, muß ein Marktneuling massiv finanzielle Mittel bereitstellen.

- **Umstellungskosten:** Umstellungskosten im Zuge eines beabsichtigten Markteintritts treten insbesondere dann auf, wenn ein Wechsel der Zulieferer oder neue Produktlinien notwendig werden.

- **Größenunabhängige Kostennachteile:** Etablierte Anbieter können bereits so große Kostenvorteile haben, daß es für den Marktneuling praktisch unmöglich ist, auf ein ähnliches Niveau zu gelangen (vgl. technologische Führung, geschützte Produkte oder Patente).

2.6   Strategieentwicklung mittels SWOT-Analyse

Auf der Grundlage von Umweltanalyse, Branchenanalyse und Unternehmensanalyse sind schließlich konkrete Strategien zu formulieren.

Dabei kann als Hilfestellung auf vielfältige Instrumente bzw. Entscheidungshilfen zurückgegriffen werden. Eine in der Praxis besonders bewährte Methode ist die **Portfolio-Methode** (vgl. auch **SWOT-Analyse** zur Betrachtung von *strengths*, *weaknesses*, *opportunities* und *threats*).

Deren **Vorteile** liegen insbesondere in ihrer Anschaulichkeit und äußerst flexiblen Anwendbarkeit. Sie erlaubt es, Analyseergebnisse verschiedenster Art in geeigneter und besonders anschaulicher Form zusammenzuführen.

Ziel der Portfolio-Methode ist die Findung einer optimalen Kombination von Tätigkeitsgebieten, Geschäftsbereichen und Produkten, die durch die Erwirtschaftung von Überschüssen ein langfristiges Unternehmenswachstum garantiert. Ein ausgewogenes Portfolio – etwa in Hinblick auf die Produkte – sollte sich aus Produkten verschiedener Lebenszyklusphasen mit unterschiedlichen Marktanteilen und Wachstumschancen zusammensetzen, wodurch ein langfristiger Unternehmenserfolg gesichert werden soll.

Im folgenden werden verschiedene Produkte betrachtet. In ähnlicher Weise könnten aber auch Ländermärkte, Branchen, Unternehmen oder strategische Geschäftsfelder einander gegenübergestellt und auf diese Weise deren Stärken und Schwächen sowie damit verbundene Chancen und Risiken bewertet werden. Für die Betrachtungen kann eine Vier-Felder-Matrix genauso wie eine Neun-Felder-Matrix herangezogen werden, je nach gewünschter Skalierung. Auch die einbezogenen Ebenen können variieren. So kann man z.B. die Ergebnisse aus der Unternehmensanalyse (Dimensionen der Wettbewerbsvorteile: Stärken und Schwächen) gemeinsam mit jenen der Branchenanalyse (Dimensionen der Marktattraktivität: Chancen und Risiken) betrachten.

Möchte man speziell die Stellung der eigenen Produkte und damit verbunden die strategischen Geschäftsfelder vergleichen, liegen als Kriterien – im Rahmen von Wettbewerbsvorteilen und Marktattraktivität – etwa der relative Marktanteil und andererseits das Marktwachstum als Betrachtungsebenen nahe. Dabei kann man idealerweise auch die im strategischen Management und Marketing gebräuchliche Differenzierung der Geschäftsfelder bzw. Produkte in „Stars", „Cashcows", „Question Marks" und „Poor Dogs" in die Überlegungen mit einbeziehen:

- **Stars** sind durch einen hohen relativen Marktanteil und hohes Marktwachstum gekennzeichnet. Starprodukte erwirtschaften selbst bereits hohe Erträge, sind aber auch auf Investitionen zur Sicherung der eigenen Position angewiesen. Mit Nachlassen des Marktwachstums können sich diese Produkte zu Cashcows entwickeln, tragen also auch in Zukunft noch zum Erfolg bei.

- **Cashcows** sind Produkte mit einem hohen relativen Marktanteil, die sich aber in Märkten mit geringen Wachstumsaussichten befinden. Cashcows erwirtschaften einen beträchtlichen Teil des Gesamtergebnisses und dienen auch der Finanzierung der anderen Produkte.

- **Question Marks** befinden sich – als oft erst neueingeführte Produkte – in hoffnungsvollen Märkten, weisen aber (vorerst) einen geringen relativen Marktanteil auf. Aufgrund hoher Anlaufkosten tragen sie (noch) in nur geringem Maße zum Ergebnis bei. Zur Verbesserung der Kosten-Erlös-Situation sollte – wenn es die Wettbewerbsbedingungen erlauben – im Rahmen einer **Offensivstrategie** der Marktanteil ausgedehnt werden. Investitionen in solche Produkte lohnen sich allerdings nur, wenn berechtigte Erfolgsaussichten bestehen. Ist der Erfolg der Produkte eher fraglich, sollte eine stufenweise Eliminierung erfolgen (**Defensivstrategie**).

- **Poor Dogs** besitzen eine schwache Marktposition und sind auf Zuschüsse angewiesen. Solche Produkte sollten nur solange wie unbedingt nötig im Programm gehalten und zumindest mittelfristig abgebaut werden (**Desinvestitionsstrategie**).

Mit Hilfe einer Neun-Felder-Matrix werden in der nachfolgenden Abbildung konkret die Produkte eines Unternehmens einander gegenübergestellt. Die jeweiligen Koordinaten zeigen die Werte, die für das betreffende Produkt im Rahmen der entsprechenden vorangegangenen Analysen ermittelt wurden (vgl. z.B. Stärken-Schwächen-Analyse, Chancen-Risiken-Analyse). Die Größe der Kreise kann den Umsatz der einzelnen Produkte oder eine andere aussagekräftige Kennzahl, je nach Zweckmäßigkeit, repräsentieren.

Für die einzelnen Produkte könnten nun schon (erste) strategische Überlegungen angestellt werden: Wird man ein Produkt forcieren (vgl. Star), seine Stärken schätzen (vgl. Cashcow), noch abwarten müssen (vgl. Question Mark) oder ist man kurz- bis mittelfristig zu einschneidenden Maßnahmen gezwungen (vgl. Poor Dog)?

Eine Betrachtung der eigenen Produkte ist allerdings erst dann wirklich aussagekräftig, wenn man diese auch im direkten Kontext der Branche sieht. Praktisch jedes Produkt ist mit einem unmittelbaren Konkurrenzprodukt konfrontiert. Erst eine Gegenüberstellung mit diesem gibt wirklich Aufschluß über seine tatsächliche Stellung und die entsprechenden strategischen Optionen.

Versucht man nun, alle bisherigen Überlegungen zusammenzuführen, werden die tatsächlichen strategischen Möglichkeiten besonders offenkundig, wie die nachfolgende Abbildung verdeutlicht. Anhand des umfassenden Beispiels sollen die Möglichkeiten der Formulierung von Strategien auf der Grundlage der obigen Analysen (vgl. Umfeldanalyse, Branchenanalyse und Unternehmensanalyse) gezeigt werden.

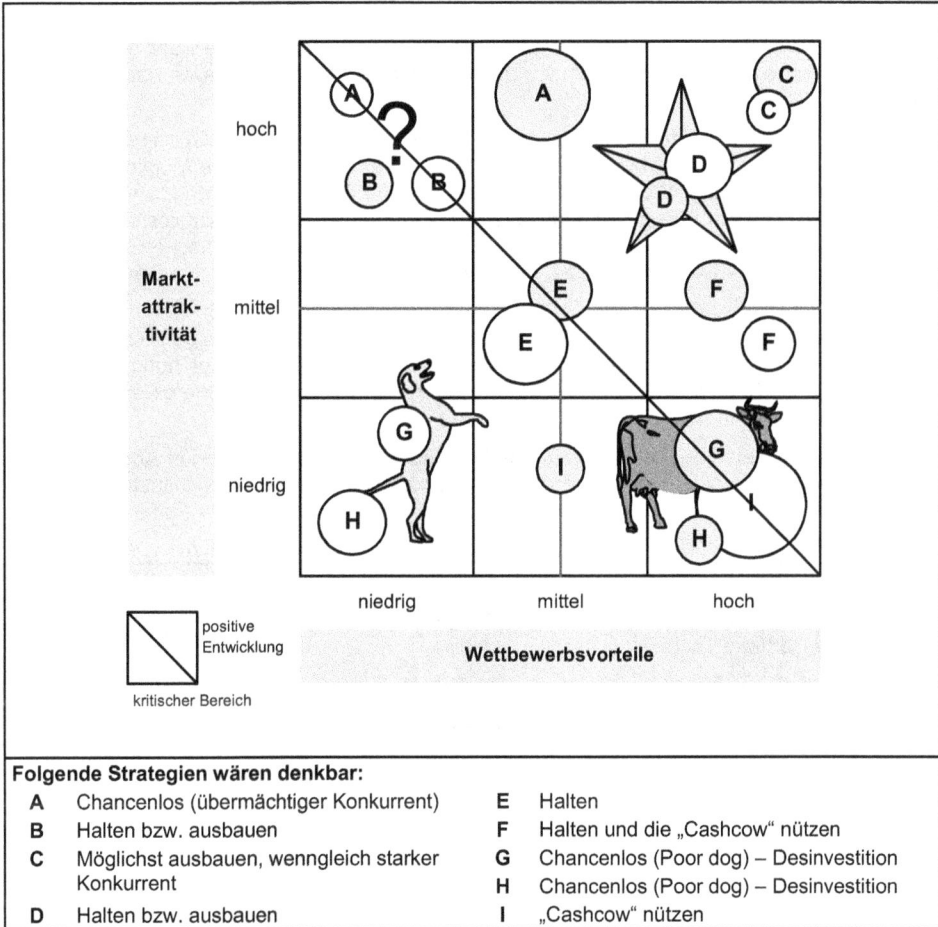

Folgende Strategien wären denkbar:

A	Chancenlos (übermächtiger Konkurrent)	E	Halten
B	Halten bzw. ausbauen	F	Halten und die „Cashcow" nützen
C	Möglichst ausbauen, wenngleich starker Konkurrent	G	Chancenlos (Poor dog) – Desinvestition
		H	Chancenlos (Poor dog) – Desinvestition
D	Halten bzw. ausbauen	I	„Cashcow" nützen

Abbildung 2-13 Wie verhalten wir uns strategisch richtig?

Ein wesentlicher Aspekt darf im Rahmen des Prozesses der Strategiefindung nicht aus den Augen verloren werden. Sämtliche der zahlreichen zur Verfügung stehenden Methoden sind lediglich nur Hilfsmittel, deren tatsächliche Aussagekraft – bei aller vermeintlichen Exaktheit – zumindest teilweise auf Einschätzungen beruht. Diese sind, besonders was Prognosen zur Entwicklung von Märkten betrifft, üblicherweise durch zahlreiche Ungewißheiten gekennzeichnet. Dadurch wird auch die letztlich gewählte Strategie entscheidend determiniert.

Fallstudie: Haben Sie ... schon bei Nacht gesehen?[4]

Kunigunde König und Hugo Hurtig streifen nach einem langen und ereignisreichen Arbeitstag mit hungrigem Magen durch die Stadt auf der Suche nach einem gemütlichen Lokal. An sich gibt es derer viele, der potentielle Gast hat die Qual der Wahl: Griechisch, italienisch, französisch, indisch essen kann man, aber auch – mit großer Auswahl – traditionelle, einheimische Kost. Dennoch fällt es den beiden nicht leicht, sich für eines der vielen Lokale zu entscheiden. Hier ist es zu voll, da menschenleer, daß man sich bald fürchten muß; im nächsten Wirtshaus ist es zu laut, im anderen zu hell, und dort mißfällt ihnen die Speisekarte.

Auf dem Weg durch die abendliche Innenstadt entdecken sie das eine oder andere neue Restaurant, sehen vielleicht, daß eines, das ihnen vor kurzem noch gefallen hat, nicht mehr existiert.

Neben den weltweit mit ähnlichen Produkten vertretenen Lokalen der Systemgastronomie bieten sich dem hungrigen Magen und der durstigen Kehle verschiedene Möglichkeiten, die Bedürfnisse zu befriedigen. Diese Möglichkeiten sind freilich je nach Standort verschieden, und jede Region weist ihre gastronomischen Besonderheiten auf. Ob französisches Bistro, englisches Pub, Wiener Beisl und Kaffeehaus, deutsche Kneipe, schwedische *Gatukök* oder italienische *Osteria* – alle dienen dazu, die physiologischen Bedürfnisse des Gastes zu dekken.

Doch wonach suchen Kunigunde und Hugo eigentlich? Hatten sie nicht eigentlich „nur" Hunger? Schon, aber das alleine ist nicht der Punkt. Selbst, wenn man nur hungrig suchend durch die Gegend streift, will man – für den nicht unerheblichen Preis, den es anschließend zu entrichten gilt – mehr.

Viele Faktoren spielen bei der Auswahl des Platzes, wo man schließlich den Abend verbringen wird, eine Rolle: Speisen, Getränke, Atmosphäre sind sicher die wichtigsten. Darüber hinaus kommt es darauf an, was man sonst noch vor hat: reden, Leute treffen, Zeitungen lesen, nachdenken oder einfach nur Ruhe haben wollen ...

Aufgabe

Führen Sie für eine Stadt Ihrer Wahl einen Kneipen- und/oder Restauranttest durch! Nutzen Sie dazu die Portfolio-Technik!

Beziehen Sie dabei Ihrer Meinung nach wesentliche Faktoren in die Betrachtung ein und unterziehen Sie diese einer vergleichenden Bewertung!

3 Risiken im internationalen Geschäft

> **Risiko** bezeichnet die aufgrund von Ungewißheit über zukünftige Entwicklungen bestehende Gefahr ökonomischer Verluste.

Internationale Aktivitäten bergen stets ein höheres Risikopotential als eine auf den inländischen Markt begrenzte Geschäftstätigkeit. Im Ausland gegebene Risiken sind auf dem Heimatmarkt häufig gar nicht oder nur in abgeschwächter Form vorhanden und weisen im Inland meist eine wesentlich geringere Eintrittswahrscheinlichkeit auf. Die Einschätzung potentieller Risiken im Ausland wird oft durch fehlende Informationen erschwert.

Im Auslandsgeschäft kann grundsätzlich zwischen zwei Risikogruppen unterschieden werden:

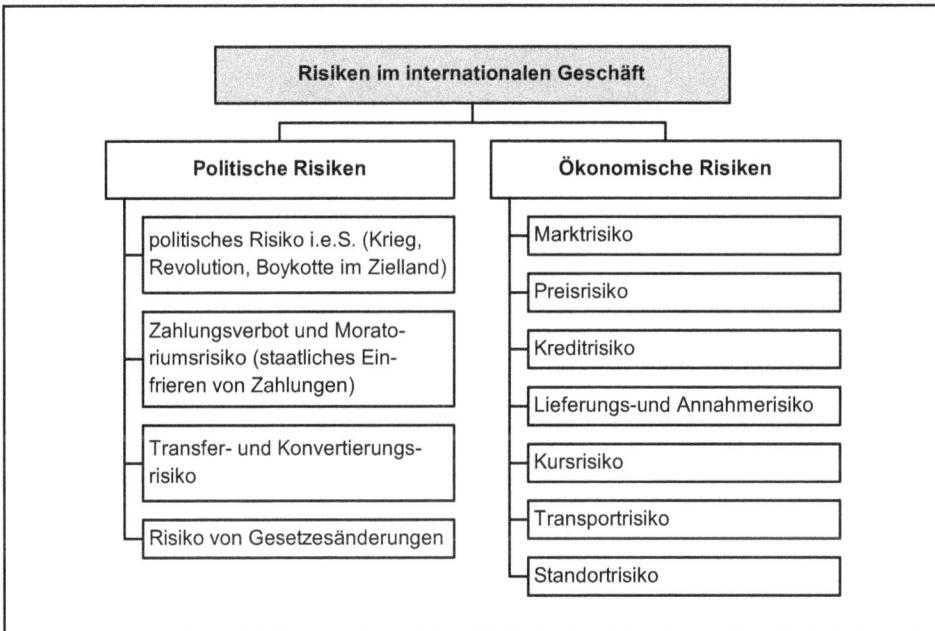

Abbildung 3-1 *Risiken im internationalen Geschäft*

3.1 Politische Risiken

- **Politisches Risiko im engeren Sinn**: Das politische Risiko im engeren Sinn umfaßt die Gefahr von Schäden infolge von Kriegen, Boykotten oder Blockaden zwischen einzelnen Staaten sowie infolge innenpolitischer Entwicklungen im Abnehmerland (Streiks, Bürgerkrieg).

- **Zahlungsverbots- und Moratoriumsrisiko**: Hindert der Staat einen zahlungsfähigen und zahlungswilligen Schuldner an der Begleichung seiner Verbindlichkeiten gegenüber einem anderen Staat, handelt es sich um ein Zahlungsverbot. Das Moratoriumsrisiko beschreibt die Gefahr von nur schubweise eingehenden Zahlungen aufgrund gesamtstaatlicher Restriktionen.

- **Transfer- und Konvertierungsrisiko**: Unter Transferrisiko wird die Unmöglichkeit der Überweisung bzw. nur begrenzte Überweisungsmöglichkeit inländischer Währung aus dem Schuldnerland verstanden. Dies tritt ein, wenn der Staat aus wirtschaftspolitischen Gründen einen Transfer inländischer Währung ins Ausland nicht (mehr) wünscht oder nicht vornehmen kann. Das Konvertierungsrisiko beschreibt die Gefahr, die Landeswährung aufgrund fehlender Devisenreserven (vorübergehend) nicht in eine gewünschte Währung umtauschen zu können.

3.2 Ökonomische Risiken

- **Marktrisiko**: Marktrisiken bestehen, wenn aus dem Produktionsvolumen des eigenen Unternehmens die Nachfrage auf dem ausländischen Markt nicht gedeckt werden kann und potentielle Kunden auf andere Produkte ausweichen (quantitatives Marktrisiko) oder wenn die Produktpalette nicht den Vorstellungen der Kunden entspricht (qualitatives Marktrisiko). Des weiteren besteht die Gefahr, die falsche Zielgruppe (lokales Marktrisiko) bzw. den falschen Zeitpunkt (temporäres Marktrisiko) auszuwählen. Marktrisiken lassen sich durch eine ausreichende Marktforschung und Untersuchungen vor Ort reduzieren.

- **Preisrisiko**: Unter Preisrisiko wird die Gefahr von Preisänderungen – z.B. aufgrund des Wettbewerbs auf dem internationalen Markt oder Eingriffe von seiten staatlicher Stellen – verstanden. Preisrisiken kann durch die Vereinbarung von Preisgleitklauseln, durch Preisabsprachen, Preisbindung, Preissicherungsgeschäfte an Warenbörsen oder langfristige Abnahmeverträge begegnet werden.

- **Kreditrisiko**: Das Kreditrisiko schließt die Gefahr der Zahlungsunwilligkeit, Zahlungsunfähigkeit und des Zahlungsverzugs ein. Eine Absicherung kann durch Anzahlungen, Kreditsicherheiten, besondere Formen der Außenhandelsfinanzierung (z.B. Akkreditiv), Ausfuhrkreditversicherungen oder Forderungsverkauf erfolgen.

- **Lieferungs- und Annahmerisiko**: Lieferungsrisiko bedeutet für den Importeur die Gefahr, daß der Exporteur Lieferfrist, Lieferqualität und/oder Liefermenge nicht einhält. Das Annahmerisiko betrifft den Exporteur. Es beinhaltet die Gefahr einer nicht rechtzeitigen Abnahme der Ware durch den Importeur oder die Meldung schwer nachvollziehbarer Mängel- oder Qualitätsrügen. Eine Risikoreduzierung kann durch die Einholung von Informationen von Handelskammern, Banken oder Auskunfteien, durch eine spezielle Gestaltung des Kaufvertrages (Lieferungs- und Gewährleistungsgarantie) oder die Stellung eines Akkreditivs erfolgen.

- **Kursrisiko**: Unter Kursrisiko wird die Gefahr einer Veränderung der Wechselkurse zwischen Vertragswährung und der eigenen Währung verstanden. Für den

Importeur besteht die Gefahr, aufgrund von Kursveränderungen einen größeren Betrag der Landeswährung als bei Vertragsabschluß aufbringen zu müssen. Der Exporteur läuft Gefahr, bei Bezahlung einen geringeren Betrag als bei Vertragsabschluß in Landeswährung zu erhalten. Die Absicherung dieses Risikos kann u.a. durch einen Vertragsabschluß in der Heimatwährung, Devisentermingeschäfte oder Devisenoptionsgeschäfte erfolgen.

Das Kursrisiko

- **Transportrisiko**: Das Transportrisiko beinhaltet die Gefahr des Verlustes (einschließlich Diebstahl) oder der Beschädigung der Waren während des Transportes. Es besteht die Gefahr, daß die Ware an den falschen Ort transportiert wird, daß sie nicht termingerecht eintrifft, daß sie auf dem Transportweg teilweise oder völlig verloren geht oder daß durch den Transport die Qualität beeinträchtigt wird. Eine Absicherung dieses Risikos ist durch Abschluß einer Transportversicherung möglich.

- **Standortrisiko**: Ein Standortrisiko besteht für international tätige Unternehmen darin, den falschen Standort – in bezug auf entstehende Kosten und Chancen im Vergleich zu Wettbewerbern – zu wählen. Dieses Risiko kann z.B. durch Direktinvestitionen im Zielmarkt, Lizenzfertigung oder Kooperation reduziert werden.

Rating und Bonität

Zur Bewertung ihrer Leistung und in Folge ihrer Bonität werden Länder und wichtige Unternehmen von Rating-Agenturen in regelmäßigen Abständen evaluiert und die Ergebnisse veröffentlicht. Diese Ratings spielen eine wichtige Rolle als **Entscheidungshilfen** auf den internationalen Finanzmärkten, etwa im Zusammenhang mit Kreditaufnahmen und Investitionen. Die wichtigsten bzw. einflußreichsten Rating-Agenturen sind **Moody's** und **Standard & Poor's** (beide New York).

Beim **Länderrating** fließen wirtschaftliche, politische und soziale Indikatoren ein, die zur Beurteilung des *country risk* herangezogen werden. Diesbezügliche Daten fließen auch in die von der **Economist Intelligence Unit** (EIU) herausgegebenen *Country (Risk) Reports* ein, die regelmäßig für alle Länder der Welt erscheinen und eine gute Informationsbasis für die Bearbeitung von Ländermärkten bieten.

Das **Unternehmensrating** bezieht insbesondere zahlreiche betriebswirtschaftliche Kennzahlen in die Betrachtung ein. Bei der unternehmensseitig durchzuführenden **Bonitätsprüfung** eines Geschäftspartners wird versucht, ein möglichst verläßliches Bild über dessen wirtschaftliche Lage und Zahlungsfähigkeit zu gewinnen. Insbesondere bei ausländischen Firmen ist dies in Ermangelung einer ausreichenden Datenlage häufig schwierig. Professionelle Hilfe bieten dabei Handelsauskunfteien, wie z.B. **Dun & Bradstreet**, gewisse Unterstützung kann üblicherweise auch die Hausbank geben.

3.3   Absicherung von Risiken

Vor dem Abschluß von Verträgen mit ausländischen Geschäftspartnern sollte eine umfassende Risikoanalyse durchgeführt werden. Daran schließen sich Überlegungen an, wie diesen Risiken am besten begegnet werden kann. Grundsätzlich können Risiken anhand folgender Möglichkeiten minimiert werden:

- **Vorbeugung**: Gewinnung von Informationen über Kunden (bezüglich Zahlungsmoral, Zahlungsfähigkeit, Ruf usw.) vor einer vertraglichen Bindung;

- **Selbsttragung**: Einkalkulierung des Risikos bzw. eines Teils des Risikos in den Exportpreis;

- **Überwälzung**: Überwälzung des Risikos auf Kunden durch vertragliche Regelungen bzw. gegen Entgelt auf Banken, Versicherungsgesellschaften, Spediteure oder den Staat;

- **Teilung**: vertragliche Vereinbarung der Risikoteilung zwischen Verkäufer und Käufer;

- **Kompensation**: Abschluß von Termin- oder Gegengeschäften.[5]

Welche Form der Risikoreduzierung gewählt wird, hängt letztendlich vor allem von den dadurch entstehenden Kosten ab.

3.3.1   Transportversicherung

Bei jedem Transport besteht die Gefahr der Beschädigung oder des Untergangs der Ware. Im internationalen Geschäft ist eine Risikoaufteilung zwischen Verkäufer und Käufer üblich (geregelt durch Incoterms, siehe dazu Kapitel 5.3.2 Lieferbedingungen). Je nachdem, ob die Beschädigung oder der Verlust vor oder nach dem Gefahrenübergang eingetreten ist, werden Transportschäden/-verluste vom Verkäufer bzw. Käufer getragen. Bis zum Gefahrenübergang ist der Verkäufer verpflichtet, kostenlos Ersatz zu liefern; ab Gefahrenübergang muß der Käufer den Kaufpreis der Ware zahlen, auch dann, wenn er die Ware beschädigt oder überhaupt nicht erhalten hat. Hat der Verkäufer bzw. Käufer eine Transportversicherung abgeschlossen, übernimmt die Versicherung die Schadensregulierung. Auch wenn für entstandene Schäden Dritte haftbar gemacht werden können, ist aufgrund der Haftungsbeschränkungen ein ausreichender Schadenersatz allerdings oft nicht gewährleistet.[6]

Die Transportversicherung unterteilt sich in See-, Binnen- und Lufttransportversicherung:

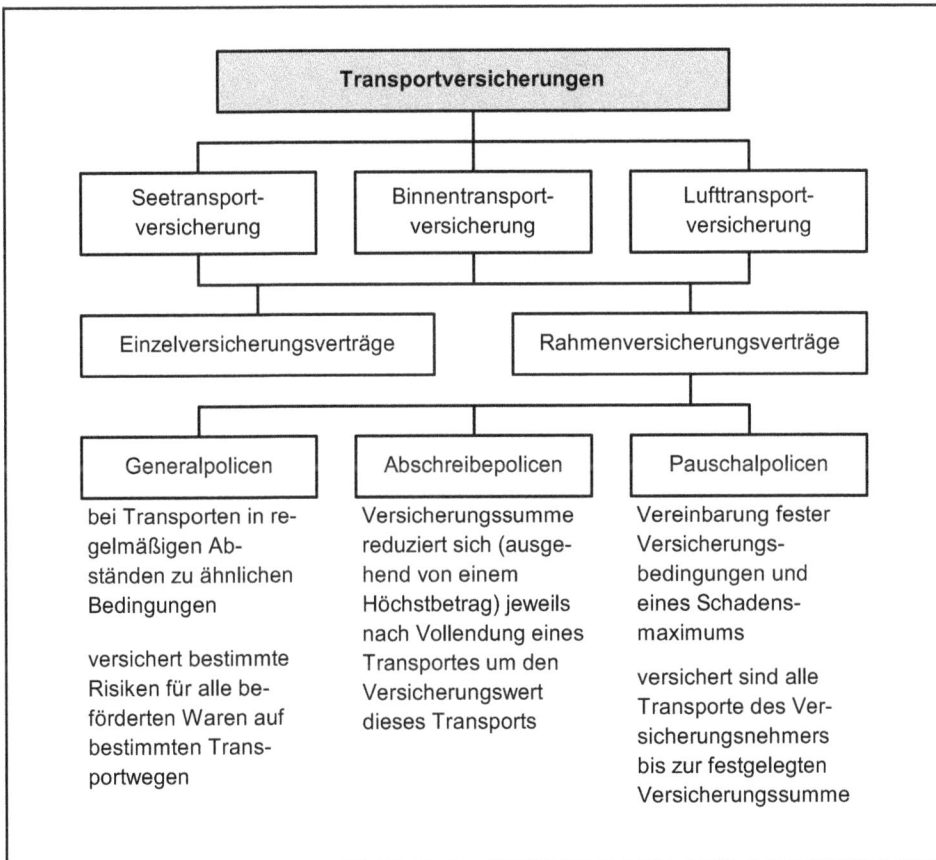

Abbildung 3-2 *Formen von Transportversicherungen*

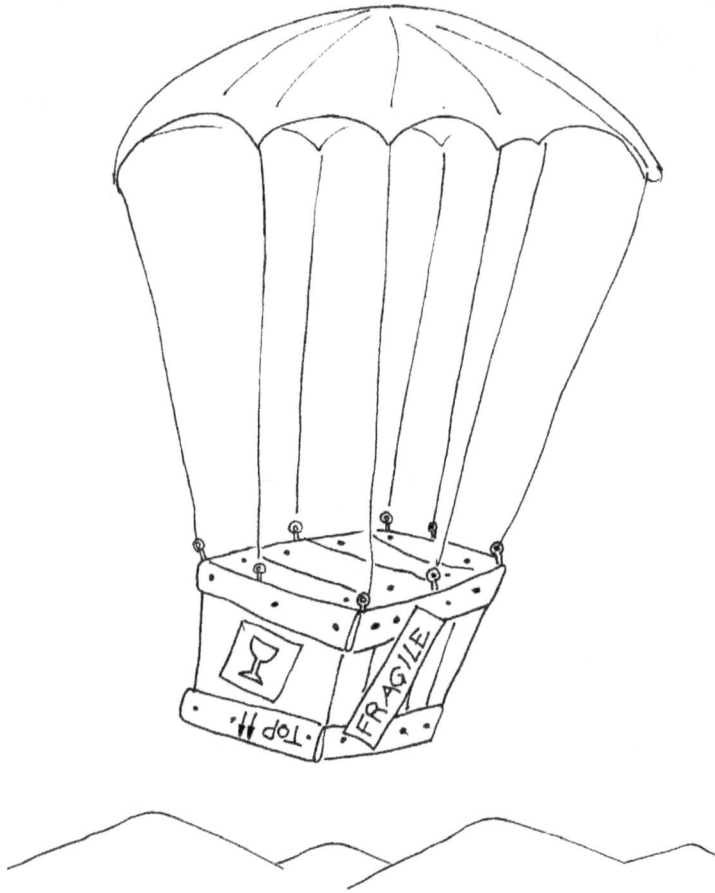

Lufttransportversicherung

3.3.2 Absicherung von Wechselkurs- und Preisrisiken

Da im Auslandsgeschäft Wechselkursschwankungen zum täglichen Unternehmerrisiko gehören, sollte ein Währungsrisiko möglichst ausgeschlossen werden. Über **Devisentermingeschäfte** sind Wechselkursveränderungen begrenzbar. Allerdings ist dies nur für gängige Währungen, für eine begrenzte Laufzeit und ein begrenztes Volumen vollziehbar. Für Geschäfte dieser Art fallen Sicherungskosten an, die beim (wünschenswerten) Nichteintritt des Risikos allerdings umsonst gezahlt wurden. Eine Devisenabsicherung ist dann sinnvoll, wenn das Geschäft abgeschlossen ist bzw. in einem überschaubaren Zeitraum getätigt wird. Ansonsten birgt der spekulative Effekt zusätzliche Risiken.

Zur Absicherung von **Preis- und Kostenrisiken** können ebenfalls verschiedene Methoden genutzt werden. Das wichtigste Instrument in diesem Rahmen ist der **Preisvorbehalt**, der die Möglichkeit gibt, bei Kostenänderungen mit den Kunden

Gespräche über eine Preisangleichung zu führen. Die Höhe der Preisänderung muß im Einzelfall ausgehandelt werden.

Die **Preise** vieler auf dem Weltmarkt gehandelter **Rohstoffe** und Lebensmittel unterliegen starken Schwankungen; Festpreise lassen sich auf den Warenbörsen (New York, Chicago, London) vertraglich selten durchsetzen. Ein Importeur, der mit solchen Rohstoffen oder Lebensmitteln handelt bzw. sie weiterverarbeitet, ist somit einem erheblichen Preisrisiko ausgesetzt. Dieses Preisrisiko kann durch den Abschluß von **Warentermingeschäften** reduziert werden. Bei Warentermingeschäften wird eine Warengattung zu einem festen Kurs angekauft oder verkauft, die Ware aber erst zu einem späteren Zeitpunkt geliefert. Warentermingeschäfte werden häufig auch zu Spekulationszwecken abgeschlossen. Im Gegensatz zu Warentermingeschäften, die nach Ablauf der Laufzeit zu erfüllen sind, steht es dem Käufer einer **Warenterminoption** frei, diese innerhalb des Gültigkeitszeitraumes auszuüben oder verfallen zu lassen.

3.3.3   Exportkreditversicherung

Exportkreditversicherungen dienen der Absicherung von Forderungsausfällen aufgrund nicht erfüllter Zahlungsverpflichtungen durch ausländische Abnehmer (vgl. Kreditrisiko). Die internationale Wettbewerbslage zwingt viele Exporteure, insbesondere auch im geschäftlichen Verkehr mit Entwicklungsländern, längerfristige Lieferantenkredite einzuräumen. Die sich daraus ergebenden recht langen Kreditlaufzeiten erhöhen das Kreditrisiko wesentlich.

In den meisten Industriestaaten dient die Exportkreditversicherung auch der Exportförderung, wobei sich Versicherungsumfang, Schadensdeckung und Selbstbehalt von Land zu Land stark unterscheiden können.

Staatliche Exportkreditversicherung

Im Rahmen der staatlichen Exportkreditversicherung können sowohl wirtschaftliche als auch politische Risiken abgesichert werden. Im Bundeshaushalt wird jährlich die Höhe des Ermächtigungsrahmens – d.h. der Umfang, in dem Kreditversicherungen durchgeführt werden können – festgesetzt. Die Abwicklung von Ausfuhrgewährleistungen wurde der **Euler Hermes Kreditversicherungs-AG** und der Wirtschaftsprüfungsgesellschaft PwC Deutsche Revision AG übertragen. In Österreich ist mit den Agenden der staatlichen Exportkreditversicherung – die im allgemeinen ähnlich wie in Deutschland gelagert sind – die **Oesterreichische Kontrollbank AG** betraut. Im folgenden wird das deutsche System überblicksartig dargestellt.

Die Ausfuhrgewährleistungen des Bundes schützen den Exporteur sowohl vor politischen als auch vor wirtschaftlichen Risiken. Zu den im Rahmen von Ausfuhrgarantien, Ausfuhrbürgschaften, Ausfuhr-Pauschal-Gewährleistungen bzw. Länder-Pauschal-Gewährleistungen abgesicherten **politischen Risiken** zählen:

- „gesetzgeberische oder behördliche Maßnahmen, kriegerische Ereignisse, Aufruhr oder Revolution im Ausland, die die Erfüllung der gedeckten Forderung verhindern – sogenannter allgemeiner politischer Schadenfall;

- die Nichtkonvertierung und Nichttransferierung der vom Schuldner in Landeswährung eingezahlten Beträge infolge von Beschränkungen des zwischenstaatlichen Zahlungsverkehrs – sogenannter KT-Fall;

- der Verlust von Ansprüchen infolge auf politische Ursachen zurückzuführender Unmöglichkeit der Vertragserfüllung;

- Verlust der Ware vor Gefahrübergang infolge politischer Umstände.“[7]

Folgende **wirtschaftliche Risiken** werden gedeckt:

- „Uneinbringlichkeit infolge Zahlungsunfähigkeit (Insolvenz) des ausländischen Bestellers, z.B. bei Konkurs, amtlichem bzw. außeramtlichem Vergleich, fruchtloser Zwangsvollstreckung, Zahlungseinstellung;

- die Nichtzahlung innerhalb einer Frist von 6 Monaten nach Fälligkeit (Nichtzahlungsfall). Bei Einzeldeckungen steht die Deckung des Nichtzahlungsfalles jedoch nur im Zusammenhang mit der Lieferung von Investitionsgütern zur Verfügung.“[8]

Die Ausfuhrgewährleistungen des Bundes („**Hermesdeckung**“) umfassen Ausfuhrbürgschaften und Ausfuhrgarantien:

- **Ausfuhrbürgschaften** werden gewährt, wenn es sich beim ausländischen Vertragspartner um ein insolvenzfähiges, privatrechtlich organisiertes Unternehmen handelt.

- **Ausfuhrgarantien** werden gewährt, wenn der ausländische Vertragspartner ein Staat, eine Gebietskörperschaft oder eine vergleichbare Institution ist.

Absichern können sich **deutsche Exporteure** gegen Risiken vor und nach dem Versand:

- **Vor dem Versand**: Mit einer **Fabrikationsdeckung** kann der Exporteur die Selbstkosten absichern, die bis zum vorzeitigen Ende der Fertigung entstehen, wenn die Fertigstellung bzw. Auslieferung der Ware aufgrund politischer oder wirtschaftlicher Umstände nicht mehr möglich ist.

- **Nach dem Versand**: Mit einer **Ausfuhrdeckung** kann sich der Exporteur vor der Uneinbringlichkeit der Forderung aufgrund politischer oder wirtschaftlicher Umstände schützen.

Zudem können sich deutsche Ausfuhren finanzierende **Kreditinstitute** im Rahmen von **Finanzkreditbürgschaften bzw. -garantien** vor der Uneinbringlichkeit der Forderung aufgrund ökonomischer bzw. politischer Risiken im Abnehmerland absichern.

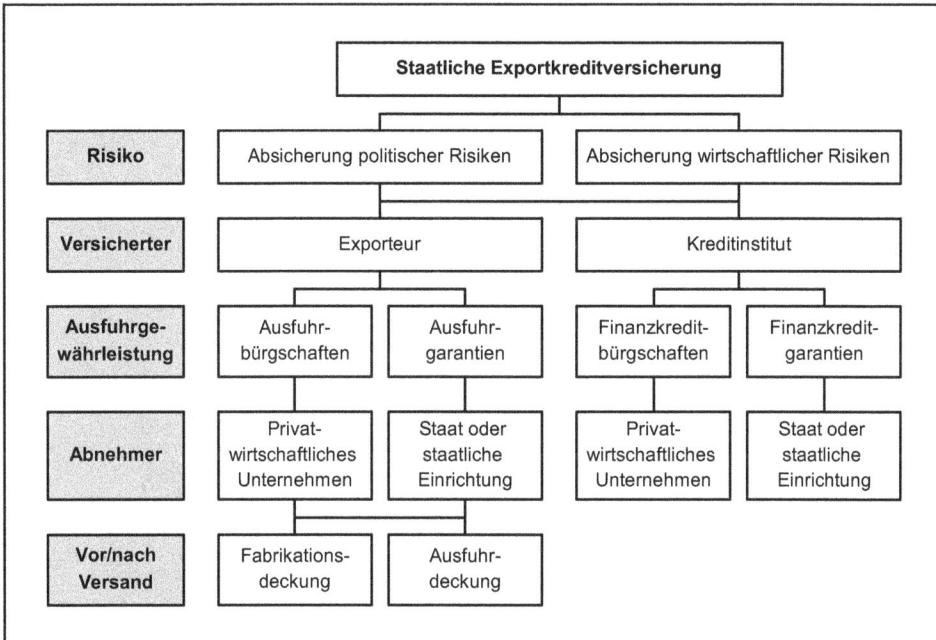

Abbildung 3-3 *Möglichkeiten der staatlichen Exportkreditversicherung*

Die Ausfuhrdeckung kann in verschiedenen Formen gewährt werden:

* Eine Forderung aus einem Exportvertrag mit einem ausländischen Kunden wird über eine **Einzeldeckung** abgesichert.

* Wird ein bestimmter ausländischer Kunde wiederholt beliefert, können die dadurch entstehenden Forderungen mit einer **Sammeldeckung** (**revolvierende Ausfuhrbürgschaft oder -garantie**) abgesichert werden. Dabei sind alle Forderungen gegen den betreffenden ausländischen Kunden bis zu einem festgesetzten Höchstbetrag gedeckt.

* Mit einer **Ausfuhr-Pauschal-Gewährleistung** können Forderungen aus Geschäften mit verschiedenen ausländischen Kunden abgesichert werden.

* Politische Risiken in sogenannten „marktfähigen Ländern" können mit einer **Länder-Pauschal-Gewährleistung** gedeckt werden.

* Zudem werden eine Reihe von **Sonderdeckungen**, beispielsweise gegen die Beschlagnahmerisiken für Verkaufslager im Ausland, für Bauleistungs- oder Leasinggeschäfte, angeboten.

Im Rahmen von Ausfuhrbürgschaften wird der Fall der Nichtzahlung der Exportforderung innerhalb von sechs Monaten nach Fälligkeit abgedeckt.

Im Rahmen einer sogenannten Hermesdeckung **grundsätzlich nicht abgedeckt** werden

* typische Unternehmerrisiken,

- Risiken, gegen die sich der Außenhändler abdecken kann und

- inländische Risiken.

Im Schadensfall muß sich das versicherte Unternehmen mit einem bestimmten Prozentsatz selbst am Schaden beteiligen.

Eventualrisiko

Analog zu den Prämien bei Versicherungen werden bei den Ausfuhrgewährleistungen **Entgelte** erhoben. Mit dem Ziel gleicher Wettbewerbsbedingungen gelten innerhalb der OECD-Staaten einheitliche Entgelte. Die Höhe der Entgelte richtet sich dabei nach der Länderkategorie, der Käuferkategorie des Bestellers (öffentlich, privat oder privat mit akzeptierter Bank als Schuldner/Garant), der Deckungsform (Deckung von Forderungsrisiken und/oder Fabrikationsrisiken), der Höhe der gedeckten Forderung und den vereinbarten Zahlungsbedingungen. Die konkrete Höhe der Entgelte wird individuell bestimmt.

Ausfuhrgewährleistungen werden erst nach Beantragung bei der Euler Hermes Kreditversicherungs-AG gewährt. Einzelanträgen (insbesondere Investitionsgütergeschäfte, Anlagegeschäfte) müssen dabei i.d.R. ausführliche Projektbeschreibungen beigefügt werden. Geprüft werden diese Angaben erst im etwaigen Schadensfall.

In der Praxis haben sich für die staatliche Förderungswürdigkeit folgende Grundregeln gebildet:

- Förderungswürdig sind nur Warenlieferungen und Leistungen, die zum überwiegenden Teil aus einheimischer Produktion stammen.

- Nicht förderungswürdig sind Lieferungen und Leistungen, die nach dem Außenwirtschaftsgesetz genehmigungspflichtig sind (z.B. Waffengeschäfte).

- Förderungswürdig sind in der Regel Außenhandelsgeschäfte mit Entwicklungsländern. Für diesen Grundsatz sind bei Einzelentscheidungen Merkmale des Importlandes von Bedeutung. Dazu zählen u.a. die Wirtschaftskraft, die Zahlungsfähigkeit und der Verschuldungsspielraum des Landes.

Private Exportkreditversicherung

Im Rahmen der privaten Exportkreditversicherung können ausschließlich wirtschaftliche Risiken abgesichert werden. Abgesichert werden beispielsweise Forderungsausfälle durch

- Konkurse,

- gerichtliche und außergerichtliche Verfahren,

- fruchtlose Zwangsvollstreckung und

- nachgewiesene Uneinbringlichkeit der Forderung.[9]

Nicht unter den Versicherungsschutz fallen Vertragsstrafen, Verzugszinsen, Schadenersatz und Rechtsverfolgungsschutz. Von der Versicherung gänzlich ausgeschlossen sind auch Lieferungen in „heiklere Märkte", wie z.B. Kuba oder Libyen. Da die Zurückhaltung der Versicherer gerade in diesen Fällen nicht immer gerechtfertigt erscheint, versuchen Exporteure – besonders im Bedarfsfall – nicht selten, die Restriktionen durch Überzeugungsarbeit aufzuweichen, zumal in derartigen Ländern üblicherweise der Staat garantiert bzw. zahlt.

Einheitliche **Entgelte** für den Versicherungsschutz gibt es bei der privaten Exportkreditversicherung nicht. Die Versicherungsprämien werden individuell festgelegt. Ausschlaggebend für die Höhe der Prämie sind dabei:

- die Branche,

- die üblichen Zahlungsbedingungen,

- das Exportland,

- die Höhe der gedeckten Forderung.

Private Exportversicherungen werden z.B. angeboten von:

- Coface Kreditversicherung AG,

- Euler Hermes Kreditversicherungs-AG,

- Gerling Kreditversicherungs-AG,

- Prisma Kreditversicherungs-AG.

Fallstudie: Die Vertragsverhandlung

Nach Vorarbeiten aller Art, d.h. unter – teilweise wirklich schweißtreibendem – Einsatz aller Mittel, die auch verschiedenste Interventionen an „höheren Stellen" einschließen, befinden wir uns nun endlich im großen, ehrwürdigen, aber etwas angestaubten Sitzungssaal der wichtigsten regionalen Bank in einer großen polnischen Stadt, etwa 200 km von Warschau entfernt. Heute geht es um die endgültige Verhandlung des Kaufvertrages, ein an sich erfreuliches, aber nicht unheikles Unterfangen. Eigentlich sollte nichts mehr schiefgehen, andererseits sind gerade in diesem Stadium oft noch im letzten Moment Träume geplatzt. Wir treten zu zweit auf, der zuständige Verkaufsleiter und der Finanzchef, um den „Verkauf" in allen kaufmännischen Fragen an Ort und Stelle beraten bzw. verschiedene Fragen flexibel entscheiden zu können. Die Anreise des an sich schon eingespielten Teams war mühsam. Es ist Winter, die – wegen Zeitdrucks notwendige – Nachtfahrt mit dem Auto war alles andere als unproblematisch. Eigentlich sollte man jetzt ausgeschlafen sein, das Gegenteil ist der Fall. Irgendwie wird es schon gehen, wie die Vergangenheit oft genug bewiesen hat. Nicht einmal ins Hotel kam man rechtzeitig, umgezogen hat man sich im buchstäblich hinter der Ecke abgestellten Auto. Zum Termin, Dienstag 10 Uhr, kam man gerade rechtzeitig und traut seinen Augen kaum: Eine – sage und schreibe – achtköpfige Verhandlungsdelegation, vom Generaldirektor abwärts, auch zwei (externe) Rechtsanwälte hat man nicht vergessen, ist angetreten. Sogar der Bürgermeister hält eine kurze Rede zur Eröffnung, nicht ohne mahnenden Unterton. Die Verhandlung selbst entwickelt sich zum Marathon. Der Kunde ist im Grunde äußerst gewillt und wirklich freundlich in der Form, in der Sache aber beinhart. Abwechselnd verlassen die Verhandlungsparteien mehrfach den Saal, entweder um Entrüstung zu demonstrieren oder einfach nur, um sich zu beraten. Besonders unangenehm sind die Anwälte, die gleich zu Beginn mit einem „selbstgestrickten" Kaufvertrag aufwarten und sich nur nach Einschreiten des Generaldirektors bewegen lassen, den Standardvertrag der Lieferanten zu verhandeln. Im Laufe des Tages wird es sogar zweimal notwendig, den Geschäftsführer in Wien anzurufen, um sich zwei nicht unwesentliche Kompromisse „absegnen" zu lassen. Nach acht Stunden Schwerstarbeit am Verhandlungstisch ist der Spuk vorbei – und alles ist gutgegangen. Das umfangreiche Vertragswerk wird mit zahlreichen kleinen und einigen größeren Modifikationen Seite für Seite von beiden Parten paraphiert, d.h. quasi vorunterschrieben und damit für die offizielle Unterzeichnung vorbereitet. Die belastende Vorgabe von zu Hause, den Standardvertrag des Konzerns möglichst ohne Änderungen „durchzuboxen" wurde – im Sinne des Geschäfts – (wieder einmal) erfolgreich unterlaufen. Nach einem kurzen, aber dringend notwendigen Schläfchen im Hotel wird im kleinen Kreis bis spät in die Nacht (oder besser gesagt: bis zum frühen Morgen) gefeiert, getafelt und getrunken. Der eigentliche Kunde, der EDV-Leiter der Bank, der bei den Verhandlungen streßbedingt sehr still war, erweist sich (nicht zum ersten Mal) als wahrer Freund. Angesichts dessen ist die „Kontaktpflege" an diesem Abend mehr als nur eine Pflichterfüllung. Gegen Mittag des darauffolgenden Tages geht es – nun relativ gemütlich – nach Hause, wo man sich, angesichts des finalisierten 1,5 Mio. US-Dollar-*Deals* wohl nicht ganz zu Unrecht, als „Helden" feiern läßt.

Aufgabe 1

Auf welche Risiken müssen sich Unternehmensvertreter bei der Auftragsakquisition im allgemeinen und im besonderen einstellen?

Aufgabe 2

Welche Möglichkeiten gibt es, die verschiedensten Risiken im internationalen Geschäft zu minimieren?

3.4 Krisen erkennen und vermeiden

Betrachtet man die Einflüsse, die auf ein Unternehmen permanent von außen zukommen, verbunden mit den vielen Möglichkeiten interner Krisenursachen, läßt sich leicht nachvollziehen, daß es sehr schnell zu einer schwerwiegenden Unternehmenskrise kommen kann.

Häufige Ursachen von Unternehmenskrisen

- Rückgang der Nachfrage (z.B. Krise in einem Exportmarkt, Sparmaßnahmen der öffentlichen Hand)
- Konjunkturschwankungen (z.B. Rezession)
- Änderung der Verbrauchergewohnheiten (z.B. stärkeres Gesundheits- oder Umweltbewußtsein)
- Wandel der Produkt- und Fertigungstechnologien (z.B. PC statt Schreibmaschine)
- Gesetzesänderungen (z.B. Verbot bestimmter Produkte)
- Preisänderungen (z.B. Rohstoffe, Transport)
- Liquiditätsengpässe (z.B. zu wenig Eigenkapital, hohe Zinsen, Zahlungsmoral)
- Uneinigkeit im Management und Nachfolgeprobleme
- Verkaufs- oder Übernahmegerüchte
- Management- und Organisationsprobleme (z.B. veraltete Methoden, schlechtes Informationswesen, Chaos, Maßnahmen werden nicht in Angriff genommen)
- schlechte Auslastung, zu hohe Lagerbestände
- unkontrolliertes Wachstum
- Personalprobleme (z.B. Qualifikationsmängel, hohe Fluktuation)
- zu hohe Fixkosten (z.B. zuviel Personal, Kreditbelastung)
- keine erkennbare Strategie bzw. fehlende Politiken
- Forderungsausfälle (Kunde zahlt gar nicht!), hohe Risiken werden schlagend

---

Um so wichtiger ist es, schon die kleinsten Ursachen einer Krise möglichst frühzeitig zu erkennen und umgehend zu handeln. Eine wichtige Aufgabe des strategischen Managements ist es dementsprechend auch, mögliche Krisen zu antizipieren und durch frühzeitige Weichenstellung zu „umschiffen". Der Vergleich mit einem großen Schiff liegt nahe, das schon zehn Kilometer vorher beginnen muß, auf ein bestimmtes Ziel zuzusteuern, um dann auch wirklich punktgenau zu sein. Erst kurz vorher das Ruder herumzureißen, ist stets zu spät.

Eine Unternehmenskrise oder gar eine Insolvenz tritt normalerweise nicht ganz plötzlich ein. Betriebswirtschaftlich gesehen, lassen sich regelmäßig folgende konkrete Stufen des Krisenverlaufs beobachten:

- **Strategische Krise**: Die Erfolgspotentiale des Unternehmens verschlechtern sich, zunächst noch ohne sich auf den Gewinn auszuwirken. Gründe können etwa eine Verschlechterung der Kundenorientierung oder der Verlust der technologischen Führerschaft sein.

- **Rentabilitätskrise**: Der Gewinn ist nachhaltig zu gering und sinkt tendenziell. Dennoch treten keine Verluste auf.

- **Ertragskrise**: Erstmals treten Verluste auf. Oft wird eine Krise erst in dieser Phase wirklich erkannt.

- **Liquiditätskrise**: Die Verlustsituation führt zu Liquiditätsengpässen. Die Überziehungsrahmen der Konten sind weitgehend ausgeschöpft, Verbindlichkeiten können nur mehr mühsam bedient werden.[10]

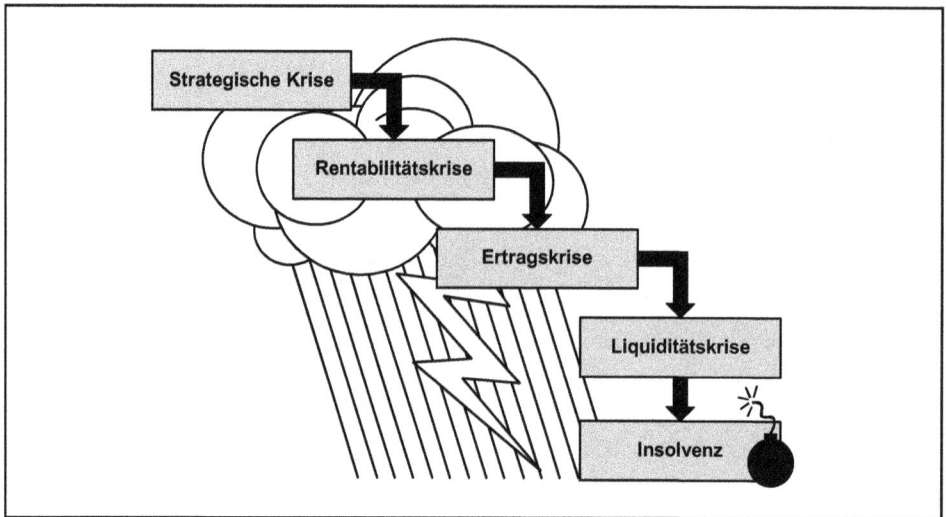

Abbildung 3-4 Der Weg in die Insolvenz

In menschlicher Hinsicht ist ein Krisenverlauf (mit positivem Ausgang) üblicherweise von folgenden Verhaltensmustern und Reaktionen begleitet:

1. **Krisensignale nicht sehen**: selektive Wahrnehmung, „Kopf in den Sand stecken", z.B.: „Das haben wir schon immer so gemacht."

2. **Die Krise nicht wahrhaben wollen**: Abwehrstrategien, z.B.: „Ich glaube nur, was ich sehe.", Suche nach „Schuldigen".

3. **Hektisches Agieren, Aggression**: „Jetzt muß gehandelt werden.", Aktionismus geht aber vor Kalkül (Entscheidungskompetenzen werden zentralisiert, Sparprogramme erlassen, „Köpfe rollen").

4. **Depression**: Die Kräfte erlahmen, man agiert nicht mehr („alles hat sich gegen uns gerichtet"); bleibt diese Stimmung, ist der Untergang nahe.

5. **Einsicht**: Eigene Verhaltensweisen werden in Frage gestellt; Loslassen der alten Muster ist die Vorbedingung für das Erkennen neuer Chancen.

6. **Zuversicht**: Ist das Ärgste überstanden, setzt sich Aufbruchstimmung, oft verbunden mit neuem „Pioniergeist" durch. Das Klima verbessert sich, Konturen der künftigen Entwicklung zeichnen sich ab.[11]

Um Unternehmenskrisen rechtzeitig zu erkennen, hilft ein betriebliches **Frühwarnsystem**. Dies richtet sich zum einen auf das Unternehmensumfeld, andererseits auf die betrieblichen Vorgänge aus. Die Grundstruktur eines Frühwarnsystems kann man ähnlich wie die Analyse der Chancen und Risiken sowie der Stärken und Schwächen des Unternehmens (siehe oben „Formulierung von Strategien") aufbauen. Zur laufenden Beobachtung der Entwicklungen werden für die Firma relevante Indikatoren definiert.

Externe Frühwarnindikatoren			
Rang	Einflußbereich	Indikator (Einflußfaktor)	„grüner Bereich"
1	Marktentwicklung	Marktanteil	17-22%
		Auftragseingang	1 Mio. Euro/Monat
2	Technologie	eigene Patentanmeldungen (Vorjahr)	2-5
		F&E-Investitionen der Branche	8-10% vom Umsatz
3	Wirtschaftsentwicklung	Verhältnis Euro/USD	1 : 1, ± 10%
		Arbeitslosigkeit	rund 8%
		BNP	18.000-20.000 Euro/EW.
4	Soziales	Altersstruktur	10% < 10 J., 10% < 10-20 J., 20% > 60 J.
		Einkommen	1.200-1.500 Euro (netto p. M./Haushalt)
5	Staat und Politik	Steuern	ø Steuersatz rd. 30%
		Gesetzgebung	Anzahl der Novellen von Wirtschaftsgesetzen
Interne Frühwarnindikatoren			
Rang	Einflußbereich	Indikator (Einflußfaktor)	„grüner Bereich"
1	Finanzen	Rentabilität	10-12%
		Eigenkapital	> 50%
2	Produktion	Auslastung	> 90%
		Ausschußrate	< 5%
3	Kunden	Werbung	rd. 10% vom Umsatz
		Reklamationsrate	< 10%
4	Personal	Fluktuation	< 10%
		Krankenstände	< 5 %./p.a.

Tabelle 3-1 Elemente eines Frühwarnsystems

Das Frühwarnsystem muß – am besten im Rahmen des Controllings – ständig gewartet werden. Es sollte regelmäßig für strategische Entscheidungen, im Zuge der Planungsprozesse und für verschiedene Vergleiche (z.B. Benchmarking) zur Gewinnung von Erkenntnissen herangezogen werden.

Fallstudie: Schuldiger gesucht[12]

Seit Beginn des Jahres verzeichnet ein zu einem internationalen Konzern gehöriges deutsches Unternehmen der Stahlbranche starke Umsatzrückgänge, was sich deutlich in der Gewinnsituation widerspiegelt. Da die Konzernleitung derzeit ehrgeizige Expansionspläne in Asien verfolgt, konnte sie sich nicht so eingehend wie sonst üblich mit der Umsatzentwicklung in Deutschland beschäftigen und war daher sehr überrascht, als ihr der vergleichsweise schlecht ausgefallene Halbjahresbericht vorgelegt wurde. Die Konzernleitung machte deutlich, daß sie nicht daran interessiert sei, den Standort Deutschland durch die Erfolge in Asien quer zu subventionieren und forderte von der deutschen Geschäftsleitung eine rasche Stellungnahme.

In einer kurzfristig eingeräumten „Krisensitzung" identifizierte die Geschäftsleitung als mögliche Ursachen: eine mögliche Marktsättigung, das Angebot der Konkurrenz, ungenügende Werbung, zu lange Lieferzeiten, ungünstige Zahlungskonditionen.

Da diese möglichen Ursachen nach Meinung des Geschäftsführers „alles irgendetwas mit Marketing zu tun haben" schob man in der eilig an die Konzernleitung gefaxten Stellungnahme kurzerhand der Marketingabteilung den „schwarzen Peter" zu.

Wenig später klingelte beim Marketingleiter das Telefon, und ein äußerst aufgebrachtes Mitglied der Konzernleitung forderte ein griffiges Konzept zur Korrektur der derzeitigen Lage ein. Andernfalls hätte der Marketingleiter mit Konsequenzen zu rechnen.

Der Marketingleiter räumt ein, daß seine Abteilung aufgrund zwischenmenschlicher Konflikte in der letzten Zeit nicht optimal arbeitete. Er ist jedoch der Meinung, daß seine Abteilung nicht allein für den Umsatzrückgang geradestehen sollte. Erst kürzlich hatte es im Versandbereich Entlassungen gegeben. Zudem hatte sich der Personalleiter vor einigen Tagen beim gemeinsamen Essen in der Kantine über die mangelhafte Qualifikation der verbliebenen Versandmitarbeiter beschwert. Der Finanzchef klagt bereits seit längerer Zeit über die schlechte Zahlungsmoral einiger Abnehmer und die nur schleppend eingehenden Zahlungen. Zudem ärgerte er sich schon häufig über ungünstige Zahlungskonditionen bei Verträgen mit größeren Zulieferunternehmen.

Aufgabe 1

Wie konnte es zu dieser Stellungnahme kommen?

Aufgabe 2

Wie kann der Marketingleiter die Geschäftsleitung überzeugen, daß er nur bedingt für diese Situation verantwortlich ist und sie zu einer Änderung ihrer Haltung bewegen?

Aufgabe 3

In welchen Schritten verläuft üblicherweise eine Unternehmenskrise?

Aufgabe 4

Wodurch ist ein effektives Krisenmanagement gekennzeichnet?

4 Umsetzung strategischer Entscheidungen

4.1 Möglichkeiten des Markteintritts

Die Entscheidung für eine bestimmte Form des Markteintritts wird von drei Faktoren bestimmt: **Tauglichkeit des Unternehmens** für das internationale Geschäft, die **Attraktivität der potentiellen Standorte** sowie die am jeweiligen Standort **wahrgenommenen Risiken**. Der unternehmerische Wunsch nach verstärktem internationalem Engagement steigt mit der Tauglichkeit des Unternehmens und der Attraktivität des Standortes sowie mit der Abnahme wahrgenommener Risiken.[13]

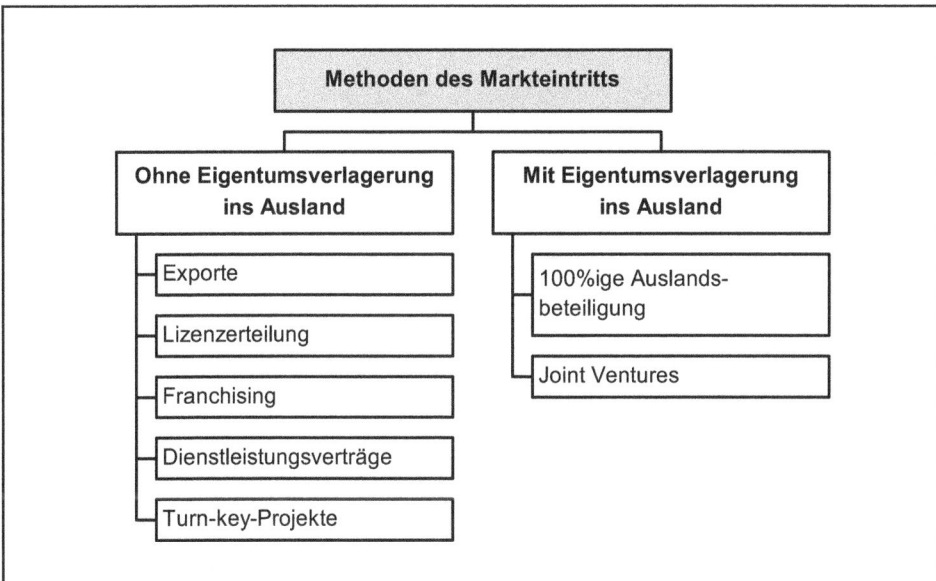

Abbildung 4-1 *Methoden des Markteintritts*

Die zunächst erörterten Möglichkeiten des **Markteintritts ohne Eigentumsverlagerung ins Ausland** beziehen sich auf jene Wege, die internationale Aktivitäten ohne direkte Investitionen vor Ort ermöglichen. Konkret sind dies Export und Import, Lizenzerteilung, Verträge verschiedener Art sowie Franchising. **Eigentumsverlagerung ins Ausland** findet im Rahmen von Direktinvestitionen (Niederlassungen und Joint Ventures) statt.

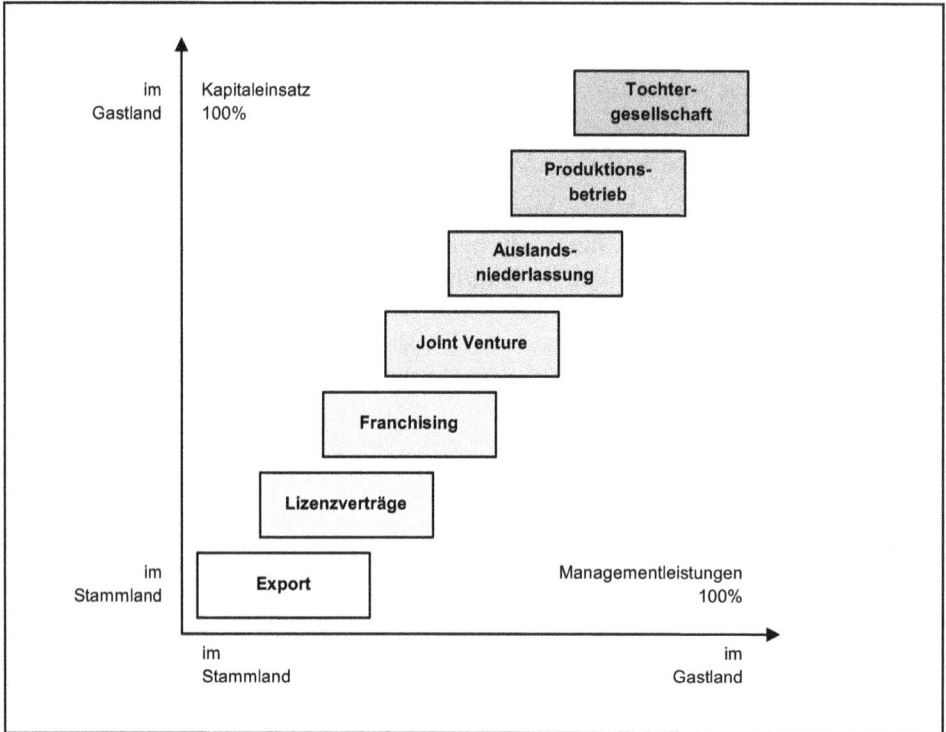

Abbildung 4-2 *Stufenmodell des Internationalisierungsprozesses*[14]

4.2   Export und Import

Den ersten Schritt in Richtung einer internationalen Tätigkeit stellt meist die Etablierung von Export- bzw. Importbeziehungen dar. Auch wenn viele Unternehmen später zu anderen Formen internationaler Geschäftstätigkeit übergehen, behalten Export und Import ihre Bedeutung.

Ein Unternehmen entscheidet sich üblicherweise dann für den Export von Erzeugnissen, wenn es über die dazu notwendigen Kapazitäten verfügt und sich durch die Exporttätigkeit Gewinne verspricht. Importe werden in Betracht gezogen, wenn ausländische Zulieferer Waren anbieten, die im Inland nicht verfügbar sind, oder gegenüber inländischen z.B. als preiswerter, zuverlässiger und qualitätsbewußter eingeschätzt werden.

Trotz vergleichsweise geringem Risikopotential müssen zur erfolgreichen Gestaltung von Export- bzw. Importbeziehungen zahlreiche Entscheidungen, wie z.B. hinsichtlich Exportwege, Transportmittel, Zahlungsmethoden und Produktvorbereitung getroffen werden.

Die Form des Exports eignet sich nicht für alle Produkte, insbesondere ist sie weniger empfehlenswert, wenn:

- die Produkte leicht verderblich sind und/oder schlecht transportiert werden können,

- sehr lange Distanzen überwunden werden müssen und sehr hohe Transportkosten anfallen,

- Zölle und Tarife auferlegt werden, die die Produkte verteuern und deren Wettbewerbsfähigkeit verringern,

- Unternehmen im Zielmarkt nicht-tarifäre Markteintrittsbarrieren errichtet haben und

- die Beschaffenheit des Produktes umfangreichere Kundendienstleistungen und einen Nach-Verkaufs-Service vor Ort erforderlich machen.

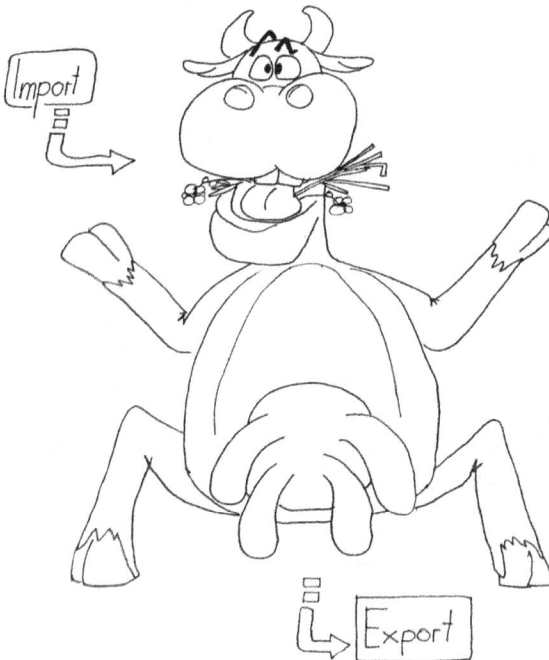

– ohne Worte –

Um das Potential eines ausländischen Marktes möglichst gut ausnutzen zu können, arrangieren sich die meisten Unternehmen mit einem **Partner vor Ort**, der die Promotion der Erzeugnisse und ihre Distribution im Zielland unterstützt bzw. übernimmt. Aufgrund der großen Bedeutung, die solchen Partnern zukommt, ist deren Auswahl – die sich nicht selten auch entsprechend schwierig gestaltet – besonderes Augenmerk zu widmen.

Grundsätzlich kann ein Unternehmen zwischen vier verschiedenen **Exportwegen** wählen: (1) dem Direktexport zum ausländischen Käufer, (2) der Einschaltung ei-

nes inländischen Exportmittlers, (3) der Einschaltung eines ausländischen Import-
mittlers und (4) der Einschaltung von Export- und Importmittlern.

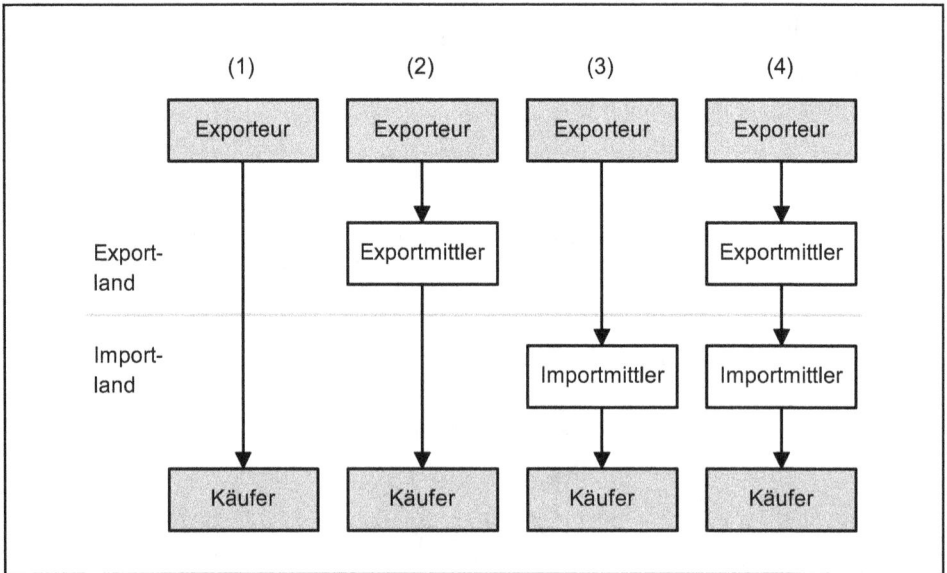

Abbildung 4-3 *Grundsätzliche Exportwege*

Variante 1: Exporteur – Käufer: Die erste Variante bezieht nur zwei Parteien –
den exportierenden Produzenten und den ausländischen Käufer – in den Exportprozeß ein und stellt somit die einfachste Exportmethode dar. Die beteiligten Parteien
kommunizieren direkt, dadurch werden die Kosten für Vermittler minimiert. Durch
den unmittelbaren Kontakt zum Käufer steht das Exportunternehmen in direktem
Kontakt zu seinem Markt, kann sich mit dessen Besonderheiten vertraut machen
und Exportfertigkeiten entwickeln. Das Exportunternehmen sollte über unternehmensinterne Exportspezialisten verfügen, deren Ausbildung jedoch zeit- und kostenintensiv ist.

Variante 2: Exporteur – Exportmittler – Käufer: Bei dieser Variante schaltet
das exportierende Unternehmen einen Exportmittler in den Exportprozeß ein. Dies
hat den Vorteil, daß das Exportunternehmen nicht selbst über Exportspezialisten
verfügen muß, sondern das Wissen und die Erfahrungen des externen Vermittlers
nutzen kann. Das Unternehmen muß Ressourcen nicht für Details des Exportprozesses verwenden, die von einem Externen aufgrund seiner Expertise und seinen
Kontakten effektiver bewältigt werden können. Durch den Einsatz eines Exportmittlers entstehen dem Unternehmen jedoch auch zusätzliche Kosten. Da ein Exportmittler im allgemeinen im Auftrag mehrerer Unternehmen handelt, kann es zu
Interessenkonflikten kommen.

Variante 3: Exporteur – Importmittler – Käufer: Die dritte Variante bezieht einen Importmittler in den Exportprozeß ein. Dieser ist im Ausland angesiedelt und

verfügt somit über spezielle Informationen vor Ort sowie über gute Beziehungen zu Entscheidungsträgern und Institutionen.

Variante 4: Exporteur – Exportmittler – Importmittler – Käufer: Diese – gewiß aufwendige und nur in Situationen mit besonderen Anforderungen gangbare – Möglichkeit stellt eine Kombination der Varianten 2 und 3 dar.

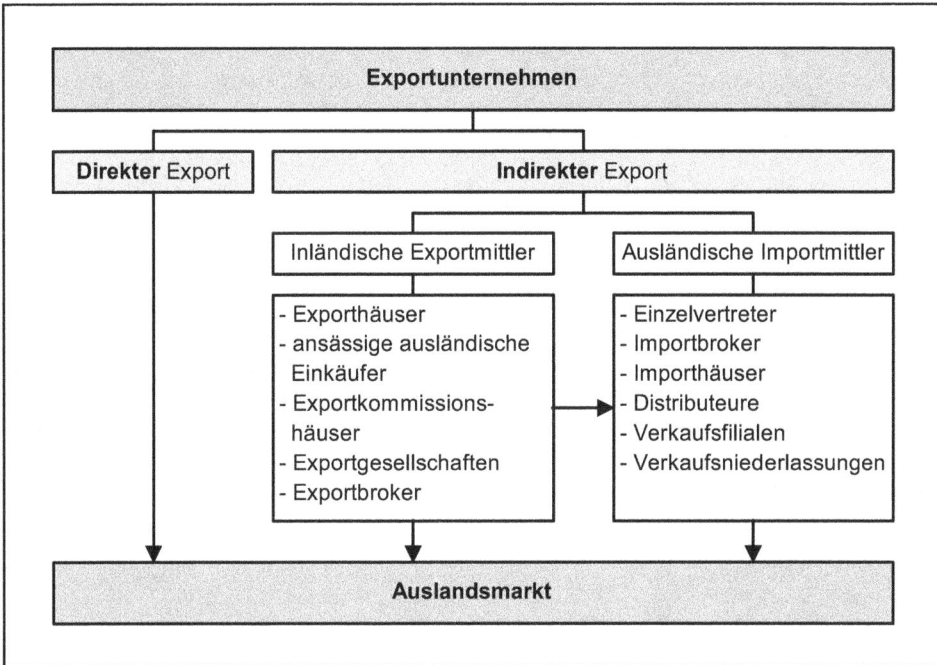

Abbildung 4-4 Exportwege mit Hilfe verschiedener Partner

Bevor sich ein Unternehmen für einen konkreten Exportweg entscheidet, sollten zunächst Kosten und Nutzen der jeweiligen Varianten untersucht werden. Dabei sollten – in Abhängigkeit von Produkt, Markt und Unternehmen – Faktoren wie Standardisierungsgrad, Produktanpassungen, Marktreife und Marktkenntnisse beachtet werden.

Exportdokumente

Exportdokumente stellen einen wesentlichen Teil des Exportprozesses dar. Bevor ein Unternehmen tatsächlich Waren ins Ausland exportieren kann, müssen eine Vielzahl von Formularen ausgefüllt und eine Reihe von Abwicklungsprozeduren durchlaufen werden. In jedem Land existieren andere Richtlinien und Verordnungen bezüglich des Imports oder Transits von Gütern, die das exportierende Unternehmen jeweils einhalten muß, wenn seine Exporttätigkeit erfolgreich verlaufen soll. Bevor ein Unternehmen den physischen Transport von Waren organisiert, sollte es deshalb ergründen, welche Verpflichtungen es zur Einhaltung der verschiedenen Richtlinien erfüllen muß. Spezialisten stehen – wenn man den notwendigen Durchblick (noch) nicht hat, was angesichts der Komplexität der Materie nichts Ungewöhnliches ist – hilfreich und vielfach unentgeltlich zur Verfügung (z.B. Kammern).

Zu den zahlreichen für den Export benötigten Dokumenten gehören u.a. Frachtbriefe, Rechnungen, Exportlizenzen, Ursprungszeugnisse, Versicherungszertifikate und Zahlungsdokumente. Das Fehlen eines Dokumentes reicht aus, um den Exportprozeß unnötig – und oft erheblich – zu verzögern. Unternehmen sollten die notwendigen Exportdokumente deshalb sorgfältig vorbereiten bzw. vorbereiten lassen. Da nicht für jede Versendung die gleichen Dokumente erforderlich sind, sollte sich der Exporteur informieren, welche Dokumente im bestimmten Fall benötigt werden. Dies ist abhängig von der Art der Waren, der Art der Versendung, dem Ursprungsland und dem Zielland. Dokumente, die in der Regel für alle Versendungsarten benötigt werden, sind:

Frachtbriefe sind Begleitpapiere im Güterverkehr und dienen als Nachweis des Frachtvertrages, die darin aufgeführten Waren zu versenden. Der zur Beförderung der Güter berechtigte Frachtführer kann vom Absender der Waren die Ausstellung eines Frachtbriefes verlangen. Frachtbriefe enthalten bestimmte Angaben, u.a. Ausstellungsort und -tag, Name und Wohnort des Frachtführers, Name des Empfängers und Ort der Ablieferung, für deren Richtigkeit und Vollständigkeit der Absender der Waren haftet. In Abhängigkeit vom Transportmittel kommen unterschiedliche Frachtbriefe zum Einsatz.

Rechnungen werden vom Exporteur ausgestellt und enthalten die Zahlungsbedingungen, den Namen und die Anschrift des Lieferanten und des Käufers, die Menge und die handelsübliche Bezeichnung der gelieferten Waren, den Lieferzeitpunkt, das Entgelt für die Lieferung und den entsprechenden Steuerbetrag.

Exportlizenzen werden – in bestimmten Fällen – von einer Regulierungsbehörde (in der BRD z.B. Bundesanstalt für landwirtschaftliche Marktordnung oder Bundesamt für Ernährung und Forstwirtschaft) erteilt. Exportlizenzen berechtigen und verpflichten den Inhaber gleichzeitig, die deklarierten Güter innerhalb der Gültigkeitsdauer der Lizenz zu exportieren.

Ursprungszeugnisse sind Bescheinigungen über die Herkunft von Erzeugnissen, die aufgrund zolltariflicher oder außenwirtschaftsrechlicher Vorschriften gefordert und von einer autorisierten Behörde des Exportlandes (in der BRD z.B. Zollstelle, Industrie- und Handelskammer oder Handwerkskammer) ausgestellt werden. Sie enthalten alle notwendigen Informationen (z.B. Bezeichnung, Gewicht usw.), die zur eindeutigen Identifizierung der Erzeugnisse und des Ursprungslandes notwendig sind.

Versicherungszertifikate dokumentieren meist die Transportversicherung, die im Rahmen eines Geschäftsfalls abgeschlossen wurde. Versicherungszertifikate, in denen die versicherten Güter sowie alle übrigen Vertragsbedingungen festgeschrieben sind, dienen als Beweisurkunde für den bestehenden Versicherungsschutz und enthalten alle für die am Transportprozeß Beteiligten notwendigen Informationen.

Zahlungsdokumente sollen absichern, daß der Exporteur die Zahlungen für seine gelieferten Waren erhält. Eine besonders im Exportgeschäft wünschenswerte und auch verbreitete Zahlungsmethode ist das Akkreditiv und entsprechende dafür notwendige Dokumente.

Aufgrund notwendigerweise zu beachtender Spezifika kommt der **Vorbereitung der Lieferung** für ihre Versendung ins Ausland einige Bedeutung zu. So weichen etwa **ausländische Richtlinien** in bezug auf die Produktbeschaffenheit, -verpackung und Etikettierung oft erheblich von denen des Exportlandes ab und sollten deshalb bereits vor dem Export berücksichtigt werden, um die notwendigen Veränderungen durchführen zu können. Die Produktbezeichnung sollte so gewählt werden, daß eine eindeutige Klassifizierung durch den Zoll gewährleistet ist und die Zollgebühren entsprechend ermittelt werden können. Für Firmen, die in mehrere Länder exportieren, empfiehlt es sich, Produktinformationen und Etiketten in verschiedenen **Sprachen** zu gestalten, so daß bestimmte Warenmengen nicht an einzelne Länder gebunden sind. Die **Produktverpackung** bestimmt im wesentlichen darüber, in welchem Zustand die Produkte das Zielland erreichen und ist deshalb von nicht zu unterschätzender Bedeutung.

Produktvorbereitung

Exportförderung

Da Exporte riskanter als Inlandsgeschäfte sind, wird den Exporteuren auch Mut gemacht: Der Staat etwa stützt Finanzierungen und greift auch in Sachen Absicherung unter die Arme. Öffentlich-rechtliche Handelskammern, wie in Deutschland z.B. die AHK oder die Wirtschaftskammer Österreich (WKÖ), versorgen Unternehmen mit wichtigen Informationen. International anerkannt ist die Außenwirtschaftsorganisation der WKÖ mit ihren weltweit 100 Außenstellen. Diese sind meist Außenhandelsstellen, geleitet von einem Handelsdelegierten (vgl. „Unser Mann in ..."). Dessen Aufgaben sind:

- Eintreten für die Interessen österreichischer Unternehmen und

- Hilfe bei der Anbahnung und Abwicklung von Exportgeschäften, diese umfaßt insbesondere,

- Beschaffung von Informationen, speziell betreffend Geschäftsmöglichkeiten,

- Interventionen vor Ort, etwa bei Kunden, Behörden, Banken, Versicherungen, Spediteuren,

- organisatorische Hilfestellungen (z.B. Terminvereinbarungen),

- Begleitung und Koordination von Wirtschaftsmissionen.

Dieses – nicht zuletzt auch aufwendige – System der umfassenden Beratung und Hilfestellung für die Exportwirtschaft hat sich seit seiner Gründung 1945 sehr bewährt und wird von den Unternehmen auch intensiv in Anspruch genommen.[15]

finden　　trainieren

zu aufwendig　　zu risikoreich

Finanzierung der Liefer- und Zahlungsbedingungen

geeignetes Personal

Marktbearbeitung

Kapitalbindungsdauer, Finanzierungswünsche der Abnehmer

Bereitschaft zu Auslandsreisen und -aufenthalten

Finanzbedarf unterschätzt

eigenes Kapital

Erfahrung im Exportgeschäft

Transportversicherung

Personalbedarf unterschätzt

Absicherung des Kursrisikos

Interkulturelle Kompetenz

Absicherung der Forderung

Kapitalherkunft

Verhandlungskompetenz

Finanzen

verhaltensbedingte Barrieren

Personal

Sprachkenntnisse

	national	international
"normale" Kreditfinanzierung		
"soft loans"		
so. Förderungen/ Unterstützungen		

Probleme beim Export I - Unternehmensinterne Risiken -

Marktforschung — Verfügbarkeit von Daten / Kosten

Kontrahierungspolitik — Preise + Konditionen

Strategie

Marketing

Distribution/ Service — Logistik / Transport / Lagerung

keine Strategie vorhanden

Produktion

falsche Einschätzungen

Energie-/Rohstoffversorgung

Produktions- und Lieferkapazität

Kommunikation — Sprachbarrieren / kulturelle Probleme

Adaptierung an neue Verhältnisse

Eigenfertigung　Fremdfertigung　Vor-Ort-Fertigung

Projektakquisition

Produkte — Innovation / Qualität / Preise + Konditionen

politische Unterstützung aus dem Heimatland　Unterstützung vor Ort　Informationsbeschaffung

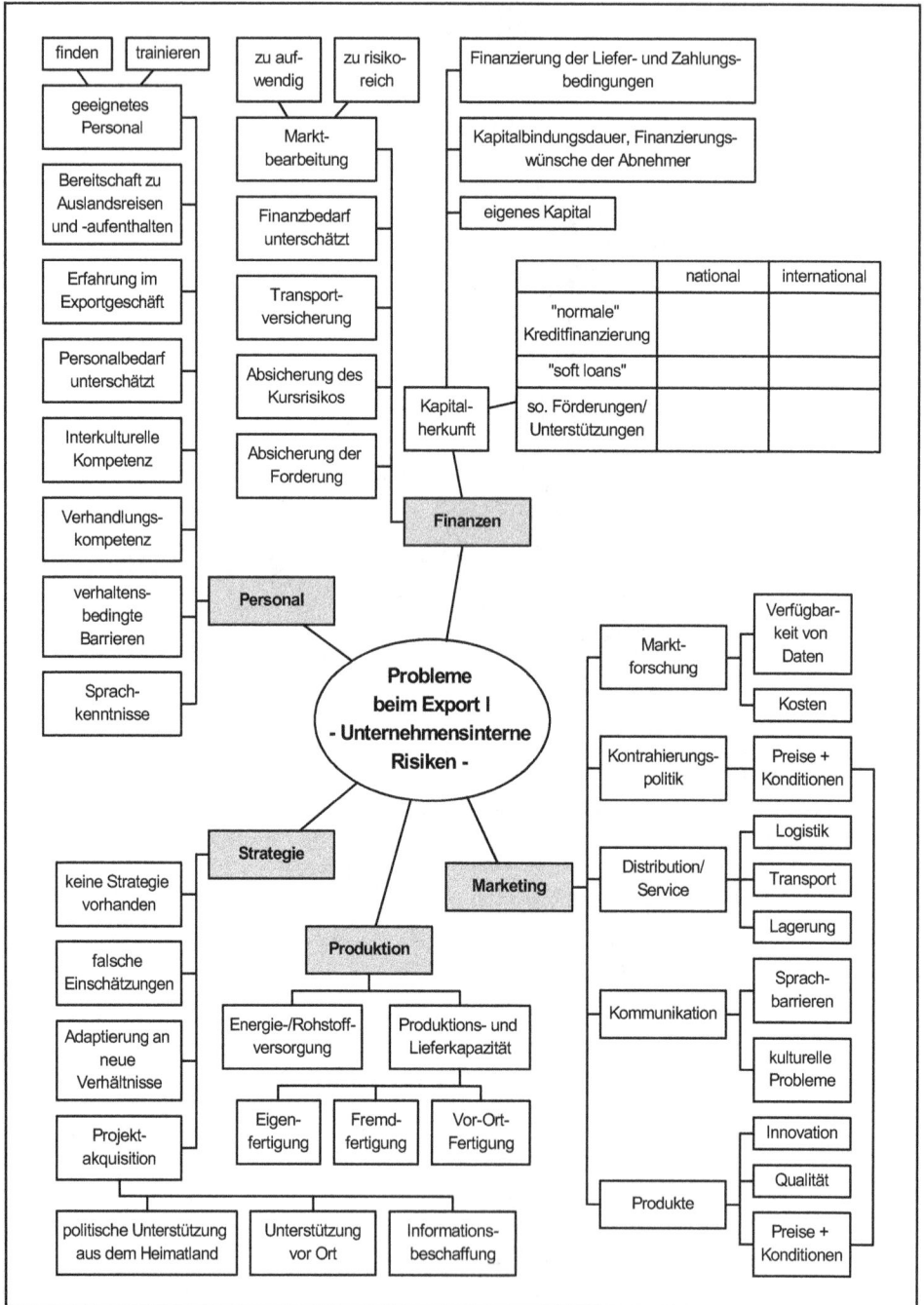

Abbildung 4-5 Problemstellungen beim Export – unternehmensinterne Risiken

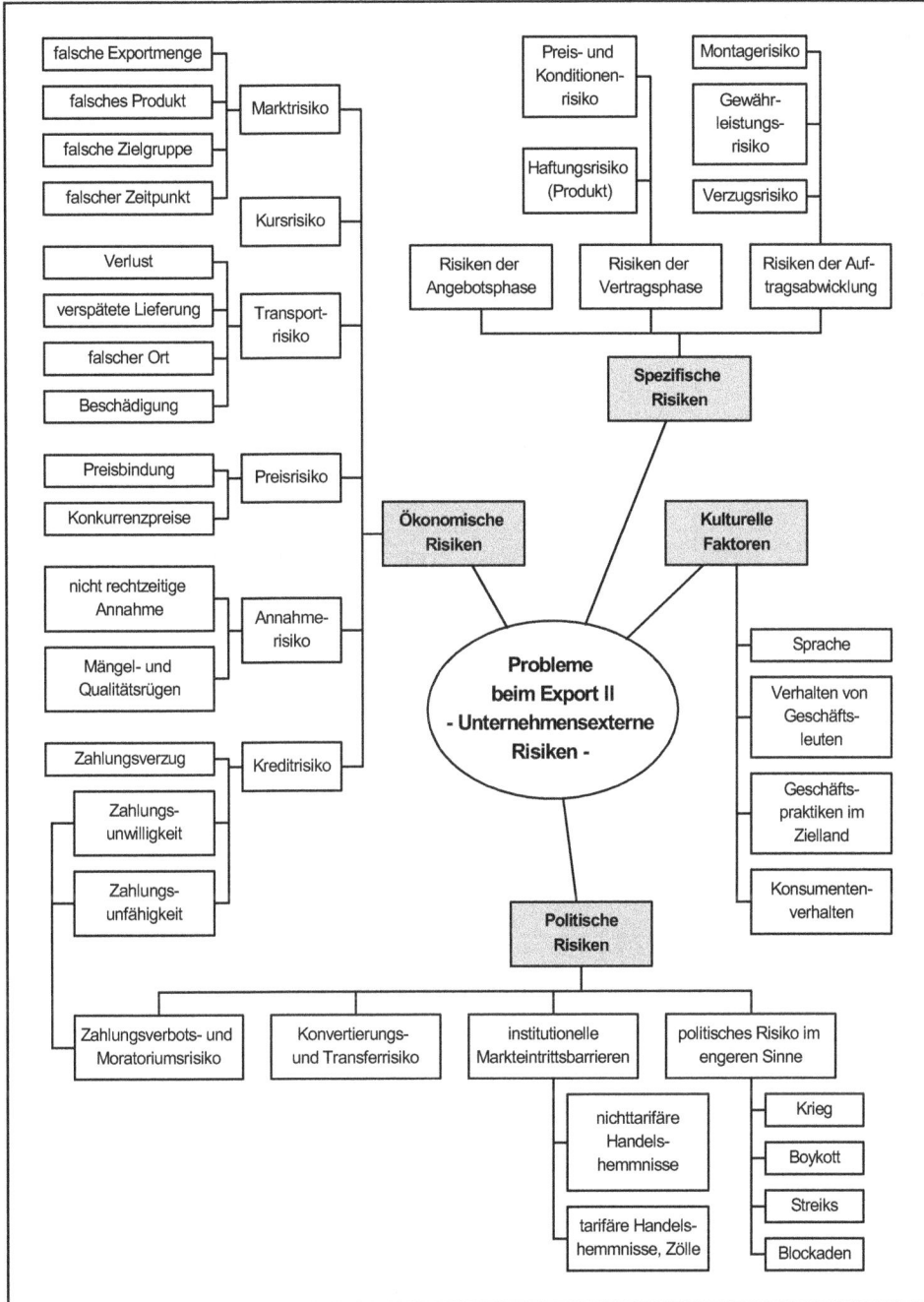

Abbildung 4-6 Problemstellungen beim Export – unternehmensexterne Risiken

	Probleme	Empfehlungen
Marktbearbeitung	hohe Einstiegs-kosten	• wenn die für die Bearbeitung von ausländischen Märkten notwendigen finanziellen Mittel nicht vorhanden sind, ist von einer Aufnahme von einschlägigen Aktivitäten dringend abzuraten • *Maßnahmen:* Intensivierung der Beratung seitens der in Frage kommenden Stellen (Ministerien, Kammern, Banken)
	Markt-zugangs-beschränkun-gen	• ausreichende Information vorab unbedingt sicherstellen, um „böse Überraschungen" im Nachhinein zu vermeiden • *Maßnahmen:* rechtzeitige Informationsbeschaffung bei den in Frage kommenden Stellen (s.o.) seitens der Unternehmen
	zu wenig Markt-informationen	• generell gilt: Informationssammlung vor Ort ist unabdingbar, wenn auch z.T. mit hohen Kosten verbunden; • wiederholte Kontakte zum Kunden vor Ort sind wesentlich; unbedingte Einholung von Informationen vor Ort, insbesondere zur Konkurrenzsituation • *Maßnahmen:* leichtere bzw. zentralere Zugänglichkeit zu aktuellen Informationen (vgl. Ministerien, Kammern)
	Kontakt-anbahnung	• kleinere Firmen haben naturgemäß weniger bzw. eingeschränkte Möglichkeiten, erfolgversprechende Kontakte anzubahnen • *Maßnahmen:* insbesondere auch kleineren und mittleren Firmen sollten der Zugang zu höherrangigen Wirtschaftsdelegationen leichter ermöglicht werden
	Vertreter-suche, Anbahnung von Kooperationen vor Ort	• die Suche nach geeigneten Vertretern vor Ort gestaltet sich häufig überaus schwierig und ist mit (zu) hohen Kosten verbunden • *Maßnahmen:* Einrichtung von einschlägigen Datenbanken (z.B. Wer vertritt wen vor Ort?, Mit welchem Erfolg?, Wer wickelt Projekte und Aufträge ab?, Möglichkeiten für Kundendienst?) • Beschaffung und Zurverfügungstellung von Hintergrundinformationen zur Selektion von Kandidaten für die Übernahme von Vertretungen seitens der dafür in Frage kommenden Stellen
	Kommunikati-onspolitik	• Kontakt zum (insbesondere potentiellen) Kunden gestaltet sich schwierig • *Maßnahmen:* Forcierung von Gemeinschaftsausstellungen vor Ort; gezielte Förderung (verstärkte Beratung und auch finanzielle Unterstützung) von Werbung im Internet und E-Business
	Distribution/ Service, Lizenzen	• abgesehen von der Suche nach geeigneten ausländischen Partnern für Vertretung, Distribution und Service treten häufig Probleme im Zusammenhang mit der Gestaltung der diesbezüglichen Verträge auf • *Maßnahmen:* Unterstützung durch vorgefertigte (Standard-)Musterverträge (auch in englischer Sprache) bzw. erleichterter Zugang zu derartigen Dokumenten
Finanzierung	Komplexität vorhandener und Fehlen zusätzlicher Finanzierungs-instrumente	• vorher alles absichern und klären, nachträgliche Klärung bedeutet immer (zum Teil überaus hohe) zusätzliche Kosten • *Maßnahmen*: wünschenswert wären verstärkte Finanzierungsunterstützung (Beratung und finanzielle Unterstützung), verstärkte Übernahme von Haftungen, Bereitstellung von Risikokapital, Einräumung von zusätzlichen zinsgestützten Krediten bzw. gestützten Finanzprodukten
Koope-rationen		• *Maßnahmen*: Förderung und Erleichterung von Kooperationen, insbesondere mit im branchenspezifischen Auslandsgeschäft bereits erfahrenen Firmen, um – auch bei entsprechender Risikobeteiligung – am Know-how des Partners partizipieren zu können

Tabelle 4-1 *Exportprobleme und Wünsche von kleineren und mittelständischen Unternehmen[16]*

Mögen manche der genannten Probleme und die im Zusammenhang damit gegebenen Empfehlung selbstverständlich und mitunter relativ trivial erscheinen, sei auf die Praxis und zahlreiche Mißerfolge, die in den obigen Problemen und der Nichtbeachtung sowie im Übersehen von Tatsachen ihren Ursprung hatten, verwiesen.

Waffen ins Kriegsgebiet ...

Beschränkungen des Handels dürfen nicht unterschätzt werden. Zum einen, wenn es um Länder geht, gegen die internationale Sanktionen verhängt wurden (z.B. Irak), zum anderen, wenn es sich um Produkte handelt, die in irgendeiner Weise für Rüstungs- oder Kriegszwecke eingesetzt werden könnten. Daß der Export von Panzern in ein Kriegsgebiet darunter fällt, ist klar. Aber wer macht sich Gedanken bei Kabeln, Steuerungen, Software, Rohren oder Sterilisatoren für Krankenhäuser. *„Dual Use"* – also die Möglichkeit zur zivilen und militärischen Verwendung – ist nur bei wenigen Produkten ausgeschlossen (vgl. *Dual Use*-Liste). Die Kenntnis der vielfältigen Beschränkungen (z.B. Sanktionen und Embargos von UNO, EU, USA usw., diverse Güterlisten) und ihrer Auswirkungen ist für Exporteure also unabdingbar. Umfassende Auskünfte erteilen natürlich die dafür zuständigen Behörden (in der BRD: Bundesausfuhramt, in Österreich: Wirtschaftsministerium). Diese Stellen geben auch die entsprechenden Ausfuhrbewilligungen. Im Zweifelsfall sollte als „Faustregel" gelten: Lieber die Finger weg ...

Sanktionen: Zweck und Wirkungsweise

Sanktionen können für verschiedene, sich teilweise überlagernde Zwecke auferlegt werden. Die vier offiziellen Ziele, die durch die Verhängung von Sanktionen erreicht werden sollen, sind – unerwünschte Entwicklungen zu **verhindern**, Regime zur Einhaltung bestimmter Grundsätze oder Auflagen zu **zwingen**, politische Absichten zu **signalisieren** und die Zielländer im Falle der Nichteinhaltung von Grundsätzen und Auflagen zu **bestrafen** (vgl. z.B. Irak, Kuba, Libyen).

Die nachfolgende Übersicht zeigt die grundsätzlichen Möglichkeiten der Verhängung von Maßnahmen und Sanktionen, wobei auf nahezu alle sensiblen Bereiche innerhalb eines Staates gezielt werden kann.[17]

diplomatische Beziehungen	diplomatische und politische Isolation, Einschränkungen des Visawesens, Abzug der diplomatischen Vertretungen, Abzug internationaler Organisationen vom Zielland
Militär	Waffenlieferungsembargos; Annullierung jeglicher Form von militärischer Unterstützung
Entwicklung	Annullierung von Hilfsprogrammen und Hilfsfonds
Finanzen	Einfrierung der Auslandsguthaben des Ziellandes; Restriktionen bei Finanzbeihilfen, Subventionen, Bankdarlehen, Kapitalinvestitionen
Handel	Export-/Importrestriktionen
Transport	Flugverbote; Wasserstraßen- und Hafenrestriktionen; Überlandrestriktionen
Kommunikation	Restriktionen betreffend Telekommunikation und Post

Tabelle 4-2 Möglichkeiten der Verhängung von Sanktionen

Fallstudie: Über die Grenze[18]

Ein Anfang der 1990er Jahre gegründetes mittelständisches Unternehmen aus Sachsen mit Standort nahe der Grenze zur Tschechischen Republik produziert schon seit Unternehmensgründung erfolgreich Zulieferteile für die metallverarbeitende Industrie.

Freie Produktionskapazitäten und eine stagnierende Inlandsnachfrage führten zu Überlegungen, die Produkte im Ausland abzusetzen. Da das Unternehmen bislang über keine Exporterfahrung verfügte, entschloß man sich, es zunächst mit dem Export in ein Nachbarland zu versuchen.

Die Wahl fiel dabei auf die Tschechische Republik. Ausschlaggebend für die Auswahl des Ziellandes war vor allem die geographische Nähe. Darüber hinaus lassen sich aus der Außenhandelssituation der Tschechischen Republik gute Exportchancen ableiten.

Seit der Aufgabe des staatlichen Außenhandelsmonopols wurde der wirtschaftliche Austausch mit anderen Ländern wesentlich erleichtert. Für alle Unternehmen besteht seitdem die Möglichkeit des direkten Imports in das Land und des Exports aus dem Land.

Der tschechische Außenhandel konzentriert sich seit dem politischen und wirtschaftlichen Umbruch 1989 auf die OECD-Staaten. Besonders kräftig wuchs der Handel mit EU-Staaten, der nun den Großteil des gesamten tschechischen Außenhandels ausmacht. Deutschland stellt derzeit den wichtigsten Handelspartner der Tschechischen Republik dar.

Die wichtigsten tschechischen Ausfuhrwaren sind Maschinen und Ausrüstungen (einschl. Kraftfahrzeuge), Halbfabrikate, chemische Erzeugnisse, Nahrungsmittel, Brennstoffe und Rohstoffe sowie Konsumgüter. Zu den wichtigsten tschechischen Einfuhrwaren zählen Maschinen und Ausrüstungen, Halbfabrikate, chemische Erzeugnisse, mineralische Rohstoffe und Erze, Brennstoffe, Lebensmittel und Konsumgüter. Tschechiens hoher Importanteil an Metallprodukten läßt darauf schließen, daß Zulieferer dieser Branche gute Chancen haben.

Wertschöpfung?

Der Geschäftsführer des sächsischen Unternehmens betrachtet die Exportpläne als eine Art persönliche Weiterentwicklung. Für ihn steht jetzt bereits fest, daß exportiert wird: Die Erzeugnisse des Unternehmen sind qualitativ hochwertig und dennoch vergleichsweise preiswert. Die tschechischen Unternehmen sind in großem Maße auf Importe angewiesen. Als einziges Problem sieht er derzeit noch die Kontaktaufnahme zu potentiellen tschechischen Abnehmern, verläßt sich dabei aber ganz auf die Unterstützung durch die Außenhandelskammern. Der Geschäftsführer erwartet, daß in spätestens zwei Monaten die ersten Produkte seines Unternehmens Tschechien erreichen werden.

Der Marketingleiter glaubt, in zwei bis drei Wochen bestens über die Angebots- und Nachfragesituation im Gastland informiert zu sein und verläßt sich dabei vor allem auf die von ihm kürzlich gefundenen Web-Sites verschiedener statistischer Ämter. Zudem will er Informationen zur Geschäftsmentalität in Tschechien einholen.

Der Versandleiter möchte sich innerhalb der nächsten vier Wochen Informationen über Verpackungsvorschriften, Transportwege- und Transportmittel einholen. Gleichzeitig gibt er zu verstehen, daß er den Zeitraum zur Analyse der Angebots- und Nachfragesituation als zu kurz betrachtet. Schließlich werden aussagekräftige Daten hauptsächlich im Gastland selbst zu finden sein, was aber einen längeren Bearbeitungszeitraum und entsprechende finanzielle Aufwendungen erforderlich macht.

Der Finanzleiter sieht die Exportpläne generell skeptisch und betont wiederholt die seiner Meinung nach angespannte Finanzsituation des Unternehmens. Er will sich trotz seiner zurückhaltenden Einstellung in den folgenden acht Wochen nach Exportförderungsprogrammen, den zum Export notwendigen Exportdokumenten, den für das Unternehmen günstigsten Zahlungskonditionen, zu entrichtenden Zöllen und Möglichkeiten zur Absicherung der Exportrisiken erkundigen.

Für morgen hat der Geschäftsführer Marketing-, Versand- und Finanzleiter zu einem Gespräch geladen, in dem die Vorgehensweise bis zum Beginn des physischen Exports der Waren geklärt werden soll. Er erwartet von allen geladenen Personen ungefähre Vorstellungen über Ziele und Zeitrahmen.

Aufgabe 1

Stellen Sie sich vor, Sie würden an diesem Gespräch teilnehmen. Welche weitere Vorgehensweise würden Sie den Beteiligten vorschlagen, um baldmöglichst exportieren zu können?

Welche zusätzlichen Aspekte müßten mit dem Ziel einer baldigen Aufnahme der Exporte berücksichtigt werden?

Aufgabe 2

Nachdem eine Vielzahl von Informationen eingeholt wurde, soll nun untersucht werden, welche Veränderungen innerhalb der wichtigsten Umweltsegmente in Zukunft möglich sind und wie diese auf das eigentliche Vorhaben „Export" wirken.

Geben Sie eine Prognose für die möglichen weiteren Entwicklungen!

Aufgabe 3

Zur Vorbereitung auf die geplante Exporttätigkeit möchte sich das Unternehmen nun über mögliche Probleme und Risiken im Export informieren, um sich in einem weiteren Schritt entsprechend gegen diese Risiken absichern zu können. Da das Unternehmen noch keinerlei Exporterfahrung hat, beauftragt der Geschäftsführer den Marketingleiter, den Versandleiter und den Finanzleiter, in einer gemeinsamen Brainstorming-Sitzung zu ergründen, welche Risiken im Export auftreten könnten.

Welche Probleme und Risiken können im Zusammenhang mit einer Exporttätigkeit auftreten? Unterscheiden Sie dabei in unternehmensinterne und unternehmensexterne Risiken!

4.3   Lizenzen, Verträge und Franchising

Eine Art Zwischenstufe zwischen Exporten und Direktinvestitionen im Ausland stellen Lizenzerteilung, spezielle Verträge und Franchising dar. Hier sollen jene Aspekte diskutiert werden, die mit der unmittelbaren Durchführung derartiger Vorhaben im internationalen Geschäft verbunden sind und entsprechend gründlicher Vorbereitung bedürfen.

4.3.1   Lizenzen

Eine **Lizenzvereinbarung** beinhaltet die Gewährung von Nutzungsrechten an immateriellem Eigentum, wie z.B. Copyrights, Patenten, Technologien oder Gebrauchsmustern. Gleichzeitig werden von Lizenzgeber (dem Eigentümer) und Lizenznehmer (dem Nutzer) die Nutzungs- und Zahlungsbedingungen vertraglich festgehalten.

Die Methode der Lizenzerteilung eignet sich insbesondere dann, wenn der Lizenzgeber die notwendigen finanziellen Mittel etwa für eine Direktinvestition im Ausland nicht aufbringen kann, aber dennoch am Auslandsgeschäft teilhaben will. Der Lizenzgeber profitiert von den Verkäufen der im Ausland in Lizenz gefertigten oder vertriebenen Erzeugnisse, ohne selbst Kapital oder Humanressourcen zur Verfügung stellen zu müssen.

Bevor ein Unternehmen einen **Lizenzvertrag** abschließt, sollten verschiedene Aspekte – stets mit Unterstützung interner oder externer Rechtsberater – diskutiert werden. Dazu gehören die Wahl eines geeigneten Lizenznehmers, die Lizenzgebühren und die Zahlungsweise, der Lizenzzeitraum und ein angemessener Schutz des immateriellen Eigentums:

- Ein potentieller **Lizenznehmer** muß über Vertrauenswürdigkeit und die Fähigkeit verfügen, die lizensierten Vermögenswerte effektiv zu nutzen. Bevor sich ein Unternehmen endgültig für einen Lizenznehmer entscheidet, sollten mehrere Kandidaten im Zuge eines entsprechenden Auswahlprozesses sorgfältig überprüft werden.

- Die **Lizenzgebühren** sollten eine angemessene Gegenleistung für die lizensierten Vermögenswerte darstellen. Die Gebühren können als einmaliger Betrag (Pauschallizenzgebühr) abgeführt werden oder sich als prozentualer Anteil des Gesamtumsatzes (Umsatzlizenzgebühr) bzw. des Gesamtabsatzes (Stücklizenzgebühr, mit einem festgesetzten Mindestbetrag) errechnen. Darüber hinaus sollte der **Lizenzzeitraum** den Vorstellungen der Beteiligten entsprechen.

- Vom Unternehmen geschaffene immaterielle Vermögenswerte, die über Lizenzvereinbarungen an Dritte weitergegeben werden, müssen durch entsprechenden **Know-how-Schutz** abgesichert werden können, so daß sie durch die Lizenzvergabe nicht verloren gehen. Da nicht alle Länder Unterzeichner international gültiger Patent- oder Urheberrechtsabkommen sind, sollten die Rechte des Lizenzgebers sorgfältig definiert und vertraglich festgehalten werden, so daß der Schutz der Vermögenswerte auch dann garantiert ist.

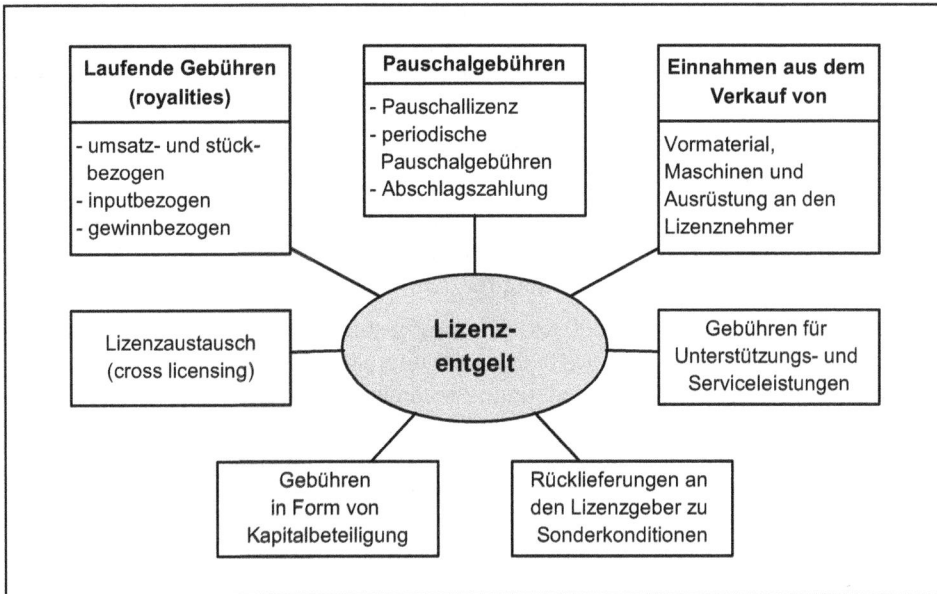

Abbildung 4-7 *Arten des Lizenzentgelts[19]*

Neben den zweifellos gegebenen Vorteilen sollte sich ein zur Lizenzvergabe bereites Unternehmen auch der etwaigen **Nachteile** bewußt sein:

- Ein auf dem Auslandsmarkt erfolgreiches Produkt hätte im Falle der Selbstdurchführung höhere Profite realisieren können als durch die Lizenzvergabe möglich sind.

- Erfolge, aber auch Mißerfolge hinsichtlich Qualität, Service, Promotion und Kundenzufriedenheit werden nicht nur mit dem produzierenden Unternehmen, sondern stets auch mit dem Lizenzgeber in Verbindung gebracht werden. Unter Umständen können sich ein „geschädigter" Markenname bzw. ein Negativimage auch auf anderen Märkten auswirken.

- Durch die Weitergabe von Technologien und Know-how wird letztlich immer auch die Basis für einen potentiellen Konkurrenten geschaffen.

Angesichts dieser Nachteile wird besonders klar, welche Bedeutung die sorgfältige Auswahl des Lizenznehmers hat. Bevor eine Lizenz erteilt wird, sollte sich der Lizenzgeber bestmöglich vergewissern, ob der Lizenznehmer tatsächlich in der Lage ist, effektiv und zuverlässig zu arbeiten und die erforderlichen Ergebnisse zu erzielen.

4.3.2   Turn-key-Projekte

Bei dieser ebenfalls häufigen Form der Marktbearbeitung geht es um die Errichtung schlüsselfertiger, einsatzbereiter (Produktions-)Anlagen durch ein meist eigenständiges Unternehmen, das auch die Schulung des lokalen Personals übernimmt. Nach der Abnahme bzw. Inbetriebnahme werden „die Schlüssel übergeben" und die Anlage auf den ausländischen Eigentümer übertragen.

In jüngster Zeit ist man von seiten der Auftraggeber zunehmend an sogenannten **BOT-Contracts** *(build-operate-transfer)* interessiert, im Rahmen derer die betreffende Anlage von ihren Errichtern aufgrund eines Managementvertrages (gegen Honorar und/oder Gewinnbeteiligung) auch betrieben wird. Dem Auftraggeber nimmt dies die operative Verpflichtung für den Betrieb.

Bei Projekten dieser Art handelt es sich häufig um unter immensem Kostenaufwand realisierte „Mega-Projekte", die von internationalen Organisationen (z.B. Weltbank) gefördert und von Generalunternehmern oder Konsortien erstellt werden. Obwohl die Realisierung derartiger Projekte für die beteiligten Unternehmen stets attraktiv ist, muß vor dem Risiko – teilweise beträchtlicher – Verluste aufgrund von Problemen vor Ort bzw. Fehlkalkulationen gewarnt werden. Vor diesem Hintergrund gibt die nachfolgende Checkliste einen Überblick zu den im Rahmen eines Projekts bzw. einer **Feasibility-Study** (Durchführbarkeitsstudie) für ein Projekt zu berücksichtigenden Tatbeständen.

Projektidee	• Vorgeschichte • Grundkonzeption und Größenordnung des geplanten Projekts • Einpassung des Projekts in die Zielsetzung des investierenden Unternehmens (Motive)
Zusammenfassung der Studienergebnisse	• Chancen • Risiken • Würdigung
Rahmenbedingungen im Investitionsland	• politische und volkswirtschaftliche Rahmenbedingungen • rechtliche Rahmenbedingungen für Auslandsinvestitionen (Investitionsrecht, Bodenrecht, Gesellschaftsrecht, Steuerrecht usw.) • Einpassung des Projekts in das Investitionsland
Partner im eigenen Land	• Marktstellung/Kundenstruktur • Basisdaten (Rechtsform, Umsatz, Beschäftigte, Produktionsprogramm usw.) • vorgesehene Mitwirkung/Einbringung • Interessenlage (Motive) • Finanz- und Managementkapazität
Partner im Gastland	• Marktstellung/Kundenstruktur • Basisdaten (Rechtsform, Umsatz, Beschäftigte, Produktionsprogramm usw.) • vorgesehene Mitwirkung/Einbringung • Interessenlage (Motive) • Finanz- und Managementkapazität
Marktanalyse und Marketingkonzept für das geplante Projekt	• Angebots- und Nachfrageentwicklung der letzten Jahre (Menge, Wert, Struktur, sonstige Einflußfaktoren) • Importe/Exporte der letzten Jahre • Entwicklung der Preise der letzten Jahre (regional, Import, Export)

Fortsetzung

Standort	• Kriterien der Standortwahl (z.B. regionale Förderung, Rohstoffverfügbarkeit vs. Marktnähe, vorhandene Infrastruktur, Sitz des Partners im Gastland) • Beschreibung des ausgewählten Standortes (u.a. Klima, Geographie, Arbeitskräftepotential, sozioökonomisches Umfeld)
Grundstücke	• Größe, Art des Erwerbs (Kauf, Miete, Leasing), Nutzungsrechte • geologische Bedingungen, Altlasten • infrastrukturelle Anbindung • Investitionskosten für Erschließung, Kauf • laufende Kosten für Pacht, Nutzungsrecht, Steuern usw.
Gebäude	• Art und Anzahl • Kauf bzw. Miete/Pacht • ggf. notwendige Umbaumaßnahmen • Investitions- und laufende Kosten
Produktion	• technologischer Standard im Investitionsland • Produktionsprogramm und Kapazität • Produktionsverfahren (kurze Beschreibung der Prozesse und jeweiligen Kosten) • Qualitätssicherung • ISO 9000ff • Technologietransfer (Lizenzen/Know-how) • Maschinen und maschinelle Anlagen (Lieferanten, Einsatz von Gebrauchtmaschinen) • Wartung und Ersatzbedarf • Produktionskosten
Beschaffung	• Bedarf an Roh-, Hilfs- und Betriebsstoffen sowie sonstigen Materialien und Vorprodukten • Geschäftliche Usancen vor Ort • Importrestriktionen • Verfügbarkeit (Produzenten, Lieferanten, Preise, Versorgungssicherheit) • Transportbedingungen, -kosten, Logistik • Lagerhaltung • Energie und Wasser: Bedarf, Preise, Versorgungssicherheit
Management und Personal	• Bedarf, Verfügbarkeit, Produktivität • Einsatz von *expatriates*, Konzept der Substitution • laufender Ausbildungsbedarf und Ausbildungskosten • Management- und Personalkosten
Organisation	• Rechtsform der Gesellschaft • Gesellschaftsorgane (Hauptversammlung, Verwaltungsrat, Gremien) • Aufbau- und Ablauforganisation
Umweltschutz	• Umwelteinflüsse • erforderliche Umweltschutzmaßnahmen • Kosten der Umweltschutzmaßnahmen • Umweltmanagement
Finanzmittelbedarf	• Anlagevermögen (Grundstücke, Gebäude, Maschinen und maschinelle Anlagen, Fuhrpark, Büroeinrichtungen usw.) • Umlaufvermögen • Gründungs- und Vorproduktionskosten sowie Anlaufverluste • zeitliche Verteilung des Finanzmittelbedarfes

Fortsetzung

Finanzmittel- aufbringung	• Finanzierungsmittel (Eigenmittel, Fremdmittel) • Finanzierungsquellen (Gesellschafter, Darlehensgeber) • Finanzierungsrisiken (z.B. lokales Zinsniveau, Wechselkursentwicklung, Konvertierbarkeit der Währung, Devisenverfügbarkeit) • voraussichtliche Konditionen für Fremdmittel (Beträge, Währungen, Laufzeiten, Kosten, Besicherung) • Kennziffern zur Finanzstruktur (AV-Deckung, Cash-flow, *debt-equity-ratio, debt-service-coverage-ratio* usw.)
Steuern	• Grunderwerbssteuer • Gewerbesteuer • Körperschaftssteuer • Einkommensteuer • Lohnsteuer • Abgabenbelastungen (z.B. Lohnnebenkosten)
Wirtschaftlichkeits-rechnung	• Umsatzerlöse • Umsatzstruktur gemäß Produktprogramm/Serviceangebot • Kalkulation des Gesamtumsatzes gemäß Kapazitätsaufbau und Markt-strategie • Kosten • Unterteilung in fixe und variable Produktionskosten • Gemeinkosten • Abschreibungen (Modalitäten und Vergünstigungen) • Zinskosten • Gewinn- und Verlustrechnung • Planbilanzen • Liquiditätsplanung • Wirtschaftlichkeits- und Risikoabschätzung • Kapitalwertmethode, interne Verzinsung, Amortisationsrechnung • *Break-even*-Analyse • Sensivitätsanalysen bezüglich kritischer Kosten- und Erlösgrößen • Kennziffern (u.a. Umsatzrendite, Eigenkapital-Rentabilität)
Planung	• Zeitplan für Projektvorbereitung und Projektimplementierung

Tabelle 4-3 *Kriterien einer Feasibility-Study*[20]

4.3.3   Franchising

Einer Reihe von Unternehmen ist es gelungen, ein auf dem Heimatmarkt erfolgreiches **Franchise-System** zu entwickeln. Verfügt ein Unternehmen über einen hohen Bekanntheitsgrad und wurde ein mit Qualität, Schnelligkeit, Service oder anderen wünschenswerten Eigenschaften verbundenes Image entwickelt, befindet sich das Unternehmen in einer ausgezeichneten Position zur internationalen Expansion.

Franchising ist eine kooperative Vertriebsform, bei der ein Franchise-Geber einem Franchise-Nehmer das Recht zum Führen eines Betriebes im Franchise-System einräumt. Die Gewährung dieses Rechts erfolgt gegen Zahlung von Miet- bzw. Pachtgebühren für die Ausstattung des Franchise-Betriebes und die regelmäßige Abführung einer Umsatz- oder Gewinnbeteiligung.

Der Franchise-Geber stellt dem Franchise-Nehmer seinen Firmennamen und sein Know-how zur Nutzung im Rahmen der Franchise-Vereinbarung zur Verfügung. Darüber hinaus wirkt er bei der Ausstattung der Geschäftsstellen, der Auswahl und Anlieferung der Waren und der Preiskalkulation mit. Der Franchise-Geber entwickelt ein überregionales Marketingkonzept und stellt Werbe- und Dekorationsmaterial zur Verfügung. Des weiteren erfolgen regelmäßige Schulungen der Franchise-Nehmer zu Management- und Marketingproblemen. Der Franchise-Nehmer wird im Gegenzug verpflichtet, Mindestmengen abzunehmen, sich an der Preispolitik des Franchise-Gebers zu orientieren und die überregionale Marketingpolitik durch regionale Aktivitäten zu unterstützen. Im allgemeinen darf der Franchise-Nehmer in seinem Betrieb nur Produkte des Franchise-Gebers führen.

Die Abwägung von Kosten und Nutzen vorausgesetzt, bietet Franchising zweifellos viele **Vorteile**, ist jedoch auch mit Nachteilen verbunden:

Vorteile für den Franchise-Geber im Vergleich zum eigenen Niederlassungsnetz	Vorteile für den Franchise-Nehmer im Vergleich zum eigenen Handelsgeschäft
• schnellere Expansion • kein Fixkostenaufbau • kein Konkursrisiko • keine Haftung für Fremdkapital • umsatzabhängige Einnahmen	• schnellerer Weg in die Selbständigkeit • geringeres Geschäftsrisiko • Profitieren vom Image des Franchise-Gebers • Übernahme einer bewährten Marketingkonzeption • Unterstützung und Beratung • laufende Schulung • Finanzierungshilfen • Gebühren sind variable Kosten
Wesentliche Nachteile	**Wesentliche Nachteile**
• geringere Durchgriffsrechte auf Verkaufspersonal • aufwendigere Kontrolle • Erfolg hängt von Partnerqualität ab • schlechte Partner schaden dem eigenen Image • häufig Mitbestimmung der Partner • geringere Flexibilität • eingeschränkte Bildung von Markt-Know-how	• Erfolg hängt vom Herstellerimage ab • höhere Abhängigkeit • weniger Freiheiten • geringere Flexibilität • Zwang zur Standardisierung • Abhängigkeit vom Erfolg des Herstellers • Einstiegskosten/Gebühren

Tabelle 4-4 Vor- und Nachteile eines Franchise-Systems[21]

Die Identifizierung und Auswahl geeigneter Franchise-Nehmer sowie das Verhandeln der Franchise-Vereinbarung sind jedoch mit erheblichen Kosten verbunden. Darüber hinaus dürfen mögliche Auswirkungen eines Mißerfolges ausländischer Franchise-Betriebe auf den einheimischen Markt nicht vernachlässigt werden. Zudem kann es erforderlich sein, das Unternehmenskonzept – mehr oder weniger aufwendig – den lokalen Bedingungen, Bräuchen und Regulierungen anzupassen.

Fallstudie: Franchising im Golf[22]

Die Franchise-Welle hat auch den Nahen Osten schon längst erreicht. Die steigende Zahl von Franchise-Unternehmen in der Region zeugt einerseits von der wachsenden Bedeutung des Marktes als auch von den positiven Auswirkungen durchgeführter Liberalisierungen von seiten der Regierungen. Noch vor einigen Jahren war es kaum vorstellbar, in der arabischen Welt einmal auf *Disney* Stores, *McDonald's*-, *Planet-Hollywood*-Restaurants oder eines der anderen typischen Franchise-Unternehmen zu treffen. Inzwischen sind dort mehr als 1.000 solcher Geschäftseinheiten etabliert, und die jährlichen prozentualen Zuwachsraten liegen im zweistelligen Bereich. Mittlerweile wird die Golfregion von europäischen, amerikanischen und japanischen Franchise-Gebern als eine der lukrativsten und verlockendsten Regionen weltweit gesehen. Die erfolgreichsten Franchise-Geber sind bislang jene aus dem Restaurantbereich, Lebensmitteleinzelhandel, Anbieter der Automobilbranche, Bildungsprodukte und Dienstleistungen. Darüber hinaus sind längst schon Computerhändler, Bildungseinrichtungen und B2B-Operations vertreten.

Mit der Liberalisierung der Märkte und der fortschreitenden Privatisierung der Wirtschaft werden auch mehr und mehr Franchisunternehmen vordringen. Anstrengungen, unter dem *Gulf Cooperation Council*[23] einen gemeinsamen Markt zu etablieren, vergrößern die Chancen. Westliche Produkte sind mehr und mehr gefragt, der Lebensstandard der Bevölkerung steigt, die Präsenz ausländischer Geschäftsleute wird zunehmend akzeptiert. Das Prinzip des Franchising „paßt" zur lokalen Handelskultur; es wird als Hilfe zur Gründung eines eigenen Geschäfts verstanden. Allerdings ist es hier von besonders großer Bedeutung, einen guten lokalen Partner zu finden: „I know of no region in the world where finding a good local partner is so important."[24]

Im allgemeinen sind Franchise-Geber sehr um ein einheitliches Image ihres Unternehmens bemüht und regeln sehr genau, welche Entscheidungs- und Handlungsfreiheit einem Franchise-Nehmer zugestanden wird. Um im arabischen Raum Fuß zu fassen, ist ein wenig mehr Flexibilität gefragt als sonst. Eine Restaurantkette erlaubte ihren ägyptischen Franchise-Nehmern beispielsweise die Entwicklung spezieller Gerichte für die heilige Zeit des Ramadan. In Saudi-Arabien und Katar wurden Restaurant-Layouts geändert, um der Sitte der Trennung der Geschlechter in der Öffentlichkeit Folge leisten zu können.

Einen der kritischsten Aspekte stellt die Auswahl des Franchise-Nehmers dar. Strukturen der Clans und einflußreiche Familien, die sich oft ungeachtet der Ländergrenzen entwickelt haben, spielen eine wichtige Rolle. Häufig können diese als „Sprungbrett" zu weiteren Märkten genutzt werden.[25]

Aufgabe 1

Wodurch ist ein Franchise-System charakterisiert? Worin bestehen die wesentlichen Vor- und Nachteile für Franchise-Geber bzw. Franchise-Nehmer?

Aufgabe 2

Welche Probleme können bei Ausweitung eines Franchise-Systems auf internationale Märkte auftreten?

Aufgabe 3

Welche Rolle spielt Franchising in der Golf-Region? Was ist bei der Übertragung eines erfolgreichen Franchise-Konzeptes auf die Länder der Golf-Region zu beachten?

Aufgabe 4

Warum existieren bislang nur wenige arabische Franchise-Geber?

4.4 Direktinvestitionen

4.4.1 100%ige Auslandsbeteiligung

Neben den Markteintrittsformen ohne Eigentumsverlagerung besteht die Möglichkeit einer Direktinvestition (**FDI** – *foreign direct investment*) in Form einer (100%igen) Auslandsbeteiligung und der Etablierung von Joint Ventures. Hierbei wird das Mutterunternehmen (Mit-)Eigentümer von (Tochter-)Unternehmen im Ausland.

Viele Unternehmen ziehen einen 100%igen Anteil anderer Beteiligungsformen vor, weil sie sich dadurch bessere Kontroll- und Einflußmöglichkeiten in Hinblick auf die Tätigkeit des Tochterunternehmens versprechen. **Alleinige Kontrolle** über ein Tochterunternehmen ausüben zu können, ist besonders bei global verflochtenen Geschäftsabläufen vorteilhaft. Ebenso kann über die Verwendung der erzielten Gewinne allein entschieden werden. In jüngster Zeit ist jedoch eine Verschiebung hin zu anderen Eintrittsmethoden zu verzeichnen, da

- vielerorts die Einbeziehung einheimischer Unternehmen per Gesetz gefordert wird,

- die Vorteile anderer Eintrittsformen erkannt wurden und

- strategische Allianzen nicht zu unterschätzende Wettbewerbsvorteile verschaffen.

Strategische Allianzen

Verfügt ein Unternehmen nicht über die für Auslandsinvestitionen notwendigen Ressourcen bzw. erlauben die finanziellen Verhältnisse keine Mehrheitsbeteiligung, so kann sich dieses Unternehmen über eine **Minderheitsbeteiligung** dennoch einem attraktiv erscheinenden Projekt im Ausland anschließen. Auf diese Weise kann ein Unternehmen am Erfolg des ausländischen Unternehmens teilhaben, muß aber keine allzu umfangreichen Investitionen tätigen oder sich mit operativen Fragen des Managements am ausländischen Standort beschäftigen.

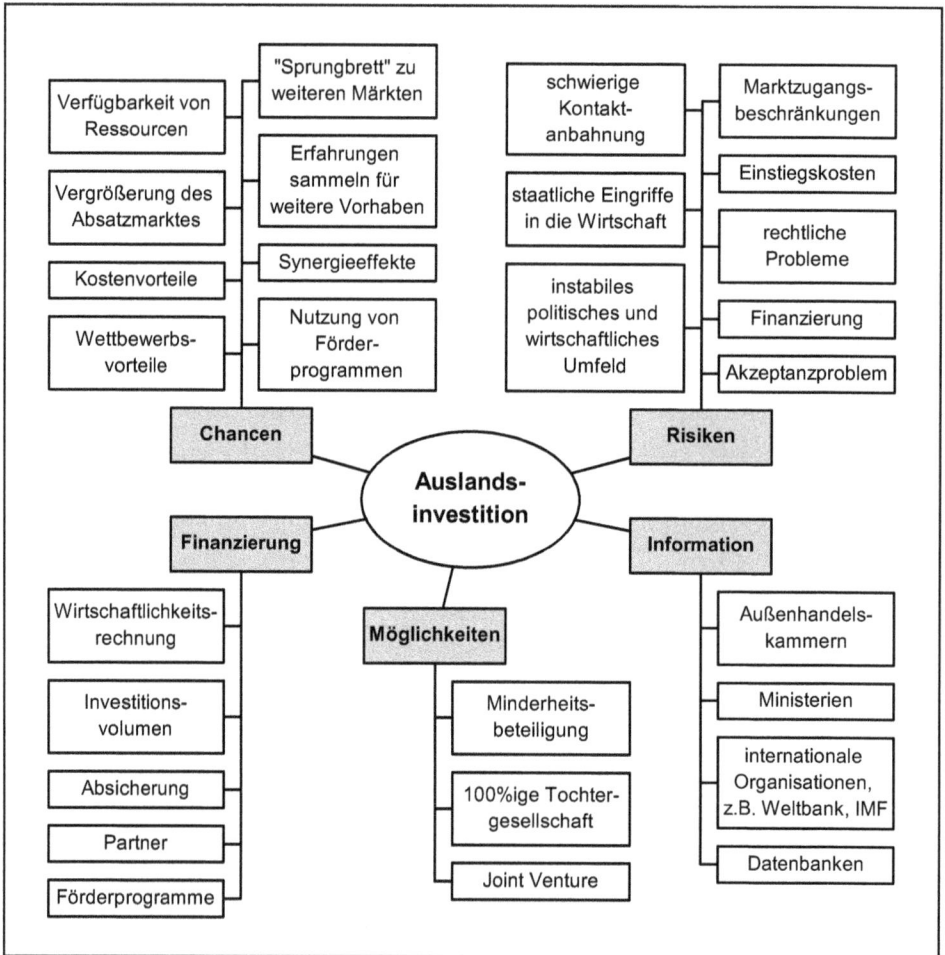

Abbildung 4-8 *Kriterien einer Investition im Ausland*

Fallstudie: Die Auslandsinvestition[26]

Tex-Style, ein norddeutsches Unternehmen der Textilbranche, fertigt seit mehreren Jahren erfolgreich Textilien für den Sport- und Freizeitbereich. Kontinuierlich zunehmende Umsätze in den letzten zwei Jahren haben zu Überlegungen in Richtung einer Unternehmensausweitung geführt. Angesichts der hohen Lohn- und Lohnnebenkosten in Deutschland und des arbeitsintensiven Charakters der Produktionstätigkeit steht für Geschäftsführer Jansen allerdings jetzt schon fest, daß eine Ausweitung der Produktionskapazitäten in Deutschland nicht in Frage kommt.

Jansen schwebt vielmehr vor – inspiriert durch den allgemeinen Trend, in Billiglohnländern produzieren zu lassen – ebenfalls ins Ausland zu gehen und eine Produktionsstätte in einem Entwicklungsland zu errichten. Ungeachtet der Bedenken seiner engsten Mitarbeiter, die die Meinung vertreten, das Vorhaben erfordere entsprechende Erfahrung und Jansen solle es doch lieber erst mit einer Investition in einem Nachbarland versuchen, hält Jansen an seinem Vorhaben fest. Er plant, zukünftig Massenware wie T-Shirts im Ausland fertigen zu lassen. Hochwertigere und höherpreisige Erzeugnisse, wie z.B. Bekleidung für den Wasser- oder Wintersport, sollen aber nach wie vor in Deutschland hergestellt werden. Die im Zielland produzierten Erzeugnisse sollen etwa zur Hälfte vor Ort abgesetzt werden, der andere Teil soll zurück auf den Heimatmarkt und angrenzende Ländermärkte geführt werden.

Jansen ist bewußt, daß ein Engagement in einem Entwicklungsland zwar zahlreiche Chancen mit sich bringt, aber auch häufig mit nicht unerheblichen Schwierigkeiten verbunden ist. Nicht zuletzt wegen der oft politisch instabilen Situation birgt ein Auslandsengagement beträchtliche Risiken.

Unabhängig davon, in welchem Land letztendlich die neue Produktionsstätte von Tex-Style errichtet werden soll, will Jansen zunächst abklären, welche Investitionsmöglichkeiten sich in einem solchen Land generell bieten und welche Vor- und Nachteile jeweils damit verbunden sind. Wesentlich ist in diesem Zusammenhang auch, inwieweit Tex-Style durch die Regierung vor Ort Unterstützung finden könnte und welche Fördermöglichkeiten Deutschland bietet.

Aufgabe 1

Jansen beauftragt einen seiner Mitarbeiter, sich näher mit der Thematik „Investition in einem Entwicklungsland" zu befassen. Er erwartet Informationen zu den grundlegenden Möglichkeiten einer Auslandsinvestition sowie deren wesentlichen Vor- und Nachteilen, Chancen und Risiken, die mit einer Investition in einem Entwicklungsland verbunden sind, Aspekten, die bezüglich der Finanzierung des Vorhabens geklärt werden müssen sowie den verschiedenen Möglichkeiten der Informationsbeschaffung.

Aufgabe 2

Gerade bei einem Engagement in politisch und wirtschaftlichen instabilen Umgebungen – wie dies in vielen Entwicklungsländern der Fall ist – ist es von Bedeutung, auf mögliche Veränderungen der Rahmenbedingungen vorbereitet zu sein.

Jansen möchte wissen, wie sich das für die geplante Produktionsniederlassung relevante Umfeld in den nächsten Jahren verändern könnte. Erstellen Sie dazu ein Szenario für eine mögliche mittelfristige Entwicklung in ausgewählten Entwicklungsländern!

Aufgabe 3

Nun möchte Jansen wissen, wie stark wichtige Faktoren der ausländischen Umwelt auf die strategischen Aktionsfelder des Unternehmens wirken. Erläutern Sie kurz einige wichtige Zusammenhänge!

4.4.2   Joint Venture

Unter einem **Joint Venture** versteht man die Kooperation zweier oder mehrerer Unternehmen, wobei es sich bei einem Teil dieser Unternehmen um nicht gebietsansässige Partner handelt. Unter Verwendung dieser sehr unscharfen Definition kann ein Joint Venture sämtliche Formen der Kooperation – z.B. Lizenzvergabe, Verträge und Gemeinschaftsunternehmen – annehmen.

Um Joint Ventures im engeren Sinne handelt es sich bei Unternehmen, die folgende Merkmale aufweisen:

* Alle Kooperationspartner sind kapitalmäßig beteiligt und tragen gemeinsam das Risiko des Projekts.

* Die Investoren stammen aus verschiedenen Wirtschaftsgebieten.

* Kooperationspartner aus dem Ausland gründen oder erwerben im Gastland ein Unternehmen bzw. gründen das Joint Venture gemeinsam mit einem Partner aus dem Gastland.

* Die Zusammenarbeit erfolgt überwiegend längerfristig.

* Rechtsform, Ziele, Gewinn- und Risikoteilung, Dauer des Vertrages, Gerichtsbarkeit und Kompetenzverteilung innerhalb des Joint Ventures sind vertraglich geregelt.

Joint Venture = Gemeinsames Wagnis

Wesentlich für den Erfolg eines Joint Ventures ist eine gute Zusammenarbeit der **Partner**. Deshalb sollte der Auswahl der Partner besondere Beachtung geschenkt werden. Die Rolle des lokalen Partners wird häufig von nachgeordneten Organisationen der **Gastregierung** übernommen. Dies ist vor allem dann der Fall, wenn von staatlicher Seite substantielle Ressourcen oder Handelsaktivitäten weitgehend kontrolliert werden. Als Joint-Venture-Partner können auch **private Unternehmen im Gastland** auftreten. Durch die lokalen Partner werden üblicherweise Kenntnisse über lokale Marktbedingungen zur Verfügung gestellt und Beziehungen zu Kreditgebern, Zulieferern, Mitarbeitern, der Regierung usw. geknüpft. Die Einbeziehung ortsansässiger Partner trägt durchaus auch dazu bei, daß das ausländische Unternehmen in der Region positiver betrachtet wird; es bedeutet jedoch auch, daß Entscheidungen, Technologien und Know-how geteilt werden müssen und der Partner damit entsprechenden Einblick bekommt. Schließlich kann sich ein Unternehmen mit **anderen international tätigen Unternehmen** zusammenschließen. Dies wird vor allem dann der Fall sein, wenn es sich um ein umfangreiches Projekt handelt, das von einem Unternehmen allein nicht realisiert werden könnte.

Die **Vorteile** von Joint Ventures stellen sich wie folgt dar:

* An Joint Ventures beteiligte Unternehmen profitieren von den Erfahrungen der anderen Partner und können Synergieeffekte nutzen.

* In einzelnen Ländern bestehende Importrestriktionen oder -verbote können durch die Gründung eines Joint Ventures (besonders bei Beteiligung eines staatlichen Partners) umgangen werden.

* Ein über ein Joint Venture im Gastland vertretenes Unternehmen genießt aufgrund seines scheinbar einheimischen Charakters möglicherweise eine größere Akzeptanz unter den Käufern, Zulieferern und sonstigen Marktpartnern, aber auch bei einer Vielzahl offizieller, einflußreicher Gremien, Regierungsstellen, wirtschaftlichen Interessenverbänden und den Medien, was für die Geschäftsbeziehungen und Kontakte wichtig ist.

Die Teilung von Technologien, Verantwortlichkeiten und Risiken beinhaltet jedoch auch unvermeidliche **Konflikte und Nachteile**, die vor dem Eintritt in ein Joint Venture gewissenhaft abzuwägen sind:

* Besonders bei Joint Ventures in weniger entwickelten Ländern bestehen häufig erhebliche Erfahrungs- und Know-how-Unterschiede zwischen dem ausländischen Investor und dem einheimischen Partner. Des weiteren können ideologische und kulturelle Unterschiede, welche sich auf Zielvorstellungen, Entscheidungsprozesse, Führungsstil, Gewinnverwendung usw. auswirken, die Kooperation erschweren.

* Der Handlungsspielraum bzw. die Verfügungsfreiheit des ausländischen Investors (z.B. in bezug auf Devisentransfer und -verwendung, Investitions- und Personalentscheidungen) wird durch die (vorgesehene) Stellung des einheimischen Partners teilweise erheblich eingeschränkt.

- Eventuell notwendige Anpassungen der Geschäftspolitik an spezielle im Gastland existierende Vorschriften werden mit dem Risiko durchgeführt, eine bisher
  verfolgte, international einheitlich gestaltete Management- und Marketingstra-
  tegie zu gefährden.

- Insbesondere in Joint Ventures mit staatlicher Beteiligung erhalten Dritte unum-
  schränkten Einblick in die Geschäftspolitik.

Interaktionen der Gastregierung

Fallstudie: Abenteuer in Bulgarien

Firma K. hat durch die Zusammenarbeit mit einem bulgarischen Zulieferer erfahren, daß das früher prominente und entsprechend große Rüstungskombinat Alpha über die staatliche Privatisierungsagentur ausländische Partner sucht. Der Betrieb, eine riesige Industrieruine in einem kleinen Ort etwa eineinhalb Autostunden von Sofia entfernt, steht seit langem praktisch still, obwohl die noch verbliebene Belegschaft nach wie vor täglich zur Arbeit geht. Ermöglicht wird dies durch eine Beschäftigungsgarantie, die der vor einiger Zeit gewonnene Partner, der amerikanische (in Bulgarien geborene) Geschäftsmann R. als Bedingung im Zuge der Übernahme seines Anteils abgeben mußte. Da es den Beteiligten in Ermangelung operativer Tätigkeit des Betriebes völlig an Liquidität fehlt, bekommen die Arbeiter seit langem keine Löhne mehr. Gerade hin und wieder konnten – gemessen am Bedarf – verschwindende Erlöse aus Verkäufen von Anlagevermögen erzielt werden, die unabhängig von manchmal doch geleisteter Arbeit Einzelner nach dem „Gießkannenprinzip" auf alle Mitarbeiter verteilt wurden. Nicht nur aufgrund dessen ist man an einem weiteren, aber produktiven und kapitalkräftigen Partner interessiert, um nicht alles vom berühmten, aber nicht vorhandenen „Sparbuch" zahlen zu müssen.

Herr K., der Mehrheitseigentümer des gleichnamigen bekannten österreichischen Maschinenbauunternehmens, sieht gute Chancen. Er möchte als (51%-)Partner in ein Joint Venture einsteigen und langfristig den für ihn interessantesten Betriebsteil herauskaufen. Einigermaßen brauchbare Produktionsanlagen – wenngleich nicht auf neuerem Stand – sind vorhanden, die Belegschaft ist handwerklich gut qualifiziert und, bessere Bedingungen als momentan vorausgesetzt, sicher auch motivierbar. Immerhin genoß man früher den Status einer Eliteschmiede. Für eine Fertigung vor Ort spricht auch das sehr niedrige Lohnniveau. Insgesamt scheint der Lukrierung von Kostenvorteilen nichts im Wege zu stehen, denkt Herr K.

Dieserart motiviert, fliegt K. – er ist auch begeisterter Pilot seines Privatjets – in Begleitung seines Generaldirektors, des Produktionschefs und des Konzerncontrollers zum Lokalaugenschein nach Bulgarien. Mit Getöse und voller Geschwindigkeit geht es wie gewohnt ohne Verzug los. Herr E., der Controller, hat tags zuvor bis tief in die Nacht im engsten Kollegenkreis einen runden Geburtstag gefeiert und kämpft während des Fluges mit dem Schlaf. Am Flughafen wartet eine schwarze Limousine mit Chauffeur, mit der die Herren – in einem Höllentempo übrigens – vor Ort gebracht werden. E. ist kurz nach Beginn der Fahrt hellwach: Quadratmeter große Schlaglöcher, am Straßenrand fast ausschließlich Ruinen, Hunde und Pferdefuhrwerke auf der Autobahn. Als es dunkel wird: Keinerlei Straßenbeleuchtung, einer der Scheinwerfer des Wagens ist kaputt, am Fahrstil des Chauffeurs ändert das nichts. E. überlegt, in welch kurzer Zeit man in einer derart anderen Welt sein kann und denkt dann an den Glanz des 5-Sterne-Restaurants, den Ort seiner gestrigen Feier. Am Ziel angekommen, erfolgt eine kurze Begrüßung durch den Direktor des Betriebes samt – im wahrsten Sinn des Wortes angetretenen – Empfangskomitee. Dann geht es bald weiter zum nächstgelegenen Hotel, das, wie sich jetzt erst herausstellt, im 45 Minuten entfernten Plovdiv liegt.

Am nächsten Tag schreitet man im Verwaltungsgebäude des Unternehmens zur Verhandlung. Auf dem schmutzigen Flur sind in verstaubten Vitrinen noch die alten Trophäen aus besseren Zeiten zu sehen: Panzermodelle, Auszeichnungen von Rüstungsmessen des Ostblocks. Im Gebäude ist es winterbedingt eiskalt, den Verhandlungsraum heizt ein Elektrostrahler. Die Sanitäranlagen, die man im Laufe des Tages – nicht nur wegen des vielen Kaffees und auch Alkohols – häufiger aufzusuchen gezwungen ist, sind in einem schier unvorstellbaren Zustand.

Die Vertragsverhandlungen sollen die Wünsche und Vorstellungen der Beteiligten unter einen Hut bringen. Was wollen diese nun im einzelnen: K. möchte die einzige wirkliche Möglichkeit, die sich unmittelbar bietet, nämlich produktive Arbeitsplätze für intensive Handarbeit zu schaffen, nützen. Über die Verrechnungspreise soll das finanzielle Ergebnis so gestaltet werden, daß möglichst viel Geld in den eigenen Händen bleibt. Operativ soll zudem ein Modus geschaffen werden, daß jene, die wirklich arbeiten, ihre Löhne auch tatsächlich bekommen. Zudem werden auch beträchtliche organisatorische Veränderungen notwendig sein, um die hypertrophen Strukturen den wirklichen Gegebenheiten anzupassen. Zur Optimierung der sonstigen Kosten sollen auch Wohnmöglichkeiten für auswärtiges Personal auf dem Werksgelände unter Federführung des österreichischen Hausarchitekten entstehen. Herr R. möchte – in seiner Strategie etwas anders ausgerichtet – mit dem operativen Betrieb wenig zu tun haben, sieht sich mehr als Türöffner und will ab sofort möglichst viel Geld in die USA transferieren. Nicht zuletzt aufgrund dessen möchte er – das ist praktisch sein Hauptpunkt – Vorauszahlungen (in bar) für den prognostizierten Umsatz. Man ist deswegen zunächst erheblich irritiert, geht aber dann angesichts der Liquiditätslage des Betriebs darauf ein. Der aufgrund seiner ihm nachgesagten Regierungsnähe beigezogene Professor wendet diesbezüglich allerdings arge Bedenken ein, daß diese Regelung von den Behörden als Vorabdividende keinesfalls akzeptiert werden wird. Vereinbart wird auf Drängen von Herrn R. auch, daß die Festsetzung der Verrechnungspreise nach einem Zeitraum von drei Jahren eines einstimmigen Beschlusses der Joint-Venture-Partner bedürfen. Dagegen sträubt man sich verständlicherweise vorerst, akzeptiert diese Klausel aber schließlich. Nach einigen Verhandlungsrunden, die natürlich auch mehrere Anreisen und die Beiziehung weiterer – auch vor Ort sehr teurer – Experten notwendig machen, unterzeichnet man feierlich ein gigantisches Vertragswerk.

Lohnt sich die Investition?

Herr E. wird als Chefcontroller von Herrn K. gebeten, in der neu zu gründenden Gesellschaft – neben seinen umfangreichen Aufgaben in der Heimat – als kaufmännischer Vorstand zu fungieren. Zunächst einigermaßen entsetzt, ist ihm klar, daß er sich diesem „Vertrauen" ohnehin nicht entziehen kann und beginnt, sich – getragen von untrüglichem Controllerblick – konkretere Gedanken zu machen:

- Wie müßte – zumindest grundsätzlich – eine entsprechende Änderung seines Dienstvertrages aussehen, um eine möglicherweise schlagend werdende Haftung auszuschließen?

- In welcher Weise sollen die mit Sicherheit abzusehende Mehrbelastung und etwaige Erfolge abgegolten werden?

- Wie müßte man die neue Aufgabe organisatorisch gestalten, zumal sein Dienstort der heimatliche Firmensitz ist (und bleibt)?

- Was kann außer der Verlagerung arbeitsintensiver Tätigkeiten vor Ort realistischerweise noch lukriert werden?

- Ist im Maschinenbau der Anteil derartiger Arbeiten wirklich ausreichend, damit sich alles auch auszahlt?

- Welche Kostenstruktur ist zu erwarten? Insbesondere Kostenfaktoren wie Management (überwiegend *expatriates*), Logistik sowie Produktivität und Qualität lassen sich nicht so einfach wegdiskutieren.

- Wie groß ist die Gefahr, daß der Partner bald sein „wahres Gesicht" zeigt?

- Wird sich das „Abenteuer" insgesamt rechnen?

- Kann man unter solchen Bedingungen überhaupt erfolgreich sein?

Fragen über Fragen, die Herrn E. nicht nur auf der Heimreise vom Vertragsabschluß, sondern auch in den Wochen danach einigermaßen beanspruchen. Natürlich sucht er den Rat einiger Experten und auch guter Freunde. Zuallererst ist klar, daß – soweit dies möglich ist – ein Haftungsausschluß vereinbart werden muß, jedenfalls wird Herr K. auf alle in seiner Hand liegenden diesbezüglichen Möglichkeiten eingehen müssen. Die Gestaltung des Entgelts ist nicht der wichtigste Punkt, vielmehr aber die Frage zusätzlicher personeller Unterstützung sowohl im Stammhaus als auch in Bulgarien. An der Einstellung von mindestens zwei neuen Controllern zur Entlastung von E. wird kein Weg vorbei führen. Einen (jüngeren) Mitarbeiter seines Vertrauens wird E. für die operative Arbeit vor Ort einsetzen. In der Produktion sollen in der Anlaufzeit mehrere rüstige Rentner, die vor kurzem noch Meister im Stammhaus waren, mit Werkvertrag eingesetzt werden. Einige Herren schweben ihm dabei konkret vor. Selber wird er einmal im Monat für drei Tage nach Bulgarien fliegen, um die notwendigen Entscheidungen treffen und steuern zu können, damit nichts Grundsätzliches aus dem Ruder läuft; zudem soll im Rahmen einer *open-door-policy* während seiner Anwesenheit für jedermann die Gelegenheit bestehen, auf kurzem Weg mit ihm zu sprechen.

Ein Umstand schafft ihm – als künftiger Vorstand und besonders auch als Entscheidungsträger des Stammhauses – mehr als Bedenken: Muß man nicht Vorhaben dieser Art, insbesondere die verheißungsvollen Einsparungen durch Auslagerungen, grundsätzlich in Frage stellen? Auch einschlägige Erfahrungen in Kroatien machen ihn nicht sicherer. Der Teufel steckt dort nach wie vor im Detail. Langfristig muß auch – wie das Beispiel ebenfalls zeigt – unbedingt auf Alleineigentum hingearbeitet werden. Eines Gedankens kann sich Herr E. jedenfalls zunehmend nicht erwehren: Wieder einmal eine Sorge mehr zu haben!

Aufgabe 1

Mit welchen Problemen können sich Unternehmen bei einer Direktinvestition im Ausland konfrontiert sehen?

Aufgabe 2

Welche Vor- und Nachteile können mit Joint Ventures in Verbindung stehen?

Aufgabe 3

Diskutieren Sie ausgewählte ethische Aspekte, die heute im internationalen Geschäft von Bedeutung sind!

5 Finanzierung im internationalen Geschäft

5.1 Kurzfristige Finanzierung

Kredite im Rahmen der kurzfristigen Außenhandelsfinanzierung haben im allgemeinen eine Laufzeit von bis zu einem Jahr. Sowohl bei der Export- als auch bei der Importfinanzierung unterscheidet man zwischen Vorfinanzierung und Anschlußfinanzierung. Unter die **Vorfinanzierung** fallen beim Exporteur Einkauf, Transport, Versicherung und Lagerung von zur Herstellung des Exportgutes notwendigen Vorleistungen bzw. beim Importeur die Zeit zwischen Akkreditiveröffnung und Vorlage der Dokumente, mitunter auch die Refinanzierung von An- und Zwischenzahlungen. Durch eine **Anschlußfinanzierung** sollen beim Exporteur Lagerung, Transport und Versicherung der Exportgüter sowie die Liquidierung von Forderungen aus Exportgeschäften, beim Importeur der Zeitraum von der Vorlage der Dokumente bis zum Weiterverkauf der Ware finanziert werden.

König Richard fand Gefallen an der Kreditvergabe

Nachfolgend werden die bekanntesten Instrumente der kurzfristigen Außenhandelsfinanzierung vorgestellt.

- Beim **Wechseldiskontkredit** handelt es sich um einen kurzfristigen Bankkredit, der dem Inhaber eines Wechsels durch den Ankauf von Wechseln – im Rahmen des mit der Bank vereinbarten Höchstbetrages – vor Fälligkeit gewährt wird.

- Der **Akzeptkredit** stellt einen kurzfristigen Bankkredit dar, bei dem sich die Bank verpflichtet, vom Exporteur bzw. Importeur auf sie gezogene Wechsel innerhalb eines vereinbarten Limits zu akzeptieren.

- Ein weiteres Instrument der traditionellen Außenhandelsfinanzierung ist der **Rembourskredit**, der eine Verbindung von Akkreditiv, Akzeptkredit und Wechseldiskontkredit darstellt. Bei Übergabe der erforderlichen (akkreditivkonformen) Dokumente an die Bank erfolgt die Diskontierung des Wechsels und die Auszahlung dessen Gegenwertes an den Exporteur.

- Ebenfalls zu den klassischen Instrumenten der Außenhandelsfinanzierung gehört der **Negoziationskredit**. Hierbei handelt es sich um einen kurzfristigen Trattenverkaufskredit, bei dem die Exportbank durch die Importbank – im Auftrag des Importeurs – ermächtigt wird, vom Exporteur ausgestellte Tratten vor Akzept anzukaufen (zu negoziieren).

- **Lombardkredite** sind kurzfristige Bankkredite, die gegen Verpfändung von Waren- oder Wertpapieren gewährt werden, wobei der Schuldner Eigentümer des Pfandes bleibt.

- Bei einem **Zessionskredit** handelt es sich dem Wesen nach um einen kurzfristigen Bankkredit, bei dem eine Auslandsforderung sicherheitshalber an eine Bank als Zessionar übertragen wird (vgl. Forderungsabtretung).

- **(Export-)Factoring** bezeichnet ein Finanzierungsgeschäft, bei dem ein Finanzierungsinstitut (Factor) mit einem Zahlungsziel ausgestattete Kundenforderungen zum Nominalwert abzüglich eines Abschlags vom Lieferanten abkauft, das volle Ausfallrisiko übernimmt, für die Kunden die Debitorenbuchhaltung führt und das Inkasso betreibt.

- **Kredite über den Euro-Geldmarkt**: Der Euro-Geldmarkt bietet kurz- und mittelfristige Kredite zur Finanzierung von Außenhandelsgeschäften. Zu den kurzfristigen Kreditmöglichkeiten zählen Tagesgeld, Festgeld, Kündigungsgeld. Unter **Tagesgeld** werden Kredite mit einer Laufzeit von einem Tag, d.h. von 12 Uhr mittags bis 12 Uhr mittags des nächsten Tages, verstanden. **Festgeld-Kredite** haben eine maximale Laufzeit von zwei Jahren. Üblich sind hierbei Laufzeiten von ein, zwei, drei, zwölf oder 18 Monaten. Bei **Kündigungsgeld** sind die Kreditlaufzeiten unbefristet, teilweise werden individuelle Kündigungsfristen ausgehandelt. Bei der Refinanzierung von Außenhandelsgeschäften findet vor allem Festgeld Anwendung.
  Da auf dem Euro-Geldmarkt auf jegliche Sicherheiten verzichtet wird, können sich an solchen Geschäften nur Teilnehmer mit erstklassiger Bonität (z.B. Geschäftsbanken, international tätige Versicherungen, international tätige Unter-

nehmen, Notenbanken, Regierungen) beteiligen. Daher kann ein Importeur häufig selbst nicht direkt einen Kredit am Euro-Geldmarkt aufnehmen, sondern muß damit seine Bank beauftragen.

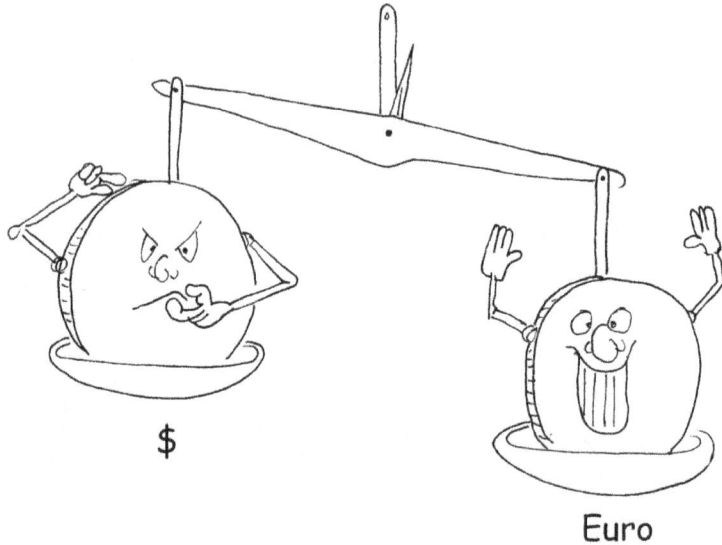

$

Euro

– ohne Worte –

5.2   Mittel- und langfristige Finanzierung

Im Rahmen der mittel- und langfristigen Außenhandelsfinanzierung werden vor allem langlebige Investitionsgüter, Produktionsanlagen oder Anlagen für den Dienstleistungssektor finanziert. Die mit diesen Gütern verbundenen langen Herstellungszeiten und oft mehrjährigen Zahlungsziele erfordern einen enormen Kapitalbedarf, den auch finanzkräftige Unternehmen nur selten aus eigener Kraft befriedigen können.

Zu den mittelfristigen Krediten zählen Kredite mit einer Laufzeit von mindestens einem Jahr. Von langfristigen Krediten wird ab einer Laufzeit von vier oder fünf Jahren gesprochen. Mittel- und langfristige Kredite können als Lieferanten- oder Bestellerkredite gewährt werden. Lieferantenkredite werden inländischen Exporteuren gewährt und refinanzieren den Zeitraum vom Beginn der Produktion bis zum Eingang der Exporterlöse. Bestellerkredite werden ausländischen Importeuren eingeräumt; die Auszahlung der Kreditsumme erfolgt jedoch i.d.R. an den einheimischen Exporteur.

- **Kredite über AKA und KfW**: In Deutschland haben sich zwei Kreditinstitute auf die mittel- und langfristige Außenhandelsfinanzierung spezialisiert: die Ausfuhrkredit-Gesellschaft mbH (AKA) und die Kreditanstalt für Wiederaufbau

(KfW). Diese beiden Institute gewähren – bei Einhaltung umfangreicher Richtlinien – begünstigte mittel- und längerfristige Kredite zur Finanzierung internationaler Aktivitäten. Die KfW unterstützt im Auftrag der Bundesregierung insbesondere langfristige Investitionen und entwicklungspolitisch sinnvolle Re-
formprogramme.

Eine Finanzierung ist außerdem möglich über Forfaitierung oder Leasing.

- **Forfaitierung** bezeichnet den regreßlosen Ankauf von mittel- bis langfristigen
  Wechsel- und Buchforderungen aus dem Auslandsgeschäft durch einen Forfaiteur (meist eine Bank). Dabei verzichtet der Forfaiteur auf jeden Rückgriff gegenüber dem Verkäufer im Nichtzahlungsfall des Schuldners, der Verkäufer der
  Forderung haftet lediglich für deren rechtlichen Bestand sowie für die vertrags-
  gemäße Erfüllung der Lieferung.

- **Leasing** stellt eine Sonderform der Vermietung dar, bei der ein Leasinggeber
  (Hersteller oder Leasinggesellschaft) dem Leasingnehmer ein Leasingobjekt ge-
  gen Entgelt für eine bestimmte Dauer zur Nutzung überläßt. An die Stelle des
  Kaufpreises treten beim Leasing regelmäßig (i.d.R. monatlich) zu entrichtende
  Leasingraten.

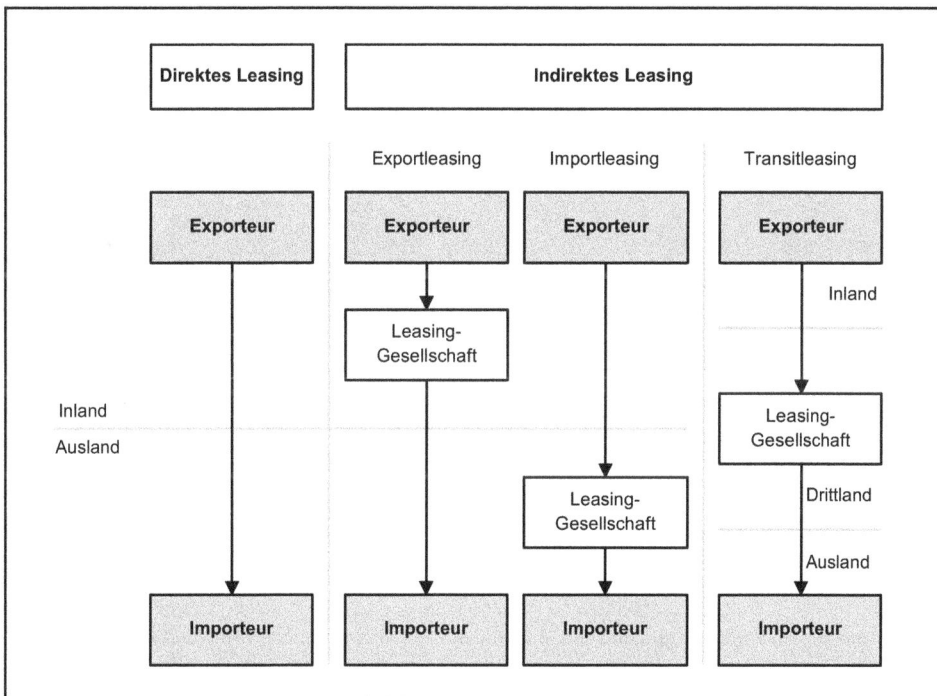

7Abbildung 5-1 Leasingvarianten im Auslandsgeschäft

5.3   Projektfinanzierung

Großprojekte, wie Kraftwerke, Pipelines oder Raffinerien (vgl. *Turn-key*-Projekte), werden im allgemeinen nicht über die klassischen Varianten der Exportfinanzierung, sondern über eine Projektfinanzierung realisiert.

> Unter **Projektfinanzierung** versteht man die direkte Finanzierung einer rechtlich unabhängigen, eigens für die Durchführung eines Projektes gegründeten wirtschaftlichen Einheit – der Projektträgergesellschaft. Für die Kreditgewährung ist hierbei nicht die Bonität des Kreditnehmers, sondern die Ertragskraft des Projektes ausschlaggebend.

Während sich die Kreditwürdigkeitsprüfung bei den klassischen Varianten der Exportfinanzierung an Vergangenheitswerten orientiert, baut sie bei der Projektfinanzierung auf Feasibility-Studies und Cash-flow-Prognosen auf. Es wird angestrebt, Kapital- und Zinsaufwand (Kapitaldienst) sowie etwaige Ersatzinvestitionen während der Laufzeit des Kredites vollständig aus dem erwarteten Cash-flow abzudekken. Bankgarantien oder Garantien von seiten staatlicher Stellen sind hierbei nicht unbedingt üblich, da sie meist ohnehin keine ausreichende Deckung darstellen würden (vgl. Weltbankfinanzierung).

Sehr gut, Müller, aber über einen Punkt sollten wir uns noch näher unterhalten.

In die Entwicklung und Durchführung eines Projektes kann eine Vielzahl von Projektteilnehmern einbezogen werden. Als Hauptakteure treten dabei in Erscheinung:

- **Sponsoren**: Der Sponsor ist der eigentliche Initiator des Projektes, der üblicherweise das größte Interesse an dessen Realisierung hat. Durch seine Rolle als Eigenkapitalgeber übt der Sponsor eine (wenn auch mitunter nur bedingte) Eigentümerfunktion aus, übernimmt einen Teil der Haftung, wird an Gewinn und Verlust beteiligt und hat ein Anrecht auf die Führung des Projektes.

- **Fremdkapitalgeber**: Fremdkapitalgeber stellen befristet Kapital zur Finanzierung eines Projektes bereit. Als Fremdkapitalgeber kommen Banken, Leasing-Unternehmen, internationale und supranationale Finanzierungsinstitute, regionale Entwicklungsbanken, zukünftige Abnehmer, Rohstofflieferanten und Exportfinanzierungsinstitute in Betracht.

- **Garantiegeber**: Das sich bei komplexen und langfristigen Projekten ergebende hohe Sicherheitsbedürfnis der Beteiligten kann durch einen Garantiegeber befriedigt werden. Ein Garantiegeber ist durch einen Garantievertrag verpflichtet, bei Nichteintreten eines geforderten Zustandes bzw. bei Nichterbringung einer bestimmten Leistung an den Garantienehmer eine vertraglich festgelegte Garantieleistung zu erbringen. Die Funktion eines Garantiegebers können öffentliche Exportkreditinstitute, internationale und supranationale Institutionen, private Versicherungsgesellschaften, Lieferanten, Abnehmer oder Sponsoren übernehmen.

- **Projektersteller**: Der Projektersteller ist für die Bereitstellung aller für die Realisierung des Projektes notwendigen Maschinen, Anlagen usw. verantwortlich. Dabei kann er allein, d.h. in eigenem Namen und auf eigene Rechnung (vgl. Generalunternehmer), oder gemeinsam mit anderen Partnern (vgl. Konsortium) handeln. Darüber hinaus kann er diverse Zusatzaufgaben, wie z.B. die Bereitstellung von Managementpersonal, die Durchführung von Schulungen usw., übernehmen.

- **Projektbetreiber**: Übernimmt der Initiator nicht selbst den Betrieb des Projektes, etwa wegen mangelnder Erfahrung, so kann der Projektersteller (vgl. *build-operate-transfer*) dafür eingesetzt werden. Dieser Projektbetreiber bringt nicht nur die notwendigen Kenntnisse, sondern häufig auch einen bekannten, imagefördernden Namen mit ein.

Dies sind nicht die einzigen Akteure, die an der Realisierung eines Projektes beteiligt sein können. Hinzu kommen häufig Beratungsunternehmen (*consultants*), Versicherungen und verschiedene Förderstellen.

Das Zusammenspiel verschiedenartiger Einflußfaktoren erfordert eine genaueste Analyse der bereitgestellten Informationen über Betreiber des Projektes, den Markt, technologische Ausstattung und Betriebskosten des Projektes, Zulieferer, Investitionskosten, Wechselkurse, rechtliche Rahmenbedingungen usw.

Stepic nennt folgende Merkmale einer Projektfinanzierung:

- **Cash-flow-Finanzierung**: Die entscheidende Voraussetzung für die Realisierung eines Projektes ist dessen selbständige wirtschaftliche Existenzfähigkeit; nur wenn diese gegeben ist, werden Kapitalgeber bereit sein, sich an der Projektfinanzierung zu beteiligen.

- **Risk-sharing**: Die an der Durchführung und Finanzierung eines Projektes beteiligten Akteure sind verständlicherweise bestrebt, die mit dem Projekt verbundenen Risiken untereinander aufzuteilen; inwieweit dies möglich ist, hängt von der Machtstellung der einzelnen Beteiligten ab.

- **Off-balance-sheet-Abwicklung**: Indem die Projektträgergesellschaft als Kreditnehmer auftritt, entsteht auf seiten der Sponsoren und Projekterssteller keine oder nur eine geringe Bilanzbelastung.[27]

Der gemeine Cash-Floh (cashus flohus maximus)

Zur Finanzierung eines Großprojektes sind folgende Finanzierungsformen denkbar:

- **Non-recourse-Projektfinanzierung**: Bei dieser Finanzierungsform wird jeglicher Rückgriff auf die Eigenkapitalgeber ausgeschlossen. Die Rückzahlung des Fremdkapitals erfolgt ausschließlich aus den erwirtschafteten Erträgen. In der Praxis ist diese Finanzierungsform wenig verbreitet.

- **Limited-recourse-Projektfinanzierung**: Bei diesem Verfahren werden die mit dem Projekt verbundenen Risiken in Abhängigkeit von Risikobereitschaft und Interesse am Projekt auf die Beteiligten aufgeteilt. Dies ist die am häufigsten angewandte Finanzierungsform.

- **Full-recourse-Projektfinanzierung**: Bei dieser Finanzierungsform haben die Fremdkapitalgeber volle Rückgriffsansprüche gegenüber dem Eigenkapitalgeber. In der Praxis sind solche Vereinbarungen nur schwer durchsetzbar.

Mit einer Projektfinanzierung sind naturgemäß eine Reihe von Risiken verbunden, die – in Abhängigkeit von der Situation im jeweiligen Land – die Realisierung des Projektes mehr oder weniger stark gefährden können. Zur Risikobegrenzung bestehen hierbei grundsätzlich dieselben Möglichkeiten wie auch bei anderen Außenhandelsgeschäften. Darüber hinaus können projektspezifische Garantien gestellt bzw. projektspezifische Versicherungen abgeschlossen werden.

5.3.1 Bankgarantien

Zur Besicherung von internationalen Geschäften ist die Stellung von Bankgarantien üblich. Dadurch sollen die Einhaltung vertraglicher Verpflichtungen garantiert und etwaige Rechtsstreitigkeiten vermieden werden.

Die Stellung von Bankgarantien erfolgt auf Grundlage eines **Avalkredites**. Mit dem Abschluß eines Avalkreditvertrages zwischen Kreditnehmer und Bank übernimmt die Bank die Haftung für genau definierte Verpflichtungen des Kreditnehmers gegenüber seinem Gläubiger. Kann der Kreditnehmer seine Verpflichtungen nicht erfüllen, ist die Bank aufgrund ihres abstrakten Zahlungsversprechens zur Leistung verpflichtet.

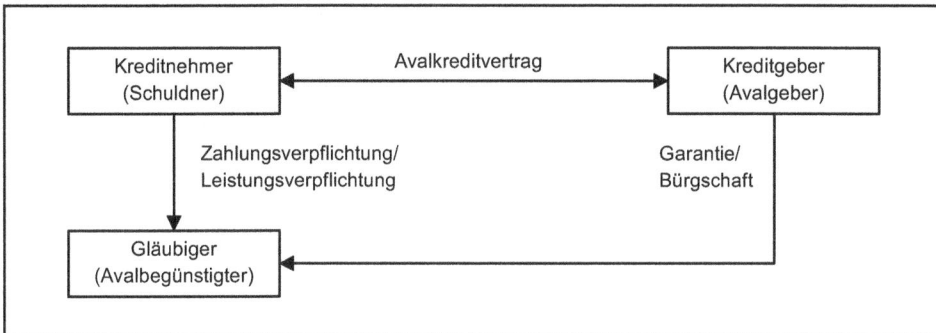

Abbildung 5-2 Avalkredit

Die Flexibilität von Garantien ermöglicht die Absicherung fast jedes Risikos im Außenhandel, einschränkend wirken hierbei nur das Gesetz bzw. die guten Sitten. In der Praxis haben sich einige typische **Garantieformen** entwickelt, die nachfolgend kurz erläutert werden sollen:

- **Bietungsgarantie** (*bid-bond*): Die Bietungsgarantie dient der Absicherung des Risikos, daß ein Anbieter, der bei internationalen Ausschreibungen den Zuschlag erhalten hat, sein Angebot nicht hält bzw. es zurückzieht, den Vertrag nicht fristgemäß unterschreibt bzw. die geforderte Lieferungs- und Leistungsgarantie nicht erstellt. Die Bietungsgarantie, deren Höhe sich zwischen 1% und 5% der Angebotssumme bewegt, soll den Auftraggeber vor unseriösen Anbietern schützen und im Schadensfall die Kosten für eine eventuelle erneute Ausschreibung abdecken.

- **Anzahlungsgarantie**: Im Investitionsgüterbereich, besonders bei langen Liefer- und Herstellungsfristen und Sonderanfertigungen, werden i.d.R. Anzahlungen verlangt, die je nach Auftrag zwischen 10 % und 20 % des Auftragswertes liegen. Der Hersteller will sich damit gegen ein vorzeitiges „Abspringen" des Auftraggebers absichern und kann einen Teil der durch den Auftrag anfallenden

Kosten abdecken. Für den Auftraggeber besteht wiederum die Gefahr, daß er bei Unfähigkeit des Herstellers, fristgemäß zu produzieren bzw. zu liefern, weder die Leistung erhält noch die Anzahlung zurückerstattet bekommt. Dieses Risiko wird durch die Anzahlungsgarantie abgedeckt, wobei eine Bank garantiert, den Anzahlungsbetrag im Falle der Nichterfüllung durch den Hersteller zurückzuzahlen.

- **Lieferungs- und Leistungsgarantie** (*performance-bond*): Die Lieferungsgarantie sichert die vertragsgerechte Erfüllung und fristgemäße Lieferung von Ware, die Leistungsgarantie die Bereitstellung von Dienstleistungen, Bauleistungen, Montagearbeiten o.ä. ab. Gewährleistungsansprüche werden bei diesen Garantieformen jedoch nicht abgedeckt.

- **Gewährleistungsgarantie**: In Verbindung mit einer Lieferungs- und Leistungsgarantie wird häufig eine Gewährleistungsgarantie gestellt, wobei die Bank technisch einwandfreie, funktionstüchtige Ware garantiert. Da Mängel häufig nicht bei Lieferung, sondern erst beim Einsatz erkannt werden können, beginnt die Garantiefrist mit Betriebsbereitschaft und endet mitunter erst Jahre später.

- **Haftrücklaßgarantie**: Im Investitionsgüterbereich, insbesondere im Anlagenbau, ist es üblich, einen zwischen 5 % und 15 % des Kaufpreises liegenden Betrag (Haftrücklaß) während der – sich oft über mehrere Jahre erstreckenden – Gewährleistungsfrist einzubehalten, um in dieser Zeit auftretende Schäden damit beheben bzw. gegen den Gesamtkaufpreis verrechnen zu können. Damit der Ersteller nicht erst nach Ablauf der Frist über den vollen Kaufbetrag verfügen kann, der Käufer aber dennoch gegen lieferungs- und leistungsbedingte Mängel abgesichert ist, wird i.d.R. eine Bank mit der Stellung einer Haftrücklaßgarantie betraut.

- **Zahlungsgarantie**: Eine Zahlungsgarantie soll die Zahlung des Kaufpreises im Falle der Zahlungsunfähigkeit bzw. Zahlungsunwilligkeit des Auftraggebers garantieren. Zur Inanspruchnahme der Garantie sind eine Erklärung des Begünstigten über den Erhalt der Lieferung sowie die Vorlage verschiedener Dokumente, z.B. Rechnung, Transportdokument, erforderlich.

- **Kreditgarantie**: Die Gewährung von Krediten an ausländische und bonitätsmäßig nicht immer eindeutig einschätzbare Unternehmen ist für eine Bank mit erheblichen Risiken verbunden. Um solchen Unternehmen dennoch Kredite gewähren zu können, kann ein zweites Unternehmen im Rahmen einer Kreditgarantie die Haftung bis zur Höhe der Kreditsumme (teilweise einschließlich entstehender Zinsen und Nebenkosten) übernehmen. Bei Garant und Kreditnehmer handelt es sich meist um Mutter- und Tochterunternehmen bzw. um über Beteiligungen verbundene Unternehmen.

- **Zollgarantie**: Aufgabe einer Zollgarantie ist die Sicherstellung, daß zeitweilig in ein Land eingeführte Waren oder Maschinen (z.B. zur Erstellung einer Anlage, als Ausstellungsstücke einer Messe o.ä.) nicht „unter der Hand" im Land verkauft, sondern nach Abschluß des Projektes wieder ordnungsgemäß aus dem Land ausgeführt werden.[28]

5.3.2 Lieferbedingungen

Liefer- und Zahlungsbedingungen beschreiben alle mit der Eigentums- und Risiko-übertragung vom Lieferanten zum Kunden zusammenhängenden Bestimmungen. Darüber hinaus regeln sie die Art und Weise der Zahlung des Kaufpreises durch den Abnehmer. Liefer- und Zahlungsbedingungen sind in ähnlicher Weise wie die Preis- und Rabattpolitik einsetzbar.

> **Lieferbedingungen** regeln die Lieferbereitschaft, die Lieferart, die Lieferzeit, den Lieferort, Mindestabnahmemengen, Umtausch- und Rücktrittsmöglichkeiten, Konventionalstrafen bei verspäteter Lieferung sowie die Berechnung der Fracht-, Verpackungs- und Versicherungskosten. Lieferbedingungen werden im allgemeinen **in Abhängigkeit von Branche, Produkt, Absatzweg, Menge** usw. formuliert.

Die Lieferbedingungen erlangen eine besonders große Bedeutung im internationalen Geschäft. Die früher üblichen landesspezifischen Regelungen wurden durch die 1936 von der Internationalen Handelskammer (International Chamber of Commerce – ICC) verfaßten **International Commercial Terms (Incoterms, Internationale Handelsklauseln)** abgelöst und tragen seitdem zu einer wesentlichen Vereinfachung der Exporttätigkeit bei.

Regelmäßig überarbeitet, gelten die Incoterms derzeit in der Fassung vom 1. Januar 2000. Die Incoterms 2000 umfassen 13 in vier Kategorien eingeteilte Klauseln, die nach einem Drei-Buchstaben-System abgekürzt werden.

Folgende Übersicht zeigt die nach Kategorien gegliederten Incoterms 2000:

Kategorie E (Abholklausel)		
EXW	ex works	ab Werk
Kategorie F (Hauptlauf vom Verkäufer nicht bezahlt)		
FCA	free carrier	frei Frachtführer
FAS	free alongside ship	frei Längsseite Seeschiff
FOB	free on bord	frei an Bord
Kategorie C (Hauptlauf vom Verkäufer bezahlt)		
CFR	cost and freight	Kosten und Fracht
CIF	cost, insurance, freight	Kosten, Versicherung, Fracht
CPT	carriage paid to	frachtfrei
CIP	carriage and insurance paid to	frachtfrei versichert
Kategorie D (Ankunftsklauseln)		
DAF	delivered at frontier	geliefert Grenze
DES	delivered ex ship	geliefert ab Schiff
DEQ	delivered ex quai	geliefert ab Kai
DDU	delivered duty unpaid	geliefert unverzollt
DDP	delivered duty paid	geliefert verzollt

Tabelle 5-1 Incoterms 2000[29]

Kategorie E: Die Ex-works-Klausel (Abholklausel) besagt, daß der Lieferant lediglich verpflichtet ist, die Ware auf seinem Firmengelände zur Abholung durch den Abnehmer bereitzustellen. Sämtliche Transportrisiken und -kosten müssen vom

Abnehmer getragen werden. Darüber hinaus ist der Käufer verpflichtet, Aus- und Einfuhrgenehmigungen selbst einzuholen.

Kategorie F: Bei den F-Klauseln bleibt der Verkäufer bis zur Übergabe an einen vom Käufer bestimmten Frachtführer Eigentümer der Ware und trägt somit das Risiko des Unterganges und der Beschädigung. Sobald der Frachtführer die Ware übernommen hat, liegt das Risiko beim Abnehmer, der ab diesem Zeitpunkt auch die Transportkosten übernehmen muß.

Lieferbedingungen – FOB

Kategorie C: Bei den C-Klauseln trägt der Verkäufer die Kosten des Transports bis die Ware den vereinbarten Bestimmungsort erreicht. Die Gefahr des Untergangs und der Beschädigung der Ware liegt jedoch beim Käufer. Die Klauseln CIP und CIF verpflichten den Verkäufer zusätzlich zum Abschluß einer Transportversicherung zu 100 % des Kaufpreises, die es dem Käufer ermöglicht, im Schadensfall Ansprüche gegen den Versicherer geltend zu machen.

Kategorie D: Bei den D-Klauseln (Ankunftsklauseln) werden alle Kosten und Risiken des Transports bis zur Ankunft der Ware im Zielland vom Verkäufer getragen.

Bei Vertragsabschlüssen sollten die Klauseln entsprechend der Transportart gewählt werden. Während die Klauseln FAS, FOB, CFR, CIF, DES und DEQ lediglich bei Transporten per Schiff (See- und Binnenschiffahrt) einsetzbar sind, wird DAF hauptsächlich bei Bahn- und Straßentransporten verwendet. Alle übrigen Klauseln sind universell anwendbar.

Die Incoterms gelten nicht generell, sondern nur, wenn sie von Verkäufer und Käufer **in den Kaufvertrag aufgenommen** wurden. Darüber hinaus können sie durch individuelle Regelungen im Vertrag abgeändert werden.

Nachfolgendes Schema soll die Anwendung der Incoterms bei der Kalkulation der jeweiligen Verkaufspreise verdeutlichen:

	Verkaufspreis des Herstellers
–	Mengenrabatt/Extrarabatt
=	Zieleinstandspreis des Exporteurs
–	Skonto
=	Bareinstandspreis
+	Selbstkosten des Exporteurs, unverpackt
+	Exportverpackungskosten gemäß Beförderungsmittel
=	Selbstkosten ab Lager, exportverpackt
+	Gewinnzuschlag des Exporteurs
=	Verkaufspreis ab Lager (→ **EXW**)
+	Transportkosten ab Lager bis zum Ladeplatz Bahn/Lkw
=	Verkaufspreis frei Frachtführer (→ **FCA**)
+	Transportkosten ab Ladeplatz bis Verschiffungshafen
+	Abladekosten am Kai/Längsseite Seeschiff
+	Transportversicherung bis Verschiffungshafen
=	Verkaufspreis frei Längsseite Schiff (→ **FAS**)
+	Lagergeld, Hafengebühren und Umschlagskosten auf das Schiff
+	Kosten der Ausfuhrabfertigung
+	Provision des Seehafenspediteurs
=	Verkaufspreis frei an Bord (→ **FOB**)
+	Seefracht bis Bestimmungshafen
=	Verkaufspreis Kosten und Fracht (→ **CFR**)
+	Seeversicherung
=	Verkaufspreis Kosten, Versicherung, Fracht (→ **CIF**)
+	Differenzbetrag zur Transportvollversicherung
=	Verkaufspreis geliefert ab Schiff (→ **DES**)
+	Kosten der Einfuhrabfertigung
+	Kaiumschlagskosten, Hafengebühren
+	Kosten für erforderliche Dokumente
=	Verkaufspreis geliefert ab Kai verzollt (→ **DEQ**)
+	Kosten der Zahlungsabwicklung
+	Kosten der Finanzierung
+	Kosten der Kreditversicherung
=	**Verkaufspreis des Exporteurs**

Abbildung 5-3 *Kalkulation unter Einbeziehung der Incoterms*[30]

5.3.3 Zahlungsformen

Jeder Verkäufer strebt eine möglichst schnelle Bezahlung der gelieferten Waren an; der Käufer ist im allgemeinen an einer möglichst späten Zahlung nach Erhalt der Waren interessiert. Bei der Aushandlung der Zahlungsbedingungen soll eine für beide Seiten akzeptable Lösung gefunden werden, die dem Exporteur eine Mini-mierung des Zahlungseingangsrisikos und dem Importeur die Minimierung des Lie-fereingangsrisikos erlaubt. Welche Zahlungsbedingungen letztendlich vereinbart werden, hängt vom Vertrauensverhältnis, der Finanzkraft und der Marktposition der Verhandlungspartner, dem politischen und ökonomischen Umfeld im Käufer-land, Handelsbräuchen und etwaigen Devisenrestriktionen in einem der beiden Länder ab.

Folgende übliche Zahlungsmodalitäten kommen in der Praxis des internationalen Geschäfts zur Anwendung. Zu beachten ist dabei jeweils der Grad damit verbunde-ner Risiken für Käufer bzw. Verkäufer, der durchaus unterschiedlich sein kann.

Vorauszahlungen und Anzahlungen

Eine vollständige Vorauszahlung stellt für den Exporteur die günstigste, für den Importeur die ungünstigste Zahlungssicherung dar. Für den Exporteur entfällt hier-bei das Risiko des Zahlungseinganges, da die Lieferung vorfinanziert wird und die Abnahme durch den Importeur garantiert ist. Anstelle einer vollständigen Voraus-zahlung sind häufiger Vereinbarungen wie „ein Drittel des Kaufpreises vorab, ein Drittel während der Herstellung und ein Drittel bei Lieferung" oder „halbe/halbe" zu finden. Der Importeur wird einer vollständigen Vorauszahlung bzw. einer An-zahlung des Kaufpreises jedoch nur dann zustimmen, wenn

- sie branchenüblich ist,
- der Exporteur eine besonders gute Marktposition aufweist,
- vergleichsweise lange Produktions- bzw. Lieferzeiten vorliegen und/oder
- mit einem Kunden erstmalig Geschäfte abgeschlossen werden.

Bei einer Vorauszahlung bzw. Anzahlung verlangt der Importeur meist eine Absi-cherung (vgl. Bankgarantien) durch die Bank des Exporteurs, welche garantiert, daß dem Importeur in Falle einer Nichterfüllung durch den Exporteur seine Voraus-bzw. Anzahlung durch die Bank des Verkäufers zurückerstattet wird.

Zahlung gegen offene Rechnung

Bei Zahlung gegen Rechnung wird die Ware einschließlich der Rechnung geliefert. Mit Eintreffen der Ware beim Importeur wird der Rechnungsbetrag fällig. Vor Zah-lung der Rechnung hat der Importeur die Möglichkeit, die Ware auf Mängel zu überprüfen und gegebenenfalls die Zahlung zu verweigern. Für den Exporteur stellt dies eine äußerst ungünstige Zahlungsbedingung dar, bei der er nicht nur auf eine Zahlungssicherung, sondern (in der Praxis) auch auf die Verfügungsgewalt über die Ware verzichtet. Aus diesem Grund wird der Exporteur dieser Zahlungsbedingung nur dann zustimmen, wenn beim Importeur eine gute Zahlungsmoral und Zahlungs-fähigkeit vorausgesetzt werden kann. Forderungen aus solchen Geschäften werden günstigerweise in die Kreditversicherung einbezogen bzw. an einen Factor ver-kauft.

Zahlung gegen offene Rechnung

Zahlungsziele

Voraussetzung für die Gewährung von **Zahlungszielen** ist größtes Vertrauen in Zahlungsmoral und -fähigkeit des Importeurs. Diese für den Importeur günstigste Zahlungsbedingung birgt für ihn keinerlei Risiko und verlangt keine Vorfinanzierung der Ware. Um ihn dennoch zu einer recht schnellen Zahlung zu bewegen, werden vom Exporteur häufig Skonti eingeräumt.

Dokumenteninkasso

Das Dokumenteninkasso tritt als **Dokumente gegen Zahlung** (vgl. *cash against documents – CAD*) und als **Dokumente gegen Akzept** auf. Die zur Eigentumsübertragung, Einfuhr und Verzollung der Waren notwendigen Dokumente werden nur gegen Bezahlung bzw. Akzept eines Wechsels ausgehändigt. Mit der Durchführung des Inkassos beauftragt der Exporteur in der Regel seine Hausbank, die sich dann an die Bank des Importeurs wendet. Bis zur vollständigen Bezahlung bzw. Akzept eines Wechsels behält der Exporteur die volle Verfügungsgewalt über die Ware. Bei fehlendem Vertrauen in die Zahlungsmoral und -fähigkeit des Kunden sollte der Exporteur die Warenlieferung nicht direkt an den Importeur, sondern an die einbezogene Bank oder einen Vertrauensspediteur adressieren. Entscheidet sich der Exporteur für die Lieferung der Ware an die Bank, ergibt sich für ihn ein Risiko aus Artikel 6 der „Einheitlichen Richtlinien für Inkassi"[31], der die Bank von der Verpflichtung der Warenannahme befreit. Ferner kann der Importeur die Annahme der Dokumente und damit die Zahlung verweigern. Auch wenn der Exporteur dann Eigentümer der Ware bleibt, muß er die Rückführung der Ware bzw. deren anderweitige Verwendung organisieren und die damit verbundenen Kosten selbst tragen.

Ein Dokumenteninkasso läuft üblicherweise in folgenden Schritten ab:

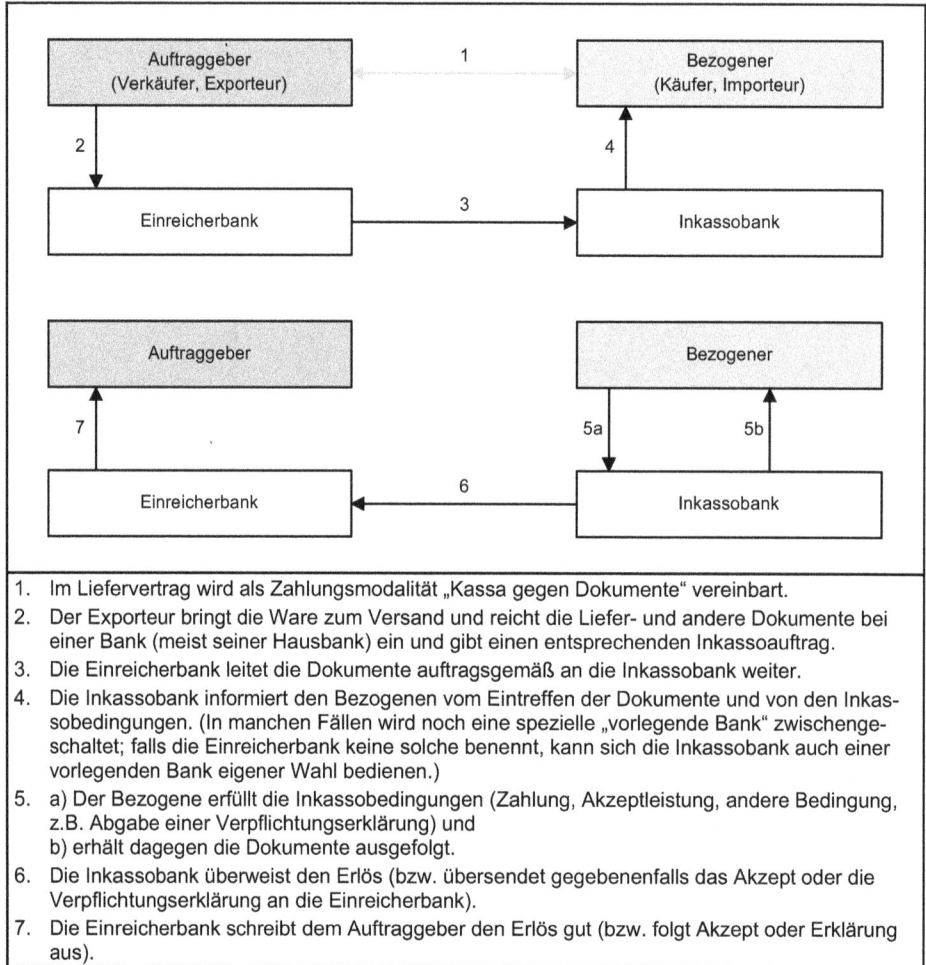

1. Im Liefervertrag wird als Zahlungsmodalität „Kassa gegen Dokumente" vereinbart.
2. Der Exporteur bringt die Ware zum Versand und reicht die Liefer- und andere Dokumente bei einer Bank (meist seiner Hausbank) ein und gibt einen entsprechenden Inkassoauftrag.
3. Die Einreicherbank leitet die Dokumente auftragsgemäß an die Inkassobank weiter.
4. Die Inkassobank informiert den Bezogenen vom Eintreffen der Dokumente und von den Inkassobedingungen. (In manchen Fällen wird noch eine spezielle „vorlegende Bank" zwischengeschaltet; falls die Einreicherbank keine solche benennt, kann sich die Inkassobank auch einer vorlegenden Bank eigener Wahl bedienen.)
5. a) Der Bezogene erfüllt die Inkassobedingungen (Zahlung, Akzeptleistung, andere Bedingung, z.B. Abgabe einer Verpflichtungserklärung) und
   b) erhält dagegen die Dokumente ausgefolgt.
6. Die Inkassobank überweist den Erlös (bzw. übersendet gegebenenfalls das Akzept oder die Verpflichtungserklärung an die Einreicherbank).
7. Die Einreicherbank schreibt dem Auftraggeber den Erlös gut (bzw. folgt Akzept oder Erklärung aus).

Abbildung 5-4 *Ablauf eines Dokumenteninkassos[32]*

Dokumentenakkreditive

Ein **Akkreditiv** (*letter of credit* – L/C) stellt ein abstraktes Zahlungsversprechen einer Bank dar, bei Vorlage der erforderlichen Dokumente oder innerhalb einer vereinbarten Frist einen bestimmten Geldbetrag an den im Akkreditiv genannten Begünstigten auszuzahlen.

Das Lieferungsrisiko des Importeurs wird minimiert, wenn im Akkreditiv genaueste Angaben über die zu liefernden Waren gemacht werden. Vor Eingang der Ware hat der Importeur keine Möglichkeit, deren ordnungsgemäßen Zustand zu überprüfen. Er ist jedoch erst dann zur Zahlung an seine Bank verpflichtet, wenn bei dieser die akkreditivkonformen Dokumente eingegangen sind und akzeptiert wurden.

Zahlungsbeschleunigung

Neben der Vorauszahlung stellt das Akkreditiv die sicherste und auch eine häufig angewendete Zahlungsmethode dar, da dem Exporteur bereits bei fristgemäßer Einreichung der akkreditivkonformen Dokumente der Gegenwert der Ware ausgezahlt wird. Werden die Dokumente nicht innerhalb der gesetzten Frist eingereicht, kann die Bank die Zahlung verweigern. Ein Widerrufsrecht besteht bei einem Akkreditiv nur dann, wenn es vorher vertraglich vereinbart wurde. Deshalb sollte das **bestätigte, unwiderrufliche Akkreditiv** (*confirmed, irrevocable letter of credit*) standardmäßig vereinbart werden, damit die Sicherheit für den Exporteur nicht gemindert ist.

Ein Akkreditivgeschäft läuft üblicherweise in folgenden Schritten ab:

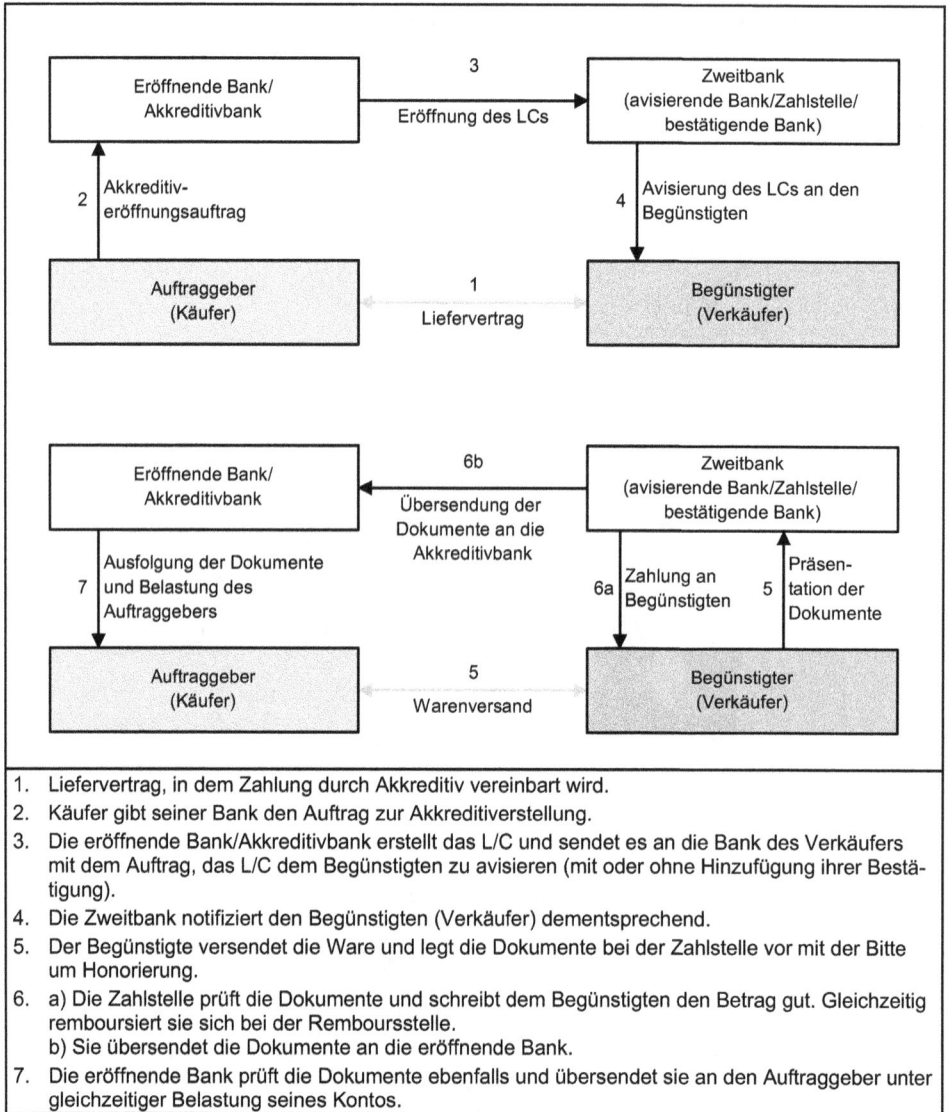

	3	
Eröffnende Bank/ Akkreditivbank	Eröffnung des LCs →	Zweitbank (avisierende Bank/Zahlstelle/ bestätigende Bank)

2 Akkreditiv-
eröffnungsauftrag

4 Avisierung des LCs an den
Begünstigten

| Auftraggeber
(Käufer) | 1
Liefervertrag | Begünstigter
(Verkäufer) |

| Eröffnende Bank/
Akkreditivbank | 6b
Übersendung der
Dokumente an die
Akkreditivbank | Zweitbank
(avisierende Bank/Zahlstelle/
bestätigende Bank) |

7 Ausfolgung der Dokumente
und Belastung des
Auftraggebers

6a Zahlung an
Begünstigten

5 Präsen-
tation der
Dokumente

| Auftraggeber
(Käufer) | 5
Warenversand | Begünstigter
(Verkäufer) |

1. Liefervertrag, in dem Zahlung durch Akkreditiv vereinbart wird.
2. Käufer gibt seiner Bank den Auftrag zur Akkreditiverstellung.
3. Die eröffnende Bank/Akkreditivbank erstellt das L/C und sendet es an die Bank des Verkäufers mit dem Auftrag, das L/C dem Begünstigten zu avisieren (mit oder ohne Hinzufügung ihrer Bestätigung).
4. Die Zweitbank notifiziert den Begünstigten (Verkäufer) dementsprechend.
5. Der Begünstigte versendet die Ware und legt die Dokumente bei der Zahlstelle vor mit der Bitte um Honorierung.
6. a) Die Zahlstelle prüft die Dokumente und schreibt dem Begünstigten den Betrag gut. Gleichzeitig remboursiert sie sich bei der Remboursstelle.
   b) Sie übersendet die Dokumente an die eröffnende Bank.
7. Die eröffnende Bank prüft die Dokumente ebenfalls und übersendet sie an den Auftraggeber unter gleichzeitiger Belastung seines Kontos.

Abbildung 5-5 *Abwicklung eines Akkreditivgeschäfts*[33]

Venture Bank

A - 1120 Wien
PF 0815

Wien, 23. September 20..

DOKUMENTEN-AKKREDITIV	Unsere Referenz	Fremde Referenz
- A V I S O -	A-123 456 789	XL996633

Einschreiben

Kran-Profi AG
Max-Musterman-Straße 33
1140 Wien

Auftraggeber
ABC Engineering Singapore

Unser Korrespondent
Lucky Bank Ltd.
P.O.-Box 999
Singapore, Rep. of Singapore

Wir überreichen Ihnen anbei das von unserem Korrespondenten übersandte Dokumenten-Akkreditiv.

Gültig bis: 20../12/22 zur Präsentation der Dokumente in Österreich

Akkreditivbetrag: EUR 75.435,--

Das Akkreditiv ist bei Fälligkeit bei unserem Korrespondenten zahlbar.

wir geben Ihnen von diesem Akkreditiv   u n v e r b i n d l i c h   für uns Kenntnis.

- Alle Gebühren und Spesen außerhalb Singapore
  haben wir mit Ihnen zu verrechnen
- Kopie an Filiale XVIII.

Anbei 2 Trattenformulare.

Im gegenständlichen Akkreditiv ist eine Tratte (zweifach) vorgesehen. Wir ersuchen Sie, diese Tratte unter Verwendung des beigeschlossenen Vordrucks auszustellen. Dieser Vordruck weist aus gebührenrechtlichen Gründen keine Orderklausel auf. Durch Retournierung der ausgestellten Tratte erteilen Sie unter einem der eröffnenden Bank bzw. der Remboursbank die Ermächtigung, auf die Tratte die noch fehlende Orderklausel zu setzen.

Bitte kontrollieren Sie die Akkreditivbedingungen, ob diese von Ihnen erfüllbar sind, damit bei der Abwicklung keine Schwierigkeiten entstehen. Falls die Bedingungen des Akkreditivs Ihren Abmachungen nicht entsprechen oder Sie diese in dem einen oder anderen Punkt nicht erfüllen können, empfehlen wir Ihnen, umgehend durch den Auftraggeber die notwendigen Änderungen zu veranlassen.

Ihren Dokumenteneinreichungen wollen Sie bitte beischließen:

- eine zusätzliche Fakturenkopie für unsere Aufzeichnungen
- das Originalakkreditiv, wenn ein solches ausgestellt wurde.

Dieses Akkreditiv unterliegt den „Einheitlichen Richtlinien und Gebräuchen für Dokumenten-Akkreditive (Revision 1983)" der Internationalen Handelskammer (Broschüre Nr. 400).

Mit freundlichen Grüßen

Venture Bank
Akkreditiv-Abteilung

S.W.I.F.T.-NACHRICHT   BLATT-NR. 1
EMPFANGEN DURCH:
VENTURE BANK

    W I E N

    I S S U E   O F   A   D O C U M E N T A R Y   C R E D I T

    (A K K R E D I T I V E R O E F F N U N G)

    T E I L   1

DIESES DOKUMENTEN-AKKREDITIV BESTEHT AUS ZWEI TEILEN, DIE EINEN
INTEGRIERENDEN BESTANDTEIL DES AKKREDITIVS DARSTELLEN:

SOFERN NICHT AUSDRUECKLICH ETWAS ANDERES BESTIMMT IST, GELTEN
FUER DIESES DOKUMENTEN-AKKREDITIV DIE „EINHEITLICHEN RICHTLINIEN
UND GEBRAEUCHE FUER DOKUMENTEN-AKKREDITIVE" DER INTERNATIONALEN
HANDELSKAMMER IN DER JEWEILS GUELTIGEN FASSUNG:

ISSUING BANK

    LUCKY BANK, SINGAPORE

FORM OF DOCUMENTARY CREDIT   (FORM DES AKKREDITIVS)

    IRREVOCABLE

DOCUMENTARY CREDIT NUMBER   (FREMDE AKKREDITIV-NR.)

    XL996633

DATE OF ISSUE   (DATUM DER EROEFFNUNG)

    20.. 09. 23.

DATE AND PLACE OF EXPIRY   (DATUM UND ORT DER GUELTIGKEIT)

    20.. 12. 22. BENEFICIARY'S COUNTRY

APPLICANT   (AUFTRAGGEBER)

    ABC ENGINEERING SINGAPORE
    11 WANG CLOSE
    SINGAPORE 1111

BENEFICIARY   (BEGUENSTIGTER)

    KRAN-PROFI
    MAX-MUSTERMANN-STRASSE 33
    1140 WIEN

CURRENCY CODE AND AMOUNT   (WAEHRUNG UND BETRAG)

    ATS******75.435,00***

PERCENTAGE CREDIT AMOUNT   (TOLERANZ FUER DEN AKKREDITIV-
TOLERANCE   BETRAG IN PROZENT)

    0/0

ADDITIONAL AMOUNTS COVERED   (ZUSAETZLICH ABGEDECKTE BETRAEGE)

    0

AVAILABLE WITH/BY   (BENUTZBAR BEI/DURCH)

    ANY BANK
    BY NEGOTIATION

    FOR FREELY NEGOTIABLE DOCUMENTARY CREDITS THIS ADVICE MUST BE
    PRESENTED AT EACH NEGOTIATION AND THE NEGOTIATING BANK MUST
    NOTE EACH NEGOTIATION ON THAT ADVICE.

DRAFTS AT ...   (TRATTEN PER ...)

    DRAFTS AT 30 DAYS AFTER
    SIGHT

DRAWEE   (BEZOGENER)

    ISSUING BANK FREE OF INTEREST
    FOR 100PCT INVOICE VALUE

                                            FORTSETZUNG BLATT-NR. 2

```
S.W.I.F.T.-NACHRICHT              TEIL 1           BLATT-NR. 2
EMPFANGEN DURCH:
VENTURE BANK
      W I E N
FORTSETZUNG AKKR.NR. XL996633


PARTIAL SHIPMENTS               (TEILVERLADUNG)
      NOT ALLOWED
TRANSSHIPMENT                   (UMLADUNG)
      NOT ALLOWED
LOADING ON BOARD/DISPATCH/      (VERLADUNG/VERSENDUNG/
TAKING IN CHARGE AT/FROM        UEBERNAHME AM/VON)
      VIENNA/WIEN
FOR TRANSPORTATION TO ...       (ZUM TRANSPORT NACH ...)
      SINGAPORE
LATEST DATE OF SHIPMENT         (LETZTES VERSANDDATUM)
      20.. 12. 08.
SHIPMENT OF ...                 (WARENBEZEICHNUNG...)
      4 UNITS HYDRAULIC LOADING CRANE C/W ACCESSORIES
      TRADE TERMN C N F
DOCUMENTS REQUIRED              (ERFORDERLICHE DOKUMENTE)
      DOCUMENTS IN TRIPLICATE UNLESS OTHERWISE STIPULATED
      SIGNED COMMERCIAL INVOICE
      PACKING LIST
      INSURANCE COVERED BY BUYER UNDER COVER NOTE: CNR 12345
      THE SHIPPER MUST NOTIFY:
      BUSINESS INSURANCE ASIA LTD
      99 MAIN KAY
      SINGAPORE 1111
      BY AIRMAIL, SHIPMENT PARTICULARS SUCH AS NAME AND
      DEPARTURE DATE OF CARRIER, QUANTITY AND VALUE OF MERCHANDISE
      SHIPPED ETC. UPON COMPLETION OF LOADING. A COPY OF SUCH
      NOTIFICATION REQUIRED.
      FULL SET CLEAN SHIPPED ON BOARD OCEAN BILLS OF LADING MADE
      OUT TO THE ORDER OF LUCKY BANK LTD NOTIFY APPLICANT AND
      MARKED FREIGHT PREPAID.
ADDITIONAL CONDITIONS           (ZUSATZBEDINGUNGEN)
      A DISCREPANCY FEE OF ATS 350 WILL BE DEDUCTED FROM THE PROCEEDS
      FOR EACH PRESENTATION OF DISCREPANT DOCUMENTS UNDER THIS CREDIT.
      ALL BANKING CHARGES OUTSIDE SINGAPORE ARE FOR ACCOUNT OF
      (TO BE CONTD)
CONFIRMATION INSTRUCTIONS        (BESTAETIGUNGSBEDINGUNGEN)
      WITHOUT
INSTRUCTIONS TO THE PAYING/ACCEPTING/NEGOTIATING BANK (DIV. WEISUNGEN)
      IN REIMBURSEMENT, WE WILL REMIT THE PROCEEDS AT MATURY IN
      ACCORDANCE WITH THE INSTRUCTION OF THE NEGOCIATING BANK PROVIDED
      DOCUMENTS ARE IN FULL COMPLIANCE WITH ALL TERMS AND CONDITIONS OF
      THE LC.
      ALL DOCUMENTS ARE TO BE FORWARDED TO US IN FULL SET BY ONE
      REGISTERED AIRMAIL.
      AMOUNT OF EACH DRAWING MUST BE ENDORSED ON THE REVERSE OF THIS
      CREDIT.
      THIS CREDIT IS SUBJECT TO UCP (PUBLICATION NO. 400)
******   E N D E   T E I L   1   ******
```

```
S.W.I.F.T.-NACHRICHT                                   BLATT-NR. 1
EMPFANGEN DURCH:
VENTURE BANK

      W I E N

      I S S U E   O F   A   D O C U M E N T A R Y   C R E D I T

           ( A K K R E D I T I V E R O E F F N U N G )

                    T E I L   2

ISSUING BANK                              (EROEFFNENDE BANK)
      LUCKY BANK, SINGAPORE
DOCUMENTARY CREDIT NUMBER                  (FREMDE AKKREDITIV-NR.)
      XL996633
ADDITIONAL CONDITIONS                     (ZUSATZBEDINGUNGEN)
      BENEFICIARY.
******* E N D E   AKKREDITIVEROEFFNUNG *******
```

Abbildung 5-6 Beispiel eines Dokumenten-Akkreditivs

5.4   Auslandszahlungsverkehr

Unter Auslandszahlungsverkehr werden alle grenzüberschreitenden Zahlungen zwischen Wirtschaftssubjekten in verschiedenen Währungsgebieten verstanden.

> Eine **Überweisung** ist ein Geschäftsbesorgungsauftrag eines Kontoinhabers an seine kontoführende Bank, zu Lasten seines Kontos einen genau definierten Betrag einem genannten Konto bei derselben oder einer anderen Bank gutzuschreiben.

Auslandsüberweisungen werden von der inländischen Bank initiiert und an die **Korrespondenzbank** im Ausland weitergeleitet. Bei der Wahl der Außenhandelsbank sollte ein Unternehmen deshalb besonders auf die Dichte des Korrespondenzbanknetzes der Hausbank im Ausland achten. Die Weiterleitung der Überweisungsaufträge erfolgt (entweder per Post oder) auf elektronischem Weg (z.B. über SWIFT – **S**ociety for **W**orldwide **I**nterbank **F**inancial **T**elecommunication).

Für Unternehmen, die regelmäßig Zahlungen in ausländischer Währung erhalten oder leisten, empfiehlt sich die Eröffnung eines **Fremdwährungskontos** bei einer inländischen Bank oder bei einer Bank im Ausland.

Die Vorteile von Fremdwährungskonten lassen sich wie folgt zusammenfassen:

- preiswerte Abwicklung der Zahlungseingänge und -ausgänge (vgl. Gebühren);
- Konvertierungsrisiken entfallen, da Zahlungseingänge und -ausgänge in derselben Währung erfolgen;
- Reduzierung des Kursrisikos, da nur die Übergänge, die gegen die inländische Währung verrechnet werden, dem Kursrisiko unterliegen;
- Veranlagungsmöglichkeit in Fremdwährung;
- Spekulationsmöglichkeiten in Fremdwährungen.[34]

Fallstudie: Ein Desaster, oder: Ende gut, alles gut

Die renommierte Firma ist wirklich in Bedrängnis geraten. Dabei sah vor kurzem alles noch so gut aus. Die Erfolge des vor einigen Jahren bestellten Verkaufsdirektors waren wirklich fulminant. Ein Rekord jagte den anderen, der Umsatz hatte sich innerhalb von zwei Jahren verdreifacht. Man verkaufte tatsächlich auf „Teufel komm raus", dabei war fast jedes Mittel recht.

Die Kehrseite war weniger erfreulich: rechtliche Probleme, schlechte Deckungsbeiträge, keine Absicherung der Forderungen, nach der – oft mangelhaften Lieferung – kümmerte sich niemand mehr um den Kunden. Schließlich: *The show must go on* ... Allmählich wurden kritische Stimmen laut, auf die zunächst niemand hören wollte. Erst als der Controller – pikanterweise Freund und Amtsnachfolger des erfolgreichen Verkaufsdirektors – mit seinen Mitarbeiter eine Art Revision durchführte, platzte die Bombe. Man stand in Wahrheit vor den Scherben der bisherigen Euphorie. Nicht nur der Geschäftsführer, ein intelligenter, aber manchmal etwas gutgläubiger Mann, fiel aus allen Wolken. Bisher lief doch – über Jahre hinweg – alles so gut; und jetzt?

Kurzum: Trotz Zähneknirschens wurde der Verkaufsdirektor schließlich fristlos entlassen (und führt seitdem sein eigenes Hotel). Auch in der Konzernzentrale sickerten die schlechten Nachrichten allmählich durch. Es kam, wie es kommen mußte. Die Zentrale bestellte einen „Sanierungsmanager" für den betroffenen Bereich, die – bisher nicht erwähnte – Exportabteilung für Osteuropa. Kurz darauf traf der neue Manager aus den USA in Wien ein. Nach eingehender Beschäftigung mit seinem neuen Tätigkeitsfeld beschloß er, einen eigenen *Finance Manager* einzustellen, um ihn mit der Bereinigung der entstandenen kaufmännischen Probleme zu betrauen. In der Tat waren diese gewaltig: unabgesicherte und auch unbezahlte (wenn überhaupt noch einbringliche) Exportforderungen in Höhe von einigen Millionen Dollar, weit über 100 unerledigte Reklamationen kleineren und größeren Ausmaßes. Alle Länder waren betroffen. Bei manchen Kunden standen die „Kisten" seit Monaten herum, ohne daß sich auch nur annähernd jemand um eine Installation der Geräte gekümmert hätte. Viele Kunden machten eine Zahlung davon abhängig, daß ihre berechtigten Beschwerden möglichst bald bereinigt wurden. Für die ganze Abteilung jedenfalls wahrlich eine Herausforderung. Insbesondere der neu bestellte *Finance Manager* war gefordert. Im Vordergrund stand das mühsame Erfassen und Aufarbeiten der offenen Probleme: schrittweises Abarbeiten der offenen Reklamationen – wobei die dafür zuständigen KollegInnen äußerst bemüht und erfolgreich waren – und sukzessive Kundenbesuche, um diese wieder einigermaßen günstig zu stimmen.

Nach intensiver Reisetätigkeit wurden – im Verlauf von etwa einem Jahr – viele Probleme auch tatsächlich bereinigt. Gleichzeitig wurde das Neugeschäft auf eine administrativ solide Basis gestellt: Ein Standardvertrag wurde ausgearbeitet, neue Geschäfte stets mit Akkreditiv abgeschlossen, die Auftragsabwicklung restrukturiert, bei komplexerer Finanzierung der Rat von Banken eingeholt. Alles begann sich allmählich zu beruhigen. Lediglich Rußland blieb ein offenes Problem. Obwohl auch hier sämtliche Beanstandungen bereinigt wurden und die betroffenen Kunden wiederholt versprachen, die offenen Forderungen zu begleichen, waren diesbezüglich bisher keinerlei Fortschritte zu verzeichnen. Die Außenstände beliefen sich nach wie vor – drei Kunden waren das Problem – auf rund 1,5 Mio. USD. Allmählich wurde man ratlos. Alle Versuche, die Situation zu bereinigen, waren auch während des folgenden Jahres vergeblich. Im Herbst dieses Jahres traf man sich auf der internationalen Messe in Moskau. Auch der *Finance Manager* war – wie von unsichtbarer Hand geleitet – vor Ort. Nach einer durchzechten Nacht ergab sich ein kurzes Gespräch mit einem flüchtigen Bekannten, einem im Ostgeschäft „alten Hasen" aus Wien. Die Forderungen einzutreiben wären für ihn nicht wirklich das Problem. Die „Angelegenheit" beläuft sich lediglich auf 30 % Provision, viele Leute seien schließlich zu bedenken: „Mir selbst bleibt das wenigste, aber in drei Wochen haben Sie Ihr Geld", so die Verheißung.

Nach einer kurzen Telexanfrage beim Geschäftsführer in Wien war alles klar. Und tatsächlich: Fast auf den Tag genau trafen auf dem Konto der Firma bei ihrer Hausbank in Wien exakt 70 % der gesamten offenen Rußland-Forderungen ein. Die Freude war groß, dem „Vermittler" wurde offiziell bedankt. Auf die Frage, wie denn das alles zuging, meinte er nur lakonisch: „Meine Herren, zuviel Wissen macht manchmal Kopfschmerzen. Ich sage Ihnen nur eines: In Wahrheit ist Rußland das Land der unbegrenzten Möglichkeiten ..."

На здоровье!

Aufgabe 1

Mit welchen finanziellen Risiken ist man als Unternehmer im internationalen Geschäft konfrontiert?

Aufgabe 2

Welche Besonderheiten sind dabei zu beachten?

Aufgabe 3

Wie kann man Finanzierungsmöglichkeiten im internationalen Kontext finden, gestalten und absichern?

6 Ethik und Management

6.1 Globalisierung der Märkte und des Handelns

Globalisierung ist nichts Neues, aber ihre heutige Erscheinungsform unterscheidet sich deutlich von früheren. Sie läßt Zeit und Raum schrumpfen und Grenzen wegfallen, daher werden Verbindungen enger, intensiver und direkter als je zuvor:

- Die Globalisierung eröffnet den Menschen den Zugang zur Kultur mit all ihrer Kreativität und zu einem Austausch von Ideen und Wissen.

- Globale technologische Durchbrüche bieten die Möglichkeit, menschlichen Fortschritt zu beschleunigen und möglicherweise auch langfristig Armut zu überwinden.

- Neue Informations- und Kommunikationstechniken treiben die Globalisierung voran und werden auch entsprechend genützt.

Globalisierung bietet tatsächlich enorme **Chancen** für menschlichen Fortschritt, aber nicht nur. Globalisierung schafft auch neue **Bedrohungen** für:

- wirtschaftliche, insbesondere finanzielle Stabilität,

- Arbeit und Einkommen,

- den kulturellen Bereich,

- den Umweltbereich,

- Politik und Soziales.

Chancen und Bedrohungen verlangen gleichermaßen nach **Schutzmaßnahmen** bzw. nach Instrumenten, mit Hilfe derer künftig sinnvoll mit den Erscheinungsformen der Globalisierung umgegangen werden kann.

Globalisierung muß – so der Stand derzeitiger Erkenntnis – geprägt sein durch einen verantwortungsvollen Umgang mit den entsprechenden Tendenzen. Folgende Aspekte sind dabei von Bedeutung:

- **Moral**: weniger Verletzung von Menschenrechten, nicht mehr.

- **Gerechtigkeit**: weniger Disparitäten innerhalb und zwischen Staaten, nicht mehr.

- **Einbeziehung**: weniger Marginalisierung von Menschen und Ländern, nicht mehr.

- **Menschliche Sicherheit**: weniger Instabilität in Gesellschaften und weniger Verletzbarkeit der Menschen, nicht mehr.

- **Entwicklung**: weniger Armut und Entbehrungen, nicht mehr.

6.2   Ethische Fundamente für die Zukunft

Unternehmen orientieren sich im allgemeinen an den Prinzipien der Wirtschaftlichkeit, also an Kosten, Erlösen und Gewinnen. Aktuelle Ereignisse (wie Lebensmittelskandale, Umweltverschmutzung, der Vertrieb gesundheitsschädlicher Produkte, mittels Kinderarbeit hergestellte Produkte oder Geschäftsbeziehungen zu Ländern, die sich Menschenrechtsverletzungen schuldig machen) verlangen die Berücksichtigung ethischer Gesichtspunkte in der Unternehmenspolitik, und dies nicht nur wegen der Beunruhigung der Öffentlichkeit bzw. der Kunden. Unternehmen, die wegen unethischen Handelns in die internationale Kritik geraten sind, haben häufig mit weitreichenden negativen Auswirkungen zu rechnen. Die Verwicklung in Anklagen und Gerichtsprozesse kann nicht nur zu einer Schädigung des Unternehmensimages oder zu Boykotten von seiten der Konsumenten führen, sondern sogar ein Einschreiten der Regierungen nach sich ziehen.

International tätige Unternehmen sollten ihre Aktivitäten so gestalten, daß sie sowohl in sozialer als auch in moralischer Hinsicht vertretbar sind. Die Schwierigkeit besteht darin herauszufinden, was unter „akzeptabel" zu verstehen ist. Denn was in manchen Ländern (noch) als ethisch betrachtet wird, kann in anderen Ländern ganz anders gesehen werden.

Um zu ermitteln, welche der Entscheidungen ethisch vertretbar sind und welche nicht, müssen Unternehmen eine Vielzahl von unparteiischen, aber einflußreichen Personen und Institutionen – sowohl im Inland als auch im Ausland – berücksichtigen. Durch die Einschätzung der möglichen Auswirkungen der Entscheidungen auf diese Personen oder Institutionen erhalten die Unternehmen wesentliche Anhaltspunkte zur Gestaltung der Unternehmenspolitik. Zahlreiche Unternehmen haben – letztlich unter dem Druck der Öffentlichkeit – nunmehr Richtlinien entwickelt, die im internationalen Geschäft helfen sollen, Situationen und Entscheidungen nach ethischen Aspekten einzuschätzen. Diese haben derzeit jedoch nur unterstützenden und (noch) nicht bindenden Charakter.

Corporate Responsibility Rating: Gottes Segen für „saubere" Aktien

Dieses neue Konzept bewertet die untersuchten Unternehmen nicht nur nach ökonomischen, sondern auch nach ökologischen, sozialen und kulturellen Kriterien. Damit will man – so die darauf spezialisierte Münchner Rating-Agentur oekom (http://www.oekom.de) – ethisch motivierten Kapitalanlegern einen Einstieg in ein glaubwürdiges und fundiertes ethisches Investment bieten. Der initiale Auftrag zu diesem Rating-Projekt stammt von 38 deutschen Ordensgemeinschaften. Allein in Deutschland hat die katholische Kirche Schätzungen zufolge eine zweistellige Milliardensumme in Aktien, Anleihen, Fonds etc. angelegt, hauptsächlich für Zwecke der Altersvorsorge. Ziel ist es zu überprüfen, ob die Geldanlagen auch den ethischen Kriterien der Orden entsprechen. Überprüft werden zahlreiche Unternehmen vieler Branchen in Hinblick auf Kultursponsoring und Sozialstandards, den Umgang mit Ausländern, nach Methoden der Abfallentsorgung, ob mit Diktaturen zusammengearbeitet wird, ob Militärgüter, pornographische Produkte oder etwa Verhütungsmittel hergestellt werden. Bewertet wird analog zum Finanzrating auf einer zwölfstufigen Skala von A+ bis D-.[35]

Fallstudie: In der Weltfabrik[36]

Die Bezeichnung „Boomtown" stammt aus der Zeit des Goldrausches im Wilden Westen. Dort kann man heute nur noch Geisterstädte besichtigen. Die heutigen Boomtowns liegen in China. Shanghai ist bekannt, doch wem sagen die Städte Dongguan, Shenzen, Wenzhou[37], Yiwu, Ningbo, Suzhou, Changchun, Chongquing, Huizhou oder Pingshan etwas? Zumindest in Europa wohl niemandem. Nicht selten sind es Millionenstädte, oft in Sonderwirtschaftszonen gelegen, in denen die „Weltfabriken" stehen. Die Horte des ungezügelten Kapitalismus boomen allesamt wie praktisch keine andere Region der Welt. Produziert wird in gewaltigen Mengen fast alles[38], die meisten Weltmarken sind hier vertreten, und nicht nur sie. Auch so mancher europäischer Mittelständler hat China längst für sich entdeckt. Die industriellen Zentren sind in den letzten 15 Jahren entstanden und stetig enorm gewachsen. Die unzähligen Werke reihen sich Kilometer an Kilometer wie riesige Gehege. Unter ihnen auch wahrlich monumentale Fabriken, in denen etwa 70.000 Arbeiter keine Seltenheit sind.

Das Bild ist überall das gleiche: Riesige Maschinenhallen, endlose Lkw-Kolonnen bringen Nachschub, tausende Busse bringen Wanderarbeiter, die aus dem ländlichen Raum stammen. 120 Millionen Menschen zog es vom Land schon in die Städte. Natürlich wollen alle ihr Scherflein vom neuen Wohlstand. Durch die Öffnung hat sich das Pro-Kopf-Einkommen der Chinesen seit 1990 auch auf weit über tausend Dollar vervierfacht. Doch der Preis dafür ist gewaltig. Das Wohl des Einzelnen und der Schutz von Umwelt und Ressourcen sind kein Thema. Ein Viertel des Stahls und Zements der Welt und ein Drittel der Kohle wird in China verbraucht, das längst auch der zweitgrößte Ölkonsument ist. Für die Warenproduktion braucht man indes sechs mal so viele Ressourcen wie die USA. Noch boomt China, viele befürchten schon den Crash.

Aber warum ist das Reich der Mitte gerade für Unternehmen aus aller Welt das neue Eldorado? Vor allem finden sie ein geradezu unermessliches Reservoir an billigen und willigen Arbeitskräften vor. Gezahlt werden 50-70 Euro im Monat. „Produzenten aller Länder vereinigt euch" – fast läßt sich die Losung von Marx und Engels so abwandeln. Operiert werden kann weitgehend frei von allen „lästigen" Errungenschaften der Industriestaaten: hohe Löhne, gut bezahlte Überstunden, Arbeitsschutz, Schwangerschaftsurlaub, freie Gewerkschaften, Recht auf Streiks. So läßt sich natürlich leicht knallhart kalkulieren. Die „Maloche" ist dabei fast unerträglich, zahlreiche – der meist jungen Arbeiterinnen ab 16 – halten sie auch nicht durch und fahren trotz bestem Willen bald wieder zurück aufs Land. Zu gerne würden sie Jugend und Gesundheit für eine vielleicht bessere Zukunft geben und sich vorübergehend – so die allgemeine Hoffnung – als Arbeitssklaven verdingen. Anders kann man sie auch nicht nennen: bis zu 60 Stunden Arbeit, sechs Tage die Woche für einen Lohn, der seinen Namen nicht Wert ist, keinen Arbeitsvertrag, keine Versicherung, Tätlichkeiten, Unfälle mit veralteten Maschinen, nicht selten gesundheitsfeindliche Arbeitsplätze. Auf Kranke wird keine Rücksicht genommen. Nur wer nicht mehr stehen kann, braucht nicht zu arbeiten.

Freilich wäre es verfehlt, zu pauschalisieren. Manche Firmen achten wohl auf Standards, bei anderen wiederum ist es wirklich schlimm. Freie Gewerkschaften oder gar Streiks sind aber überall verboten. „Aufrührer" werden mit Gefängnis bestraft. Viel braucht es dazu nicht. Während die Bosse begierig auf der Suche nach immer neuen Standorten sind, wächst die Unzufriedenheit. Auch die Konsumenten werden langsam kritischer und fragen, wie ihr Schnäppchen „Made in China" entstanden ist.[39] Ein guter Weg übrigens, die Firmen umsichtiger werden zu lassen. Anders wird sich wohl kaum jemand so bald um soziale Standards kümmern. Dennoch wird es irgendwann zu Veränderungen „von unten" kommen. Elend und Not, Ausbeutung und Unterdrückung lassen sich nicht ewig aufrecht halten, einmal bricht der Krug. 1892 schrieb Gerhart Hauptmann über „Die Weber". Diese Assoziation mag einen Gedanken wert sein.

Aufgabe

Was bedeutet der Aufstiegs Chinas für die Arbeitsplätze in Europa? Wie sollen sich die internationalen Gewerkschaften künftig ausrichten?

Sicherlich eine der größten Herausforderungen der heutigen Zeit ist vor diesem Hintergrund die Bewältigung der Bedrohung, die – ungeachtet aller Vorteile – die Globalisierung mit ihren Möglichkeiten nach sich zieht. Die sich dadurch gegebenen Handlungsmöglichkeiten greifen mit einer beispiellosen und wohl auch ungeahnten kausalen Reichweite in die Zukunft. Bisher waren Macht und Wissen der Menschen trotz allem stets zu begrenzt, um die entferntere Zukunft in das Bewußtsein eigener Kausalität einzubeziehen. Die hauptsächlich durch wirtschaftliche Aktivitäten entstehenden Folgen menschlicher „Zivilisation" verlangen im Gegensatz zu den derzeit überwiegend praktizierten Methoden nach weit mehr als nur nach „technischen" Lösungen: Vielmehr sind neue und auch andersartige Verpflichtungen einzugehen, wie sie etwa der Philosoph Hans Jonas in seinem Werk „Das Prinzip Verantwortung" faßt.[40]

> Die Wahrnehmung von Verantwortung bildet dabei das zentrale Element einer **Ethik** für die moderne, technologisch orientierte Zivilisation. Die Gewährleistung und Sicherung des Gemeinwohls – ein oft strapazierter, aber hoch relevanter Begriff – steht dabei im Vordergrund.

Eine bezüglich der Wahrnehmung von entsprechender Verantwortung besonders prekäre Situation läßt sich – international betrachtet – in den Bereichen Umweltschutz und Arbeit feststellen. So geht die Forderung nach einer speziellen **Umweltethik**, d.h. Anwendung der Ethik in bezug auf Umweltschutz und Ökologie, von der Erkenntnis der Gefahren ökologischer Veränderungen durch menschliche Eingriffe aus.

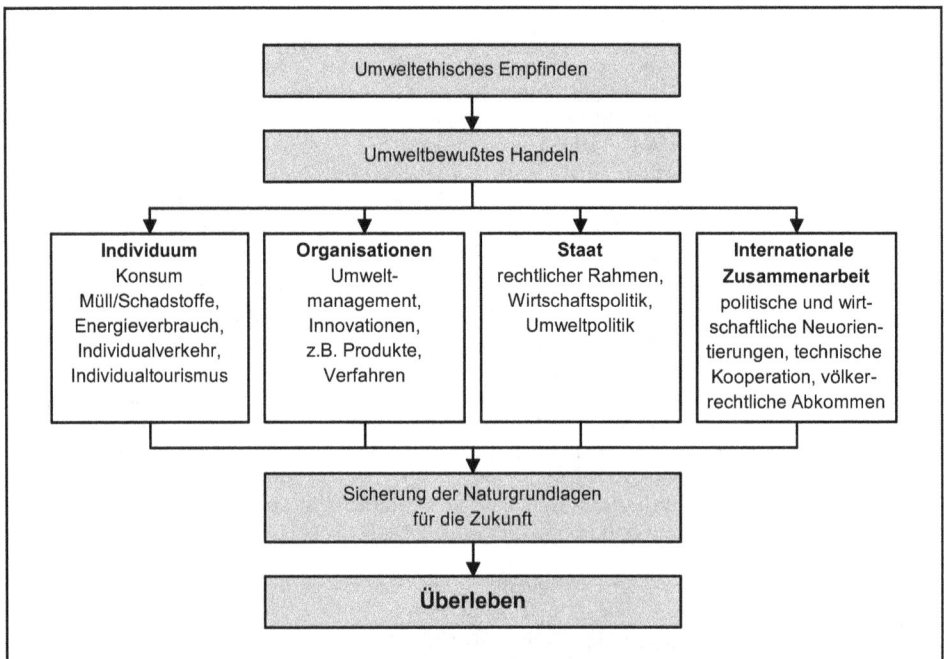

Abbildung 6-1 *Ebenen umweltethischen Handelns*[41]

Eine lediglich „partnerschaftliche Beziehung" zwischen Menschen und Natur war nämlich bisher bedauerlicherweise keine ausreichende ethische Motivation. Das durch diese Erkenntnis entstehende Umweltbewußtsein doch vieler Menschen resultiert aus dem Bedürfnis nach Schutz der natürlichen Umwelt als Lebens- und Wirtschaftsgrundlage. Ein derartiges Umweltbewußtsein gründet sich letztlich auf umweltethisches Empfinden. Dieses hat seinen Ursprung wiederum in einer allgemeinen „ethischen Sensibilität" als Resultat von Erziehung und Ausbildung und ist Voraussetzung für umweltbewußtes Handeln.

Die heutigen Möglichkeiten des Menschen, in den Prozeß der Veränderung der natürlichen Umwelt einzugreifen, führen neben vielen Gestaltungschancen zu zahlreichen Risiken und Gefahren. Ressourcenerschöpfung, Umweltverschmutzung und die Bedrohung ökologischer Kreisläufe sind eine massive Gefährdung für die menschlichen Lebensgrundlagen. Versteht man unter Umweltschutz die langfristige Gestaltung der Umwelt zur Sicherung der Lebens- und Wirtschaftsgrundlagen, wird offensichtlich, daß eine Neuordnung der gesellschaftlichen und wirtschaftlichen Zielsysteme notwendiger ist denn je.

Umweltbewußtsein – sehr gefragt

Da ein Großteil der Belastungen der natürlichen Umwelt auf wirtschaftliche Aktivitäten bzw. betriebliche Prozesse zurückzuführen ist, kann konsequenter und dadurch erfolgreicher betrieblicher Umweltschutz nur durch ein umfassendes **Umweltmanagement** verwirklicht werden.

Umweltmanagement ist als gezieltes umweltorientiertes Verhalten in allen betrieblichen Funktionsbereichen zu verstehen, wobei sich der Umweltschutzgedanke wie ein „**roter Faden**" durch alle betrieblichen Handlungen zieht. Durch gezieltes Umweltmanagement soll betrieblicher Umweltschutz längerfristig nicht nur ein Kostenfaktor für das Unternehmen sein, sondern durchaus auch unternehmerische Chancen eröffnen. Nicht zuletzt diese Überlegung macht das Konzept des Umweltmanagements realistisch und zukunftsträchtig.

Betrachtet man die betrieblichen Funktionsbereiche im einzelnen, geht es im Rahmen der betrieblichen **Kommunikation/Information** um die Vermittlung umweltrelevanter interner und externer Informationen und den Aufbau entsprechender Kommunikationsstrukturen. Das interne Informationswesen dient der Beschaffung und Verarbeitung von umweltspezifischen Daten für alle Entscheidungsträger im Unternehmen. Das externe Informationswesen soll die korrekte und transparente Weitergabe von Umweltinformationen an die Öffentlichkeit gewährleisten.

Angesichts der wichtigen wie heiklen Thematik ist die Festlegung der Unternehmenspolitik in Umweltfragen keine leichte Entscheidung. Grundsätzlich hat ein Unternehmen die Wahl, eine defensive oder offensive Umweltpolitik zu verfolgen. Als Einflußfaktoren auf die unternehmerische **Zielsetzung** bzw. die darauf gestützten **Planungsaktivitäten** wirken gesamtgesellschaftliche Ziele und die unternehmensseitige, autonome Zielsetzung. Während etwa gesetzliche Auflagen Beispiele für gesellschaftlich induzierte Zielvorgaben sind, resultiert die autonome Zielsetzung beispielsweise aus der Antizipation von Veränderungen. Hintergrund dafür sind allerdings häufig ökonomische Sekundärmotivationen.

Daraus wird ersichtlich, daß die Frage der Beziehung zwischen Umweltschutzziel und Gewinnziel von nicht unerheblicher Bedeutung ist. Am ehesten unproblematisch dürfte diesbezüglich noch die Aussage sein, daß Umweltschutz als komplementäres Ziel zu einem vorrangigen Gewinnziel vermutlich nicht zu Zielkonflikten führt. Dies deckt sich auch mit der sich allmählich durchsetzenden Ansicht, daß Umweltschutz nicht nur ein „notwendiges Übel" ist, sondern für ein Unternehmen durchaus auch Chancen bringen kann. Voraussetzung dafür sind allerdings nennenswerte produkt- und verfahrensbezogene Umweltschutzinnovationen.

Die Umsetzung umweltspezifischer Zielsetzungen ist stark abhängig von der **Motivation** aller Beteiligten, da Mitarbeiter diesbezüglich größte Chance und Risiko gleichermaßen darstellen. Schlüssel für die Realisierung von ökologischen Unternehmensstrategien ist daraus folgend die Schaffung eines entsprechenden Umweltbewußtseins bei allen Beteiligten. Die Basis dafür ist neben der Berücksichtigung individueller Motivationslagen – auch unter Einbeziehung von Anreizen – vor allem eine entsprechende Aufklärungs- und Überzeugungsarbeit zur Herstellung eines gemeinsamen Informations- bzw. Kenntnisstandes. Auch in diesem Zusammenhang kommt der internen und externen Informationspolitik des Unternehmens eine nicht unbedeutende Rolle zu.

Organisatorische Maßnahmen gewährleisten die Institutionalisierung von umweltbezogenen Aktivitäten, das heißt, die organisatorische Einbindung des Umweltschutzes in alle hierarchischen Ebenen und die Schaffung entsprechender Kompetenzabgrenzungen. Als „Zentralfigur" für den betrieblichen Umweltschutz setzt sich die Funktion des Umweltschutzbeauftragten als bereichsübergreifender Koordinator und Innovationsförderer bzw. in vielen Fällen des Betriebsbeauftragten für Umweltschutz als Experte für technischen Umweltschutz allmählich durch.

Gerade durch ihre verzögerte Wirksamkeit gehören **Forschungs- und Entwicklungsaktivitäten** zum Zukunftspotential betrieblicher Umweltpolitik. Insbesondere ökologieorientierte Produkt- bzw. Verfahrensinnovationen nehmen dabei eine Schlüsselstellung ein.

Bereits jetzt versuchen viele Unternehmen, mit Hilfe von **umweltorientierten Marketingkonzepten** den sich allmählich ändernden wirtschaftlichen und gesellschaftlichen Bedingungen anzupassen und dabei auch zukünftige Marktchancen zu finden. Dazu sind natürlich auch Adaptionen der traditionellen Marketinginstrumente (vgl. Marketing-Mix) notwendig.

Kern einer umweltorientierten Unternehmenspolitik ist die Realisierung von zahlreichen notwendigen Sachinvestitionen. Die Aufbringung ausreichender **Finanzmittel**, durchaus unter Ausnützung aller zur Verfügung stehenden (öffentlichen) **Förderungsmöglichkeiten**, ist die dafür notwendige Bedingung. Seitens der öffentlichen Hand werden – was positiv zu vermerken ist – zahlreiche Finanzhilfen und steuerliche Begünstigungen angeboten.

Die **Haftung** für Umweltschäden – insbesondere bei Anwendung des Verursacherprinzips – kann eine ernsthafte Gefährdung für den Bestand eines Unternehmens bedeuten. Ein gezieltes **Risk Management** als Gesamtheit risikopolitischer Maßnahmen dient auch der Vorsorge für die Bewältigung derartiger Risiken.

Die Zeit läuft ab ...

Nicht nur als Ex-post-Analyse der Auswirkungen von Umweltschutzaktivitäten, sondern auch zur Einbringung der Ergebnisse und Erfahrungen aus der Vergangenheit in den strategischen Planungsprozeß dienen umweltspezifische **Überwachungsaktivitäten**.

Die Dokumentations- und Lenkungsfunktion des **betrieblichen Rechnungswesens** beinhaltet die Erfassung und Verrechnung umweltschutzbedingter Kosten ebenso wie die Planung, Steuerung und Kontrolle betrieblicher Umweltschutzaktivitäten.

Die Analyse der Wirkungen von Umweltschutzmaßnahmen auf die Ertragslage des Unternehmens stellt darüber hinaus eine künftige Herausforderung für das betriebliche Rechnungswesen dar. Eine – vielfach noch nicht vorhandene – betriebliche Umweltrechnungslegung dient der Information externer Adressaten. Positive und negative externe Effekte betrieblicher Umweltschutzmaßnahmen und Umweltbelastungen werden dabei erfaßt, bewertet und ausgewiesen.

Logistik, **Lagerwesen** und **Produktion** nehmen innerhalb eines umfassenden betrieblichen Umweltschutzes eine zentrale Stellung ein. Die Vernachlässigung von Aktivitäten in diesen Bereichen bzw. das Auftreten von Fehlern können nachhaltige und vielfach sogar irreversible Umweltschäden bewirken. So sind bei Transport und Lagerung beispielsweise wassergefährdender Substanzen entsprechende Sicherheitskonzepte und -systeme unbedingt notwendig. Fragen der Entsorgung und des Recyclings stellen hohe Anforderungen an die Zukunft. Ebenso ist die umweltverträgliche Gestaltung von Produktionsverfahren („Clean Technology", „integrierte Verfahren", „Kreislaufführungen") von besonderer Bedeutung. Für derartige tiefgreifende Verfahrensänderungen sind allerdings lange Realisierungszeiträume und große Kapitalbedarfe zu kalkulieren.

Da dieser Umstand nicht nur auf Produktionsverfahren, sondern allgemein auf die meisten umweltorientierten Aktivitäten zutrifft, ist es wichtig – nicht zuletzt aus ethischen Gründen – mit wirkungsvollen Umweltschutzaktivitäten rechtzeitig zu beginnen und nicht zu warten, bis es zu spät ist.

Über die Problematik des Umweltschutzes hinaus gehört die Gestaltung der Arbeitswelt sicherlich zu den großen Problemen der heutigen Zeit. International angemessene Sozialstandards zu etablieren und auch für deren Einhaltung zu sorgen, stellt sich vor dem Hintergrund teilweise ungeheurer Mißstände als äußerst vordringlich dar.

Ethik im Bereich der **Arbeit** kommt hier höchste Bedeutung und Priorität zu. Besonders im Bereich der Textil- und Bekleidungsindustrie, aber auch in vielen anderen Branchen ist dringendes Handeln gefordert. Angesprochen sind hier vor allem zahlreiche internationale Konzerne und jene Staaten, die diese trotz der eklatanten Mißstände gewähren lassen bzw. diese durch entsprechende Rahmenbedingungen begünstigen.

Nicht zuletzt sind aber auch die Verbraucher angesprochen, die durch ihre (Nicht-) Kaufentscheidungen (z.B. Jeans, Sportschuhe, billige Mode) das Handeln der Firmen sehr wohl beeinflussen. So ist etwa aufgrund des international allmählich spürbaren Drucks derzeit zwischen den größten Sportschuhherstellern geradezu ein Wettbewerb ausgebrochen, der Welt zu beweisen, wer in Dritte-Welt-Ländern die besseren Arbeitsbedingungen bietet (!). Ein Beweis dafür, daß die Konzerne kritische Blicke fürchten, wenn sie sich auf die soziale und ethische Dimension ihrer Unternehmenspolitik richten.

Fallstudie: Arbeit in der Textil- und Bekleidungsindustrie

Lassen Sie den Entstehungsweg der Jeans, die Sie vielleicht kürzlich gerade gekauft haben, im Geiste Revue passieren – Ihre Hose wurde in Griechenland *stonewashed*, damit sie nicht so neu aussieht, nachdem sie auf den Philippinen zusammengenäht worden ist. Das Innenfutter ist aus Frankreich, die Knöpfe sind italienischer Herkunft. Der Stoff wurde in Polen verwebt und das Garn vorher in China mit einer Maschine aus der Schweiz gesponnen. Die Baumwolle dafür kommt von den riesigen Monokulturplantagen in Kasachstan. Das Schnittmuster wurde elektronisch von Deutschland in die Konfektionsfabrik auf den Philippinen übermittelt.

Wahnsinn? Ja, aber mit Methode.

Der Kreis dieses absurden Theaters schließt sich, wenn die abgetragene Hose über eine der vielen Altkleidersammlungen schließlich nach Afrika gelangt und dort dazu beiträgt, die traditionelle heimische Textilproduktion in den Ruin zu treiben.

Rund 90% der bei uns in den Handelshäusern verkauften Kleider werden in Südostasien, Mittelamerika oder Osteuropa hergestellt. An die 80% der dabei Beschäftigten sind Frauen und Mädchen im Alter von 14 bis 25 Jahren. Die philippinische Arbeiterin oder jene im taiwanesischen Fertigungsbetrieb in Guatemala sitzt mit ihren Kolleginnen in einem engen Werksaal, in dem etwa 100 Frauen stumm über ihren Arbeitstisch gebeugt sitzen, zwölf Stunden täglich, sechs Tage in der Woche, bei guter Auftragslage auch sieben.

Die übrigen **Bedingungen** bei dieser Art von Arbeit stellen sich üblicherweise wie folgt dar:

- keinerlei soziale Sicherung (Urlaub, Krankheit, Altersversorgung),

- extremes „Taglöhnerwesen", jederzeitige Kündigung ohne Grund möglich,

- sofortige Entlassung bei jeglicher Art kritischer Fragen oder gewerkschaftlicher Organisation,

- erzwungene Überstunden bei ohnehin schon zu großer Arbeitsbelastung,

- zwangsweise Schwangerschaftstests, sofortige Entlassung schwangerer Arbeiterinnen; nicht selten Androhung körperlicher und auch sexueller Gewalt,

- Organisation der Fabriken – wie dies bei Zwangsarbeit üblich ist – in kasernen- bzw. gefängnisähnlichen Liegenschaften mit Wachen etc.,

- nicht selten massiver Einsatz von Kinderarbeit,

- prekäre Lohnverhältnisse, besonders in den Dritte-Welt-Ländern (einige Beispiele für Brutto-Stundenlöhne in der Bekleidungsbranche in US-Dollars, Basis 1996 – Griechenland: 7,31; Philippinen: 0,62; Frankreich: 15,31; Italien: 14,32; Polen: 2,10; China: 0,28; Guatemala: 1,25; Taiwan: 5,10; Kenia: 0,30).

Die bereits doch schon zahlreichen Beobachter und Kritiker sprechen angesichts der Verhältnisse oft von den „Gefängnissen des Weltmarktes".[42]

Aufgabe 1

Wie kann man zeitgemäße Arbeitsbedingungen weltweit schaffen und aufrecht erhalten?

Aufgabe 2

Welche logistischen Konsequenzen zieht ein derart – möglicherweise dysfunktional – organisierter Produktionsprozeß nach sich?

Aufgabe 3

Welche Rolle spielen hierbei die Konsumenten? Wie können sie derartige Entwicklungen beeinflussen?

Trotz der derzeit sicherlich festzustellenden weltweiten Förderung neoliberaler Tendenzen wird angesichts der vielen Probleme, die von der Globalisierung ausgehen und die am ehesten mit „Verselbständigung der Ökonomie" (*disembedded economy*) umschrieben werden können[43], durchaus über Alternativen, maßvollere Konzepte bzw. eine „Einbettung" (*embedding*), speziell von Arbeit und Natur in die Kapitalverwertungsinteressen nachgedacht. Dabei geht es vor allem auch um sinnvolle Normen betreffend die Vernunft sowie sozial und ökologisch verantwortliches Handeln, wobei die Möglichkeiten der Selbstbestimmung des Menschen und durchaus auch eine reale und gleichzeitig allgemeine Wohlstandsmehrung nicht ins Hintertreffen geraten sollen.

Beispielhaft dafür seien hier die Überlegungen von Conert skizziert und gewissermaßen als Ausblick mit der Empfehlung zur Reflexion und Diskussion bewußt auch ans Ende dieses Buches gestellt:

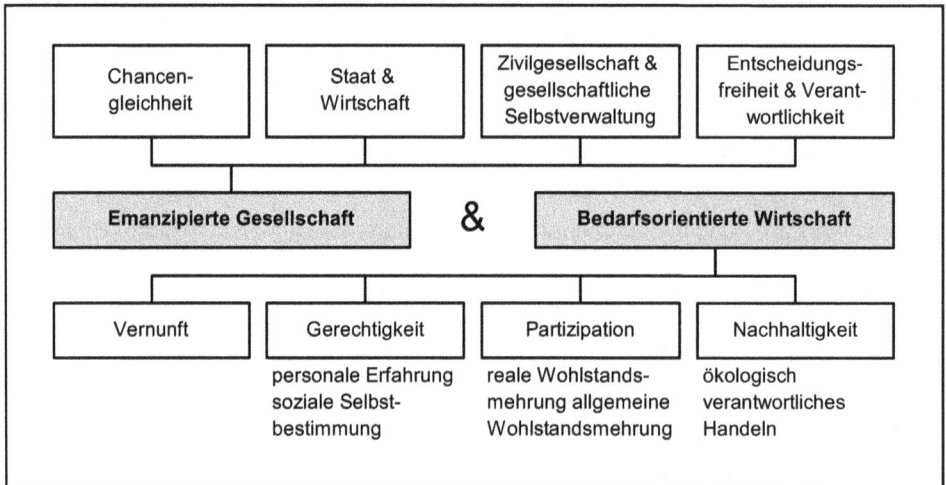

Abbildung 6-2 *Umrisse des real-utopischen Entwurfs einer emanzipierten Gesellschaft und bedarfsorientierten Wirtschaft*[44]

Charles Handy: „Und Marx hatte doch recht"

„Charles Handy hat ein doppeltes Verdienst: Er stellt nicht nur die richtigen Fragen – seine Antworten sind auch alles andere als gewöhnlich. Der britische Sozialphilosoph ist davon überzeugt, daß sich die Wirtschaft eines Tages als Instrument zur Befreiung der Menschheit entpuppen wird.

Seine Überlegungen sind einfach: Eigentum als Grundlage des Wohlstandes ist ein längst überholter Begriff. Heute hängt Wohlstand von Intelligenz und Kompetenz ab. Das führt den einstigen Shell-Manager und Gründer der London Business School zu einer unerwarteten Schlußfolgerung: ‚Karl Marx hatte doch recht. Die Welt wäre ein angenehmerer Ort, wenn die Produktionsmittel von den Arbeitnehmern kontrolliert würden.'

Eine gute Nachricht. Jetzt, nach Anbruch des Post-Maschinenzeitalters, wird es endlich möglich. ‚Der Mensch kann nicht länger im Besitz eines Unternehmens stehen', erklärt Handy, ‚wir sind dazu verurteilt, frei zu sein.'

Die Freiheit wird sich aus dem Umstand ergeben, daß wir keine bezahlten Angestellten mehr sein werden. Um mit ihr richtig umgehen zu lernen und die Welt langfristig zum besseren zu verändern, schlägt der Wirtschaftsexperte vor, das Leben wie ein Aktien-Portfolio zu managen. Mit Arbeits-Aktien, Sozial-Aktien und Familien-Aktien. So können sich, sagt er, Gewinne und Verluste austarieren und unser Leben als Ganzes im Gleichgewicht halten. Er ist überzeugt, daß es die Neuorganisation des Arbeitsplatzes Frauen und Männern möglich machen wird, ihre Freiheit wiederzugewinnen und schließlich von der Freiheit der Wahl zu profitieren. Und die ist schließlich Grundlage des Kapitalismus."[45]

Referenzen

[1]   vgl. Strunz, H.; Dorsch, M.: Internationale Märkte, München/Wien 2001, 11ff sowie Ball, D. A. et al.: International Business, New York 2008

[2]   nach Punnett, B. J.; Ricks, D. A.: International Business, Malden/Ma./Oxford 1997 (reprinted 1998), 249

[3]   vgl. dazu auch Sadowski, U.; Gläß, M.: Strategisches Denken und Handeln, München/Mehring 2006; Guinn, A.; Kratochvil, O.; Matušíková, I.: Stratgegický Management, Kunovice 2007; Alexy, J.; Mečár, M.: Strategický a krízový manažment, Bratislava 2006

[4]   Dorsch, M.: Abenteuer Wirtschaft, München/Wien 2003, 165

[5]   vgl. Stepic, H. (Hrsg.): Handbuch der Exportabwicklung, Wien 1996, 23

[6]   vgl. Sachs, R.; Kamphausen, R. E.: Leitfaden Außenwirtschaft, Wiesbaden 1996, 77

[7]   Euler Hermes Kreditversicherungs-AG, http://www.eulerhermes.de

[8]   ebd.

[9]   Bundesministerium für Wirtschaft und Technologie – BMWi (Hrsg.): Weltweit aktiv, Berlin 1999, 31

[10] Ossola-Haring, C. (Hrsg.): Die 499 besten Checklisten für Ihr Unternehmen, Landsberg/L. 1996, 17f

[11] Heimerl-Wagner, P.: Veränderung und Organisationsentwicklung, in: Kasper, H.; Mayrhofer, W. (Hrsg.): Personalmanagement – Führung – Organisation, Wien 1996, 549f

[12] Dorsch, M.: Abenteuer Wirtschaft, München/Wien 2003, 76f

[13] siehe dazu auch Strunz, H.; Dorsch, M.: Internationalisierung der mittelständischen Wirtschaft – Instrumente zur Erfolgssicherung, Frankfurt/M. u.a. 2001

[14] vgl. Fuchs, M.; Apfelthaler, G.: Management internationaler Geschätstätigkeit, Wien/New York 2008, 319

[15] Pavlovic, E.: Was Sie schon immer über Exportförderung wissen wollten, in: Internationale Wirtschaft, 8/2000, 16ff

[16] vgl. Gesellschaft für Österreichisch-Arabische Beziehungen (Hrsg.): Die wirtschaftliche Relevanz der österreichisch-arabischen Beziehungen auf dem Gesundheitssektor, Wien 2000, 58f

[17] Strunz, H.; Dorsch, M.: Libyen – Zurück auf der Weltbühne, Frankfurt/M. u.a. 2000, 185ff

[18] Dorsch, M.: Abenteuer Wirtschaft, München/Wien 2003, 106ff

[19] Berndt, R.; Sander, M.: Betriebswirtschaftliche, rechtliche und politische Probleme der Internationalisierung durch Lizenzerteilung, in: Macharzina, K.; Oesterle, M.-J. (Hrsg.): Handbuch Internationales Management, Wiesbaden 1997, 521

[20] nach Behrens, W.; Hawranek, P. M.: Manual for the Preparation of Industrial Feasibility Studies, Wien 1991 und Fröhlich, E. A.; Hawranek, P. M.; Lettmayr, C. F.; Pichler, J. H.: Manual for Small Industrial Businesses, Wien 1994

[21] Winkelmann, P.: Marketing und Vertrieb, München/Wien 2008, 395

[22] Dorsch, M.: Abenteuer Wirtschaft, München/Wien 2003, 114f

[23] Cooperation Council for the Arab States of the Gulf (GCC): regionale Organisation, gegründet im Mai 1981 von Bahrain, Kuweit, Oman, Katar, Saudi Arabien und den Vereinigten Arabischen Emiraten; ab 2003 interne Zollunion geplant; seit 1989 existiert ein Kooperationsabkommen mit der EU (vgl. Europäische Union, http://europa.eu)

[24] Phil Zeidman, zit. in: Martin, J.: Franchises in the Gulf – Burgers Rule, in: The Middle East, April 1999, 40

[25] vgl. Martin, J.: Franchises in the Gulf – Burgers Rule, in: The Middle East, April 1999, 39f; zum Weiterlesen siehe z.B. auch Pavlovic, Ernst: Geschäfte mit dem Morgenland, in: Internationale Wirtschaft, 12/2001, 22ff

[26] Dorsch, M.: Abenteuer Wirtschaft, München/Wien 2003, 123f

[27] vgl. Stepic, H. (Hrsg.): Handbuch der Exportabwicklung, Wien 1996, 313f

[28] vgl. ebd., 200ff

[29] Internationale Handelskammer, http://www.iccwbo.org

[30] Jahrmann, F.-U.: Außenhandel, Ludwigshafen/Rh. 1998, 215

[31] vgl. Internationale Handelskammer, http://www.iccwbo.org

[32] Creditanstalt-Bankverein/CA-BV (Hrsg.): Erfolg im Dokumentengeschäft, Wien 1996, Teil 3, 1996, 9f

[33] Creditanstalt-Bankverein/CA-BV (Hrsg.): Erfolg im Dokumentengeschäft, Wien 1996, Teil 1, 1996, 13

[34] vgl. Stepic, H. (Hrsg.): Handbuch der Exportabwicklung, Wien 1996, 57

[35] Kasparek, A.: „Gottes Segen für ‚saubere' Aktien", in: Der Standard, 09.10.2000, 19

[36] Strunz, H.: Tagebuch der Weltwirtschaft – Kommentare, Kritik, Reflexionen, Plauen 2005, 238ff

[37] o.V.: From rags to cigarette lighters (and dildos and property too), in: The Economist, 04.06.2005, 58

[38] o.V.: On the sidelines, in: The Economist, 04.06.2005, 57

[39] Lorenz, A.; Wagner, W.: Billig, willig, ausgebeutet, Der Spiegel 22/2005, 80ff

[40] Jonas, H.: Das Prinzip Verantwortung, Frankfurt/M. 1979

[41] vgl. Strunz, H.: Umweltmanagement, Wien/New York 1993, 18

[42] Clean Clothes-Kampagne (Hrsg.): Kleidung aus der Weltfabrik – Die Auswirkungen der Globalisierung auf die internationalen Arbeitsbedingungen, Wien 1999

[43] siehe dazu auch Altvater, E., Mahnkopf, B.: Grenzen der Globalisierung, Münster 1999

[44] nach Conert, H.: Vom Handelskapital zur Globalisierung, Münster 1998, 459ff

[45] Kandel, M.: „Und Marx hatte doch recht", in: Der Standard, 09.04.1999, 39

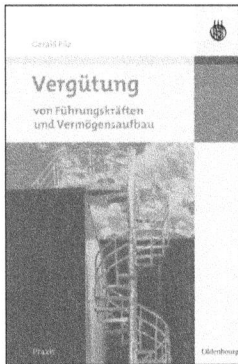

www.ingramcontent.com/pod-product-compliance
Lightning Source LLC
Chambersburg PA
CBHW081529190326
41458CB00015B/5493